Christoph Reuter

Die schwarze Macht

Der »Islamische Staat«
und die Strategen des Terrors

Aktualisierte und erweiterte Taschenbuchausgabe

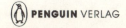

Der Verlag weist ausdrücklich darauf hin, dass im Text
enthaltene externe Links vom Verlag nur bis zum Zeitpunkt
der Buchveröffentlichung eingesehen werden konnten.
Auf spätere Veränderungen hat der Verlag keinerlei Einfluss.
Eine Haftung des Verlags ist daher ausgeschlossen.

Verlagsgruppe Random House FSC® N001967

PENGUIN und das Penguin Logo sind Markenzeichen
von Penguin Books Limited und werden
hier unter Lizenz benutzt.

1. Auflage 2016
Copyright © der Originalausgabe 2015 by
Deutsche Verlags-Anstalt, München,
in der Verlagsgruppe Random House GmbH,
Neumarkter Str. 28, 81673 München,
und
SPIEGEL-Verlag, Hamburg, Ericusspitze 1, 20457 Hamburg
Umschlag: any.way, Hamburg, nach einer Vorlage
von Büro Jorge Schmidt, München
Karten: Peter Palm, Berlin
Satz: Uhl + Massopust, Aalen
Druck und Bindung: GGP Media GmbH, Pößneck
Printed in Germany
ISBN 978-3-328-10062-1
www.penguin-verlag.de

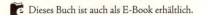 Dieses Buch ist auch als E-Book erhältlich.

Für Bente

Inhalt

Vorwort zur Taschenbuchausgabe
Die Reißbrett-Dschihadisten 9

Einleitung
Das unterschätzte Kalkül der Machtsammler 15

1 Das Stasi-Kalifat
 Der akribisch geplante Aufstieg des »Islamischen Staates« 30

2 Wechselhafte Anfänge
 Von al-Qaida im Irak zum Siegeszug des IS in Syrien 55

3 Herbst der Angst
 Die Eroberung Nordsyriens durch den IS 129

4 Gemeinsam zum Gegenschlag
 Der Versuch der Syrer, sich gegen den IS zu wehren 152

5 Blitzkrieg der Dschihadisten
 Die Eroberung Mosuls und die Rückkehr des IS in den Irak 181

6 Al-Qaida war gestern
 Warum der »Islamische Staat« radikal anders ist 214

7 Auf dem Berg der Jesiden
 Die Katastrophe von Sinjar und die Wende für den IS 229

Inhalt

8 Wer köpft, dem glaubt man
  Der »Islamische Staat« und die Medien 251

9 Nordkorea auf Arabisch
  Herrschaft, Wirtschaft und Alltag im »Islamischen Staat« 272

10 Die Kolonien des Kalifats
   Der IS als Terror-Exporteur 316

11 Die Schlafwandler
   Der IS und seine Nachbarstaaten 349

Ausblick
Das Warten auf die Fehler der anderen 372

Anmerkungen 389

Orts- und Personenregister 405

VORWORT ZUR TASCHENBUCHAUSGABE
Die Reißbrett-Dschihadisten

Als das Manuskript der ersten Ausgabe im März 2015 abgeschlossen war, begann die Ungewissheit: Was von der beschriebenen Wirklichkeit würde vielleicht schon bei Erscheinen wenige Wochen später überholt sein? Inwieweit würde die Analyse dieser so kühl-nüchtern planenden Organisation unter dem Banner des absoluten Glaubens ihre weitere Genese erklären? Das Wachstum des »Islamischen Staates« im Verborgenen hatte über ein Jahrzehnt gebraucht, aber sein Ausbruch, der rasante Siegeszug durch Syrien und Irak hatten kaum ein Jahr gedauert.

In den 15 Monaten seit vergangenem März ist immens viel passiert in Syrien, im Irak, aber auch in Libyen und anderen Ländern des Nahen Ostens. Im Mai 2015 eroberte der IS nach exakt derselben Blaupause wie in Syrien die Mitte Libyens: die Stadt Sirt, Heimat des 2011 gestürzten Diktators Muammar al-Gaddafi. Mitte 2016 verliert er diese Region schrittweise wieder.

Mit der massiven Intervention der russischen Streitkräfte im Spätsommer 2015 zugunsten des Assad-Regimes in Syrien hat sich das Kräfteverhältnis dort verschoben. Der IS war zwar Vorwand hierfür, blieb aber monatelang fast unbehelligt von Russlands Luftangriffen, die vor allem den Rebellen galten. Über Bande geriet der »Islamische Staat« allerdings unter Druck: Moskau entdeckte die straff organisierte kurdische Kadertruppe der YPG, den syrischen Ableger der Separatistenpartei PKK, als Verbündeten. Zum einen drängten die YPG-Truppen den IS zurück, vor allem aber wuchs der Druck auf

Vorwort zur Taschenbuchausgabe

die Türkei, ihr Gewährenlassen des IS schließlich doch zu beenden – und die Grenze nach Syrien tatsächlich zu sichern.

Damit verlor der IS ab Herbst 2015 schrittweise seine essenzielle Nachschubroute für Menschen und Material, ist seither fast abgeschnitten vom Zustrom der früher problemlos über die Türkei einreisenden Anhänger, aber auch von technischem Gerät wie Anlagen zur Ölraffinierung, Chemikalien und Zündschnüren für seine Bombenindustrie sowie medizinischem Gerät. Dies trifft den IS langfristig härter als der Verlust einzelner Landstriche oder Orte.

Im Irak haben die Angriffe der Armee, vor allem aber der weitaus stärkeren schiitischen Milizen einen Großteil des 2014 verlorenen Terrains zurückgewonnen. Die Grausamkeit der schiitischen, von Irans Revolutionswächtern maßgeblich geführten Milizen, ihre massenhafte Vertreibung und Ermordung aller Sunniten (als potenzielle Unterstützer des IS) hat dabei allerdings keine neue Stabilität geschaffen, sondern vollkommene Unsicherheit. Es ist ungewiss, wohin die von beiden Seiten mit Tod und Terror bedrohten sunnitischen Muslime sich wenden werden, wenn sie nicht in ihre Städte und Dörfer zurückkehren können.

Die von den USA geführte Koalition zum Kampf gegen den IS hat Kurden in Syrien wie im Irak sowie die irakische Armee zum Kampf gegen den IS ausgerüstet und angetrieben. Vor allem aber hat sie ihr Bombardement des »Kalifats« fortgesetzt und so langsam, aber stetig dem »Islamischen Staat« Tausende seiner Kämpfer, mehrere seiner Führungskader und insgesamt viel von seiner Bewegungsfähigkeit genommen.

Als Reaktion darauf hat der IS seit November 2015 begonnen, womit er lange gewartet hatte: mit massiven Terrorattacken im Ausland, am 13. November in Paris, im März 2016 in Brüssel, mehrfach in der Türkei, in Bangladesch. Dazu kom-

Die Reißbrett-Dschihadisten

men die Amokläufe von Einzeltätern, die sich zum IS bekannten, aber bei denen sich keine direkte Verbindung zur Terrororganisation nachweisen ließ – sowie der Anschlag auf die Maschine der russischen Fluggesellschaft Kogalymavia, die am 31. Oktober 2015 nach ihrem Start im ägyptischen Ferienort Scharm asch-Scheich über der Sinai-Halbinsel abstürzte, wozu der IS sich bekannte.

In seinem Propaganda-Furor lässt sich der IS fortwährend über die nahende Apokalypse aus, beschwört die Endzeitschlachten zwischen den Heeren der Muslime (allerdings nur der Sunniten) und der »Römer« (womit der Westen, die Ungläubigen insgesamt gemeint sind). Doch in seinem Handeln ist er nicht apokalyptisch, sondern zynisch. Die Terroranschläge hat er bislang begrenzt auf Länder, deren Gegenreaktion berechenbar bleibt. Frankreichs Ministerpräsident François Hollande ließ nach den furchtbaren Attacken auf Paris die IS-Hochburg Raqqa aus der Luft bombardieren – Militärlager und Stützpunkte, die längst geräumt waren.

Einen großen Terroranschlag auf seine erklärten Hauptfeinde Iran oder gar die USA aber hat der IS bis zum Juli 2016 nicht begangen. Griffe er die USA an, fiele deren Vergeltung aller Voraussicht nach so vernichtend aus, dass es mit dem »Kalifat« ein sehr rasches Ende hätte.

Bündelt man all die Reaktionen des IS auf seine stärker werdenden Gegner, das Schrumpfen seines »Kalifats«, so wird immer wieder das kalte Kalkül sichtbar, das schon seinen Aufstieg begleitete: ein Umschwenken auf Terrorattacken, die aber doch dosiert bleiben. Ein Rückzug, dem nichts von Ausharren bis zum letzten Mann und Apokalypse anhaftet, sondern der eine völlige Umkehrung der frühen Angriffstaktiken darstellt: Alles wird vermint, Scharfschützen werden postiert, wenige Kämpfer verloren, während dem Gegner hohe Verluste zugefügt werden, ohne dass er die IS-Schützen auch nur zu Gesicht bekäme.

Wo er sich zurückzieht, hinterlässt der IS völlige Verwüstung: zerstörte Städte (die auf irakischer Seite oft nach dem Einmarsch von den Eroberern noch weiter gesprengt werden), vergiftete Brunnen, verminte Felder. Eine Strategie der verbrannten Erde.

Bemerkbar macht sich aber noch etwas, schon lange vor den Rückzügen; etwas, das selten auftaucht in den Nachrichten von Kämpfen, Eroberungen, Explosionen, etwas, das leiser, aber fundamentaler ist: die Desillusionierung der Untertanen. Mittlerweile sind Hunderte Dörfer, Dutzende Städte seit zwei Jahren und länger in der Gewalt des »Islamischen Staates«. Aber nirgends, nicht in Syrien, nicht im Irak, findet sich ein Ort, dessen Bewohner sich vollen Herzens zum IS bekennen. Stattdessen herrschen Angst und Ausweglosigkeit, man klammert sich an die Annahme, dass der IS nur für eine Weile bleiben werde.

Der Reißbrett-Dschihad des IS ging davon aus, dass er seine Macht allein durch Kontrolle und die Verbreitung von Furcht festigen werde. Doch Gottes Reich auf Erden, denn um nichts Geringeres geht es dem IS ja, kann den Gläubigen keine Heimat bieten. Von den Zehntausenden Zugereisten, die ins »Kalifat« strömten, sind viele tot, wollen andere wieder weg, aber können nicht. Und von jener alten, nur durch historischen Zufall zum Dschihad geratenen Führungsspitze des IS, die sich aus Saddam Husseins einstigen Rängen rekrutierte, bleiben immer weniger Männer übrig.

Wenn aber der »Islamische Staat« als Territorium weiter schrumpft, und danach sieht es aus im Sommer 2016, nützen ihm auch die perfekten Pläne einer schleichenden Eroberung und anschließenden hermetischen Kontrolle wenig. Der IS kann im Untergrund überleben, hat dies schließlich schon einmal getan, kann mit seinen Terrorattacken fortfahren, was sich viel leichter bewerkstelligen lässt als das Erobern und Verwalten eines lebensfähigen Territoriums, eines Staates – auch wenn die Aufmerksamkeit der Welt genau andersherum funktioniert. Aber für ein Dasein im Untergrund braucht es Loyalität statt Angst und Kontrolle. Doch Loyalität, die Zustimmung, ja Begeisterung der lokalen Bevölkerung kommt nicht vor in den elaborierten Bauplänen des Kalifats.

Der IS ist eher ein künstliches Projekt als eine langsam, organisch gewachsene Bewegung. Das hat seine enormen Erfolge bis 2014 ausgemacht – aber bringt zwangsläufig die fundamentale Schwäche mit sich, dass dem ultimativen Glaubensprojekt die Gläubigen fehlen.

So könnte das weitere Schicksal des »Islamischen Staates« am ehesten von den Fehlern seiner Gegner abhängen. Die entscheidenden Fragen werden sein, wer sich nach seiner Vertreibung im Vakuum der Verwüstung ansiedeln wird und welche, falls überhaupt irgendeine, Stabilität dadurch entstehen kann.

So unklar dies bleibt, so absehbar ist ein anderer Umstand: dass das globale Interesse am IS wieder einfach verwehen wird, sobald er sein Territorium verloren hat und damit auch sein Terror an anderen Orten verebbt. Dann kann der »Islamische Staat« sich wieder in Ruhe sammeln, Schutzgelder erpressen und sich für eine nächste Gelegenheit zur erneuten Ausbreitung rüsten. Sofern, und das ist wieder eine offene Frage, er dann noch das Personal für ein derart diszipliniertes, planvolles Vorgehen hat.

Mit Blick auf die vergangenen Eroberungszüge des »Islamischen Staates« und bar aller ethischen Einwände muss man konstatieren, dass der Dschihad vom Reißbrett ein Erfolgsmo-

Vorwort zur Taschenbuchausgabe

dell sein kann. Man wünscht sich, dass er es in Zukunft nicht mehr sein wird. Aber die Umstände – die Barbarei seiner schiitischen Gegner, die Ignoranz der westlichen Mächte – bleiben günstig. Leider.

EINLEITUNG
Das unterschätzte Kalkül der Machtsammler

Wir sehen, was wir kennen. Unsere Erwartungen hat der »Islamische Staat« gern bedient. Aber unter der starren Oberfläche des Fanatismus sitzt ein mutationsfreudiger Organismus, flexibel bis zum Äußersten und klüger als all seine Vorgänger.

Von 42 Anführern des »Islamischen Staates« seien 34 »in den vergangenen 90 Tagen« getötet oder gefangen genommen worden, verkündete General Ray Odierno nicht ohne Stolz die Bilanz des Anti-Terror-Krieges in Bagdad. »Devastated«, am Boden zerstört, sei die Organisation, ergänzte der US-Generalstabschef Mike Mullen auf der Andrews Air Force Base in Maryland.[1] Die Amerikaner klangen beinahe fasziniert über das vermessene Projekt der Dschihadisten: »Die wollen das gänzliche Scheitern der Regierung im Irak«, so Odierno, »sie wollen ein Kalifat im Irak etablieren.« Nun aber, unterwandert, führungslos und verraten, ihre Kämpfer gejagt bis in die letzten Winkel der westirakischen Steppen, sah es ganz danach aus, als ob dieses Vorhaben vor dem Untergang stand. Das war im Juni 2010.

Tatsächlich waren die Extremisten, die Jahre zuvor noch weite Landstriche der westirakischen Provinz kontrolliert hatten, zu diesem Zeitpunkt verhasst bei ihren potenziellen Untertanen. Sie wurden gejagt nicht nur von amerikanischen Einheiten und der irakischen Armee, sondern auch von den »Erweckungs-Milizen« der sunnitischen Stämme, die genug davon hatten, sich von mordwütigen Fanatikern terrorisieren und ausplündern zu lassen. Der anmaßende Name des »Isla-

Einleitung

mischen Staates« stand in surrealem Gegensatz zur Fläche, die er kontrollierte, ja überhaupt zur schwindenden Existenz dieses »Staates«.

Doch Odierno, Oberbefehlshaber der US-Streitkräfte im Irak und ein kluger Kopf ohne ein Haar auf dem glatt polierten Schädel, war zurückhaltend mit einem allzu euphorischen Abgesang: »Al-Qaida im Irak«, wie ein älterer Name der Gruppierung lautete, »hat sich als widerstandsfähig erwiesen. Sie werden versuchen, sich neu zu formieren. Sie müssen allerdings eine neue Führungsriege aufstellen. Sie haben einige Namen veröffentlicht, aber wir wissen nicht, ob dahinter echte Personen stehen oder ob das Platzhalter sind.« Einer dieser Namen damals lautete: Abu Bakr al-Baghdadi.

2010 zurückgeworfen auf ein Dasein als Terrorzelle im Untergrund, ist dieser »Islamische Staat« (IS) vier Jahre später zurückgekehrt als globaler Inbegriff des Schreckens und, tatsächlich, als Staat. Der IS herrscht im Frühjahr 2015, wenn auch angefochten, über mehr als fünf Millionen Menschen und eine Fläche von der Größe Großbritanniens; er wird angeführt von eben jenem Abu Bakr al-Baghdadi, dem »Befehlshaber der Gläubigen«, der sich Ende Juni 2014 zum »Kalif« ausrufen ließ.

Wie das? Wie konnte einer im Grunde gescheiterten, geschrumpften Radikalengruppe, die weder über Macht oder nennenswerte Mittel noch über Rückhalt und Sympathisanten verfügte, ein solcher Siegeszug gelingen?

Erklärungsversuche variieren je nach Herkunft der Erklärenden: Al-Qaida-Experten betrachten den IS als al-Qaida-Abspaltung und vermissen einen spektakulären Anschlag in den Dimensionen des 11. September 2001. Kriminalisten sehen im IS eine mafiöse Holding zur Profitmaximierung im Diesseits.[2] Geisteswissenschaftler sehen genau das Gegenteil und verweisen auf die apokalyptischen Verlautbarungen der Medienabteilung des IS, auf seine Todesverherrlichung und den Glauben, in göttlicher Mission unterwegs zu sein.³

Doch mit apokalyptischen Visionen alleine erobert man keine Städte und halben Länder. Irrationale Terroristen, die nur auf das Fanal ihrer Explosionen fixiert sind, gründen keinen Staat. Als kriminelles Kartell wiederum begeistert man keine Anhänger in aller Welt, von denen Tausende ihre Existenz aufgeben, ins »Kalifat« und in den Tod zu ziehen.

Vor allem die Frage nach dem religiösen Kern verstellt den Blick auf den höchst facettenreichen Weg dieser Terrororganisation. Im Sommer 2010, just als General Ray Odierno in vorsichtigem Optimismus dem fast aufgeriebenen Führungszirkel des »Islamischen Staates« schwere Zeiten voraussagte, übernahm ein kleiner Kreis ehemaliger Geheimdienstler und Militärs dort das Ruder. Es waren die ehemaligen Kader des Regimes von Saddam Hussein, die den IS zum Siegeszug der kommenden Jahre führen würden. Hinter dem Emblem des Gottesstaates und der Gestalt des nominellen Emirs Abu Bakr al-Baghdadi bauten diese neuen Führer eine Machtmaschinerie, um Schritt für Schritt so viele Menschen, Material, Fläche unter ihre Kontrolle zu bringen, wie noch keine Terrorgruppe zuvor. Auf den ersten Blick erscheint dieses Amalgam aus (ehemaligen) Baathisten und Dschihadisten widersprüchlich: Die offiziell im Irak herrschende Baath-Partei war säkular gewesen, die Islamisten waren das Gegenteil davon. Aber letztlich trafen sich beide Systeme in der Überzeugung, dass die Herrschaft über die Massen in den Händen einer kleinen Elite liegen sollte, die diesen Massen keinerlei Rechenschaft schuldig sei – sie herrsche ja im Namen eines großen Plans, legitimiert wahlweise von Gott oder von der Glorie der arabischen Geschichte.

Für eine Weile blieb der IS ein kriminelles Netzwerk, das im Irak Schutzgelder erpresste, Zahlungsunwillige ermordete oder

Einleitung

deren Geschäfte sprengte und mit dem Geld Terroranschläge vor allem in Bagdad finanzierte. Groß genug, um Furcht zu verbreiten, zu klein, um den offenen Kampf wagen zu können. Doch dann kam die Gelegenheit, die Auflösung der alten Ordnungen zu nutzen: Der heutige Siegeszug des »Islamischen Staates« begann diskret, als irgendwann im Jahr 2012 ein winziges Vorauskommando der IS-Führung nach Syrien ging, um dort innerhalb eines Jahres zu ungeahnter Stärke heranzuwachsen. Das vom Bürgerkrieg zerrissene Land, in dem eine Vielzahl verschiedenster Rebellengruppen gegen das Regime des Diktators Baschar al-Assad kämpfte, bildete die Basis für den Aufstieg des IS zur wohl mächtigsten Terrororganisation der Welt. Dabei gründete der »Islamische Staat« seine Macht zunächst weder auf Terror noch auf die Zustimmung der syrischen Bevölkerung. Das maßgebliche Instrument, zu solch beispielloser Stärke anzuwachsen, war etwas, das keiner der großen Dschihad-Theoretiker, deren Schriften vom »Management der Barbarei« oder dem »führerlosen Dschihad« immer wieder zitiert werden, sich je ausgedacht hatte: eine hochaufwändige, auf Monate angelegte, diskret ins Werk gesetzte Unterwanderung und Ausspionierung der anarchischen Rebellenszene Nordsyriens. Zunächst ganz friedlich und freundlich, um dann umso erbarmungsloser zuzuschlagen.

Dass die strategischen Köpfe von al-Qaida nicht früher schon auf ein solches Konzept gesetzt hatten, lag nicht an ihrem Unvermögen. Sondern daran, dass es eine Situation der völligen Anarchie in den arabischen Kernländern vor 2011 nicht gab. Vordenker des Terrors waren stets davon ausgegangen, dass man zuerst einen Staat, eine bestehende Ordnung zum Kollabieren bringen müsse, um auf den Ruinen dann sein eigenes Reich errichten zu können. In weiten Teilen Nordsyriens aber gab es ab 2012 keinen Staat mehr, sondern ein rudimentäres

Nebeneinander Dutzender Rebellenbrigaden und Stadträte, die gegen das Regime von Baschar al-Assad – und mitunter auch gegeneinander – kämpften. Zwar funktionierte die staatliche Ordnung im syrischen Bürgerkrieg besser, als später geschrieben wurde, aber sie blieb dezentral und damit anfällig.

Die Paradoxie am Aufstieg des »Islamischen Staates« liegt darin, dass er erst in dem Moment möglich wurde, als sich viele Menschen in Syrien – wie zuvor in Tunesien, Ägypten, Libyen – gegen Diktatur und Unterdrückung erhoben. Die Menschen nahmen ihr Schicksal in die eigenen Hände, ohne zentrale Führung, selbst ohne ein klares Programm, was denn nach Assads Sturz geschehen sollte. Sie unterschätzten, welchen Preis sie für ihr Aufbegehren zahlen würden. Wo die Diktatur wich, entstanden Räume, die der IS besiedeln konnte wie ein Parasit das Wirtstier. Wie in Kapitel 1 dargestellt werden wird, ergriffen die Strategen des »Islamischen Staates« die Möglichkeit, die sich in Syrien eröffnete, infiltrierten unbemerkt das Land und begannen, Schritt für Schritt einen immer größeren Machtbereich zu erobern. Dabei assistierten dem IS dieselben syrischen Geheimdienstgeneräle, die schon Jahre zuvor geholfen hatten, Radikale aus aller Welt durch Syrien zu al-Qaida im Irak zu schleusen.

Dass der »Islamische Staat« eine Schöpfung der Geheimdienste sei, wie es die syrische Opposition behauptet, ist eine Übertreibung. Aber dafür, dass die Terrorgruppe schon lange vor Beginn des Aufstandes in Syrien vom Apparat des Assad-Regimes gefördert wurde, gibt es erdrückend viele Beweise aus Ermittlungen amerikanischer Behörden, aus Zeugenaussagen übergelaufener syrischer Offizieller und ausgestiegener Dschihadisten, aus Dokumenten und Kampfverläufen. Diese stillschweigende Kooperation zwischen dem »Islamischen Staat« und dem syrischen Regime, die in Kapitel 2 ausführlich beleuchtet werden wird, war dabei für beide Seiten profitabel. Man könnte sogar sagen, der Aufstieg des IS in Syrien war das Beste, was Staatschef Baschar al-Assad nach 2011 passieren konnte: Alle internationale Aufmerksamkeit gilt seitdem dem Kampf gegen die Terrorarmee des »Islamischen Staates«, während die fortgesetzten Bombardements der Zivilbevölkerung, der Giftgas-Einsatz und Massenmord von Gefangenen seitens des syrischen Regimes kaum noch wahrgenommen oder, wie Assad selbst, als kleineres Übel angesehen werden.

Genauso nüchtern und berechnend, wie der »Islamische Staat« sein Geheimdienstgeflecht aufbaute, verfuhr er politisch. Und wieder sah die Wirklichkeit sehr anders aus als die Botschaft, die der IS von sich verbreitete. Dem selbstentworfenen Bild zufolge bekämpfte der IS Feinde, die von den strengsten Auslegern des Glaubens schon vor knapp 1400 Jahren identifiziert wurden: die Ungläubigen, wozu in seinen Augen auch alle »abtrünnigen« muslimischen Sekten wie die Schiiten zählen. Doch in der Realität verhielt sich die IS-Führungsriege sehr flexibel und opportunistisch bei der Frage, wen sie gerade angriff und mit wem sie paktierte. Wie in Kapitel 3 und 4 zu sehen sein wird, gingen die Führungskader des IS rasch wechselnde, taktische Allianzen ein, um sie im geeigneten Moment wieder zu verraten: Erst kämpften die Dschihadisten gelegentlich mit den syrischen Rebellen, während sie das Gros ihrer Energie für den Machtausbau in deren Gebieten aufwandten, dann, als die syrischen Fraktionen sich in bis dato ungesehener Einigkeit gegen den IS wandten und ihn ab Januar 2014 bekämpften (Kapitel 3), warfen ihnen die Dschihadisten ihr ganzes Kriegsarsenal mit Wucht entgegen, jagten innerhalb weniger Wochen mehr Selbstmordattentäter in die Reihen der Rebellen als im Jahr zuvor gegen die Armee des Assad-Regimes. Nun begann der IS eine Phase der unerklärten Kooperation mit dem Regime

Baschar al-Assads (Kapitel 4). Ab Anfang 2014 kämpften in Syrien IS-Einheiten und die syrische Armee Seite an Seite gegen denselben Feind – die syrischen Aufständischen. Gleichzeitig verschonte die syrische Luftwaffe den Herrschaftsbereich des IS mit ihren Angriffen, während IS-Kämpfer von ihren Emiren angehalten wurden, auf keinen Fall ihre Waffen gegen die Soldaten der syrischen Armee zu richten.

Im Juni 2014 dann kehrte der IS mit Macht in den Irak zurück, in das Land, in dem er einst entstanden war. Wie in Kapitel 5 beschrieben werden wird, überrannten die Sturmspitzen des IS die irakische Millionenstadt Mosul und fast den gesamten Nordwesten des Landes, erbeuteten gigantische Waffenbestände der irakischen Armee, überfielen später die jesidischen und christlichen Orte im Nordirak.

Nach diesem Eroberungsfeldzug stand die Armee des »Islamischen Staates« auf einmal derart gut ausgerüstet und schlagkräftig da, dass sie keine Rücksicht auf ihre Partner von gestern mehr zu nehmen brauchte, nicht auf jene in Syrien, nicht auf jene im Irak. In einer Folge überraschender Angriffe wandten sich die IS-Truppen gegen Assads Armee und beendeten Anfang August 2014 jäh das Stillhalteabkommen mit den Kurden im Nordirak – nach Wochen der diskreten Vorbereitung und mithilfe von Überläufern aus den attackierten Orten.

Folgt man diesem atemlosen Siegeszug des »Islamischen Staates«, so zeigt sich, dass er vor allem nach einer Maxime handelte: Der IS hat stets das getan, was ihm im jeweiligen Moment nutzte. Bis zum Spätsommer 2014 agierte er kühl und rational, überließ den Lauf der Dinge weder dem Zufall noch Hoffnung oder Glauben. Ausgerechnet der Glaube, möchte man einwenden angesichts der Allgegenwart des Islam in der Eigenwerbung des IS. Aber die detaillierten Überlieferungen aus Koran und islamischer Frühgeschichte, die Geschichten von der Unterjochung der Ungläubigen, der Glaubensheuchler und -leugner, die allgegenwärtigen schwarzen Banner und die vor Koranzitaten triefenden Episteln der Öffentlichkeitsabteilung des »Kalifats« – all das war für den IS bei seinem kometenhaften Aufstieg nur eines von mehreren Mitteln zum Zweck. In welchem Maße der »Islamische Staat« ein Glaubensprojekt ist und inwiefern die Taten und Proklamationen des IS tatsächlich vom Koran gedeckt sind, soll in Kapitel 6 näher beleuchtet werden.

Wenn die Eroberung Mosuls den Höhepunkt des spektakulären Siegeszuges des IS darstellt, so wurde die Einnahme der Stadt Sinjar und die Belagerung des gleichnamigen Berges, wie Kapitel 7 zeigen wird, zum Symbol für die Grausamkeit der Dschihadisten. Nachdem der IS seinen Aufstieg über Jahre so gut wie unbemerkt von der Weltöffentlichkeit vorbereiten und umsetzen konnte, wurden die Verjagung, Versklavung und Ermordung der Jesiden von Sinjar plötzlich weltweit wahrgenommen und verurteilt. Die USA und andere Mächte gerieten unter Druck einzugreifen – auch wenn im Fall der Jesiden die Kämpfer der kurdischen Arbeiterpartei PKK zu den wahren Rettern in der Not wurden.

Und auch wenn er in Sinjar scheiterte: Mit seinen Eroberungen bis zum Sommer 2014 hat es der »Islamische Staat« geschafft, im Sinne seines Namens manifest geworden zu sein. Der Staat gibt seinem maßlosen Anspruch, Gottes Plan zu verwirklichen, Substanz, Quadratmeter um Quadratmeter. Das »Kalifat« ist keine bloße Schimäre mehr, kein Fiebertraum verzweifelter Bombenleger. Man kann den »Islamischen Staat« durchfahren, stundenlang. Welche enorme Wirkung dies hat auf die weltweite Szene der Anhänger und zunehmend Gewaltbereiten, spiegelt sich in all den Attacken und Anschlägen wider, die gar nichts direkt mit dem IS zu tun haben –

und doch ausgelöst werden von der Veränderung des Klimas, von einem ansteigenden Gefühl der Ermächtigung in der internationalen islamistischen Szene. Die wird noch verstärkt von der dröhnenden wie raffinierten Propaganda des IS, die in Kapitel 8 untersucht werden wird. Im Kontrast dazu soll in Kapitel 9 ausführlich das Leben im »Islamischen Staat« beschrieben werden. Hinter die Fassade zu schauen, die der IS von sich präsentiert, ist für Journalisten so gut wie unmöglich geworden. Nur anhand eines dichten Netzes an Quellen und Informanten, die nun schon seit vielen Monaten unter der Herrschaft des IS leben, ist ein unverstellter Blick möglich, kann beleuchtet werden, was die Herrschaft dieses Staates für die Bevölkerung tatsächlich bedeutet, wie er funktioniert und wie er sich finanziert.

Der größte Erfolg des »Islamischen Staates«, die Eroberung weiter Landstriche und die Gründung des »Kalifats«, ist eine ambivalente Errungenschaft, denn er macht die Dschihadisten zugleich verwundbar. Der Terror hat nun eine Adresse, kann angegriffen werden. Seit die Luftangriffe gegen den IS geflogen werden, ist seine Ausdehnung ins Stocken geraten. Wie die USA und andere westliche Staaten mit der Herausforderung durch den IS umgehen und wie die arabischen Nachbarstaaten auf die Bedrohung reagieren, soll in den beiden abschließenden Kapiteln 10 und 11 beschrieben werden. Hier stellt sich auch die Frage nach der Zukunft und der Überlebensfähigkeit des »Islamischen Staates«.

Erstaunlich ist, dass der IS nach seinem beispiellosen Siegeszug immer noch unterschätzt wird. Kommentatoren schreiben hoffnungsvoll davon, dass sich die Untertanen des »Islamischen Staates« angesichts der desolater werdenden Versorgungslage von der Terrorgruppe abwenden. Doch wohin sollen sie sich wenden angesichts flächendeckender Bespitzelung, rigider Kon-

Einleitung

trollen und einer weitgehenden Entwaffnung durch den IS? US-Politiker wiederholen stetig, dass im Irak die sunnitischen Milizen von einst wiederbelebt werden müssen, die vor knapp einem Jahrzehnt al-Qaida im Irak Einhalt boten. Währenddessen hat das irakische Parlament sich bis Februar 2015 noch nicht einmal grundsätzlich darauf geeinigt, ob dies geschehen soll – und gleichzeitig ermorden die Hinrichtungskommandos des IS systematisch die potenziellen Anführer solcher Milizen oder vereinnahmen deren Stämme.

Dass wir Formationen wie den »Islamischen Staat« stets fast nur aus der Ferne beurteilen, verführt zur Täuschung und zur Unterschätzung. Über die Jahre hat sich im Westen ein so festes Bild vom islamistischen Terrorismus geformt, dass zuwiderlaufende Sachverhalte an diesem Klischee abperlen wie Tropfen an einer Teflonbeschichtung. Zwar findet in der Berichterstattung über den »Islamischen Staat« Erwähnung, dass dessen Führungsebene ab 2010 fast ausschließlich aus einstigen irakischen Geheimdienstoffizieren und Parteikadern der Ära Saddam Husseins bestanden habe. Aber was für eine enorme Bedeutung diese faktische Übernahme einer Radikalengruppe durch glaubensfreie Ingenieure der Macht bedeutet, geht in den sich überschlagenden Nachrichten zum Terror des IS vollkommen unter. Zerlegt man den kometenhaften Aufstieg des IS ab 2012 in einzelne Schritte, wie es in den folgenden Kapiteln geschehen wird, so offenbart sich das hochflexible, präzise eingesetzte Strategiearsenal einer Organisation, die Fanatismus als Methode der Mobilisierung einsetzt, wechselnde Zweckallianzen auch mit erklärten Feinden eingeht und dabei äußerst rational agiert. Scheinbar mühelos gegensätzliche Elemente vereinend, passt sich der IS stets aufs Neue an seine Umgebung an, tritt auf wie ein mutierender Virus.

Dasselbe Gebilde hat sich in den vergangenen Jahren in

unterschiedlichster Gestalt gezeigt: als abgeschottete Terrorgruppe, als weitreichendes Spitzelnetz mit harmlosem Anstrich, als hochgerüstete Armee, die mit Sturmattacken und Selbstmordattentätern ihre Gegner niederwalzt. Seit Mitte 2014 schließlich, unter Berufung auf die heiligen Überlieferungen, präsentiert es sich als ultimative Machtinstanz, der sklavisch zu gehorchen göttlicher Wille sei. Diesem Willen zuwiderzuhandeln, wäre ein todeswürdiges Verbrechen – so deklariert es der »Islamische Staat«. Denn er ist Gottes Exekutive.

Das vorliegende Buch will den IS in seiner Gesamtheit, in all seinen Facetten und Mutationsformen darstellen. Es wird die Entstehung des IS, seine Vorläuferorganisationen und seine Metamorphosen nachzeichnen, und es wird die Hintermänner aufzeigen, die den Aufstieg des »Islamischen Staates« penibel planten und auf den geeigneten Moment warteten, diesen Plan umzusetzen. Die Taktik des steten Wandels, des schnellen Anpassens an veränderte Umstände, des opportunistischen Wechsels von Allianzen ist das bestimmende Merkmal, den Aufstieg des »Islamischen Staates« zur beherrschenden Macht in großen Teilen Syriens und des Irak zu verstehen.

Dieses Buch wird deswegen einen möglichst nahen Blick auf den IS werfen und die Umstände seines Aufstiegs vor Ort begreiflich machen – im Irak, in Syrien, im Libanon, in den Gebieten der Autonomen Region Kurdistan. Dass etwa der »Islamische Staat« mit militärischer Wucht 2014 durch den Irak rollte, ist bekannt. Viel faszinierender und auch aufschlussreicher jedoch ist sein Aufstieg zuvor in Nordsyrien: wie dort das kleine irakische Vorauskommando aus einströmenden Dschihad-Pilgern quasi aus dem Nichts eine Kadertruppe formte. In einem fremden Land mit anderen Fremden aus Tunesien, Tschetschenien, Belgien und zahllosen anderen Ländern eine koloniale Unterwerfung zu organisieren, das hat noch keine dschihadistische Bewegung zuvor geschafft oder auch nur versucht.

Wie dieser Aufstieg ablief, ließ sich an vielen Orten Nordsyriens minutiös beobachten. Dass er auch genauso geplant war, ergibt sich aus Hunderten von Interviews, die über einen Zeitraum von zweieinhalb Jahren vom Autor geführt wurden. Überdies lässt es sich durch mehrere exklusive Aktenfunde belegen, die erstmals für dieses Buch ausgewertet wurden, darunter Dutzende handschriftliche Aufrisse zum Staatsaufbau von einem der wichtigsten Architekten des »Islamischen Staates«.

Dieses Buch kann zum jetzigen Zeitpunkt nur eine Momentaufnahme sein, der weitere Fortgang ist offen. Selbst wenn es gelänge, die strategischen Schritte des IS ungefähr zu prognostizieren, hängt die tatsächliche Entwicklung von zu vielen Unwägbarkeiten ab. Aber die Entstehung des IS, den mal schleichenden, mal blitzartigen Aufstieg in der Tiefe zu durchdringen, ist unabdingbar, um den komplexen Charakter, die Stärken und Schwächen dieser in vielem neuartigen und sich auch immer wieder neu erfindenden Organisation zu verstehen.

Denn der »Islamische Staat« ist weit mehr als die gefährlichste Terrorgruppe der Welt. Er ist eine Macht, die auf verschiedenen Feldern ein zuvor ungekanntes Maß an Fähigkeiten zeigt, militärisch, geheimdienstlich, medial. Ein »totalitäres, expansives und hegemoniales Projekt«, wie es Volker Perthes, der Direktor der Stiftung Wissenschaft und Politik in Berlin, zusammenfasste. Mit seinen Vorgängern wie al-Qaida hat der »Staat« nicht viel mehr gemeinsam als das dschihadistische Label. In seinem Handeln, seiner strategischen Planung, seinem vollkommen skrupellosen Wechsel von Allianzen und seinen präzise eingesetzten Propagandainszenierungen ist im Kern nichts Religiöses mehr erkennbar. Der Glaube, auch in seiner extremsten Form, ist nur eines von vielen Mitteln zum Zweck. Die einzig konstante Maxime des »Islamischen Staates« bleibt: Machterweiterung um jeden Preis.

Zu den Begrifflichkeiten

Selten hat eine Organisation, die auf Propaganda und Image so viel Wert legt wie der »Islamische Staat« (IS), seinen Namen so häufig geändert. 1999 entstand die Ursprungsgruppe als *Jamaat al-Tauhid wa al-Jihad*, die »Gemeinschaft der Einheit und des heiligen Kampfes«. Der Jordanier Abu Musab al-Zarqawi nannte so seine Kämpfertruppe, die ihr Camp im westafghanischen Herat hatte. Nach dem Sturz der Taliban fassten Zarqawi und seine Getreuen Fuß im Irak. Mit Beginn des spannungsreichen Zweckbündnisses mit al-Qaida wurde Zarqawis Truppe 2004 zu »al-Qaida im Irak« (AQI) und einige Monate nach seinem Tod 2006 umbenannt in »Islamischer Staat im Irak« (ISI). Dieser Name war Programm: Fortan würde die Gruppe versuchen, einen eigenen Staat zu erobern, was bis 2010 allerdings beinahe im Untergang der Terrorformation mündete. Die Machtübernahme der Führung durch ehemalige Geheimdienstoffiziere und die Mutation zur Untergrundmafia, die mit Schutzgelderpressungen reich wurde, verhalf dem »Islamischen Staat im Irak« zum dramatischen Comeback: Nachdem die Formation generalstabsmäßig geplant in Nordsyrien Fuß gefasst hatte, kam im April 2013 auch die Namenserweiterung zum »Islamischen Staat im Irak und in Großsyrien«, jener vorkolonialen Region, die auf Arabisch als *al-Sham*, in Europa als Levante geläufig war. Aus dieser Namensvielfalt erwuchsen, je nachdem, wie man den Begriff »Großsyrien« bzw. »al-Sham« verwendet, verschiedene Abkürzungen: ISIS (Islamischer Staat im Irak und Syrien), ISIG (Islamischer Staat im

Irak und in Großsyrien), ISIL (Islamischer Staat im Irak und in der Levante). Deutsche Sicherheitsbehörden wollten alles richtig machen und fügten noch die Variante »IStIGS« (Islamischer Staat im Irak und in Großsyrien) hinzu.

Auf Arabisch ergeben die Anfangsbuchstaben eine eingängige Variante: Aus *Daula al-islamiya fil-Iraq wa al-Sham* wurde: *Da'ish*. Ein Wort, das sich hervorragend mit dem Gestus der Abscheu hervorstoßen lässt. »Da'ish, das klingt wie eines der Monster aus den Märchen, die man uns als Kinder erzählt hat«, befand der von den Schergen dieses Monsters gejagte syrische Intellektuelle Yassin Haj Saleh. Entsprechend drakonisch ahndeten die *Da'ishis*, wie die Anhänger genannt wurden, diejenigen mit Peitschenhieben, die sie das Verhöhnungskürzel aussprechen hörten. *Daula*, Staat, war die einzig erlaubte Kurzform für die damals gern schwarz maskiert auftretende Schreckenstruppe. Doch die Leute hielten sich nicht daran, im Gegenteil: Das Arabische ist eine schöpfungsfreudige Sprache, und so entstanden bald der *Dada'ishi* für Kindersoldaten, die *Ada'ishiya* für weibliche Kader und sogar eine einschlägige Verbform: *anada'ish* als Passivform fürs Verprügeltwerden.

Auch nachdem der »Islamische Staat« am 29. Juni 2014 das globale »Kalifat« verkündete, alle Länderzusätze im Namen strich und fortan als »Kalifat des Islamischen Staates« tituliert werden wollte, blieb der Name Da'ish im Arabischen an ihm haften.

Doch wie soll man ihn außerhalb der arabischen Welt nennen? Frankreichs Außenminister Laurent Fabius hat für sein Land den Amtsgebrauch von Da'ish beschlossen: »Ich empfehle nicht, den Terminus ›Islamischer Staat‹ zu verwenden, denn damit verwischt man die Trennlinien zwischen Islam, Muslimen und Islamisten.« Das Auswärtige Amt in Deutschland hält sich zumeist an den Namen »IS«, das Pentagon variiert zwischen »ISIS« und »Da'ish«. Eine Gruppe britischer Imame forderte Premier David Cameron auf, doch bitte fortan vom »Un-Islamischen Staat« zu sprechen. Ein ähnliches Anliegen, sich gegen die Vereinnahmung des Begriffs »Islam« durch den IS zu wehren, lässt unter dem Hashtag #notinmyname eine weltweite Twitter-Kampagne von Muslimen florieren.

Dieses Buch nun ist kein Statement, sondern der Versuch, so akribisch wie möglich Entstehung, Strategien und Widersprüche dieser Schreckensformation zu beschreiben. Das Risiko, von bloßen Namen vereinnahmt zu werden, dürfte gering sein. Um die unterschiedlichen Mutationsformen des »Islamischen Staates« über die Jahre wiederzugeben, werden deshalb im Folgenden für die drei »Namensphasen« des IS die Abkürzungen der jeweiligen Titel verwandt: ISI für »Islamischer Staat im Irak« ab 2006, »ISIS« für die um Syrien erweiterte Organisation ab April 2013, »IS« schließlich für die Zeit ab Juli 2014. In übersetzten Zitaten arabischer Sprecher bleibt Da'ish stehen, sofern der Zitierte den Begriff so verwendet hat.

1 DAS STASI-KALIFAT
Der akribisch geplante Aufstieg
des »Islamischen Staates«

Keiner weiß, wer der Mann wirklich ist, der in einer nordsyrischen Kleinstadt den Siegeszug der Dschihadisten plant. Mit Kugelschreiber bringt der Architekt des Terrors Dutzende Organigramme und Listen zu Papier – den Masterplan für den »Islamischen Staat«

Spröde sei er gewesen. Zuvorkommend höflich. Schmeichelnd. Extrem aufmerksam. Beherrscht. Verlogen. Undurchschaubar. Bösartig. Jene Männer aus verschiedenen Orten Nordsyriens, die sich Monate später an ihre Begegnungen mit ihm erinnern, schildern ganz unterschiedliche Facetten des Mannes. Nur in einem sind sie sich einig: »Wir wussten nie, wem wir da eigentlich gegenübersitzen.« Und das in mehrfacher Hinsicht. Denn wer der hochgewachsene Endfünfziger mit dem kantigen Gesicht wirklich war, das wussten noch nicht einmal jene, die ihn an einem Januartag 2014 nach kurzem Feuergefecht im Ort Tal Rifaat erschossen. Dass sie den strategischen Kopf des »Islamischen Staates« umgebracht hatten, war ihnen nicht bewusst – und dass es überhaupt geschehen konnte, war eine rare, aber letztlich fatale Fehlkalkulation des brillanten Zynikers. Den örtlichen Rebellen musste erst jemand erklären, wie wichtig der Mann gewesen war, bevor sie seinen Leichnam wieder aus der kaputten Kühltruhe hoben. Eigentlich hatten sie ihn darin begraben wollen.

Samir Abed al-Mohammed al-Khleifawi war der echte Name des Mannes, dessen knochige Züge von einem weißen Vollbart etwas gemildert wurden. Unter diesem Namen kannte ihn niemand. Aber auch mit Haji Bakr, seinem bekanntesten Pseudonym, wussten die wenigsten etwas anzufangen. Irgendwann Ende 2012 war der Iraker in der Umgebung von Aleppo aufgetaucht, Syriens nördlicher Wirtschaftsmetropole, um die ab dem Sommer desselben Jahres erbittert gekämpft wurde. Seit verschiedene Rebellengruppen die nahen Grenzübergänge eingenommen hatten, kam ein steter Strom ausländischer Dschihadisten über die türkische Grenze. Haji Bakr war schon länger da, einer von vielen, die sich in dieser syrischen Zwischenwelt aufhielten, in der die Macht Baschar al-Assads bis auf kleine Inseln verschwunden war. Aber stattdessen gab es nicht eine neue Macht – sondern derer viele. Iraker kamen nur wenige, aber weder fiel Bakr als Kämpfer auf, noch machte er Anstalten, Anführer einer Rebellengruppe werden zu wollen, wie sie zu Dutzenden in jenen Tagen entstanden. Der alte Mann, der viel unterwegs war, hatte etwas ganz und gar anderes vor: Er wollte einen Staat errichten – mit dem ihm innewohnenden Anspruch auf die Weltherrschaft.

So etwas ist nicht ganz einfach.

Fast ein Jahrzehnt hatte der einstige Baath-Parteikader schon damit verbracht, eine Macht zu etablieren gegen die neuen Verhältnisse im Irak, die der früheren Elite des Landes ihre Stellung genommen hatten. Er war Geheimdienstoberst der Luftabwehr in Saddam Husseins Armee gewesen, zuständig kurioserweise unter anderem für Konzepte zur Rettung von Piloten notwassernder Militärjets, bevor Saddam Hussein gestürzt und die Armee per Dekret aufgelöst wurde. Bakr war daraufhin in den Untergrund gegangen. Um gegen die Amerikaner zu kämpfen, hatte er die kurzlebigen »Brigaden der Baath-Partei« mitgegründet und war dann bei al-Qaida gelandet, erinnert sich der irakische Kenner der Dschihadisten Hischam al-Haschimi, der ihn noch aus der Zeit vor Saddams Sturz kannte: »In Anbar«,

1 Das Stasi-Kalifat

einer Provinz im Westirak, »lernte er Abu Musab al-Zarqawi kennen«, den jordanischen Gründer von al-Qaida im Irak. Ein Fanatiker oder Ideologe sei der Mann, der mit Haschimis Cousin an der Luftwaffenbasis Habbaniya stationiert war, hingegen nicht gewesen. Sondern schlicht verbittert darüber, per Federstrich des US-Statthalters Paul Bremer einfach auf die Straße gesetzt worden zu sein. Außerdem war Bakr ein überzeugter Nationalist, der fand, dass die amerikanischen Besatzer vertrieben gehörten.

In der Eskalation des irakischen Bürgerkriegs folgte Haji Bakr dem Kurs Zarqawis. Noch erbitterter als die Amerikaner bekämpfte er die nun herrschende Mehrheit der Schiiten. Ab 2006 verfolgte seine Bewegung den ambitionierten – oder größenwahnsinnigen – Plan, einen »islamischen Staat« zu errichten, und hatte sich konsequent umbenannt in »Islamischer Staat im Irak« (ISI). Der Plan sah die Wiederauflage der *Umma* vor, der frühen Gemeinde des Propheten Mohammed, die nach beispiellos kurzen Eroberungszügen zum Imperium herangewachsen war. Ein solcher Staat, wie auch immer er aussehen würde, könnte aus dem Vollen der Überlieferungsgeschichte und Mythen schöpfen. Er wäre Projektionsfläche für all die Enttäuschten, Zukurzgekommenen und Wütenden in der islamischen Welt, denen man ein Heilsversprechen mit göttlichem Siegel präsentieren könnte.

Auch andere hatten derartige Versuche schon vorher unternommen: Ob Osama Bin Laden, die Muslimbrüder, zig kleinere Dschihadistengrüppchen oder nationale Bewegungen wie die Taliban – ihnen allen schwebte stets als Endziel ein solcher Staat vor, wenn auch unterschiedlichen Ausmaßes. Und sie alle waren gescheitert, auf die eine oder andere Weise: die Taliban am Terror ihrer al-Qaida-Gäste, die anderen an ihrer Unfähigkeit, mehr als einen Gebietszipfel zu erobern, den sie dann meist auch nur für kurze Zeit halten konnten, bevor sie vernichtend geschlagen wurden – die Gruppe Ansar al-Islam 2003 im Nordirak, die Gruppe Fatah al-Islam 2006 im Flüchtlingslager Nahr al-Barid im Nordlibanon, die radikalen Koranschüler in Islamabads Roter Moschee 2007.

Fehlschlag nach Fehlschlag. An einem von ihnen war Haji Bakr beteiligt. Denn auch im Irak würde der Kampf von al-Qaida spätestens 2010 zunächst scheitern, würden ihre Führer aufgerieben werden. Bakr überlebte. Ein ehemaliger Häftling des syrischen Gefängnisses Saidnaya, in dem die meisten islamistischen Häftlinge und vor allem die Rückkehrer aus dem Irak einsaßen, erinnert sich: »Haji Bakr war bei al-Qaida aufgetaucht, aber die meisten echten Islamisten misstrauten ihm – schließlich war er ein Funktionär der Baath-Partei gewesen, ein hoher Offizier, rasiert, ein Saddam-Mann, kurz: einer von denen, die sie früher ins Gefängnis gebracht hatten. Außerdem glaubte ihm keiner, dass er plötzlich religiös geworden sei.« Aber er hatte andere Qualitäten, so Haschimi: »Er war ein begnadeter Planer und Logistiker, sehr organisiert, sehr klug.« Ideologen hatte al-Qaida ja ohnehin genügend. Woran es den religiösen Ultras stets gemangelt hatte, waren gewissermaßen die Ingenieure des Terrors, die zum Erfolg einer Operation – eines Sprengstoffattentats, einer Gefangenenbefreiung – nicht auf Gottvertrauen setzten, sondern auf solide, umsichtige Vorbereitung. Solche Männer brauchte auch die radikalste religiöse Terrorvereinigung. Gott schenkt einem nicht den Sieg, wenn man den Zünder vergisst oder am Mobiltelefon über Anschlagsdetails spricht und anschließend vom US-Militär mit einer Rakete eingeäschert wird.

Die einzelnen Führer der Terrororganisation waren selten gemeinsam an einem Ort, kommunizierten oft über komplizierte, langwierige Umwege und kannten einander schlicht

1 Das Stasi-Kalifat

wenig. Haji Bakr war zuständig für die Kontakte zum Kreis um den einstigen irakischen Vizepräsidenten Izzat al-Duri, der vor dem Einmarsch der Amerikaner 2003 alles andere als eine Führungspersönlichkeit gewesen war. Vielmehr handelte es sich bei ihm um einen devot ergebenen Jugendfreund Saddam Husseins, der vor seinem Aufstieg in der Politik als Verkäufer von Eisbarren gearbeitet hatte. Aber al-Duri hatte schon zu Regime-Zeiten Kontakte zur Nakschbandiya-Bruderschaft gehalten, ursprünglich ein Sufi-Orden, aus dem eine militärische Formation im Kampf gegen die US-Truppen hervorgegangen war. Und: Izzat al-Duri war nach dem Sturz Saddam Husseins nie verhaftet worden, als Einziger aus der Führungsspitze.

Von 2006 bis 2008 war Haji Bakr im berüchtigten irakischen Gefängnis Abu Ghraib und für eine Weile auch im US-Gefangenenlager Camp Bucca im Süden inhaftiert. Danach pendelte er gelegentlich nach Syrien, hatte nahe Damaskus eine Wohnung und soll sich dort mindestens einmal zwischen 2008 und 2010 mit Asif Schaukat getroffen haben, dem Chef des Militärgeheimdienstes, Schwager von Baschar al-Assad – und Koordinator des diskreten Transfers von Dschihadisten aus aller Welt durch Syrien in den Irak. Bakr avancierte zu einem der militärischen Anführer des ISI, zuständig für die Provinz Anbar, dann zu dessen Militärchef, ernannt von ISI-Führer Abu Ayyub al-Masri. Als dieser und Zarqawis nomineller Nachfolger Abu Omar al-Baghdadi im Frühjahr 2010 von den Amerikanern gestellt wurden und sich lieber in die Luft sprengten, als aufzugeben, war es Haji Bakr, der dessen Nachfolger kürte: Abu Bakr al-Baghdadi, wie er sich nennt, ein enger Vertrauter noch aus den Jahren in Anbar. Bakr habe, so ein ISI-Gefolgsmann jener Zeit, die verbliebenen Mitglieder der obersten Räte einzeln gesprochen und ihnen jeweils die Zustimmung aller anderen versichert. Später dann seien drei Männer, die sich gegen ihn ausgesprochen hatten, spurlos verschwunden.

Ob es letztlich die Machtübernahme der einstigen Baathisten oder die Lernkurve aller war: Die überschaubare Schar der Anführer (die meisten waren von den amerikanischen und irakischen Truppen nach und nach getötet worden) schien zu einem für religiöse Fanatiker ungewöhnlichen Schritt entschlossen: aus Fehlern zu lernen. Eine Lehre zu ziehen aus all den Desastern der vergangenen Jahrzehnte, den fehlgeschlagenen Versuchen, irgendwo auf dem Wege des Dschihad an die Macht zu kommen und sich vor allem dort zu halten.

So war Haji Bakr erneut nach Syrien gegangen, als Teil einer winzigen Vorhut und mit einem aberwitzigen Plan: unter ihrer irakischen Führung eine Armee aus den anderen Ausländern zu bilden, die nun nach Syrien strömten. Das war ungefähr so, als würde sich eine Handvoll Österreicher in die Schweiz begeben, um dort mit einsickernden Deutschen die Macht an sich zu reißen. Doch die ambitiöse Umwegskonstruktion hatte einen Vorteil, der ihren Planern offenbar wichtig war: Unauffälligkeit. Explizit hatte Haji Bakr verfügt, dass die irakischen Kämpfer des ISI bleiben sollten, wo sie waren, in Mosul, Tikrit, Hawija, den Hochburgen des sunnitischen Ressentiments gegen die Regierung in Bagdad. Deren immer rigidere Apartheidspolitik, Kabinettsposten, Offiziersränge, Beamtenpositionen nur noch mit Schiiten zu besetzen, hatte zwar die Wut unter den Sunniten geschürt, die etwa ein Drittel der Bevölkerung ausmachten und die unter Saddam wie in den Jahrzehnten zuvor die Herrscher des Landes gewesen waren. Aber noch existierte der irakische Staat, und noch waren auch die verschiedenen militanten Gruppen zu uneins, ihm die Stirn zu bieten.

Stets waren die Dschihadisten in den vergangenen Jahrzehnten in ihren eigenen Ländern an der jeweiligen Staatsmacht gescheitert. Im Irak ab 2003 hatten die einmarschierten Amerikaner zwar per Federstrich Armee, Regierung und Behörden aufgelöst, aber zugleich jeden späteren Versuch der al-Qaida-Machtübernahme verhindert. Jede Bewegung der Radikalen in Ägypten, Libyen, in Syrien war in den letzten 30 Jahren fehlgeschlagen. Es war, als versuchten sie, immer wieder aufs Neue durch einen Eisblock zu schwimmen. Doch in Syrien nun, jedenfalls im Norden, war die einst alles kontrollierende Staatsmacht bis auf Überbleibsel besiegt, vertrieben, zerschmolzen. An ihrer Statt gab es Hunderte von Ortsräten und Rebellenbrigaden, es war ein anarchisches Nebeneinander, in dem niemand mehr die Übersicht hatte. Der geeignete Aggregatzustand für ein Projekt, das eine maßlose Glaubensvision erforderte. Oder ebensolchen Zynismus. Oder beides.

In Syrien, wo sich Haji Bakr und die übrigen entsandten Führungskader ausweislich der Koordinaten seines Navigationsgeräts erst einmal in den kaum kontrollierten, menschenarmen Steppen der Ostprovinz Hassaka einrichteten, fehlte es allerdings zu einer schlichten militärischen Unterwerfung der potenziellen Untertanen an so ziemlich allem, was dafür nötig gewesen wäre: Männern, Waffen und vor allem Lokalkenntnissen. Wer könnte dem »Islamischen Staat« zugeneigt sein, wer bliebe auf jeden Fall Gegner? Wer besaß Charisma, Geld, informelle Führungspositionen? Und wo wohnten diese Leute?

Dies würden die Dschihadisten als Erstes in Erfahrung bringen. Sie hatten Geld, das sie seit Jahren vor allem mit einem engmaschigen Netz von Schutzgelderpressungen in der irakischen Handelsmetropole Mosul verdienten, ihrer Hochburg. Und sie hatten einen Plan, den Haji Bakr begann, Blatt um Blatt aufzuzeichnen für die ersten kleinen Schritte zur Machtergreifung. Denn jetzt hatten sie keinen Eisblock mehr vor sich, sondern Wasser, in dem sie sich wie Fische bewegen konnten.

Der akribisch geplante Aufstieg des »Islamischen Staates«

Nordsyrien Anfang 2013, das war schon damals eine verwüstete, schwer fassbare Welt. Man könnte sagen, das Jahr begann mit einem verrußten Kanarienvogel. Unterwegs an einem Januartag, unter einem hektischen Himmel, an dem sich Sonne und Regenwolken in rascher Folge abwechselten. In der Ebene nördlich von Aleppo lag das weite Areal der Infanterieschule, die von Rebellen erst Tage zuvor eingenommen worden war. An der Ecke der Mauer, wo gerade ein überlebensgroßes Kachelporträt Baschar al-Assads zu Scherben gehämmert wurde, lag eine Kreuzung, und da saß diese Familie: ein Mann, eine Frau, drei Kinder, ein paar Matratzen, Koffer, Plastikgefäße mit eingelegten Oliven. Am auffälligsten war der Vogelkäfig mit einem grauschwarzen Kanarienvogel darin. Er sah mitgenommen aus, in jeder Hinsicht.

»Wir haben die letzten Wochen nur mit schlechtem Diesel und Plastik geheizt«, entschuldigte der Mann den Zustand des Vogels, »der Rauch«. Sie kamen aus Salahedin, einem Viertel Aleppos, das im Spätsommer des Vorjahres zur Frontlinie geworden war, und waren in ein Dorf nahe der Infanterieschule geflohen, das nach deren Fall nun von weitreichender Artillerie aus dem Osten der Stadt beschossen wurde. Also weiter. Bis zu dieser Kreuzung hatte sie ein Wagen mitgenommen, nun hofften sie, dass ein Auto noch vor dem nächsten Regen käme. Jemand hatte versprochen, Bescheid zu sagen, irgendwer sollte kommen. Es hatte bereits zu nieseln begonnen, als schließlich ein kleiner Transporter auftauchte, sie ihre Habe verluden und aufbrachen, irgendwohin, sie wussten es selbst nicht.

Der ganze Norden Syriens, die Provinz Aleppo mit der gleichnamigen Hauptstadt, die toskanisch anmutende Hügellandschaft von Idlib, die Steppen von Raqqa, Hassaka, bis hin nach Deir ez-Zor im Osten, waren zu einer mittelalterlichen Welt geworden: Manche Städte noch beherrscht von der Armee, teils zu Ruinen bombardiert, der Rest ein Flickenteppich lokaler Rebellengruppen und Räte, die zwar nicht gegeneinander kämpften, aber sich auch selten vereinigten über ihren Sprengel, ihre Provinz hinaus. Zwischen dem dröhnenden Mahlstrom unzähliger Gefechte, Bombardements auf Dörfer und Städte trieben Hunderttausende Flüchtlinge umher wie Treibgut auf hoher See. Sie blieben, wo es gerade ruhig war, flohen weiter, wenn es zu gefährlich wurde, stets gejagt von der unergründlichen Einsatzplanung der syrischen Luftwaffe, die einen Ort gern monatelang in Frieden ließ, um dann jählings wieder zuzuschlagen.

Es war eine gespenstische Gleichzeitigkeit des Ungleichen. Denn inmitten der Anarchie hatte sich überall in jenen Gebieten des Nordens, die von den Rebellen kontrolliert wurden, Ortsräte organisiert, Komitees, um das Machtvakuum zu füllen – während die Luftwaffe Tag um Tag die Infrastruktur einäscherte. Trinkwasserleitungen wurden bombardiert, Getreidespeicher, Krankenhäuser, Behörden, Schulen. In der 150 000-Einwohner-Stadt Manbij, die schon im Vorjahr als erste Großstadt im Norden begonnen hatte, sich selbst zu verwalten, wurden Packen für Packen alle Gerichtsakten, Heiratsurkunden, Dokumente des Katasteramtes aufs Land evakuiert. »Die Rettung des Staates vor seiner Zerstörung durch die Regierung«, nannte es einer der Anwälte vom Justiz-Komitee. Im hart umkämpften, halb zerschossenen Rumpfgebilde der einstigen Millionenmetropole Aleppo, wo Hunderttausende ohne Strom hausten und abends alle paar Meter Menschen vor kleinen Feuern auf dem Bürgersteig saßen, dauerte die Antwort auf die schlichte Frage »Wer herrscht?« eine Weile. »Na, die Tauhid-Brigade«, die größte Rebelleneinheit, »der Stadtrat, die ›Freien Anwälte‹, die Viertel-Komitees«, zählte Rafat Rifai auf, einer der Organisatoren des Übergangs-Stadtrates, »die Gerichte, die beiden Ärzte-Vereinigungen und die Nusra-Front«, die Radikalen-Truppe. »Gleichzeitig könnte man sagen: niemand. Was Aleppo hier zusammenhält, ist der Gesellschaftsvertrag seiner Bewohner. Der Respekt voreinander und die Fähigkeit zum Kompromiss. Jedenfalls noch«, und dann erzählte er von der Angst vor den islamistischen Fanatikern, die viele damals teilten. Sie würden immer mehr, und vor allem hätten sie Geld, von dem niemand wusste, woher es stammte.

Niemand herrschte, jedenfalls nicht so, wie Haji Bakr das Herrschen verstand. Es war ein Schwebezustand der Anarchie, weit zivilisierter als Assads Diktatur es gewesen war oder Haji Bakrs Vorhaben es sein würde, aber eben auch verwundbar.

Das mysteriöse Geld, von dem sich die Nusra-Front finanzierte, oder zumindest ein Großteil davon, stammte von Haji Bakr. Ab November 2012 war er für ein halbes Jahr verantwortlich gewesen für den Nachschub an Waffen und Geld für die Nusra-Front in Aleppo. Ein Iraker hatte ihn empfohlen, so ein ehemaliger Nusra-Mann später: »Der hat Ahnung von Management und Verwaltung. Dem könnt ihr trauen!« Mit Ersterem hatte der Mann zweifellos recht, mit Letzterem zweifellos unrecht. Vorerst organisierte Bakr reibungslos die Versorgung der Nusra-Front mit den beiden essenziellen Elementen, Geld und Waffen. Wobei die finanziellen Mittel ausschlaggebend waren, denn Munition, Waffen, selbst schweres Gerät konnte man kaufen: von anderen Rebellen, aus dem Irak und dem Libanon – und direkt von korrupten Offizieren der syrischen Armee.[1] Der Großteil der Finanzierung kam aus dem Irak und den Mitteln des ISI, der schon seit Jahren mit einem ausgedehnten Netz von Schutzgelderpressung und Wegezöllen vor allem in der Wirtschaftsmetropole Mosul Millionen einnahm.

An vielen Orten Syriens ließen sich ab Herbst 2012 ausländische Radikale nieder: In Azaz und Tal Rifaat in der Provinz

1 Das Stasi-Kalifat

Aleppo, in Aleppo selbst, in Meyadin am Euphrat tief im Osten nahe der irakischen Grenze. Sie blieben für sich, mischten sich selten mit den anderen Kämpfern, sondern bezogen ein Haus, eine verlassene Hühnerfarm und waren einfach da. »Wir wissen auch nicht, was die treiben«, zuckte ein Mann in Meyadin im Dezember 2012 mit den Schultern: »Die sind komisch. Aber sie tun nichts.« Sie wollten nur missionieren. Sagten sie zumindest. Manchmal gaben sie an, zur Nusra-Front zu gehören, wie in Aleppo, andernorts hatten sie sich gar keinen Namen gegeben, sondern nur von sich gesagt, sie seien »Brüder«: gekommen im Kampf für den wahren Glauben. Wie in Meyadin. Andere nannten sich *Muhadschirun*, nach der *Hidschra*, dem Auszug Mohammeds mit wenigen Getreuen aus Mekka: Der war Jahre später siegreich zurückgekehrt, um den neuen Glauben und die neue Macht zuerst in der Stadt selbst und dann in riesigen Gebieten durchzusetzen.

Der im Grunde genommen romantische Impuls, alles hinter sich zu lassen und für die gottgewollte Sache in die Fremde zu ziehen, war bei den Ankommenden allerdings oft nicht sonderlich durchdacht. Fragte man sie, warum sie gekommen seien, lautete die erste Antwort stets »Dschihad« und bald danach kam eine vage Idee von einem islamischen Staat. Doch hakte man weiter nach, wie die Phase des Kampfes denn übergehen sollte in eine des Staates, wurden die Antworten einsilbig. Das sei nicht ihre Sache, sagten die Neuankömmlinge. Oder: Gott werde da helfend eingreifen, sie müssten nur den Weg ebnen.

Diese radikalen Einwanderer hatten die strategische Weitsicht von Maulwürfen. Manchmal konnte man in den Cafés und Flughäfen der Südtürkei frustrierte Rückkehrer treffen, die sich bitterlich beklagten über die Undankbarkeit der Syrer. Fast wortgleich erzählten ein Tunesier, ein Marokkaner und ein Dagestaner: »Wir haben alles zu Hause hinter uns gelassen, die

Wohnung, den Job aufgegeben, um in Syrien für den wahren Islam zu kämpfen, die Leute dort auf den rechten Pfad zu bringen. Aber was tun die Syrer? Die wertschätzen unser Opfer gar nicht!« Ihnen war entgangen, dass die Syrer bereits Muslime waren. Vielleicht hatte es ihnen einfach keiner gesagt.

Es bedarf eines starken Motivs, ohne Not die eigene Existenz hinter sich zu lassen und zum Kampf in ein Land zu ziehen, mit dem man bis dato nichts zu tun gehabt hatte. Doch über diesen Kampf hinaus äußerte keiner von diesen Fußsoldaten des Dschihad einen Grund, warum sie nun ausgerechnet nach Syrien gekommen waren und was sie zum Aufbau eines islamischen Staates beitragen wollten – außer, ihn zu beherrschen. Es war die hermetische Denkwelt einer Sekte, deren Jünger sich jedoch nicht auf ihresgleichen und ihre Rituale beschränken – sondern fortwährend versuchen, weitere Gebiete unter ihre Herrschaft zu bringen.

Das Merkwürdige an den Männern war der Widerspruch: Einzeln wirkten die meisten dieser Muhadschirun konfus, aggressiv, beseelt – aber vor allem planlos. Doch gleichzeitig gab es die zentralen Unterkünfte, waren nahe dem Grenzdorf Atmeh und der Stadt Daret Azze militärische Trainingslager entstanden, die zu keiner Rebellengruppe gehörten, nicht einmal zur Nusra-Front – aber die straff organisiert waren und deren Männer mit keinem Journalisten sprachen. Die Einreisenden kamen aus Saudi-Arabien, Tunesien, der Türkei, dem Kaukasus, aus Algerien und Europa. Nur aus dem Irak war kaum jemand dabei, nicht einmal im Camp von Meyadin, eine Dreiviertelstunde Autofahrt von der syrisch-irakischen Grenze entfernt. Und die wenigen Iraker, die man dennoch traf, waren keine Dschihadisten, sondern wollten »gegen die Diktatur, für die Freiheit« kämpfen, wie es einer von ihnen bündig kundtat. Das war insofern merkwürdig, als westliche Geheimdienste

1 Das Stasi-Kalifat

stets angaben, die Nusra-Front sei ein Ableger des »Islamischen Staates im Irak«. Nur wo waren dann die Iraker?

Im Nachhinein erklärte es sich. Haji Bakr hatte den eigenen Kämpfern explizit untersagt, nach Syrien zu gehen. Zum einen wollte er die eigenen Ränge nicht schmälern, und zum anderen wollte er verhindern, dass seine Kader außer Kontrolle gerieten. Und Kontrolle war, ist das Wichtigste im »Islamischen Staat«.

Im Tosen des Krieges saß der »Herr der Schatten«, wie Bakr auch genannt wurde, in der ruhigen Kleinstadt Tal Rifaat und schrieb. Er skizzierte die Verwaltungsstruktur eines Staates bis auf Ortsebene, erstellte Listen zur schleichenden, unbemerkten Infiltration von Dörfern, entwarf Zuständigkeiten, wer wen überwachen solle. Mit Kugelschreiber zeichnete er die Befehlsketten des Sicherheitsapparates auf Briefpapier. Das stammte, vermutlich ein Zufall, vom syrischen Verteidigungsministerium, mit Briefkopf der Abteilung Unterkünfte und Immobilien. Was Haji Bakr entwarf und was in den folgenden Monaten erstaunlich akkurat umgesetzt wurde, war kein Glaubensmanifest, sondern der technisch präzis entworfene Bauplan für einen »Islamischen Geheimdienst-Staat«. Ein Stasi-Kalifat.

Der Plan zur Unterwerfung Nordsyriens begann mit demselben Detail für jeden Ort: Unter dem Vorwand, ein *Daawa*-Büro, ein islamisches Missionszentrum, zu eröffnen, sollten aus jedem Dorf willige und intelligente Gefolgsleute angeworben werden. Aus jenen, die zu Vorträgen und Kursen zum rechtgeleiteten islamischen Leben kämen, sollten ein oder zwei ausgewählt werden, ihr Dorf bis in die letzte Faser auszuspionieren. Dafür erstellte Haji Bakr eine Liste:

♦ Zähle die machtvollen Familien auf.
♦ Benenne die mächtigen Personen in diesen Familien.
♦ Finde ihre Einkunftsquellen heraus.

- Nenne Namen und Mannstärke der (Rebellen-)Brigaden im Dorf.
- Sammle die Namen ihrer Anführer, wer sie kontrolliert und ihre politische Orientierung.
- Eruiere ihre (gemäß Scharia) illegalen Aktivitäten, mit denen wir sie im Bedarfsfall erpressen können.

Falls mithin jemand kriminell war, schwul, eine geheime Affäre hatte, sollten all diese Details als kompromittierende Druckmittel gesammelt werden. »Die Klügsten machen wir zu Scharia-Scheichs«, hatte Haji Bakr angemerkt, »wir werden sie dann noch eine Weile trainieren und sie dann losschicken.« Als P. S. war der Hinweis angefügt, dass jeweils mehrere »Brüder« ausgewählt würden zu versuchen, Töchter der wichtigsten Familien zu heiraten, um »die Durchdringung dieser Familien sicherzustellen, ohne dass diese überhaupt davon wissen«.

Die Kundschafter sollten über ein Ziel-Dorf möglichst alles in Erfahrung bringen: Wer dort wohne, wer das Sagen habe, welche Familien religiös seien, welcher islamischen Rechtsschule sie angehörten, wie viele Moscheen es gebe, wer der Imam sei, wie viele Frauen und Kinder er habe und wie alt diese seien; wie seine Predigten seien, ob er eher der Mystiker-Variante, den Sufis, zuneige, ob er auf Seiten der Opposition stehe oder des Regimes und wie seine Position gegenüber dem Dschihad sei. Dann: ob der Imam ein Einkommen beziehe? Falls ja, von wem? Und zu welchen Familien gehören diese Unterstützer? Wählen sie den Imam aus, oder wer beruft ihn ins Amt? Und schließlich: Wie viele Demokraten gibt es im Dorf?

Wie seismische Signalwellen sollten die Prediger-Agenten funktionieren, ausgeschickt, noch kleinste Risse, uralte Verwerfungen in den Tiefenschichten der Gesellschaft aufzuspü-

1 Das Stasi-Kalifat

ren und alles zu nutzen, was deren Spaltung und Unterwerfung dienlich sein könnte.

Für manche Dörfer und Kleinstädte wie Tal Rifaat war der Prozess der Informationsgewinnung offensichtlich schon vorangeschritten. In den Papieren von Haji Bakr finden sich Listen der örtlichen Informanten, die meisten Anfang 20, andere aber auch erst 16 oder 17 Jahre alt.

In den Plänen, in denen er die Verwaltung des künftigen Staates skizzierte, kamen zwar auch Bereiche vor wie Finanzen, Schulen, Kindergärten, Medien, Transportwesen. Aber immer wieder ging es um das Kernthema, das in Organigrammen und Listen für Zuständigkeiten und Berichtspflichten akribisch abgehandelt wird: Überwachung, Spionage, Morde, Entführungen. Für jeden *Schura*-Rat, ein allgemeines Aufsichts- oder Beratungsgremium und die zentrale Verwaltungsinstanz, hatte Haji Bakr einen Emir, einen Befehlshaber, für »Ermordungen«, einen Emir für Entführungen, einen für die Scharfschützen, einen für Kommunikation und Verschlüsselung sowie einen Emir zur Überwachung der anderen Emire vorgesehen – »falls sie ihre Arbeit nicht gut machen«. Die Keimzelle dieses gottgefälligen Staates würde das teuflische Räderwerk einer Zellen- und Kommandostruktur sein, die bodenlose Furcht verbreitet.

Von Anfang an geplant war, dass die Geheimdienste parallel arbeiteten, selbst auf Provinzebene: eine allgemeine Nachrichtendienst-Abteilung unterstand dem »Sicherheits-Emir« einer Region, der Vize-Emire für die einzelnen Bezirke befehligte. Jedem von diesen wiederum unterstanden sowohl ein Führer geheimer Spionagezellen wie ein »Nachrichtendienst- und Informationsmanager« des Bezirks. Die Spionagezellen auf der Ortsebene waren gesondert dem Stellvertreter des Bezirks-Emirs untergeordnet. Kurz: Jeder würde jeden überwachen.

Die Verantwortlichen für Gefängnisse und Verhöre sowie

für die Ausbildung der Scharia-Richter in geheimdienstlicher Informationsgewinnung (sic) waren nochmal ausgegliedert und unterstanden ebenfalls dem Bezirks-Emir, während eine separate Abteilung der »Sicherheitsoffiziere« direkt dem regionalen Emir zugeordnet war.

Scharia, Gerichtsbarkeit, alles war nur Mittel zum Zweck, unterworfen einem einzigen Ziel: Überwachung und Bespitzelung. Selbst das Wort, das Haji Bakr für die Schaffung der echten Muslime, benutzte, *Takwin*, ist kein religiöser, sondern ein technischer Begriff, der die Implementierung von etwas bezeichnet.[2]

Ein unvoreingenommener Betrachter könnte den Eindruck gewinnen, George Orwell hätte Pate gestanden, dieser Ausgeburt paranoider Kontrolle seine Form zu geben. Aber es war viel simpler: Samir Abed al-Mohammed al-Khleifawi alias Haji Bakr modifizierte lediglich, womit er groß geworden war: Saddam Husseins allumfassenden Geheimdienstapparat, in dem sich niemand, auch kein Geheimdienstgeneral, je sicher sein konnte, nicht seinerseits bespitzelt zu werden. Diese »Republik der Furcht« hatte der irakische Exilautor Kanan Makiya 1989 unter Pseudonym beschrieben: Ein Staat, in dem jeder einfach verschwinden konnte und Saddam Hussein seinen offiziellen Amtsantritt 1979 mit der Aufdeckung einer fingierten Verschwörung besiegelte. Die angeblichen »Verschwörer« aus der Parteispitze endeten vorm Erschießungspeloton – und wurden von den verschont gebliebenen Führungskadern erschossen. Selbst die Überlebenden entkamen nicht.

Worauf der Staats-Entwerfer Haji Bakr ebenfalls viel Wert legte: Es ging nicht um Personen, es ging um Funktionen. Jeder sollte, musste ersetzbar bleiben. Für die meisten Positionen war ein Stellvertreter mit eingeplant. Dabei ging es in seinen Organigrammen vorläufig nicht um die mörderischen Machtspiele

1 Das Stasi-Kalifat

einer etablierten Diktatur und auch nicht darum, den engsten Führungszirkel einer global operierenden Terrorgruppe vor dem Einschleusen ausländischer Agenten zu bewahren – sondern um die schrittweise Machtübernahme in syrischen Kleinstädten.

Was er in seinen wechselnden Unterkünften zu Papier brachte, Blatt für Blatt mit sorgsam umrandeten Kästchen für die einzelnen Zuständigkeiten, war nichts Geringeres als eine Blaupause für die voranschreitende Unterwerfung all jener Gebiete, die sich nicht umgehend gegen die so harmlos daherkommende Unterwanderung zur Wehr setzten. Haji Bakrs Pläne, die nach seinem Tod an einem sicheren Ort verwahrt wurden und hier erstmals veröffentlicht werden, umfassen offenbar auch die frühen Stadien seiner Überlegungen. Von manchen Aufrissen existieren verschiedene Entwürfe: Mal sollte der »Sicherheits-Emir« einer Region noch eine eigene Geheimdienstabteilung befehligen, parallel zum »Sicherheits-Emir« eines Bezirks, mal sollten die Geheimdienstzellen auf Bezirksebene gebündelt werden. Mal gab es noch einen »Scharia-Richter« des Sicherheitsdienstes auf Regionalebene, mal nicht.

Aber für den Anfang ging es darum, erst einmal Fuß zu fassen. So entstanden, ganz nach Plan, ab Frühjahr 2013 in vielen Dörfern und Städten Nordsyriens Daawa-Büros, unschuldig wirkende Missionierungsstellen, wie sie von zig islamischen Wohltätigkeitsorganisationen weltweit vielfach mit Geldern aus Saudi-Arabien in den vergangenen Jahrzehnten eröffnet wurden. Gegen Daawa ist nichts einzuwenden, harmloser als mit religiöser Bekehrung kann man sich nicht geben. Genau das war der Plan. Es galt, einen Mittelweg zu finden: das Weichbild der Gesellschaft zu kennen, ohne sich von vornherein allzu unbeliebt zu machen und Feinde zu schaffen, die man noch nicht besiegen konnte.

So machte etwa in Raqqa ein Daawa-Büro auf, »aber die sagten nur, sie seien ›Brüder‹, erwähnten ISI oder al-Qaida mit keinem Wort«, erinnert sich ein aus der Stadt geflohener Arzt. Auch in Manbij, jener großen und seit jeher eher liberalen Stadt im Nordosten der Provinz Aleppo, entstand im Frühjahr 2013 ein Daawa-Büro. »Ich habe das erst gar nicht gemerkt«, erinnerte sich nach ihrer Flucht 2014 eine junge Bürgerrechtlerin, die ihren Namen nicht veröffentlicht sehen wollte, weil sie immer noch heimlich und vollverschleiert in die Stadt ging: »Jeder konnte aufmachen, was er wollte, aber wir wären gar nicht auf die Idee gekommen, dass irgendwer anderes als das Regime uns bedrohen, die Macht an sich reißen könnte. Erst hinterher, als im Januar die Kämpfe ausbrachen, erfuhren wir, dass Da'ish (die arabische Abkürzung für den »Islamischen Staat«) schon vorher mehrere konspirative Wohnungen angemietet hatte, um dort Waffen zu lagern und seine Männer versteckt zu halten.«

In den Orten al-Bab, Azaz und Atarib in derselben Provinz verlief es ähnlich: erst einen harmlosen Brückenkopf eröffnen, dann sich langsam ausbreiten. Haid Haid, ein emigrierter Sozialwissenschaftler aus Atarib, erinnert sich: »Als sie 2013 das Büro mieteten, sagten sie, es sei nur für Daawa, aber sie hatten von Anfang an Bewaffnete dort. Das war noch nicht ungewöhnlich. Doch dann gab es später mysteriöse Morde und Entführungen, meist tauchte nach ein paar Tagen irgendwo am Rand des Ortes die Leiche auf und jeder ahnte, wer dahintersteckte. Aber wenn man Da'ish offiziell fragte, sagten die stets, von nichts zu wissen, nichts damit zu tun zu haben.«

Kleine Risse im sozialen Gefüge konnten genügen, einen Ort fast vollständig unter ISI-Kontrolle zu bringen, während der zum Verwechseln ähnliche Nachbarort immun blieb. So ging es den beiden kleinen Städten Mara'a und Tal Rifaat: kaum

1 Das Stasi-Kalifat

zehn Kilometer auseinander gelegen in der fruchtbaren Ebene nördlich von Aleppo, fast gleich groß, gleich konservativ und vor der Revolution gleichermaßen unspektakulär. Doch wenige Monate nach Ankunft der ersten Dschihad-Pioniere und dem ersten Daawa-Büro gab es in Mara'a nur eine Handvoll Dschihadisten, denen klargemacht worden war, dass sie verschwinden sollten – während Tal Rifaat deren heimliche Hauptstadt in der Provinz geworden war mit mehreren Quartieren, Hunderten von Kämpfern und jenem diskreten Einfamilienhaus, in dem Haji Bakr sein Hauptquartier bezogen hatte.

Was war geschehen? Aus Tal Rifaat waren schon in den achtziger Jahren viele Einwohner zum Arbeiten in die Golfstaaten gegangen, allen voran nach Saudi-Arabien. Als sie zurückkamen, brachten sie nicht nur das Geld mit für ein Eigenheim oder einen Laden, sondern manchmal auch neue, salafistische Überzeugungen – und Kontakte zu Radikalen. Außerdem standen in der Nähe des Ortes 300 bis 400 Wochenendvillen wohlhabender Aleppiner leer – ein perfektes Quartier für wohnungssuchende Dschihadisten. Und per Zufall war schon 2005 ein ehemaliger Offizier der irakischen Armee hierhergekommen, als Zigtausende frühere Funktionäre aus der Saddam-Zeit flohen. Er war aus keinem besonderen Grund in die Kleinstadt gezogen, aber einmal hier, aktivierte er ab 2012 Kontakte in die alte Heimat. Und als sich die ersten lokalen Rebellen organisierten, entstanden hier gleich mehrere Gruppen. Niemand kontrollierte die ganze Gemeinde. »Tal Rifaat war offen für alles und jeden«, ärgert sich rückblickend einer der lokalen Aktivisten, die erst spät verstanden, was in ihrem Ort vor sich gegangen war.

Die Nachbarstadt Mara'a war stets ein wenig wohlhabender gewesen. Von hier hatte es kaum jemanden nach Saudi-Arabien gezogen. Es gab keine Wochenendvillen, und per Zufall kam

Abdelqader Saleh von hier, ein Getreidehändler, der zum brillantesten Militärführer wurde, den die Anti-Assad-Rebellen im Norden hatten. Seine Tauhid-Brigade, die den Angriff auf die Stadt Aleppo im Juli 2012 anführte und zu ihren besten Zeiten bis zu 20 000 Kämpfer in ihren Rängen zählte, kam aus Mara'a und kontrollierte die Stadt. Zwar hatte der ISI auch hier ein Daawa-Büro aufgemacht, wuchs die Zahl der Männer rasch von acht auf 30. Aber als sie versuchten, Informanten anzuwerben, und als Spuren der Entführung der beiden französischen Journalisten Didier François und Edouard Elias zu ihnen führten, »sind wir hingegangen und haben sie rausgeschmissen«, schildert es der Geschäftsmann und inoffizielle Sprecher des Ortes, Yasir al-Haji. »Erst haben sie mich nicht mal reingelassen. Aber gegen Tauhid konnten sie nichts ausrichten, also sind sie nach und nach abgezogen.«

Auch in der Nachbarprovinz Idlib entstanden ab Anfang 2013 Daawa-Büros: in Sermada, Atmeh, Kafr Takharim, al-Dana, Salqin. Lief es gut und fanden sich genügend »Studenten«, die als Lokalspione rekrutiert werden konnten, wurde erweitert. Wie etwa in al-Dana wurden weitere Häuser gemietet, wurde die schwarze Fahne des ISI gehisst, wurde irgendwann die Straße vor dem Hauptquartier blockiert. Lief es nicht so gut, wie in der Stadt Salqin, die seit Jahrzehnten den Spitznamen »Klein-Moskau« trägt, testete man aus, wie weit man gehen könnte. Salqin ist aus schwer erklärlichen Gründen eine kommunistische Hochburg auf dem Lande, wo nur wenige Frauen Kopftuch tragen und zu den Wahlen des lokalen Revolutionsrates stets ein halbes Dutzend Parteien antrat. Der ISI mietete in Salqin ein großes Haus am Stadtrand. Etwa 100 Ausländer lebten dort im Sommer 2013, die meisten Tunesier, aber auch »al-Hollandi«, ein blonder Konvertit aus den Niederlanden mit seiner Frau. An einem Tag im Sommer marschierten sie

1 Das Stasi-Kalifat

durch die Stadt: »Um alle Wasserpfeifen zu zerschlagen. Rauchen sei Todsünde«, wie ein Augenzeuge anderntags unter kleinen Rauchwölkchen erzählte. Weit seien sie nicht gekommen: Als sie ungefähr ein Dutzend Wasserpfeifen zerschlagen hatten, stellte sich ihnen eine Abordnung der örtlichen Rebellen in den Weg. »Geht nach Hause, oder wir werden an jedem Kontrollposten Wasserpfeifen aufstellen und rauchen lassen, wer will«, habe der Kommandeur sie angeherrscht, »Frauen inklusive!« Die Dschihadisten trollten sich wieder.

Die Führung des »Islamischen Staates« zeigte sich damals noch flexibel: War der Widerstand an einem Ort zu groß oder konnten keine Anhänger rekrutiert werden, ging man auch wieder. Auf einer Fahrt durch die Provinz Idlib im Frühsommer 2013 standen mehrere Quartiere leer, hingen manchmal noch die schwarzen Fahnen des ISI am Tor, aber waren die Männer plötzlich abgezogen worden. Als in al-Dana 2013 ein Trio junger Saudi-Araber einen neunjährigen Jungen vergewaltigte und der Ort in Aufruhr geriet, wurde einer der Täter sofort von den eigenen Leuten aufgegriffen und angeblich hingerichtet.

Es war ein fortwährendes Manövrieren, zwei Schritte vor, einer zurück. Sich ausbreiten, aber keinen offenen Widerstand riskieren, »feindliche Individuen« verschleppen oder töten, aber jede Täterschaft leugnen können. Ein geschmeidig-aggressives Bewegen, das perfekt angepasst war an die Umgebung: nicht mit spektakulären Anschlägen sofort alle Aufmerksamkeit auf sich ziehen, sondern sich schleichend ausdehnen.

In dieser Phase lief alles nach Plan. Doch als der »Islamische Staat im Irak« mit einem Paukenschlag auf die Kriegsbühne treten wollte, ging es erst einmal schief. Am 9. April 2013 wurde eine Audio-Botschaft von Abu Bakr al-Baghdadi, dem nominellen Anführer des ISI, bekannt: Die vom ISI ins Leben gerufene, mit Männern und Geld unterstützte Nusra-

Front habe sich fortan seinem Kommando zu unterstellen. Es sprach der Herr: »Es ist Zeit, der Welt zu erklären, dass die Nusra-Front nur eine Abteilung des ›Islamischen Staates im Irak‹ ist und Mohammed al-Golani einer unserer Soldaten.«[3] Überdies würde man nun den eigenen Namen ändern in »Islamischer Staat im Irak und al-Scham«, der historische Begriff für Großsyrien inklusive des Libanon. Kurz: ISIS. Umgehend kam eine Antwort des mysteriösen Nusra-Führers Golani, die ebenfalls nur als Audio-Botschaft online gestellt wurde: »Wir sind nicht konsultiert worden«, mäkelte die Stimme, »weder der Führungsstab noch der Rat noch der Geschäftsführer wussten von dieser Ankündigung. Wir haben davon aus den Medien erfahren. Wir werden weder unsere Haltung noch unsere Flagge ändern!«[4] Kurz: ein brüskes Nein. Um sich des Beistands von höherer Stelle zu versichern, schwor der Nusra-Führer bei dieser Gelegenheit Ayman al-Zawahiri die Treue, dem al-Qaida-Chef irgendwo zwischen Afghanistan und Pakistan. Bislang hatte Nusra stets offengehalten, wo sie stünden. Nun waren sie auf einmal al-Qaida.

Der offene Streit der beiden Organisationen und der jähe Treueschwur zu al-Qaida sorgten weltweit für Schlagzeilen. Doch in Syrien selbst gaben Nusra-Anhänger in Idlib, Aleppo und Deir ez-Zor, alle in den Tagen nach der Erklärung befragt, fast gleichlautende Antworten: Sie seien weder von der einen noch von der anderen Seite informiert, gar gefragt worden, und hätten keinen Schimmer, was da gerade geschehen sei. »Und jetzt sind wir al-Qaida?«, fragte einer der Nusra-Getreuen erstaunt. Keiner wusste, wie ihm geschah, denn Nusra war in den Monaten zuvor populärer und größer geworden. Aber das Fußvolk kannte jeweils nur seinen lokalen Emir, niemand hatte direkten Kontakt zur Führung oder wusste auch nur, wer überhaupt dazugehörte. Bei den übrigen syrischen Rebellengruppen war das anders. Die Person des Gründers, Anführers, war stets ihr Markenzeichen – ob ein gutes oder schlechtes. Die Zeiten waren unübersichtlich, die Angst vor Unterwanderung groß, da gaben eine bekannte, authentische Führungsfigur, ihr Ruf, ihre Familie, Orientierung. Nur nicht bei der Nusra-Front.

Abu Bakr al-Baghdadis Versuch der frontalen Machtübernahme war im ersten Anlauf fehlgeschlagen. Doch auch darauf war man vorbereitet, denn was nun geschah, wirkte, als habe jemand bei der Nusra-Front jählings den Stöpsel gezogen: An den meisten Orten wechselten plötzlich die ausländischen Kämpfer die Front, in Tal Rifaat waren es neun von zehn, ganze Brigaden schworen ISIS die Treue. In vielen Fällen sei es vorher diskret vereinbart worden, bekannten Rückkehrer später, »aber Da'ish hatte auch einfach das größere Projekt!« Was Theologen als »Assoziationslogik des Unbedingten« bezeichnen, sagte der Ex-Dschihadist in schlichteren Worten: »Nusra hatte eine Ideologie, aber Da'ish hatte schon den Staat! Das, wovon alle immer geträumt hatten, einen richtigen islamischen Staat – die hatten ihn bereits«, unbenommen der Tatsache, dass dieser Staat zu dem Zeitpunkt nur qua Deklaration seiner Führer existierte. Auch viele der »Brüder« und Muhadschirun, die sich anfänglich in ihren Unterkünften abgeschirmt hatten, entpuppten sich plötzlich als Kader des nun um Syrien erweiterten »Islamischen Staates«. Zu einem Treffen in Raqqa zwischen beiden Fraktionen seien 80 ISIS- und 500 Nusra-Kämpfer gekommen, von denen 400, vor allem Ägypter, Saudi-Araber, Jemeniten, umgehend die Seiten wechselten.

Zugleich drehte ISIS dem Konkurrenten den Geldhahn zu, übernahm jene Fabriken in Aleppos Industriegebiet, die Nusra zuvor besetzt hatte, stoppte alle Waffenhilfen und machte sich daran, langsam die Grenzorte unter seine Kontrolle zu bringen,

Atmeh, Azaz, al-Bab, Jarablus. Denn wer sie kontrollierte, kontrollierte auch den Strom der Ankommenden.

Am 9. Juni 2013 schließlich, fast zwei Monate nach Beginn der inner-dschihadistischen Kontroverse, traf ein Brief von al-Qaida-Chef Ayman al-Zawahiri ein, adressiert an Golani und Baghdadi, aber der Einfachheit halber an den Satellitensender Al Jazeera nach Katar expediert. Er, Zawahiri, habe um Gottes Ratschlag gebeten und sei zu folgendem Entschluss gekommen: Beide Anführer hätten falsch gehandelt, jeder solle fortan in seinem Land bleiben. Baghdadi brauchte nur eine Woche, um ebenfalls Gott für sich sprechen zu lassen: Im Ton noch höflich, »möge Gott Zawahiri beschützen«, habe er doch »viele rechtliche und methodische Bedenken« und sich nach reiflicher Beratung entschlossen, »Gottes Befehl über alle Befehle zu stellen, die Gottes Ordnung zuwiderhandeln«.[5]

Gott stehe ganz klar auf ihrer Seite, insistierten in den Folgemonaten immer wieder Baghdadis Emissäre, obwohl sie immerhin noch argumentierten: »Gott MUSS doch auf unserer Seite sein, schließlich haben wir den Staat!« Ein allgewaltiger Zirkelschluss, der dasselbe, maßlose Selbstbewusstsein offenbart, mit dem der »Islamische Staat« in allen Lagen operiert und damit selbst al-Qaida oder die Taliban aussehen lässt wie blasse Kompromissler. Die gegenseitige Exkommunikation unter Dschihadisten, die jeweils andere Fraktion zu Nicht-Muslimen und damit für vogelfrei zu erklären, hatte unter dem Schlagwort des *Takfir* (den anderen zum Ungläubigen zu machen) schon Tradition unter den Radikalen. Doch so radikal und umfassend wie ISIS hatte von diesem Mittel zuvor nicht einmal al-Qaida Gebrauch gemacht.

Im kleinen Ort Tal Rifaat wusste derweil auch nach dem Bruch zwischen Nusra und ISIS immer noch niemand, wer genau der Mann war, dessen Gefolgsleute ihm den Spitznamen

1 Das Stasi-Kalifat

»Muqaddam Bakr«, Oberstleutnant Bakr, gegeben hatten. Das wirkte unauffälliger, denn ein ehemaliger Oberst hätte Neugierde und Verdacht geweckt. Sich bedeckt zu halten war immer noch die Devise.

2 WECHSELHAFTE ANFÄNGE

Von al-Qaida im Irak zum Siegeszug
des IS in Syrien

*Geschichte und Aufstieg des »Islamischen Staates« und
seiner Vorgänger lassen sich nur verstehen, wenn man
in das Jahr 2003, an den Beginn der amerikanischen
Besatzung im Irak, zurückgeht: als eine klammheimliche
Kooperation zwischen dem Assad-Regime und den
Dschihadisten entsteht und Syriens Geheimdienste zum
logistischen Partner von al-Qaida werden.*

Die Wurzeln des »Islamischen Staates« sind vielfältig und reichen tief. Seine unterschiedlichen Vorgängerorganisationen, darunter zunächst al-Qaida im Irak, später auch die Nusra-Front in Syrien, finden jedoch von Anfang an staatliche Unterstützer. Die schillernden Gestalten aus der Frühphase des IS wie Abu Musab al-Zarqawi, der Anführer von al-Qaida im Irak, Haji Bakr, der ehemalige Geheimdienstmann und Architekt des IS, oder Nadim Balousch, der wohl wendigste *Agent provocateur* der Dschihadistenszene, profitieren dabei vor allem von einem verbindenden Element: Sie werden direkt oder mittelbar von Syrien gefördert.

Denn sobald das Assad-Regime um seine Macht fürchtet – sei es durch eine Bedrohung von außen, wie der Einmarsch der USA in den Irak 2003, sei es durch eine Bedrohung von innen, wie die ab 2011 eskalierenden Proteste in Syrien selbst –, greifen die syrischen Geheimdienste zur Gegenwehr auf eine gefährliche Taktik zurück: Sie erschaffen Terroristen und beschwören damit einen Gegner herauf, der im Vergleich zu Assads Diktatur als das schlimmere Übel erscheinen soll. Doch im Fall des

»Islamischen Staates« wird das Regime die Geister, die es rief, nicht mehr loswerden.

Der Aufstieg eines Kleinkriminellen

Abu Musab al-Zarqawi, einst ein tätowierter Ladendieb, wird von Bin Laden verabscheut und vom US-Außenminister 2003 zum Top-Terroristen im Irak ernannt. Sein Nachfolger beginnt als fiktive Person, 2010 sind fast alle Anführer tot, und ausgerechnet die alten Geheimdienstoffiziere aus Saddam Husseins Ära retten den »Islamischen Staat«.

Er hatte die Schule mit 17 geschmissen, hatte ein ernsthaftes Alkoholproblem und Schwierigkeiten damit, irgendeinen Job zu behalten. Selbst seine Tätigkeit in einem Videoverleih währte nur kurz. Nach Ladendiebstählen, Messerstechereien und einer Anklage wegen Vergewaltigung landete er wiederholt im Gefängnis. »Grüner Mann« nannte man ihn wegen seiner smaragdgrünen Tätowierungen, die er später mühsam versuchen würde, wieder loszuwerden. Im Gefängnis hatte er radikale Islamisten kennengelernt und machte sich 1989, im Alter von 23 Jahren, auf den Weg nach Afghanistan, um sich dort dem Dschihad gegen die Sowjets anzuschließen. Nur war die Rote Armee schon weg, als er schließlich ankam. Zurück in der Heimat versteckte er Granaten in seinem Keller, wurde festgenommen und verschwand diesmal für sechs Jahre im Gefängnis.

Sie lief schleppend an, die dschihadistische Karriere des stämmigen Ahmed Fadil Nazal al-Khalayle. Auch als er den Namen seiner tristen Heimatstadt Zarqa in Jordanien annahm und sich nach ihr Abu Musab al-Zarqawi nannte, wurde er zwar in Jordanien und den USA bereits polizeilich gesucht, aber er war noch weit von späterer Prominenz entfernt.

Zum globalen Top-Terroristen machte ihn erst aus ganz anderer Absicht der damalige US-Außenminister Colin Powell. In seiner legendären Rede vor der UN-Vollversammlung am 5. Februar 2003 präsentierte er Zarqawi als al-Qaida-Führungskader, der Bin Ladens Verbindungsmann zu Saddam Hussein sei und in Bagdad die Terror-Getreuen um sich schare. Nichts davon stimmte. Es war Teil der Regierungsstrategie von George W. Bush, die USA und möglichst die Welt in den Irak-Feldzug hineinzulügen. Doch dieser Ritterschlag des Erzfeindes machte Zarqawi schlagartig bekannt und kaum ein Jahr später tatsächlich zum prominentesten Anführer der sich rasant ausbreitenden sunnitischen Rebellion im Irak. Mit mehreren spektakulären Anschlägen und gefilmten, bestialischen Enthauptungen amerikanischer Geiseln festigte Zarqawi seinen Ruf. Im Oktober 2004 leistete er nach komplizierten Verhandlungen mit Osama Bin Laden schließlich seinen formalen Gefolgschaftsschwur und wurde zum »Emir der al-Qaida-Operationen in Mesopotamien«. Zarqawis alte Terrororganisation namens Tauhid wa al-Jihad, »Monotheismus und Dschihad«, ging auf in jener Organisation, die fortan unter dem Namen »al-Qaida im Irak« (AQI) bomben und morden würde.

Es war der erste von mehreren Namenswechseln einer Gruppe, die dabei jedoch ihrem Kurs treu bleiben würde, einen gänzlich anderen Kampf zu führen, als die Doktrin der fernen al-Qaida-Führung vorsah: Al-Qaida im Irak kämpfte nicht im Namen aller Muslime gegen den »fernen Feind« Amerika und den Westen, sondern ausschließlich im Namen der Sunniten und vor allem gegen den allernächsten Feind: die Schiiten, die im neuen Irak rasch darangingen, mit iranischer Hilfe die einstige sunnitische Elite von allen Etagen der Macht zu verjagen. Zarqawi war mit der ideologischen Variante des Dschihad, die besagte, dass zu den Feinden des Islam auch die schiitischen

2 Wechselhafte Anfänge

Muslime zu zählen seien, während seiner Haft in Berührung gekommen. In seiner Heimat Jordanien spielen Schiiten keine Rolle. Aber hier nun, im Irak, war die Konkurrenz zwischen den beiden Glaubensgruppen virulent und ließ sich nutzen. Dass er dabei immer wieder auf Kollisionskurs mit Bin Laden und anderen ging, war ihm egal.

In dem Staat, in dem Zarqawi nicht nur vereinzelte Bombenanschläge verüben wollte, sondern ansetzte, einen totalen Krieg zu führen, verlief die älteste Bruchlinie innerhalb der islamischen Welt: jene zwischen Sunniten und Schiiten. Und der Irak war das geeignete Land, sie zu erschüttern. Warum? Das ist eine weit zurückreichende Geschichte, aber es gibt drei Jahreszahlen, an denen sie sich festmachen lässt: 632, 1916 und 2006.

Es begann im Jahr 632, als der Prophet Mohammed starb und dem jungen Islam ein Problem hinterließ, das sich wie ein Fluch über den aufstrebenden Glauben legen sollte: seine Nachfolge. Mohammed war, anders etwa als Jesus, nicht nur ein Prophet gewesen, dessen Gemeinde allein seinem Beispiel folgen musste. Mohammed war Prophet und Feldherr zugleich, er war geistlicher und politischer Führer und hatte zu Lebzeiten ein rasch expandierendes Reich erobert. Wer könnte diese doppelte Funktion nach seinem Tod ausfüllen? Rasch entspann sich ein Streit, ob der legitime Nachfolger ein Verwandter Mohammeds sein müsse oder ob er aus dem Kreis der Gefährten bestimmt werden sollte. Man entschied sich zunächst für Letzteres, erst als vierter Kalif nach Mohammed trat dann ein Verwandter die Nachfolge an, sein Cousin und Schwiegersohn Ali Ibn Abi Talib. Nach dessen Ermordung ergriffen andere die Macht aus der Fraktion der Sunniten, die von der Exklusivität der Blutsbande nichts hielten. Über zwei Jahrzehnte zog sich dieses erste Ringen um die Macht im Islam, bis etwas Seltsames geschah: In der Schlacht von Kerbala im Südirak vernichtete eine feindliche Armee Alis Sohn Hussein und dessen letzte Getreue. Der Kampf war entschieden, die Anhängerschaft Alis, die »Schiat Ali«, hatte verloren gegen die Sunniten. Doch statt in Vergessenheit zu versinken wie so viele andere Abspaltungen, erstarkten die Schiiten: Husseins Untergang war »der *big bang*, der den rasch expandierenden Kosmos des Schiitentums erschafft und in Bewegung setzt«, so der Tübinger Schia-Experte Heinz Halm. »Für die Schiiten ist Kerbala der Dreh- und Angelpunkt ihres Glaubens.«[1] Eines Glaubens, der in der Niederlage wuchs, sich durch den Widerstand definiert und im muslimischen Kosmos, wo Macht und Glauben einander stets durchdrungen haben, zum beinahe ewigen Schisma wurde. Wie tektonische Platten, die nach langen Phasen der Ruhe berstend in Bewegung geraten, stießen die Sunniten und Schiiten immer wieder aneinander und schufen überall dort fortwährend instabile Verhältnisse, wo Angehörige beider Parteien leben: in Saudi-Arabien und Syrien, im Jemen, im Libanon und im Irak, wo auch schon vor Saddam Hussein eine sunnitische Elite über eine schiitische Mehrheit geherrscht hatte.

Das Osmanische Reich, zu dem die drei Provinzen des Irak jahrhundertelang gehörten und dessen Sultane als Letzte den Kalifentitel trugen, war mehrheitlich sunnitisch. Aber gleichzeitig war das Imperium groß genug, Gelassenheit zu zeigen gegenüber all den Völkerschaften und Konfessionen unter seiner Krone. Doch als das Osmanische Reich unterging und sich die europäischen Siegermächte des Ersten Weltkriegs daran machten, die Konkursmasse unter ihren Einflusssphären aufzuteilen, schufen sie neue Staaten nach ihren Vorstellungen. Einer davon ist der Irak, dessen Westgrenze jene legendäre »Linie im Sand« wurde, gezogen schon 1916 von dem jungen britischen Politiker Sir Mark Sykes und dem französischen Diplomaten François

2 Wechselhafte Anfänge

Georges-Picot. »Was genau wollen Sie ihnen geben«, soll der britische Außenminister Lord Balfour Sykes bei einem Treffen im Dezember 1915 im Sitz des Premierministers gefragt haben: »Ich würde eine Linie ziehen«, sagte Sykes und ließ den Finger über die Landkarte wandern, »vom letzten Buchstaben von Akko bis zum letzten K in Kirkuk«, der späteren Ölmetropole des Irak.[2] Es kam dann etwas anders, aber seither galten die Arroganz der Grenzziehung und der Verrat ihrer Umsetzung, gegen alle Versprechungen, die arabischen Aufständischen gemacht worden waren, als Symbol der kolonialen Unterdrückung. Umso erstaunlicher, dass diese schnurgerade Diagonale zwischen Irak und Syrien, die durch die Gebiete derselben sunnitischen Stämme auf beiden Seiten der Grenze führte, von den beiden Staaten auch in den Jahrzehnten der Unabhängigkeit nie verändert wurde. Die Todfeindschaft der herrschenden Baath-Diktaturen unter Hafiz al-Assad in Syrien und Saddam Hussein im Irak war ein sicherer Garant der »Linie im Sand«.

Seit Jahrhunderten hatten Sunniten über den Irak geherrscht, erst im Namen des Osmanischen Reiches, dann die von Großbritannien inthronisierten Monarchen, nach deren Sturz 1958 die rasch wechselnden Putschisten, bis Saddam Hussein das Land unter seine eiserne Kontrolle brachte. Dann kam der US-Einmarsch 2003, Bagdad fiel, aber die neuen Herrscher auf Zeit wussten noch weniger von den Tiefenströmungen und Tücken dieses Landes als die Kolonialmächte 90 Jahre zuvor. Schon mit seinen ersten beiden Anordnungen ließ der US-Zivilverwalter Paul Bremer, dessen Befugnisse eher denen eines britischen Vizekönigs im Indien der Kolonialzeit glichen, die irakische Armee und sämtliche Sicherheitsdienste auflösen, die Baath-Partei verbieten und ihre Kader aus staatlichen Verwaltungspositionen feuern. Mit diesen zwei Anordnungen zerstörte er den irakischen Staat, und zwar tiefgehender, als es der dreiwöchige Krieg zuvor getan hatte. Mit einem kleinen Verwaltungsakt schuf Bremer den größten und qualifiziertesten Rekrutierungspool, den Zarqawi, al-Qaida, die »Armee der Mudschahidin« und alle anderen Radikalengruppen sich nur erträumen konnten. Hunderttausende wütende, arbeitslose, vielfach gut ausgebildete oder militärisch trainierte Sunniten (und wenige Schiiten) waren über Nacht summarisch zu Staatsfeinden erklärt worden. Wie viele von den zahllosen Attacken der kommenden drei Jahre auf das Konto von Zarqawis Organisation gingen und wie viele von Gruppen unter irakischer Führung verübt wurden, ist nie gänzlich geklärt worden. Vermutlich wurde die Rolle des Jordaniers von den USA größer dargestellt, als sie in Wirklichkeit war. Auf jeden Fall war Zarqawi seit Ende 2004 der offizielle Anführer von al-Qaida im Irak – auch wenn seine Mordkampagne gegen Schiiten, die verheerenden Selbstmordattacken auf Moscheen und Pilgerzüge wieder und wieder von der al-Qaida-Führung heftig kritisiert wurden. Aber Zarqawi wollte den Bürgerkrieg, wie er selbst schrieb: »Die Muslime werden nicht siegen über die aggressiven Ungläubigen wie die Christen und Juden, bevor sie nicht die Agenten der Abtrünnigen unter ihnen wie die *Rafidha* (das gängige Schimpfwort für Schiiten als »Glaubensleugner«) vollkommen vernichtet haben.«[3]

Ab 2004 taumelte der Irak jahrelang am Rande eines voll ausgebrochenen Bürgerkriegs entlang. Sunnitische und schiitische Extremisten kämpften gegen die Amerikaner und zunehmend gegeneinander. In den Kommuniqués, die von den verschiedenen Terrororganisationen in jener Zeit veröffentlicht wurden, ist immer wieder vom »Islamischen Staat« und vom »Kalifat« die Rede – aber nicht als konkretes Projekt, sondern als Referenzgröße, als fernes Ziel, dem man sich auf dem Wege des Dschihad annähern wolle. Die Beherrschung von Land war

2 Wechselhafte Anfänge

schon lange vor den temporären Dschihadistenherrschaften in Mali oder Somalia ein Topos, in dem sich ideologische Projekte und ganz direkte, persönliche Wünsche des Fußvolks trafen. Im Vergleich dazu war al-Qaidas offizielle Doktrin von Attacken auf den »fernen Feind« kompliziert und bei weitem nicht so eingängig vermittelbar wie die Eroberung eines Landstrichs, und sei er auch noch so klein.

Wie etwa jene wenigen Dutzend Quadratkilometer Bergland rund um das Dorf Chormal in der abgelegensten Ecke des autonomen Nordirak direkt an der iranischen Grenze, wo die Gruppe Ansar al-Islam ihr »Emirat«, ihr Herrschaftsgebiet, errichtet hatte. Anfang des Jahrtausends war hier eine Art Sommerakademie für Dschihadisten aus aller Welt entstanden, die zum Trainieren kamen, aber auch schlicht zum Erleben der Atmosphäre. Aufwändig mit dem Schriftzug »Ista'faru Allahu«, fürchte Gott, in kalligraphischen Schwüngen bemalte Verkehrsschilder mahnten zur Einkehr. Hier, wie später im Libanon und in Pakistan, kämpften die Verteidiger ihrer Enklave erbittert gegen die Ende März 2003 einrückenden, von der US-Luftwaffe unterstützten, kurdischen Peshmerga. Bei Ansar al-Islam hatte sich auch Zarqawi ab 2002 eine Weile aufgehalten – fern von Bagdad und fern von Saddams Geheimdiensten, die selbst gern wissen wollten, was dort vor sich ging, und einen Agenten des »Militär-Nachrichtendienstes« eingeschleust hatten.

Emirate, kleine Inseln eigener Herrschaft, waren die Vorstellungsgröße der Zeit. Ein ganzer Staat, gar das Kontinente umspannende Kalifat, blieben ein Sehnsuchtsmythos: zu groß, zu unvorstellbar, um es selbst verwirklichen zu können. Doch in einem abermaligen Moment historischer Ironie war es ausgerechnet der damalige al-Qaida-Vize Ayman al-Zawahiri, der in einer Botschaft an Zarqawi 2005 die Errichtung eines »Islamischen Staates« vorschlug.[4] Nicht gleich, sondern nach

Von al-Qaida im Irak zum Siegeszug des IS in Syrien

dem Abzug der amerikanischen Truppen, und auch nur vorbehaltlich einer Zustimmung der sunnitischen Bevölkerung. An diesem zweiten Punkt, die Massen auf die eigene Seite zu bringen, war al-Qaida immer wieder gescheitert. Trotz der spektakulären Bombenanschläge der Terrororganisation erhoben sich die Massen nicht, um einen islamischen Staat zu schaffen. Im Gegenteil: Selbst in den sunnitischen Hochburgen des Irak begann der Terror von al-Qaida, langsam Widerstand zu provozieren. Dies geschah weniger, weil Tausende Schiiten den fast täglich detonierenden Autobomben in Bagdad und anderswo zum Opfer fielen, sondern weil Zarqawis Kommandos auch die eigene Klientel terrorisierten, um lokale Machtansprüche, Schmuggelrouten oder ihre aberwitzigen Moral-Dekrete durchzusetzen.

Und dann kam das Jahr 2006: das Jahr, in dem Abu Musab al-Zarqawi in den Trümmern zweier amerikanischer Bomben starb und Nuri al-Maliki zum Regierungschef im Irak wurde. Am Fortgang des Terrors änderte Zarqawis Tod nichts. Doch langsam formierten sich die ersten, später von den USA finanzierten sunnitischen Milizen, die den Kampf gegen al-Qaida aufnahmen. Zugleich führten die Wahlen, die als demokratisches Aushängeschild seit dem Sturz Saddams abgehalten wurden, erwartungsgemäß zum Sieg des größten schiitischen Blocks, denn die politischen Parteien des Irak sortierten sich nun entlang der Zugehörigkeit, und Schiiten stellen etwa 60 Prozent der Bevölkerung. Parteien oder öffentliche Debatten hatte es in den Jahrzehnten unter Saddam nicht gegeben. Maliki war mit seinem uncharismatischen Wesen und der Unauffälligkeit eines Apparatschiks der kleinste gemeinsame Nenner aller Fraktionen gewesen. Doch es dauerte nicht lange, bis er sich änderte – oder besser: bis die Verhältnisse in Bagdads Diadochenkämpfen den ohnehin von Verfolgungsängsten Geplagten

2 Wechselhafte Anfänge

veränderten. Schritt für Schritt würde Maliki fortan bremsen, hintertreiben, später rückgängig machen, was die Amerikaner gerade versuchten aufzubauen: einen Staat, in dem sich Kurden wie Araber, Sunniten wie Schiiten repräsentiert fühlten. Maliki aber wollte und konnte solch einen Staat nicht zulassen, denn seine Position im eigenen Lager hing auch davon ab, gegenüber den Sunniten keine Konzessionen zu machen. Das wäre ihm als Schwäche ausgelegt worden.

Ende 2006, wenige Monate nach Zarqawis Tod, hatte die Idee vom »Islamischen Staat« eine Eigendynamik entwickelt: Von einer Zustimmung der Massen entfernte sich al-Qaida im Irak stetig weiter, aber das hinderte die neue Führung nicht daran, am 15. Oktober den »Islamischen Staat im Irak« (ISI) auszurufen, in dem al-Qaida im Irak und andere Islamistengruppen aufgingen. Ein großer Schritt im Kosmos des Dschihadismus. Ein so großer Schritt, dass der »Befehlshaber der Gläubigen«, dem alle ihre Treue schworen, noch eine Kunstfigur war: Denn Abu Omar al-Baghdadi, so der *nom de guerre* des neuen Anführers, gab es anfangs gar nicht. Es war eine Rolle, gespielt von wechselnden Personen, unter ihnen zeitweilig sogar ein Verwandter von Abu Bakr al-Baghdadi, dem späteren Führer des »Islamischen Staates«. Von den wechselnden Personen der Kompositfigur »Abu Omar al-Baghdadi« konnte sich über mehr als ein Jahr keine als tatsächlicher Führer durchsetzen. Oder wie es ein westlicher Geheimdienstler formulierte, der das Innenleben von al-Qaida im Irak jahrelang verfolgt hat: »Sie brauchten einen *poster boy*. Aber sie hatten anfangs nur das Poster.« In der konspirativen Welt der Dschihadistengruppen, in der ohnehin alle unter wechselnden Phantasienamen auftraten, konnte die ISI-Führung die Fassade rotierender Platzhalter für eine Weile aufrechterhalten, bis die Verwirrung in der ersten Jahreshälfte 2007 eine neue Stufe erreichte: Im März

2007 verkündete das irakische Innenministerium, Abu Omar al-Baghdadi gefasst zu haben, nur um diese Meldung kurz darauf wieder infrage zu stellen.[5]

Anfang Mai meldete das Innenministerium, Baghdadi sei nun bei einem US-Angriff ums Leben gekommen, was vom amerikanischen Generalmajor William Caldwell sogleich bezweifelt wurde: »Vielleicht haben sie ihn verwechselt.«[6] Die verblüffende Erklärung für diese widersprüchlichen Meldungen lieferte am 18. Juli dann US-Brigadegeneral Kevin Bergner, als er verkündete: Jener Abu Omar al-Baghdadi, auf den Washington ein Kopfgeld von 25 Millionen US-Dollar ausgesetzt hatte, existiere gar nicht. Er sei eine Fiktion, ebenso wie der nach Zarqawis Tod gegründete »Islamische Staat im Irak« nur eine »virtuelle Organisation im Cyberspace« sei.[7] Zumindest mit Ersterem hatte er recht.

Was Bergner aufgedeckt hatte, war ein ebenso dreistes wie erfolgreiches Manöver, das beispielhaft illustriert, mit wie viel Manipulation und Lügen an der Spitze von Dschihad-Gruppen operiert wird, ohne dass die eigenen Anhänger davon erfahren. Nachdem Zarqawi im Juni 2006 durch einen Bombenangriff umgekommen war, hatte sich ein Ägypter, Abu Ayyub al-Masri[8], an die Spitze des militärischen Flügels von al-Qaida im Irak gesetzt. Um seine Position als Nachfolger zu sichern und zugleich den überwiegend irakischen Anhängern auch einen irakischen Anführer präsentieren zu können, erfand der Führungszirkel die Gestalt des Abu Omar al-Baghdadi. Ob das Ganze die Idee des ägyptischen Sprengstoffexperten war oder die seines alten Gefährten Ayman al-Zawahiri, mit dem er schon in Ägypten zusammengearbeitet hatte und später nach Afghanistan gegangen war, blieb unklar. Aber zumindest spielte der spätere al-Qaida-Führer Zawahiri das Spiel mit und sandte Botschaften an den fiktiven Abu Omar al-Baghdadi.

2 Wechselhafte Anfänge

Die Scharade flog auf, als ein (echter) al-Qaida-Mann namens Chalid al-Maschhadani Anfang Juli 2007 in Mosul festgenommen wurde. Er hatte als Kurier Nachrichten zwischen Irak und Bin Laden übermittelt und war überdies so etwas wie der Pressesprecher des im Oktober zuvor gegründeten al-Qaida-Nachfolgers ISI. Überraschenderweise begann al-Maschhadani nach seiner Gefangennahme zu reden, wie US-Brigadegeneral Kevin Bergner wiedergab: »In seinen Worten ist der ›Islamische Staat im Irak‹ eine Fassadenorganisation, die den ausländischen Einfluss und die ausländische Führung von al-Qaida im Irak kaschieren und ihr ein irakisches Gesicht geben soll. Um diesen Mythos noch zu ergänzen, hat al-Masri ein fiktives Oberhaupt namens Abu Omar al-Baghdadi geschaffen. Um al-Baghdadi glaubwürdig erscheinen zu lassen, schwor al-Masri ihm Gefolgschaft und Gehorsam – womit er im Wesentlichen sich selbst Gefolgschaft schwor. Das irakische Fußvolk glaubt, dem Iraker al-Baghdadi zu folgen. Währenddessen folgen sie den Befehlen des Ägypters Abu Ayyub al-Masri.«[9]

Der Verdacht war nicht neu gewesen, wie die skeptischen Statements zu vorherigen Meldungen zeigten und wie ein früherer amerikanischer Nachrichtendienstler erklärte: »Echte Personen hinterlassen eine Spur, lange bevor sie festgenommen werden und selbst dann, wenn man nicht einmal ihren wirklichen Namen kennt.« Denn im großen Rauschen der überwachten Telefonate, mitgelesenen E-Mails, den Verhören Gefangener, zeige eine Person charakteristische Trittmuster und Merkmale, die man klar zuordnen könne. Außerdem sei es bei einer realen Person nicht möglich, dass sie zur selben Zeit an verschiedenen Orten sei. Bei al-Masri sei seine Existenz klar gewesen, ebenso zuvor bei Zarqawi. Von Abu Omar al-Baghdadi aber habe es in den ersten ein, zwei Jahren keine solche Spur gegeben – bei ihm klaffte nur eine Leerstelle.

Erst irgendwann Ende 2007, Anfang 2008 wurde das Amt, al-Baghdadi zu sein, von ein und demselben Mann ausgefüllt, mutmaßlich von dem ehemaligen irakischen Offizier Hamid al-Zawi – der sich dann am 18. April 2010 beim Sturm amerikanischer und irakischer Einheiten auf sein Versteck in der Nähe von Tikrit lieber in die Luft sprengte, als sich zu ergeben. Gemeinsam mit ihm starb Abu Ayyub al-Masri, über den der gefangen genommene Kurier schon drei Jahre zuvor geklagt hatte, der Ägypter sei ein selbstherrlicher Diktator, »der alles bestimmte und machte, was er wollte, weil er die Geldflüsse kontrollierte«.[10]

Gegründet von einem Jordanier, gekapert von einem Ägypter, ihre Führung 2010 fast vollkommen aufgerieben von den Anti-Terror-Einheiten der amerikanischen und irakischen Streitkräfte, war es nun offenbar an der Zeit, dass die bedeutendste irakische Dschihadistengruppe auch tatsächlich in irakische Hände fiel. Jetzt schlug die Stunde der ehemaligen Offiziere, Geheimdienstler und Baath-Parteikader aus Saddam Husseins Apparat, die eines nicht waren: sonderlich religiös. Aber das war in diesem Moment kein allzu großes Problem, denn der »Islamische Staat im Irak« war nach jahrelanger Verfolgung geschrumpft auf ein Schattendasein. Die sunnitischen *Sahwa*- oder »Erweckungs«-Milizen übernahmen mit amerikanischer Hilfe nach und nach die letzten Refugien des ISI und drängten ihn zurück in den Untergrund. Von 42 Anführern der Terrororganisation waren 34 getötet oder gefangen genommen worden[11], und nun hatten die Amerikaner auch noch al-Masri, das letzte lebende Bindeglied zu den großen Tagen von al-Qaida in Afghanistan, aus dem Weg geräumt. US-General Ray Odierno verkündete optimistisch, die Ausschaltung der zwei Anführer sei »potenziell der bedeutendste Schlag gegen al-Qaida im Irak seit Beginn des Aufstandes«.[12] Rückblickend

2 Wechselhafte Anfänge

gesehen war es eher der bedeutendste Schub für ISI vor Beginn des nächsten Aufstands.

Denn dass der »Islamische Staat« sich von der Oberfläche zurückzog, bedeutete nicht, dass er gänzlich verschwand. Schon seit einer ganzen Weile hatte er sich offenbar intern verändert, war zusehends organisierter geworden. Seine interne Verwaltung archivierte Abrechnungen, Bewerbungsfragebögen, Nummernlisten aus einer Telefonzentrale, um herauszufinden, wer die US-Hotline für Informanten angerufen hatte. Bei einer Razzia fanden sich selbst reihenweise Videos von Hinrichtungen, die schon seit langem nicht mehr veröffentlicht wurden, dazu Todeslisten von Gegnern, Gehaltsabrechnungen, interne Aufstellungen des irakischen Innenministeriums, welche ausländischen al-Qaida-Gefangenen in welchen Gefängnissen säßen, und so fort. Alles schwerlich das Werk Abu Musab al-Zarqawis, der kaum des Lesens und Schreibens mächtig gewesen war. »Es scheint, als sei al-Qaida nahezu so pedantisch bürokratisch wie Saddam Husseins Baath-Partei«, wunderte sich 2008 noch ein CNN-Reporter.[13]

ISI war nicht nur nahezu so wie die Baath-Partei – die Terrororganisation war die Baath-Partei. Spätestens nach dem Tod der beiden Führer im April 2010 – sie waren durch einen Informanten verraten worden, der auch Tippgeber für die folgende Säuberungswelle der Organisation war – wurde der »Islamische Staat im Irak« von alten Baath-Kadern übernommen. Einerseits passte die »Partei der Wiedergeburt«, was »Baath« übersetzt bedeutet, nicht zu hartgesottenen Dschihadisten. Die 1947 von dem syrischen Christen Michel Aflaq mitbegründete Baath-Partei war einst das allumfassende Rettungsversprechen für die Malaisen des Nahen Ostens gewesen: sozialistisch, panarabisch, säkular, republikanisch, modern, gerecht. In ihrem Namen putschten sich im Irak und in Syrien die Diktaturen an die Macht. Jenseits ihrer offiziellen Attribute wurde sie rasch vor allem eines: die perfekte Kaderpartei, ein Apparat zum Machtgewinn und -erhalt, geheimbündlerisch, skrupellos und ideologiefrei. In Damaskus herrschte ein Alawit in ihrem Namen, in Bagdad ein Sunnit. Dort war die Baath-Partei bereits lange vor ihrem Sturz 2003 eine seit Jahrzehnten entleerte Hülle der Machtverwaltung geworden, deren Bagdader Hauptquartier schon in den neunziger Jahren zum Museum der Partei umgewidmet worden war. Saddam Hussein sagte einst in großer Klarheit über sie: »Baath ist wie eine Tomate – man kann alles mit ihr kochen«.[14] Die Labels waren unwichtig, denn der innere Apparat der Herrschaft und Kontrolle blieb gleich.

Und jetzt kamen die Apparatschiks. Haji Bakr, der ehemalige Oberst des Luftabwehr-Geheimdienstes, war einer der wenigen Mitglieder des »Islamischen Staates im Irak«, die nicht gefasst oder getötet worden waren. Er organisierte die Nachfolge an der Spitze der Terrororganisation, wobei ihm der massive Verfolgungsdruck der Amerikaner und der irakischen Militärs zugutekam. Da es zu gefährlich gewesen wäre, alle Mitglieder des »Schura-Rates« des ISI an einem Ort zusammenzubringen, um eine neue Führung zu wählen, soll Bakr die einzelnen Mitglieder kontaktiert und einen nach dem anderen davon überzeugt haben, dass die anderen bereits zugestimmt hätten, einen frommen, wiewohl wenig bekannten Prediger aus Samarra zum neuen Anführer des ISI zu küren: Ibrahim Awad Ibrahim al-Badri al-Samarrai, fortan bekannt als Abu Bakr al-Baghdadi. Befehlshaber der Gläubigen und angeblich Inhaber eines Doktortitels in islamischer Rechtslehre der Saddam-Universität in Bagdad.

Über den neuen Emir, geschweige denn über das Gremium, das ihn bestimmt hatte, war zunächst wenig bekannt. 1971 im

2 Wechselhafte Anfänge

irakischen Samarra geboren, soll er, wie andere spätere ISIS-Führungskader, im berüchtigten Camp Bucca gesessen haben: dem chaotischen, überfüllten Gefangenenlager der US-Streitkräfte nahe der südirakischen Hafenstadt Umm Kasr. Doch schon über die Dauer seiner Haft gibt es unterschiedliche Angaben. Einigen Quellen zufolge wurde er bereits nach wenigen Monaten 2004 wieder entlassen, anderen Quellen zufolge erst später. Ein ehemaliger al-Qaida-Mann, der schon 2001 aus Afghanistan via Iran und Malaysia in den Irak floh und die gesamte Odyssee der dschihadistischen Gruppen miterlebt hat, erzählt eine etwas andere Version: Demnach sei Baghdadi bald nach dem Krieg nach Damaskus gegangen, habe sich der dortigen, von den syrischen Geheimdiensten ebenso kontrollierten wie unterstützten Radikalenszene um den Aleppiner Scheich Abu al-Qaqa angeschlossen und sei erst 2006 wieder in den Irak zurückgekehrt. Über eine später im ISI aufgegangene Splittergruppe sei er zu Zarqawis Organisation gekommen.

Später begann die Medienabteilung des »Islamischen Staates«, Baghdadi Kränze zu winden: Er habe mehrere prestigeträchtige Predigerposten innegehabt, außerdem eine Professur in Tikrit, sei die rechte Hand seines ISI-Vorgängers gewesen, überdies ein begnadeter Militärkommandeur. Und er sei ein *Quraischi*, ein Abkömmling des Stammes des Propheten aus Mekka. Doch nichts davon ist belegt, manches schlicht falsch. Weder hat Baghdadi irgendeine militärische Ausbildung (anders als der überwiegende Rest des ISI-Führungszirkels), noch wurde er bei Kämpfen je an vorderster Linie gesehen. Im Gegenteil, bis zu seinem öffentlichen Auftritt Anfang Juli 2014 in Mosul hat er sich komplett verborgen gehalten. In der klandestinen, paranoiden Atmosphäre der Dschihadistenzirkel ließ sich jede Form von Geheimhaltung plausibel begründen mit dem ewigen Verfolgungsdruck. Doch es lässt sich eben auch jede Lüge lange durchhalten.

Neben Baghdadi gab es beim »Islamischen Staat im Irak« ein Kabinett, Gouverneure für die einzelnen Provinzen, eben alles, was ein Staat braucht – auch wenn er über weitere drei Jahre als mafiöses Schattenreich vor allem in Mosul operierte, wo es sicherer war als in Bagdad. Die später entscheidenden Männer aber waren wenige, und fast alle waren zuvor Armeeoffiziere, Geheimdienstler oder Parteifunktionäre gewesen. Außer Haji Bakr rückten unter anderem an die Spitze:

- Abu Ayman al-Iraqi (Ali Aswad al-Juburi), ein ehemaliger Geheimdienstoberst der Luftabwehr
- Abu Muslim al-Turkmani (Fadl al-Hayali), ein ehemaliger Oberstleutnant des Militärgeheimdienstes
- Abu Ali al-Anbari (Ala Qardasch), ein ehemaliger Baath-Parteifunktionär, der ursprünglich Physiklehrer gewesen war
- Abu Abdulrahman al-Bilawi (Adnan Ismail Najm), ein ehemaliger Armeeoffizier
- Abu Mohammed al-Adnani (Taha Subhi Falaha), einer der wenigen Ausländer: Der gebürtige Syrer war schon früh nach dem US-Einmarsch in den Irak gegangen und geblieben.

Mehrere der Führungskader hatten wie Baghdadi Zeit in Camp Bucca verbracht, eine Haft, über die viele Terroristen erst miteinander in Kontakt kamen. Das Camp wurde zu einem gigantischen Rekrutierungspool für die Terrororganisation. Doch zwischen den Führungskadern gab es noch mehr Gemeinsamkeiten: Sowohl Haji Bakr wie Abu Ayman al-Iraqi, der später als ISIS-Statthalter in der syrischen Mittelmeerprovinz Lattakiya auftauchen sollte, waren unter Saddam beim Geheimdienst der irakischen Luftabwehr gewesen, einer sehr

2 Wechselhafte Anfänge

überschaubaren Einheit. Und mehrere der neuen Führer, unter ihnen al-Turkmani und al-Anbari, waren sunnitische Turkmenen aus der Stadt Tal Afar, ebenfalls eine ungewöhnliche Konzentration in diesem überschaubaren Führungszirkel. Wie es schien, waren alte Beziehungen und Verwandtschaftsbande wichtiger als religiöse Referenzen – und dieser winzige, lang etablierte Zirkel, der nun die Macht übernommen hatte, hielt den neuen Führungskreis so klein und abgeschottet wie möglich.

Der »Islamische Staat im Irak« war ein Schattenstaat, ein Räderwerk des Schreckens und der Innenverwaltung, das über Ministerien, über finanzielle Mittel (im Wesentlichen aus Schutzgelderpressung) und über Sprengstoff verfügte. Nur über zweierlei verfügte er nicht: eine Staatsfläche – und eine sichtbare Führung. Abu Bakr al-Baghdadi hielt sich verborgen. Selbst eine Audio-Botschaft gab er erst 2011 nach dem Tod Osama Bin Ladens heraus.

Die Kluft zwischen Anspruch und Realität klaffte derart weit auseinander, dass sich in radikalen Islamistenzirkeln eine kuriose Debatte entspann: Jenseits der Frage, ob man die Ausrufung eines »Islamischen Staates« an und für sich für wünschenswert halte, sei die Ausrufung des ISI nicht rechtens, ja sie beruhe nicht auf der Scharia, urteilte etwa der kuwaitische Gelehrte Hamid al-Ali. Schließlich »ist es im Islam nicht bekannt, einen Treueeid gegenüber einem unbekannten, unsichtbaren Imam zu bekunden, ohne Macht, sichtbare Präsenz und festen Stand, die ihn ermächtigten, Sicherheit auf den Straßen zu gewährleisten«.[15] ISI konterte, dass derlei gar nicht notwendig sei; der Imam sollte den Menschen persönlich so bekannt sein wie Gott und dessen Prophet. Überdies möge man vorläufig ausgehen von einem Staat, der so groß sei wie sein Vorläufer vor knapp 1400 Jahren, als Mohammed gerade einmal die Stadt

Medina kontrollierte – und damit ebenso legitim sei wie der islamische Ur-Staat.[16]

Es war eine eigentümliche Zeit im Irak: Kurz vor ihrem Abzug aus dem Land hatte die US-Armee das Problem des Terrors rein militärisch gelöst, wie es schien. Mit der Unterstützung der sunnitischen Sahwa-Milizen hatte man dem ISI sein Territorium geraubt, dessen Führung dezimiert, die Organisation in den Untergrund gedrängt. Doch politisch war im Irak nichts gelöst, denn Premier Maliki hatte nicht im Mindesten vor, die Sunniten an der Macht zu beteiligen und die Sahwa-Einheiten in die Armee zu integrieren oder auch nur zu bezahlen – allen Vereinbarungen mit den USA zum Trotz.

Am 19. Dezember 2011, einen Tag nach dem Abzug der letzten amerikanischen Kampftruppen, ließ Nuri al-Maliki (der sich selbst auch zum kommissarischen Innen- und Verteidigungsminister ernannt hatte) sogar einen Haftbefehl gegen seinen sunnitischen Vizepremier Tariq al-Haschimi ausstellen: Der stecke hinter insgesamt 150 Mord- und Sprengstoffanschlägen und habe überdies einen Putsch geplant. Haschimi konnte fliehen, bezeichnete die Anschuldigungen als »frei erfunden« und wurde in Abwesenheit zum Tode verurteilt. Nach ihm verschwanden Sunniten von fast allen hohen Posten: Generäle wurden abgesetzt, der sunnitische Finanzminister von einer Miliz schwarz vermummter Bewaffneter verschleppt, die sich als Anti-Terror-Einheit des Premiers herausstellte. Die Sahwa-Milizen zerfielen, viele ihrer lokalen Anführer wurden in einer jahrelangen, von den USA wie von der irakischen Regierung fast völlig ignorierten, stetigen Ermordungskampagne des ISI umgebracht.[17] Der »Islamische Staat« musste in dieser Zeit nur das tun, was er immer besser konnte: abwarten.

2 Wechselhafte Anfänge

Das Reisebüro des Terrors

Syrien wird zum Förderer des Terrors im Irak. Tausende Dschihadisten aus aller Welt werden vom Regime ausgerüstet, trainiert und über die Grenze eskortiert. Der Krieg im Irak wird zum Alptraum, den Washington nicht woanders wiederholen, sondern nur noch beenden möchte.

Sinjar. Im Sommer 2014 würde dem Ort am Fuße des gleichnamigen Tafelbergs ein Ruf des Schreckens vorauseilen, würde er weltweit für den Überlebenskampf Zehntausender vom IS belagerter Jesiden stehen. Doch schon sieben Jahre zuvor war die irakische Kleinstadt direkt an der syrischen Grenze in den Kreisen von Terrorexperten berühmt geworden. Die Entdeckung, die ein Stoßtrupp amerikanischer Soldaten nach einem Gefecht am 11. September 2007 auf einem Gehöft in der Nähe gemacht hatte, sollte als »Sinjar Records« in die Geschichte eingehen: ein Konvolut von mehr als 600 Personalakten ausländischer Kämpfer, die aus aller Welt in den zwölf Monaten zuvor über Syrien in den Irak gekommen waren, um sich hier al-Qaida im Irak (AQI) unter Führung des Jordaniers Abu Musab al-Zarqawi anzuschließen. Nie zuvor und nie danach wurde ein derart vollständiges Verzeichnis ausländischer Terrorkämpfer gefunden, das nicht nur Klarnamen und persönliche Daten enthielt, sondern darüber hinaus detaillierte Angaben zu ihren Routen, Kontaktleuten und dem gewünschten Verwendungszweck. In drei Vierteln der Fälle stand dort: »Märtyrer« – Berufsziel Selbstmordattentäter.[18]

Die Dschihadisten waren aus Saudi-Arabien, Libyen, Marokko, Algerien, Syrien, Tunesien, Ägypten, Belgien, Frankreich, Großbritannien und anderen Ländern angereist. Studenten, Polizisten, Arbeitslose, Ex-Soldaten waren unter ihnen, ebenso Klempner, sogar ein Masseur. Und sie alle waren über Syrien gekommen. Das Combating Terrorism Center an der US-Militärakademie Westpoint, das die Dokumente auswertete, kam zu dem Schluss, dass die »syrische Regierung ignoriert, möglicherweise begünstigt hat, dass ausländische Terroristen (via Syrien) in den Irak reisten. (…) Aus Furcht vor einer möglichen Militärintervention entschloss sich das syrische Regime, Aufständische und Terroristen zu unterstützen, Chaos und Verwüstung im Irak zu stiften.«[19]

Dass der syrische Langzeit-Diktator Hafiz al-Assad seit den achtziger Jahren im großen Stil militante Bewegungen in der Region unterstützt und beherbergt hatte, war kein Geheimnis – eher eine Definitionsfrage. Waren die kurdische Separatistenorganisation PKK, die palästinensische Hamas oder die schiitische Hisbollah im Libanon Terrorgruppen oder Widerstandsbewegungen? Für Assad waren sie klar Letzteres, und ihre Unterstützung zementierte das Image seines Regimes, standfest gegen Israels Aggression zu bleiben. Dass die USA Syrien seit 1979 auf ihrer Liste der terrorunterstützenden Staaten führten, war für das selbstgewählte Image des Regimes durchaus dienlich. Sympathisanten der PKK priesen Assads Unterstützung für den Kampf der türkischen Kurden, ignorierend, dass die syrischen Kurden massiv unterdrückt wurden. Die globale Linke und die Antiimperialisten in ihrer schmalspurigen Weltsicht betrachteten Hafiz al-Assad als Verbündeten und übersahen großzügig, dass es Kommunisten in Syrien keinen Deut besser ging als anderen Dissidenten, sobald sie auch nur leise Kritik an der herrschenden Familie äußerten. Auch geheime Unterstützung wie für den »Top-Terroristen« Carlos, der jahrelang in Damaskus wohnte, hatte es vom syrischen Regime zuvor gegeben. Aber das waren sehr überschaubare Gruppen gewesen.

Doch was seit 2003 an der syrisch-irakischen Grenze ge-

2 Wechselhafte Anfänge

schah, war kein eng umrissenes Projekt mehr, sondern massive Anschubhilfe für eine weltweite Bewegung, die ebenso diskret ins Werk gesetzt, wie sie vehement gegenüber den USA und anderen dementiert wurde. Für ein oberflächlich interessiertes Publikum war die Unterstützung des Terrors ohnehin leicht zu leugnen, so wie es ein Jahrzehnt später wieder funktionieren würde: Syrien und die Terroristen, das seien verfeindete Lager, also kämpften sie ausschließlich gegeneinander. Doch das war damals genauso wenig der Fall wie zehn Jahre später.

Im Jahr 2003 war die Furcht des syrischen Regimes vor einer Invasion durch amerikanische Truppen, wie sie gerade über den Irak gekommen war, nicht ganz unbegründet. In der Tat hatten der amerikanische Verteidigungsminister Donald Rumsfeld und andere US-Strategen nach dem scheinbar so leicht errungenen Sieg über Saddams Irak öffentlich mit dem Gedanken gespielt, zu einem weiteren *regime change* doch gleich nach Damaskus weiterzurollen. Um dies zu verhindern und den USA jedwede Gelüste auf weitere Militärinterventionen in der Region zu nehmen, fuhren Dynastie-Erbe Baschar al-Assad und seine Generäle zweigleisig: Offiziell wurde beschwichtigt und selbst das geleugnet, was in allen Details belegt war (wie der Löwenanteil von Saddams illegalen Waffenimporten, der noch bis zum Februar 2003 über einen Verwandten der Assad-Familie abgewickelt worden war). Heimlich wurde Damaskus zum Drehkreuz der Dschihadisten aus aller Welt, die in den Irak wollten. Wobei es allzu heimlich anfangs nicht ablief: Ende 2003, als die ersten schweren Anschläge die Hauptquartiere der Vereinten Nationen und des Roten Kreuz in Bagdad erschütterten, beschwerte sich Theodore Kattouf, der damalige US-Botschafter in Damaskus, über die Schlangen bärtiger Männer direkt vor der amerikanischen Botschaft im mondänen Viertel Mohadscherin. Der Sammelpunkt für Reisewillige gen Irak war auf der anderen Straßenseite eingerichtet worden. Nach einer Weile wurde er in die Innenstadt, aufs stillgelegte Messegelände verlegt, bevor die Verschickung zumindest der syrischen Radikalen diskretere Züge annahm.

Doch wie kamen die Ausländer nach Syrien, um von dort ihren Weg in den Dschihad anzutreten? Der internationale Flughafen, »einer der am strengsten kontrollierten Orte in Syrien«, so hieß es in einer Gerichtsanhörung in Washington 2008 zur syrischen Rolle beim Transfer von al-Qaida-Rekruten, »wurde mit voller Kenntnis und Unterstützung der syrischen Regierung« genutzt: »Syrien erlaubte Aufständischen in großer Zahl und ohne Einschränkungen, dort anzukommen, bevor sie ihre Reise über die Grenze und in den Irak fortsetzen.«[20] Sowohl im Irak festgenommene Terroristen wie auch ein zurückgekehrter kuwaitischer Kämpfer, der Anfang 2005 von regulären Grenzpolizisten aufgegriffen und Diplomaten in Damaskus übergeben worden war, berichteten davon, dass sie in Lagern auf syrischem Boden militärisch ausgebildet worden seien.[21]

Schon 2004, als US-Truppen nach heftigen Kämpfen die Stadt Falluja eingenommen hatten, waren bei gefangenen oder toten Kämpfern Fotos gefunden worden, auf denen sie mit syrischen Geheimdienstoffizieren abgebildet waren, ebenso wie GPS-Geräte, die den Ausgangspunkt ihrer letzten Reise in Westsyrien anzeigten.[22] Von den Saudi-Arabern, die zum Dschihad in den Irak wollten, kam ein vergleichsweise großer Teil aus der dünn besiedelten, bis zur Groteske konservativen Provinz Qasim im Norden. In Zulfi, einer Stadt mit 70 000 Einwohnern, gab es kein einziges Café oder Restaurant – zu sündig. Aber es gab mehr als 100 Moscheen. Allein bis zum Februar 2005 waren mehr als 20 junge Männer aus Zulfi in den Dschihad aufgebrochen. Obwohl die irakische

2 Wechselhafte Anfänge

Grenze kaum 200 Kilometer entfernt lag und zu Fuß mühelos zu queren war, hatte keiner diesen direkten Weg genommen: »Alle fliegen nach Damaskus«, erzählte der Verwandte eines Selbstmordattentäters, »da wird alles für einen organisiert, das ist einfacher.« Seit die saudi-arabischen Behörden misstrauischer geworden seien, nähmen die meist sehr jungen Männer halt einen Flug nach Beirut oder Amman und reisten von dort innerhalb weniger Stunden auf dem Landweg weiter nach Syrien. »Jeden Monat gehen zwei, drei. Sie rufen noch ein, zwei Mal aus dem Irak an, dann nie wieder.«

Es war eine schillernde Zweckallianz zwischen Syriens alawitisch-schiitischem Regime und extremistischen Sunniten, deren Fraktion in Saudi-Arabien die Schiiten als Glaubensverräter betrachtete und die später im Irak Zigtausende von ihnen bei Anschlägen ermorden sollte. Ein Joint Venture erklärter Todfeinde. Aber wenn es um die Nutzbarmachung des Terrors ging, zählten keine ideologischen Beschränkungen, im Gegenteil: Je weniger Rückhalt die tolerierten oder unterstützten Gruppierungen im eigenen Lager hatten, umso leichter konnte man sie benutzen, agieren lassen oder wieder verhaften. Ein Verhältnis, das damals wie auch zehn Jahre später von einem vollkommen taktischen Pragmatismus geprägt war. Beide Seiten versuchen, einander zu benutzen in der Annahme, aus der Phase der Nützlichkeit als die stärkere Kraft hervorzugehen und den diskreten Koalitionär von gestern dann besiegen zu können. Langfristig betrachten sie einander als unversöhnliche Kontrahenten – was Damaskus nicht davon abgehalten hat, radikale Gruppen und Strömungen zu unterwandern, zu fördern, ja maßgeblich erst ins Leben zu rufen. Schon Ende 1999 waren die Planer der sogenannten Millenniumsanschläge gegen israelische und amerikanische Einrichtungen zum Jahrtausendwechsel in Jordanien verhaftet worden.

Die etwa 20 Mitglieder der Terrorgruppe waren in den Vorjahren »in Ausbildungslagern der al-Qaida in Afghanistan«, aber auch bei den ideologischen Gegnern »in Ausbildungslagern der Hisbollah im Libanon und in Ausbildungslagern in Syrien in der Handhabung von Waffen und Sprengstoff unterwiesen« worden.[23]

Terroristen waren für das syrische Regime Werkzeug, Handelsgut, auch Rückversicherung gegen Anschläge ihrer Gesinnungsgenossen. Und je abhängiger die Terroristen von diesem Regime waren, desto leichter blieben sie unter Kontrolle. Mit dieser Maxime stand Damaskus im Übrigen nicht allein da. Die *Sepah-e Pasdaran*, die »Revolutionswächter« Irans, die wie ein Staat im Staate funktionieren, hatten ab Ende 2001 ihre erklärten Todfeinde als »guestages« aufgenommen, wie es ein amerikanischer Militärgeheimdienstler später formulierte: ein Mittelding zwischen Gästen (*guests*) und Geiseln (*hostages*). So waren hochrangige al-Qaida-Männer (unter ihnen Militärkommandeur Saif al-Adl und ein Sohn Osama Bin Ladens)[24] von den Pasdaran[25] in der abgelegenen Provinzstadt Zahedan untergebracht worden, 1600 Kilometer von Teheran entfernt im Dreiländereck Iran-Afghanistan-Pakistan. Hier landeten auch Abu Musab al-Zarqawi, der später ebenfalls von den Amerikanern erschossene Terrorlogistiker Abu Ghadiya und auch der im Herbst 2014 von den USA in Syrien gejagte, aus Kuwait stammende Mohsen al-Fadhli.[26]

»Sie wurden dort festgesetzt von den iranischen Sicherheitsbehörden«, so Nigel Inkster, ehemaliger Einsatzdirektor des britischen Auslandsgeheimdienstes MI6, »um sie später als Druckmittel bei den Atomverhandlungen nutzen zu können«.[27] Oder auch anderweitig: Für Zarqawi notierte das BKA in einem geheimen »Auswertebericht« 2004, dass er sich »mit logistischer Unterstützung von staatlicher Seite«[28] in Iran auf-

2 Wechselhafte Anfänge

gehalten und bereits 2002 in den Nordirak, nach Syrien und in den Libanon reiste, bevor er Ende 2003 oder Anfang 2004 in den Irak aufbrach.

Dass diese Nutzbarmachung des Terrors auch fatal außer Kontrolle geraten konnte, musste Irans Führung schmerzhaft lernen: Derselbe Zarqawi, den die selbsterklärte Schutzmacht der Schiiten in Teheran nicht nur laufengelassen, sondern noch unterstützt hatte, wurde der Kommandeur jener Terrorzellen, die in den kommenden Jahren Zehntausende Schiiten im Irak ermorden sollten. Noch bevor die Welle von Selbstmordanschlägen der al-Qaida den Irak erschütterte, hatte Zarqawi mehrere Attentate in seiner Heimat Jordanien organisiert, wo er steckbrieflich gesucht wurde: Attentäter, die später aussagten, von ihm die Handgranaten, eine Pistole und Geld bekommen zu haben, erschossen im Oktober 2002 den US-Diplomaten Laurence Foley in Amman. Trainiert worden seien sie in Syrien.[29] Die Geldübergabe sei durch Shakr Absi erfolgt, einen langjährigen Weggefährten Zarqawis, der nach dem Attentat zurück nach Syrien floh. Die Jordanier verlangten seine Auslieferung, was Damaskus verweigerte: Absi sei bereits inhaftiert. Doch in Wirklichkeit bildete er in Syrien für al-Qaida im Irak Militante aus[30] – und würde später wieder im Libanon auftauchen, als Kommandeur der von Damaskus maßgeblich unterstützten Terrorgruppe Fatah al-Islam.

Einen nächsten Anschlag Zarqawis, bei dem tonnenweise Sprengstoff vor der Geheimdienstzentrale und Ministerien in der Hauptstadt Amman detonieren sollte, konnten die jordanischen Behörden im April 2004 verhindern. Sie hatten bereits seit Februar die Telefone mehrerer Verdächtiger abgehört, darunter ein Gespräch nach Syrien mit Zarqawis rechter Hand Abu Ghadiya. Ein LKW mit Sprengstoff wurde, aus Syrien kommend, am 31. März 2004 an der Grenze aufgehalten, ein zweiter LKW Tage später nahe der Grenze sichergestellt.[31] Mehrere der später festgenommenen Attentäter sagten aus, die Gruppe habe »Unterstützung, u.a. Dokumente, Instruktionen und ca. 250 000 US-Dollar aus Syrien erhalten. Zu den Helfern aus Syrien zähle u.a. der flüchtige Abu Ghadiya.«[32]

In Syrien waren verschiedene Dienste für die Terroristen-Pflege zuständig. Was damals nur in Umrissen bekannt war, haben ab 2012 geflohene, übergelaufene Geheimdienst- und Armeeoffiziere teils bestätigt, teils ergänzt: »Seit 2003 lag die oberste Zuständigkeit für unser Irak-Engagement bei der ›Palästina-Abteilung‹ (*Palestine Branch*) des Militärgeheimdienstes«, so der frühere Ermittlungschef der syrischen Staatssicherheit, Anwar Raslan. Die obskure Titulatur hatte historische Gründe. Hafiz al-Assad hatte die Geheimdienste seiner Diktatur einst als Apparate ohne klare Zuständigkeiten angelegt, um sicherstellen zu können, dass alle fortwährend untereinander konkurrieren und ihm keine Gefahr daraus erwachsen würde. So wurde der Luftwaffengeheimdienst zur Schreckensinstanz auch für Dissidenten, die nichts mit Flugzeugen zu tun hatten, weil er als der loyalste aller Dienste galt. Die »Palästina-Abteilung« wiederum wurde zuständig für Auslandsoperationen, die nichts mit Israel zu tun hatten. Ihr oberster Chef Asif Schaukat war qua Heirat von Baschar al-Assads Schwester Buschra in den engsten Zirkel der Macht aufgestiegen.

»Falls wir bei Ermittlungen auf Terroristen stießen, hatten wir unverzüglich Schaukats Leute zu informieren«, fuhr Raslan fort: »Anfang 2005 untersuchten wir eine Wohnung in Mezze«, einem gehobenen Viertel im Westen von Damaskus, »und fanden ein regelrechtes Terrornest: Ingredienzen für Bomben, Anleitungen zur Giftherstellung, USB-Sticks, Computer, Pässe und einen jungen Saudi-Araber. Als wir den festnahmen, beschwerte er sich: Das sei doch für Zarqawis Leute in Sukkariya«, einem Dorf nahe der irakischen Grenze. »Wir fragten nach, die Antwort kam rasch: ›Ja, das ist abgesprochen mit Asif.‹ Über ihn, sein Büro, sind über die Jahre Tausende durch Syrien in den Irak gekommen.«

Doch das hieß nicht, dass andere Dienste nicht auch selber mitmischen wollten: Als Raslans damaliger Dienstherr Ali Mamluk einen der Untergebenen Zarqawis treffen wollte, holten ihn Raslans Kollegen an der Grenze ab. »Sie sollten freundlich zu Abu Sufian sein, ermahnte er uns, ›wir wollen schließlich *business* machen‹.« Abu Sufian kam, wurde festgesetzt und vor die Wahl gestellt: »Kooperiere mit uns, und wir lassen dich frei, geben dir noch Geld.« »Der war billig, 300 oder 500 Dollar, ein kleiner Fisch«, erinnerte sich Raslan. Kein ganz so kleiner allerdings für die Fahnder, die Abu Sufian kurz vor Weihnachten 2005 in Spanien verhafteten als Anführer einer al-Qaida-Zelle, die Selbstmordattentäter für den Irak rekrutieren wollte.

In Syrien selbst durfte über Jahre ein schillernder syrischer Radikalen-Prediger in aller Öffentlichkeit zum Dschihad aufrufen und junge Syrer, aber auch eingereiste Ausländer, für den Kampfeinsatz im Irak rekrutieren. Abu al-Qaqa, ein talentierter, mitreißender Prediger, forderte vor Hunderten Zuhörer, »Amerikaner zu schlachten wie Rinder«, er pries den heiligen Krieg und unterhielt ein eigenes Trainingslager – in einem Land, wo jeder, der auch nur entfernte Sympathien für die Muslimbrüder hegte, früher in den Gefängnissen verschwunden und wo in der Armee selbst das Beten verboten war. Al-Qaqa durfte Freitagspredigten in einer der größten Moscheen Aleppos halten und fuhr im schweren Mercedes mit bewaffneten Leibwächtern durch die Straßen.[33] Es sei General Hisham Ikhtiyar gewesen, damals Chef der Staatssicherheit, der seine schützende Hand über al-Qaqa gehalten habe – zumindest bis dessen Nützlichkeit erschöpft war und er 2007, wie es hieß, »von Terroristen« erschossen wurde.

Auch der damalige Innenminister Ghazi Kanaan mischte mit: Ihm unterstand der »Polizei-Club« im Viertel Sakin Berze, ein winziges, diskretes Gästehaus in Damaskus, dessen Leiter sich später an seinen für mehrere Monate einzigen Gast sehr detailliert erinnerte: Abu Mussab al-Suri, der große Theoretiker von al-Qaida. »Er war lang, dünn, rotbärtig, sehr klug und zurückhaltend«, so Ibrahim al-Jabawi, der später Vizepolizeichef von Homs wurde: »Suri kam im November 2004, wurde jeden Morgen von einem Wagen der ›politischen Sicherheit‹ abgeholt, die dem Innenministerium unterstand. Er kam gegen 14.30 Uhr zurück, war schweigsam. In mein Büro kam er nur zweimal, um sich nach der Reinigung für seine Hemden zu erkundigen.«

Auch bei der Finanzierung des Terrors auf der irakischen Seite der Grenze überließ das syrische Regime nichts dem Zufall. Sie lag in den Händen eines Mannes, der von Baschar al-Assad selbst zum Chef des »irakischen Flügels« der syrischen Baath-Partei ernannt worden war: Fauzi al-Rawi, ein ehemaliger Baath-Funktionär, der 2003 aus Bagdad ins Nachbarland geflohen war. 2007 setzte ihn das US-Finanzministerium auf die Liste der al-Qaida-Terrorfinanziers. Rawi, so die US-Regierung, »wird finanziell von der syrischen Regierung unterstützt und unterhält enge Beziehungen zu den syrischen Geheimdiensten«, konkret zu Asif Schaukat, dem Chef des Militärgeheimdienstes. Seit 2005 habe er al-Qaida im Irak mit Geld, sprengstoffpräparierten Fahrzeugen und Waffen versorgt: »Er bekam finanzielle Unterstützung direkt von Dhu al-Himma al-Schalisch, dem Chef der Leibgarde des Präsidenten schon unter Hafiz al-Assad.«[34] Über Schalischs Firma SES hatte Saddam Husseins Regime bis Anfang 2003 über Jahre den Großteil seiner am UN-Waffenembargo vorbei importierten Militärgüter aus aller Welt erhalten. Insofern waren die syrischen Kontakte zu den Spitzen von Saddams Führung seit Jahren etabliert. Innerhalb des syrischen Machtapparates wussten viele Bescheid, bis hin zu den Piloten der Luftwaffe, die in der östlichen Wüste im Zickzack fliegen mussten: »Wir durften nie über al-Tanf fliegen, den Ort in der südlichen Wüste direkt an der irakischen Grenze. Denn da war eines der Lager von Zarqawis Leuten, jeder von uns wusste das«, so der geflohene Luftwaffenoberst Ismail Ayoub.

Reihenweise ließen sich bald frustrierte US-Generäle über Syriens Doppelspiel aus: Das Land »gewährt al-Qaida Unterschlupf«, sei der »Zufluchtsort« für »Killer mit Kontakten zu syrischen Geheimdiensten«[35], seine »Geheimdienste haben die Bewegung von al-Qaida-Kämpfern vom Flughafen Damaskus an die Ostgrenze Syriens unterstützt«.[36] Am 11. Juli 2008 kabelte die US-Botschaft in Bagdad nach Washington: »Das al-Ghadiya-Netzwerk ist die wichtigste Verbindung für ausländische Terroristen, in den Irak zu AQI zu kommen. Es arbeitet mit Wissen der syrischen Regierung und schickt so gut wie alle seine ausländischen Terroristen über die syrische Grenze in den Irak.«[37]

Für David Petraeus, von 2008 bis 2010 Oberbefehlshaber der US-Streitkräfte im Irak, wurde der Schattenkrieg mit Syrien offenbar zum Alpdruck. Immer wieder warnte er seine Gesprächspartner, Iraks Premier Maliki, Libanons Präsident Suleiman, selbst den italienischen Ministerpräsidenten Silvio Berlusconi[38], dass »die Syrer ein gefährliches Doppelspiel betreiben; auf der einen Seite bekräftigen sie ihr Engagement der Sicherheitszusammenarbeit, auf der anderen schließen sie die Augen vor ihren eigenen Unterstützungsaktivitäten für die AQI-Terroristen. (...) Baschar al-Assad ist voll im Bilde, dass sein Schwager, der Chef des Militärgeheimdienstes Asif Schaukat, detaillierte Kenntnisse der Aktivitäten des AQI-Schleusers Abu Ghadiya hat, der syrisches Territorium nutzt, ausländische Kämpfer und Selbstmordattentäter in den Irak zu bringen.«[39]

Ende Oktober 2008 schließlich landete die amerikanische Task Force 88 mit mehreren Hubschraubern im Dorf Sukkariya nahe dem Grenzort Bukamal auf syrischer Seite und erschoss den von dort operierenden al-Qaida-Logistikchef Abu Ghadiya sowie mehrere seiner Helfer. Es war derselbe Mann, der Jahre zuvor in die Anschläge auf jordanischem Boden involviert gewesen war und dessen Auslieferung die dortigen Behörden vergeblich von Damaskus verlangt hatten.[40] Schon seit Februar 2008 hatten die US-Militärs von irakischer Seite aus Abu Ghadiya und seine Umgebung überwacht.[41] Nach ihren Angaben war Abu Ghadiya bereits seit 2004 als Schmuggelkoordinator für al-Qaida in Syrien tätig gewesen, habe seine Order direkt von Zarqawi und später dessen Nachfolger erhalten und in Koordination mit den syrischen Geheimdiensten das logistische Netzwerk unterhalten, zu dem Unterkünfte sogar in Lattakiya an der Küste zählten, fern der Grenze.[42] Sein Bruder und mehrere Verwandte seien ebenfalls bei AQI gewesen, hätten im Irak Anschläge verübt und gezielt jene ermordet, die für die irakische oder die US-Armee arbeiteten.[43]

Die syrische Regierung protestierte gegen die Grenzüberschreitung, die Tötung Ghadiyas sei ein »Akt terroristischer Aggression« der USA.[44] Doch zuvor behelligt hatte man Abu Ghadiya nicht. Er lebte ganz offen in Syrien, pendelte zwischen der Grenzregion und einem Wohnsitz in der mondänen Sommerfrische Zabadani oberhalb von Damaskus im Libanon-Gebirge. Sinnfälligerweise fanden in und um eben jenes idyllische Örtchen ab 2007 mehrere hochrangige Treffen statt: Offiziere der fürs Doppelspiel mit dem Terror zuständigen

2 Wechselhafte Anfänge

syrischen Geheimdienste und Funktionäre der syrischen wie der im Untergrund operierenden (oder nach Syrien) abgewanderten irakischen Baath-Partei trafen sich mit Kommandeuren des AQI. Angeblich mit dabei: Haji Bakr, jener enigmatische Ex-Oberst des Geheimdienstes der irakischen Luftabwehr, der später federführend sein würde bei der strategischen Planung des »Islamischen Staates«. Manche der Zusammenkünfte fanden auch im Damaszener Vorort Khan Alshekh statt, wo Bakr zeitweise eine Wohnung hatte, sowie in Bludan, einem christlichen Kurort neben Zabadani. Dass zwei der Treffen in Zabadani Anfang 2009 bekannt wurden, verdankte sich dem raren Glück, dass ein Informant des weithin respektierten Geheimdienstchefs im irakischen Innenministerium mit winzigem Aufnahmegerät anwesend gewesen war. »Das war die wichtigste Quelle, die wir je hatten«, erzählte der Generalmajor Hussein Ali Kamal, ein säkularer Kurde, kurz vor seinem Krebstod 2014 Martin Chulov, dem Korrespondenten der britischen Tageszeitung *The Guardian*. Ziel des Treffens sei die Vorbereitung einer Serie spektakulärer Anschläge in Bagdad gewesen.[45] Sie würden die Regierung Malikis treffen, aber letztlich den Amerikanern gelten.

Der Nachfolger des getöteten Logistikchefs Abu Ghadiya war längst installiert und kümmerte sich nach Erkenntnissen der US-Aufklärer weiterhin ungestört um Rekrutierung, Finanzierung und Transfer der Männer auf die irakische Seite.[46] Im Juni 2009 wurde überdies die Ankunft eines hochrangigen al-Qaida-Mannes in Damaskus beobachtet: der erst im Januar zuvor in Pakistan festgenommene, dann wieder freigekommene Ägypter Scheich Issa al-Masri, ein Veteran der Dschihadistenzirkel, der mit über 70 zu den einflussreichsten Propagandisten des Selbstmordattentates zählte und geistlicher Berater von Ayman al-Zawahiri war.[47]

Überall wurde im Sommer 2009 in und um Bagdad nach den potenziellen Attentätern gefahndet, legten immer mehr Betonbarrikaden die Stadt lahm, aber vergeblich. Am 19. August 2009 erschütterten nacheinander mehrere gewaltige Detonationen die Stadt am Tigris, 101 Menschen starben, mehr als 600 wurden verletzt. »Ich war gescheitert«, bekannte Kamal. Premier Maliki war außer sich. »Ich sollte alles, was wir haben, den Syrern vorlegen«, erinnert sich Kamal. Die Türkei wurde als Vermittler eingeschaltet. »Ich flog mit den Unterlagen nach Ankara. Sie konnten nichts abstreiten. Die Beweislage war wasserdicht, und die Syrer wussten es. Aber Ali Mamluk, der Chef der Staatssicherheit, schaute mich nur lächelnd an und sagte: ›Ich werde keinen Vertreter eines Landes unter US-Besatzung anerkennen.‹ Es war Zeitverschwendung.«[48]

Doch so stetig die amerikanischen Generäle und Diplomaten warnten, so unentwegt wiederholten syrische Regierungsvertreter, dass sie doch ihr Möglichstes täten, um den steten Fluss der Dschihad-Reisenden zu bremsen: Im August 2007 unterrichteten Innenminister Bassam Abdel Madschid und seine Delegation den amerikanischen Chargé d'affaires, dass man alle notwendigen Schritte unternommen habe, den illegalen Grenzverkehr zu stoppen. Neue Kontrollposten seien installiert, sogar Sandwälle aufgeschüttet und Betonbarrieren errichtet worden, alles in allem Maßnahmen für umgerechnet zehn Milliarden US-Dollar.[49]

Damaskus hatte vor allem in der Phase nach dem 11. September 2001 durchaus mit amerikanischen und auch deutschen Sicherheitsbehörden kooperiert – nur eben sehr selektiv. Als etwa der Deutsch-Syrer Mohammed Haydar Zammar im Rahmen der geheimen CIA-Verschleppungen Ende 2001 in Marokko entführt worden war, erklärte sich die syrische Führung bereit, ihn in Damaskus zu verhören. Vermutlich müsste

2 Wechselhafte Anfänge

man formulieren: ihn so lange zu foltern, bis er sagen würde, was er wüsste. Eine BND-Delegation, die 2006 nach Damaskus reiste, um Zammar ebenfalls zu befragen, notierte, auch wenn der Gefangene angab, geschlagen worden zu sein, die Hände des Häftlings seien »sauber, gepflegt«. Es gab auch einreisende Radikale, die von den syrischen Behörden verhaftet und abgeschoben wurden. Vor allem Rückkehrer wurden festgenommen, denn lebend aus dem Irak wieder herauszukommen, das hatte das syrische Regime nicht für sie vorgesehen. Viele dieser Rückkehrer verschwanden für Jahre in Syriens Gefängnissen, vor allem in Saidnaya. Es zeigte sich im Laufe der Zeit, dass diese Politik für das syrische Regime funktionierte: sich kooperativ geben, keine trotzige Pose des Widerstands gegen die USA einnehmen, wie es Saddam Hussein getan hatte, sondern freundlich, beharrlich lügen – und in der Zwischenzeit das Gegenteil dessen tun, was die Offiziellen in den Botschafterrunden oder öffentlich erzählten.

Nach Schätzungen des US-Militärs waren in der Hochphase des Terrors bis 2006/2007 monatlich 80 bis 150 ausländische Märtyrer in spe über die syrische Grenze in den Irak gelangt, anschließend sei die Zahl gesunken, der Transfer aber weitergegangen. Über die Jahre seien neun Zehntel aller Selbstmordattentäter im Irak über Syrien ins Land gekommen.[50] Erst ab 2008 nahm der Terror-Strom langsam ab.[51]

Die historische Ironie des Ganzen war: Washington hatte sich in den Krieg gelogen, den es 2003 gegen Saddam Hussein führte. Das Regime des Nachbarstaats Syrien hingegen, allen voran die Strategen Asif Schaukat und Ali Mamluk, pflegten intensive Beziehungen zu al-Qaida und förderten den Terror, solange er ihnen dabei half, die US-Truppen über Jahre im Irak beschäftigt zu halten und Washington jeden Überschwang zu nehmen, gleich noch eine Diktatur zu stürzen.

Als sich die Stimmung zwischen Damaskus und den USA etwas entspannt hatte und der US-Koordinator für Terrorismusbekämpfung, Daniel Benjamin, mit einer hochrangigen Delegation im Februar 2010 zu Besuch in Damaskus war, stieß plötzlich Ali Mamluk hinzu, der Chef der Staatssicherheit, der noch Monate zuvor alle Belege für die syrische Unterstützung des Terrors im Irak belächelt hatte. Nun erzählte er den amerikanischen Gästen, wie sie es in Syrien hielten mit al-Qaida: »Wir bringen sie nicht gleich um. Erst unterwandern wir ihre Organisationen und sammeln Informationen. Und dann, wenn die Gelegenheit sich bietet, handeln wir.«[52]

Die Phantom-Front

Die Nusra-Front ist offiziell der Vorläufer des »Islamischen Staates« in Syrien. Doch als deren erste Explosionen Damaskus und Aleppo erschüttern, gibt es die Gruppe noch gar nicht. Erst Monate später lockt die Marke »Nusra« Finanziers und Kämpfer an, und die Inszenierung füllt sich mit Leben.

Niemand schenkte den »Prophezeiungen« des selbsternannten Sicherheitsexperten Nizar Nayouf kurz vor Weihnachten 2011 große Bedeutung. Zum einen, weil es allzu phantastisch klang, dass schon »in den nächsten Stunden, vielleicht morgen früh« die Nusra-Front, eine neue dschihadistische Gruppe, in Damaskus ihr erstes großes Attentat auf das Hauptquartier der Geheimdienste verüben werde. Zum anderen waren der Autor und seine Webseite »syriatruth« zuvor (wie auch später) eher aufgefallen als Sprachrohr dessen, was auch sonst offiziellen Besuchern in Damaskus mitgeteilt wurde: dass die Revolte im Land das Werk ausländischer Radikaler sei. Dahinter stecke, wie üblich, eine zionistische Verschwörung.

2 Wechselhafte Anfänge

Nayouf, der Jahre zuvor in Syrien im Gefängnis gesessen hatte und nach seiner Haft ins europäische Exil gegangen war, kannte sogar den vollständigen Namen der neuen Gruppierung sowie ihren Anführer: Die *Jabhat al-Nusra li-ahl asch-Scham min Mujahidin asch-Scham fi sahat al-jihad*, in etwa »Unterstützungsfront der Dschihad-Kämpfer für das syrische Volk«, habe sich gebildet aus Terroristen, nach denen die syrischen Behörden schon vor Jahren fahnden würden. Ihr Anführer sei Mohammed al-Golani, ein al-Qaida-Kämpfer von den israelisch besetzten Golanhöhen. Er, Nayouf, habe all diese Informationen dank seiner Kontakte zu europäischen, speziell den französischen, sowie jordanischen Geheimdiensten. Dort sei diese neue Entwicklung schon seit einer Weile Gesprächsthema.[53]

Dann krachte es tatsächlich, zum ersten Mal seit Beginn der Proteste gegen das Assad-Regime im Frühjahr 2011: Am 23. Dezember gegen zehn Uhr morgens erschütterte ein massiver Anschlag den Gebäudekomplex mehrerer Geheimdienste im Damaszener Stadtteil Kafr Sousa. Nach Angaben des rasch nach der Tat eingetroffenen Staatsfernsehens wurden 44 Menschen getötet, mehr als 160 verletzt. Die Attacke »trägt die klare Handschrift von al-Qaida«, zitierte die staatliche Nachrichtenagentur Sana einen Sprecher des Innenministeriums.[54] Am 6. Januar 2012 folgte eine zweite Detonation im westlichen Stadtviertel Midan mit 25 Toten und mehr als 60 Verletzten. Nayouf hatte mit seiner Prophezeiung, so schien es, recht behalten. Das Problem war nur: Die von ihm genannten Quellen stimmten nicht. Die Geheimdienste in Frankreich, Deutschland und Jordanien waren von den Explosionen so überrascht wie der Rest der Welt. Bis auf die Täter, die Drahtzieher und Nizar Nayouf hatte niemand von den Anschlagsplänen gewusst, niemand von der Nusra-Front und ihrem Anführer gehört.

Das war nur der Anfang der Merkwürdigkeiten. Von den

angeblichen Selbstmordattentätern hieß es später, sie seien mit dem Auto durch den Haupteingang gekommen. Doch warum fuhren sie dann erst durch den gesamten, mehrere Hektar großen Gebäudekomplex bis zu dessen Ausgang am anderen Ende, der für einfahrende Fahrzeuge gesperrt war? Denn dort, am Nordrand des Komplexes, war ein GMC-Geländewagen explodiert, Sekunden nach einer kleineren Detonation weiter südlich. Ein Eingang existierte da nur für Fußgänger. Und wieso drang Rauch aus dem fünften Stock, wenn es doch nur Explosionen am Boden gegeben hatte? So zumindest zeigten es die Fernsehbilder. Und warum war schon Stunden vor der Explosion in Kafr Sousa die am Komplex vorbeiführende Hauptstraße gesperrt gewesen, wie sich später eine deutsche Anwohnerin wunderte?

Rasch nach dem ersten Anschlag in Kafr Sousa erschien online ein wohl schlecht gefälschtes Bekennerschreiben der syrischen Muslimbrüder, jener seit 30 Jahren verbotenen, verfolgten Partei, die 1982 in Hama den offenen Aufstand gegen das Assad-Regime gewagt hatte. Deren Exilführung dementierte umgehend: Sie habe nichts mit dem Anschlag, nichts mit der Webseite zu tun, auf der das Bekennerschreiben veröffentlicht worden war. Und im Übrigen sei das Attentat eine Inszenierung der syrischen Geheimdienste. In Damaskus kursierte als Gerücht, was erst viel später von desertierten Geheimdienstlern bestätigt würde: dass kurz vor dem Anschlag geschlossene Lieferwagen aufs Areal gefahren seien mit Leichen, die später als Opfer präsentiert wurden. Es klang anfangs nach wilden Phantasien, doch die offiziellen Verlautbarungen nährten die Zweifel: Am 24. Dezember, einen Tag nach dem Anschlag, wurden die Opfer in einer Trauerzeremonie in die Umajjaden-Moschee getragen, Syriens berühmteste Moschee mitten in der Altstadt von Damaskus. Auf den Särgen war die syrische

Fahne drapiert und ein Zettel, wer im Sarg liege. Zwei Zettel trugen Namen der Toten. Auf den anderen stand nur: »Anonymer Märtyrer«. Wenn aber die Bombe im Hof der Staatssicherheit detoniert war und deren Angehörige getroffen hatte, wieso kannte man dann nicht ihre Namen? Am 27. Dezember veröffentlichte die staatliche syrische Nachrichtenagentur Sana die Liste der »Märtyrer der Terrorattacken« aus Armee und Geheimdiensten. Doch sechs der Aufgelisteten waren identisch mit Opfern, deren Tod Sana zuvor schon einmal von anderen Orten verkündet hatte. Als die Agentur anderntags die Namen von Opfern aus Homs und Damaskus veröffentlichte, tauchten da drei weitere Personen auf, die ebenfalls bereits am 23. Dezember ums Leben gekommen sein sollten. »Syrien«, so ein Statement der Opposition, sei offensichtlich »das einzige Land, in dem man zweimal sterben kann«.[55]

Oberst Anwar Raslan, der später übergelaufene ehemalige Ermittlungschef der Staatssicherheit, erinnerte sich, »dass die Trümmer des Anschlags unbedingt noch liegenbleiben sollten, bis die gerade eingetroffenen Delegierten der Arabischen Liga sie gesehen hatten. Danach wurde alles mit Bulldozern weggeschoben, es war nicht mehr wichtig. Wir in unserer Abteilung hatten gedacht, die Regierung wolle mit Hochdruck ermitteln lassen: Wer sind die Täter, wo befindet sich das Leck im Inneren, das es den Attentätern ermöglicht hat, auf den Hof zu kommen? Aber im Gegenteil: Es kam der klare Befehl, die Ermittlungen einzustellen.« Raslan war zum Zeitpunkt der Attacke nicht im Gebäude gewesen: »Ich sollte eigentlich um zehn Uhr zu einer Besprechung dorthin kommen, aber um neun riefen sie an und sagten kommentarlos ab.« Anwar Abdulmalik, ein algerischer Beobachter der Arabischen Liga und einer von 20 Mitgliedern, die aus Protest die Delegation verließen, erklärte später im Interview, »die ganze Mission war eine Farce.

Das meiste von dem, was wir sahen, war vom Regime orchestriert und inszeniert worden.«[56]

In Syriens Staatsmedien war fortwährend von »Terroristen« die Rede, während die Opposition das Regime hinter den Anschlägen vermutete, als Inszenierung, um die Propaganda von der al-Qaida-Terrorverschwörung untermauern zu können. Anfangs war die Beweislage für diese Deutung dünn. Doch während die offiziellen Sender und Zeitungen wie *Baath* und *Thaura* (»Revolution«) gebetsmühlenartig vor der al-Qaida-Verschwörung warnten, hatte das Regime schon seit dem Frühjahr 2011 in mehreren Wellen die meisten der radikalsten Dschihadisten aus den Gefängnissen entlassen. Und zwar auf ganz rechtsstaatlichen, allerdings für Syrien ungewöhnlichen Wegen: Allein etwa 900 Fälle wurden von den »Sicherheitsgerichtshöfen«, an denen Geständnisse oft durch Folter zustande kamen, an normale Gerichte verwiesen – mit der Begründung, dass bei den Sicherheitsgerichtshöfen ja gefoltert worden sei und die Anklagen somit gegenstandslos wären. Oder es hieß, das zu erwartende Strafmaß sei schon abgesessen. Selbst bereits ergangene Urteile wurden rückwirkend von normalen Gerichten überprüft, was zum selben Ergebnis führte: umgehende Freilassung. Die Veteranen diverser Radikalenzirkel wie der »Armee des Islam« und der Azzam-Brigaden kamen frei, ebenso Muslimbrüder und al-Qaida-Mitglieder wie Abu Chalid al-Suri, der schon mit Osama Bin Laden in Afghanistan gelebt hatte, aber auch einige Kurden und politische Häftlinge wie der Journalist Diab Serrih: »Damit konnte Assad im Westen punkten, Europa und die USA hatten ja stets die willkürlichen Verhaftungen angeprangert. Es war ein cleverer Zug.« Ein Zug allerdings, der selbst innerhalb der konkurrierenden syrischen Geheimdienste für Unruhe sorgte. »Unsere Generäle waren dagegen«, erinnerte sich ein später desertierter Offizier der »poli-

2 Wechselhafte Anfänge

tischen Sicherheit«, das seien doch wirklich gefährliche Terroristen, die man da laufen lasse. »Aber die Befehle ergingen von Asif Schaukat«, dem Chef des Militärgeheimdienstes, »und von Ali Mamluk«, dem Chef der Staatssicherheit, »da konnten wir nichts machen.«

Insgesamt etwa tausend Radikale kamen auf diesem Weg frei, die später bei der Nusra-Front, bei erzkonservativen Rebellengruppen wie *Ahrar al-Scham* (»Die Freien von Syrien«) oder bei ISIS auftauchten. Der Nachbar eines freigelassenen Heimkehrers aus dem Irak erinnerte sich an dessen verdutztes Gesicht: Der Richter habe ihm gesagt, er sei doch bestimmt zu seinen Aussagen gezwungen worden. »Aber ich sagte Nein, ich würde dazu stehen, gegen die Amerikaner gekämpft zu haben«, erwiderte der Nachbar. Der Richter habe nur lächelnd abgewinkt und ihn nach draußen geschickt, wo er von einem Beamten noch das Fahrgeld für den Bus nach Hause erhielt.

Als Damaskus am 6. Januar 2012 vom zweiten Anschlag erschüttert wurde, übertrug das Staatsfernsehen bereits kurz nach der Explosion im Viertel Midan in Endlosschleife dramatische Szenen schreiender Männer, die gelegentlich Leichenteile in die Luft hielten. Unterlegt mit pathetischer Musik, brüllten die Männer fortwährend: »Freiheit? Das soll Freiheit sein?« Dazwischen fing die Kamera kuriose Momente ein: Ein wie tot daliegender Polizist begann, sich gänzlich unbeschwert aufzurichten, legte sich aber sofort wieder hin, als er die Kamera sah. Ein weiterer angeblich verwundeter Polizist, der am Heck eines Autos lehnte, sprang sichtlich unverletzt auf, als er die Kamera außer Sichtweite wähnte – und riss verärgert die Hand hoch, um dem Kameramann zu signalisieren, dass der mit dem Filmen aufhören solle.[57] In den Polizeibus, der Ziel des Attentats gewesen sein sollte, wurden blutverschmierte Einsatzschilder durch die geborstenen Fenster auf die Bänke geworfen. Ein abgerissener Kopf, den ein Polizist mit einem Aufschrei des Entsetzens erblickte, war sorgfältig auf einem Stoffbündel drapiert, damit er aufrecht stand. Im Fernsehen tauchte kurz die Hand eines Reporters mit Mikrofon auf, der rasch drei weiße, völlig unversehrte Plastiktüten neben eine Blutlache stellte.[58] Weitere Plastiktüten, alle weiß und unbeschädigt, standen am Anschlagsort – ähnlich den Hinterlassenschaften getöteter Zivilisten bei Anschlägen etwa im Irak. Aber eben nur ähnlich.

Die RTL-Reporterin Antonia Rados drehte zufällig gerade in Damaskus und kam kurz nach der Explosion nach Midan: »Da waren zwei halbmetergroße Blutlachen zu sehen, wie hingegossen, daneben lag ein völlig intakter Lederhandschuh. Bei einigen Autos waren die Scheiben zerschlagen, aber das Blech völlig heil, und nirgends sah es nach den Folgen einer großen Explosion aus. Aus einer Polizeistation kam ein Mann heraus, stöhnte wie ein Schwerverletzter. Aber der hatte gar keine Wunde, da war nichts zu sehen. Das stimmte alles hinten und vorne nicht.«

Ende Januar dann erschien in den einschlägigen Onlineforen der Dschihadistenszene ein Bekennervideo. Von den »Mudschahidin Syriens im Feld des Dschihad« stamme diese Botschaft, die über eine Viertelstunde lang durch ein Gewitter optischer und akustischer Effekte die Gründung der Nusra-Front verkündete, exakt jener Formation, deren Auftreten der einsame Prophet Nizar Nayouf Wochen zuvor in allen Einzelheiten vorhergesehen hatte. Doch wer steckte hinter diesem jähen Aufflammen des organisierten Dschihad im Herzen von Damaskus? Die einzig existierende namentliche Nähe zu einem früheren Terrorbekenntnis machte die Sache nur noch dubioser: Im Februar 2005, kurz nach dem Bombenanschlag auf den ehemaligen libanesischen Premier Rafik Hariri, hatte ein anonymer Bote dem Beiruter Al-Jazeera-Büro ein Video zukom-

2 Wechselhafte Anfänge

men lassen. Darin übernahm der 22-jährige Sunnit Ahmed Abu Addas im Namen der »Nusra und Dschihad-Gruppe in Scham«, dem alten Namen für Großsyrien, die Verantwortung für die gigantische Explosion, die Hariri sowie 22 weitere Menschen getötet und einen mehrere Meter tiefen Krater gerissen hatte.[59] Auch von dieser Nusra-Gruppe hatte weder zuvor noch später je jemand gehört. Allerdings wurde nach dem Mordanschlag auf Hariri jahrelang ermittelt und vom UN-Sondertribunal für den Libanon in Den Haag Anklage erhoben gegen fünf Mitglieder der Hisbollah, gegen die in Abwesenheit seit Anfang 2014 der Prozess läuft. Abu Addas, der vor seinem Geständnis entführt und mutmaßlich ermordet wurde, hatte mit dem Anschlag nichts zu tun. Seine DNA fand sich nicht am Tatort, der Fahrer des sprengstoffbeladenen Lieferwagens war ein anderer. Abu Addas konnte nicht einmal Auto fahren.

Nach den beiden Anschlägen in Damaskus würde sich im Laufe der folgenden zwei Jahre aus den Aussagen geflohener Geheimdienstler, Armeeoffizieren sowie des Chefs der Putzkolonne von Syriens oberstem Geheimdienstchef ein Bild ergeben, das an sich nicht neu war – sondern das vielmehr die Fortsetzung der ein Jahrzehnt zuvor erprobten Politik des Assad-Regimes beschrieb, den Terror nicht allein den Terroristen zu überlassen. Auf syrischer Seite waren noch dieselben Männer an der Macht, die ab 2003 das Training und den Transfer frischer Kämpfer für al-Qaida im Irak (AQI) organisiert hatten: Asif Schaukat, Assads Schwager und Chef des Militärgeheimdienstes, Ali Mamluk, oberster General der Staatssicherheit, und Jamil Hassan, Chef des Luftwaffengeheimdienstes. Auf Seiten der Terrorkader waren zwar viele im Irak umgekommen, nicht aber in Syrien: »Wir haben damals allein 1200 unserer eigenen Leute aus den Diensten trainiert, wie man sich als Salafist verhält; wir hatten 2011 Tausende in den Gefängnissen und wir hatten viele der Anführer, die immer noch ihre Kontakte nach Saudi-Arabien, Ägypten, Marokko und so weiter unterhielten«, zählte Ibrahim al-Jabawi auf, der frühere Vizepolizeichef der Provinz Homs. »Als der Druck der Amerikaner ab 2007 immer größer wurde, wurden nicht mehr so viele in den Irak geschickt, sondern in Syrien in Reserve gehalten oder in den Libanon geschickt, wo die Gruppe Fatah al-Islam für Spannungen sorgen sollte, nachdem wir unsere Armee dort abziehen mussten. Als der Aufstand begann, wurden sie wieder reaktiviert.« Das klinge simpel, erklärte der 2012 geflohene Brigadegeneral, »aber das sind Kontakte, die über Jahre, teils Jahrzehnte aufgebaut wurden.«

Bis dato allerdings hatte der syrische Geheimdienstapparat den Terror stets exportiert, in den Libanon, in den Irak, in die Türkei. Ihn nun im eigenen Land zu inszenieren war neu, sodass zunächst improvisiert werden musste: »Diese ersten Videos von angeblichen Terroristen haben die doch anfangs bei uns im Büro gedreht«, erinnerte sich Ermittlungschef Anwar Raslan halb belustigt. »Ali Mamluk legte die Granaten und die Kalaschnikows dazu, alles unsere Waffen, er war ganz begeistert von dieser Idee. Seiner Idee. Genauso wie der Beschuss in Homs, als die Delegation der Arabischen Liga dort war. Aber dann wurde es organisierter. Schon im März 2011 waren mehrere hochrangige Hisbollah-Offiziere und drei, vier Iraner nach Damaskus gekommen, saßen mit Mamluk über eine Woche täglich zusammen. Danach wurde mit iranischen Trainern ein Kurs zum Bau von Autobomben organisiert in Khirbet al-Ward«, einem Vorort von Damaskus neben einem menschenleeren Wadi. »Mit C4-Sprengstoff wurden Autos präpariert, um angebliche Terroranschläge orchestrieren zu können. Nur einmal ging etwas schief, und es zerriss einen Iraner in 100 Teile. Ein Kollege von mir landete im Krankenhaus,

2 Wechselhafte Anfänge

verlor ein Auge. Der erste Kurs war nur für unsere Leute. Jamil Hassan«, der Chef des Luftwaffengeheimdienstes, »war etwas pikiert, dass seine Leute erst in der zweiten Trainingsrunde drankamen.« Die Explosion in Midan am 6. Januar 2012 sei gründlich vorbereitet worden: »Die Iraner schickten extra Experten für Sprengstoffe und sogar einen für Filmeffekte, um das Ganze perfekt zu inszenieren. Sie fuhren vorher nachts nach Midan, um den besten Ort auszusuchen, zu klären, wo die Verletzten liegen sollen, damit es möglichst echt aussieht, ohne dass man allzu viel wirklichen Schaden anrichten musste. Über diesen Kino-Mann wurde tagelang vorher geredet. Es sollte alles perfekt aussehen.«

Weitere Anschläge folgten, weitere Bekennervideos: Im Februar und März 2012 erschütterten ähnliche Detonationen die Geheimdienstzentralen in der nördlichen Metropole Aleppo. Wieder übernahm die Nusra-Front die Verantwortung. Osama Darwisch, damals Arzt des Militärkrankenhauses in Aleppo, erinnerte sich Monate später an die Anschläge auf die dortigen Geheimdienstzentralen: »Wir waren ja zuständig für den Militärgeheimdienst, da kamen nach der Explosion am 10. Februar ein Dutzend Leichen und rund 100 Verletzte. Seltsam war nur: Die Detonation geschah Freitagmorgen gegen 8.30 Uhr. In Aleppo steht man spät auf, vor elf kommt keiner der Offiziere ins Büro, zumal am Freitag, wenn alle eigentlich frei haben. Wen es traf, waren nur die Wachleute.« Beim Anschlag auf den »politischen Sicherheitsdienst« am 18. März sei er sogar in der Nähe gewesen, auf dem Weg zu einem Termin bei der Ärzte-Gewerkschaft: »Ich hörte die Explosion, dachte, es habe viele Tote gegeben, und rannte sofort hin. Aber da war nur ein Mann mit einem Kratzer am Arm, sonst niemand. Das Gebäude war leer.«[60] Im September 2012 erzählten zwei in Aleppo gefangen genommene Führer lokaler *Schabiha*-Milizen, zumeist ehemalige Kleinkriminelle und Arbeitslose in den Diensten des Regimes, unabhängig voneinander, wie sie im Frühjahr mehrfach 50 000 syrische Pfund (umgerechnet 800 Euro) und Sprengsätze bekommen hätten, um sie an verschiedenen Stellen der Stadt detonieren zu lassen. Beide gaben an, die Pakete von Oberst Zuheir Bitar erhalten zu haben auf Befehl von Generalmajor Adib Salame, dem Kommandeur des Luftwaffengeheimdienstes in Aleppo.

Am Tag vor einem weiteren Anschlag auf ein Quartier des Militärgeheimdienstes im Stadtteil Qazzaz am 10. Mai 2012 beobachteten Anwohner die hastige Evakuierung von Akten und anderen Dingen, die in Kisten aus dem Komplex getragen und abtransportiert wurden.

Bei all diesen Anschlägen gab es eine eigentümliche Leerstelle, die man nicht bemerkte, wenn man nur die Nachrichten und Bekennervideos verfolgte: Es existierte schlicht noch keine Nusra-Front im Großraum Damaskus. Auch nicht in Hama, wie die ersten Videos suggerieren sollten. Jedenfalls gab es keine Gruppe, die über eine nennenswerte Anzahl von Mitgliedern verfügte, Kontakte zu Helfern und Waffenhändlern hatte oder auf den raren, komplizierten Schmuggelrouten durchs Land unterwegs war – so, wie die wenigen militanten Formationen, die gerade erst im Entstehen waren. Die »Mudschahidin Syriens« waren eine Geistertruppe, auch wenn ihre Videobekenntnisse das Gegenteil suggerierten. Ende 2011 war die Szene der Kämpfenden in Syrien noch sehr überschaubar, war das Land in der Fläche noch fest in der Hand des Regimes, allen – bis dato fast durchweg friedlichen – Freitagsdemonstrationen zum Trotz. Im Dezember 2011, wenige Tage vor dem ersten »Nusra-Anschlag«, konnte man noch in die ersten zwei, drei von örtlichen Rebellen eingenommenen Stadtbezirke von Homs gelangen und auf Schleichwegen binnen Minuten wieder ins »normale« Homs zurückkehren.

2 Wechselhafte Anfänge

Der syrische Zivilaktivist Sami al-Shami aus dem Damaszener Vorort Erbin versuchte ab Januar 2012 über Wochen gemeinsam mit den ersten Militanten aus der örtlichen Opposition, Kontakt zur Führung der Nusra-Front aufzunehmen. Unter dem Vorwand, dass man militärische Aktionen (die zu dem Zeitpunkt rund um Damaskus noch rar waren) künftig miteinander abstimmen sollte. Sie versuchten es über Facebook, streuten die Anfrage breit, ließen offen, woher sie selbst kamen, und warteten. Als sie schließlich online eine Antwort erhielten (treffen mochte sich die Nusra-Front nicht), fragten sie nach, wie die Radikalen denn diese fulminanten Attacken auf die Geheimdienstzentralen mitten in der Stadt bewerkstelligt hätten. Wie sie es geschafft hätten, all den Sprengstoff in die Stadt zu bekommen. Die Antworten blieben einsilbig, ganz anders als die Jubelproklamationen in den Videos der Nusra-Medienabteilung *al-Manara al-bayda*, das »weiße Minarett«.[61] Die Nusra-Kämpfer hätten, so hieß es in einer Antwort, die Netzwerke der Regime-Gegner in Erbin genutzt, um die Kleinlaster voller Sprengstoff unbemerkt in die Stadt zu bringen. »Da wussten wir, dass sie lügen«, erzählte Sami al-Shami, »wir kannten unser eigenes Netzwerk, wir kannten die Schleichwege ins Zentrum, da waren keine Lastwagen voller Sprengstoff durchgekommen.«

Nach langer Suche fand sich Anfang 2012 tatsächlich eine kleine Gruppe von 30 jungen Männern in Damaskus unter Führung eines aus dem Gefängnis Entlassenen, die sich zu Nusra bekannten. Ein Oppositioneller, der noch aus Schulzeiten mit einem von ihnen befreundet war, beschrieb sie als desorientiert, weder militärisch noch finanziell in der Lage zu kleinen Operationen, geschweige denn zu großen Anschlägen: »Ihr Emir Abu Maher war Schuster gewesen, ein kleiner Mitläufer, der im Knast gelandet war. Von den 30 fehlte bis März 2012 nur einer, der zufällig bei einem Mörserangriff ums Leben gekommen war. Wenn sie mehrere Selbstmordanschläge verübt hätten, wären es mehr gewesen – und sie hätten die doch stolz als Märtyrer zelebriert. Stattdessen haben sie erst reagiert, als das Regime die Videos herausbrachte, dass Nusra hinter den Anschlägen steckte. Da waren sie plötzlich alle aufgeplustert wie Hähne, denn das stärkte ihre Position gegenüber anderen. Wer diese Anschläge wirklich begangen hatte, war ihnen völlig egal.«

Doch abgesehen von dieser kleinen Gruppe verlief die wochenlange Suche nach einer physischen Präsenz der Nusra-Front in den Hochburgen der Opposition wie Homs, Hama oder Idlib ergebnislos. Die Gruppe blieb ein Phantom, das fortwährend aufwändige Videos dramatischer Explosionen veröffentlichte, sich sogar beim Verteilen von Lebensmitteln an Dörfler präsentierte: von nagelneuen Geländewagen aus, auf deren Türen frisch ausgedruckte DIN-A4-Zettel mit Tesafilm befestigt waren, auf denen »Nusra-Front, humanitäre Abteilung« stand.

Erst ab April 2012 tauchten überhaupt die ersten Nusra-Gruppen auf, in Homs und vor allem in der Nordprovinz Idlib, wohin viele der entlassenen Radikalen gegangen waren. In den Dörfern und kleinen Städten von Idlib hatte es vor dem Massaker, das das Assad-Regime 1982 in Hama verübt hatte, jahrelangen, zähen Widerstand gegen die Diktatur gegeben. Viele von denen, die sich hier der Revolte anschlossen, waren die Söhne der damals Ermordeten oder offiziell Verhafteten, die nie wieder aufgetaucht waren. Die Provinz Idlib brachte die unterschiedlichsten Arten des Widerstands gegen das Assad-Regime hervor: Hier gab es früh bewaffnete Gruppen, aber auch Orte wie das Dorf Kafranbel, das durch seine bissigen Karikaturen auf den Freitagsdemonstrationen bekannt werden sollte. Es gab Kommunisten und Konservative ebenso wie die säkularsten

2 Wechselhafte Anfänge

Rebellengrüppchen, die sich anfangs aus Alkohol- und Zigarettenschmugglern rekrutierten und einen Gottesstaat nicht nur aus diesem Grund für eine ganz schlechte Idee hielten. In Idlib, grün und dicht besiedelt, war Platz für jeden.

Auch für Nusra, deren erste, winzige Gruppen anfangs belächelt wurden als »Kinderschar«, die ein paar Waffen von der Freien Syrischen Armee (FSA) gespendet bekamen. Das änderte sich, als aus dem Libanon kampferfahrene Radikale zu Nusra hinzustießen, vor allem aus den Reihen jener obskuren Gruppe Fatah al-Islam, der von Libanons Regierung vorgeworfen wurde, eine Schöpfung des syrischen Militärgeheimdienstes zu sein. Ein Versuch des Fatah-Kaders Walid al-Boustani, ein »Islamisches Emirat Homs« zu gründen, scheiterte nach wenigen Wochen. Exakt wie der »Islamische Staat« ein Jahr später, war Boustanis Gruppe vor allem damit beschäftigt gewesen, andere Rebellen zu entführen und umzubringen, woraufhin er von der FSA erschossen wurde. Manche syrischen Nusra-Neumitglieder verließen die Gruppe rasch wieder: »Da war viel Heimlichkeit um deren Führung«, wunderte sich später ein übergelaufener Soldat: »Ich habe die Gruppe wieder verlassen, als ich merkte, dass viele der Chefs gar keine Syrer waren, sondern Libanesen oder Palästinenser, die vorher mit den syrischen Geheimdiensten zusammengearbeitet hatten.«[62]

Als ab Juli 2012 die Schlacht um Aleppo begann, tauchten in und um Syriens zweitgrößte Stadt größere, kämpfende Nusra-Einheiten auf. Etwa 200 Mann gab es dort, davon etwa die Hälfte Ausländer, was damals noch bemerkenswert war: Tschetschenen, Tunesier, Saudi-Araber. Sie galten als furchtlos, schotteten sich weitgehend ab gegen andere und setzten ein rigides Rauchverbot durch, was unter Syrern intensiver diskutiert wurde als der Umstand, dass erstmals Ausländer in vorderster Linie kämpften.

Zögerlich wuchs die Nusra-Front. Anfang September 2012 trafen wir in dem kleinen Dorf Sabkhat al-Jaboul südöstlich von Aleppo die örtliche Einheit unter ihrem Emir Abu Talha. Die Einheit bestand aus einem Dutzend Männer, die schon eine Weile zusammen waren. Vor allem jedoch waren sie bereit zu reden, was daran lag, dass sie einiges über uns wussten und wir einiges über sie. Abu Talha war ein Schulfreund des lokalen Kontaktmannes, den wiederum unser Rechercheur gut kannte. Mitte 2012 war Syrien bereits so verheert, waren überall Bewaffnete unterwegs und tauchten so viele Fremde auf, dass erste Gespräche oft mit der Frage begannen: »Bayt min?«, woher kommst du? Aus welcher Familie, Stadt, welchem Clan? Blindes Vertrauen konnte tödlich sein und war, weit harmloser, heikel für Journalisten: Fremde konnten einem alles erzählen. Da das Regime in Damaskus gezielt falsche Zeugen einsetzte und auch die Gegenseite zu Übertreibungen neigte oder das erzählte, von dem man glaubte, dass die Fragenden es hören wollten, fuhren wir stets zweigleisig: Auch wir wollten wissen, mit wem wir reden.

Nusra-Angehörige, zumal Ausländer, sprachen selten mit Journalisten. Taten sie es doch, sagten sie oft, bestimmte Details unterlägen der Geheimhaltung. Abu Talha und seine Männer erzählten offener aus dem Innenleben der Nusra-Front. Auf die Frage, wie sie es denn vor neun Monaten vermocht hätten, mehrere gezielte Anschläge auf die Hauptquartiere der strengstens bewachten Geheimdienste Assads zu verüben, zuckten sie mit den Schultern: »Wir haben keine Ahnung. Als das geschah, im Winter, haben wir uns noch alle gemeinsam eine Kalaschnikow geteilt. Und die anderen hatten auch nicht mehr.«

Aber sie seien doch von der Nusra-Front, fragten wir sicherheitshalber nach. »Doch, doch, klar!« Nur zu höheren Kommandeuren oder gar zu Mohammed al-Golani hätten sie keinen

2 Wechselhafte Anfänge

Kontakt. Abu Talha hielt ein wenig inne und kratzte sich am Bart: »Nusra ist ein großer Name. Mit diesem Namen konnten wir Geld bekommen. In Saudi-Arabien, Kuwait, gab es Leute, die den Dschihad finanzieren wollten und die die Videos gesehen, die Nachrichten gelesen hatten. Sie boten Geld und haben über ihre Mittelsleute nach der Nusra-Front gesucht. Also haben wir den Namen angenommen – und das Geld«, dessen Geber so händeringend nach Abnehmern suchten.

Das traurige Dutzend in Sabkhat al-Jaboul war »Nusra« geworden, ohne zu wissen, bei welchem Club genau sie da eigentlich Mitglied wurden. Die potenziellen Geldgeber vor allem aus den Golfmonarchien, die wenig mit einem demokratischen Aufbegehren und nationalistischen Rebellen, aber viel mit Dschihad anfangen konnten, wussten es offensichtlich genauso wenig. Jeder konnte irgendwo seine Nusra-Ortsgruppe aufmachen, solange es noch keine gab. Nach zwei Tagen des Herumdrucksens erzählte der örtliche Nusra-Anführer in der Kleinstadt Maskana tief im Osten der Provinz am Assad-Stausee dieselbe Geschichte: Großer Name, damit bekommen wir Hilfsgelder. Mohammed al-Golani, dessen Existenz sie anfangs noch vehement verteidigten, hatte keiner von ihnen je gesehen oder gesprochen. Ein einzelner Nusra-Mann aus der Stadt Manbij, der gerade vom Kampfeinsatz in Aleppo nach Hause zurückgekommen war, berichtete Ähnliches: »Keiner kennt mehr als den Emir seiner Gruppe. Ich weiß nicht, was Nusra in Damaskus macht oder in Deir ez-Zor, aber die Emire sagen, das solle auch so sein.« In Idlib, weiter im Westen, bekundeten zwei FSA-Kämpfer der eher säkularen »Front der Revolutionäre Syriens« ihre Schwärmerei für Nusra, »weil die einfach immer die besten Videos einstellen, große Explosionen und so«, auch wenn sie gar nicht wussten, was da wann und wo in die Luft geflogen war.

Im Nebel aus absichtsvoller Konspiration und schlichtem Chaos entstand im Laufe des Jahres 2012 ein Gebilde, vom dem man gar nicht mehr sagen konnte, was daran echt war und was nicht – und wer es kommandierte. Das von den frühen Explosionen und zahlreichen, aufwändig produzierten Videos genährte Bild suggerierte eine kampfstarke, zentral organisierte und in der Fläche verankerte dschihadistische Organisation. Die Realität sah anders aus. Nusra war in den ersten Monaten nach ihrer vorgeblichen Anschlagswelle vom Winter 2011/2012 physisch erst gar nicht, in der zweiten Jahreshälfte 2012 dann vereinzelt existent – aber jenseits des Namens verschwammen die Konturen. Dieses Franchising, dass kleine Rebellengruppen auch aus fernen Provinzen den Namen großer, berühmter Gruppen annahmen, gab es auch bei der FSA: Überall schlossen sich kleine Formationen erst der in Homs entstandenen Faruk-Brigade und später der aus Aleppos Umland stammenden Tauhid-Brigade an. Aber stets gab es einen organisch gewachsenen Kern, existierten bekannte, reale Führer und eine Struktur, die vielleicht chaotisch wirkte, sich aber auch bei näherem Hinsehen nicht als Inszenierung entpuppte.

All das war bei den Anfängen der Nusra-Front anders: Ihr fulminanter Aufstieg blieb ebenso rätselhaft wie ihr Anführer Mohammed al-Golani. Tauche er irgendwo auf, so Nusra-Kämpfer, dann stets maskiert. Aber da weder seine Anhänger noch das Regime in Damaskus seine Existenz infrage stellten und ausländische Journalisten vielfach recht selektiv nur nach den Dschihadisten suchten, tat Golanis virtuelle Existenz seinem Ruf keinen Abbruch. Sowohl westliche Nachrichtendienste und Journalisten als auch die ISIS-Führung in ihren internen Memos haben stets behauptet, ISIS-Chef Abu Bakr al-Baghdadi habe Golani schon im August 2011 mit einer Handvoll Getreuer nach Syrien geschickt, um dort die Nusra-

Front aufzubauen. Wirkliche Belege gibt es für diese Geschichte nicht: Doch weder ISIS noch Nusra hatten und haben ein Interesse daran, es anders darzustellen und diesen Ursprungsmakel einzugestehen. Am 10. Dezember 2012 erklärte die US-Regierung die Nusra-Front zur terroristischen Vereinigung, der Name sei bloß ein Pseudonym für eine weitere Ausgründung von al-Qaida.

Es war jenes konstruierte Bild der Bekennervideos, das mit mehrmonatiger Verzögerung der tatsächlichen Nusra-Front half, zu entstehen und zu wachsen. Ein virtuelles Image lockte Kämpfer und Geldgeber an, immer mehr Männer strömten zur Radikalentruppe, die meisten nun vermehrt ankommenden Ausländer schlossen sich ihr an. Nusra strahlte Stärke aus – und konnte Sold zahlen. Ein weiterer Aufbauhelfer war die Finanz- und Waffenhilfe durch ISIS, zumindest bis zum Bruch zwischen beiden Organisationen im April 2013. Die Hülle füllte sich mit Leben, und keiner fragte mehr danach, wie diese Hülle eigentlich entstanden war. Auch die öffentlichen Vorwürfe in den Oppositionsgebieten, dass die Nusra-Front eine Schöpfung der Geheimdienste sei, verebbten. Über die kommenden zwei Jahre würde sie zu einer echten, wenn auch von Provinz zu Provinz unterschiedlich agierenden Organisation heranwachsen, die im Süden des Landes mit Rebellengruppen kooperiert, die sie im Norden befehdet. Und deren mysteriöser Anführer weiter existiert, während machtvolle Provinz-Emire machen, was sie wollen.

Ungefähr mit der Jahreswende 2012/13 veränderte sich auch das Echo der Figur Mohammed al-Golani im Grundrauschen der geheimdienstlichen Informationen. Ähnlich wie Jahre zuvor bei Abu Omar al-Baghdadi wiesen nun Spuren aus Gesprächen und Telefonaten auf eine reale, einzelne Person hin, deren Bewegungen zumindest halbwegs verfolgbar wurden: »Ab Anfang 2013 gehen wir von einer authentischen Person aus«, so ein europäischer Nachrichtendienstler, »die viel im Norden Syriens unterwegs war, bei Rebellenkommandeuren und Stammesführern Unterstützung suchte, die klare Kontakte in die Golfstaaten unterhielt und finanzielle Unterstützung einsammelte – auch, wenn man immer noch nicht wusste, wer diese Person war.«

Abu Chalid al-Suri war einer der prominentesten syrischen al-Qaida-Veteranen, der einst in Afghanistan zusammen mit Osama Bin Laden gekämpft und bis Ende 2011 in Syrien im Gefängnis gesessen hatte. Im Rahmen der Entlassungswellen war er freigekommen und nach Idlib gegangen. Sein Assistent und Leibwächter erinnerte sich später an zwei Treffen al-Suris mit Golani im Frühjahr 2013: »Das waren ganz kleine Zirkel, höchstens ein Dutzend Leute, alles sehr geheim. Golani war höflich und sprach nicht viel.« Was al-Suri allerdings gewundert habe, sei dessen exzessive Geheimniskrämerei gewesen: »Selbst wenn sie später skypten und Abu Chalid sprach, kam von Golani immer nur eine getippte Antwort zurück. Als hätte er Angst, dass selbst seine Stimme ihn verraten könnte.«

Der Meister der Autobomben

Ali Mamluk, Syriens oberster Geheimdienstgeneral, organisierte für al-Qaida im Irak den Nachschub an Selbstmordattentätern. Gegen ihn ermittelt wird jedoch aus einem anderen Grund: Er soll in den Nachbarländern Anschläge von Dschihadisten fingiert haben.

Ab 2011 wurden in Syrien Anschläge mit Autobomben verübt, deren gemeinsames Merkmal nicht sehr aussagekräftig schien: Niemand bekannte sich zu ihnen. Die Bomben explodierten neben der Zentralbank in Damaskus im April 2013, selte-

2 Wechselhafte Anfänge

ner in Gebieten der Rebellen wie dem idyllischen Ausflugsort Darqush an der türkischen Grenze Ende des gleichen Jahres. Vor allem detonierten sie in den Hochburgen der Minderheiten: in den Städten der Drusen im Süden, der Ismailiten in Zentralsyrien, im alawitischen Viertel von Homs, allesamt unter Kontrolle der Armee oder Assad-treuer Milizen. Anschlagsziel waren jedes Mal Zivilisten: vor allem Märkte und Schulen, aber auch belebte Straßen.

Das syrische Staatsfernsehen bezichtigte unisono »Terroristen« und »Dschihadisten« der Anschläge. Aber da diese Labels für sämtliche Gegner galten und ohnehin viele der Nachrichten, die die Regierung senden ließ, frei erfunden waren, Archivmaterial zu Gefechtsberichten geschnitten wurde oder Gefangene vor laufender Kamera surreale Geständnisse ablegten, blieben die Urheber rätselhaft.

Trotz oder gerade wegen der Rätselhaftigkeit ihrer Urheber hatten diese Autobomben eine massive Wirkung: Sie explodierten mitten in den Ortszentren, die doch vermeintlich als sicher galten. Damit schürten diese Anschläge nachhaltig die Angst vor einer mysteriösen Terrormacht, die überall zuschlagen konnte und deren einziges Interesse es zu sein schien, das größtmögliche Blutbad unter Zivilisten anzurichten – meist unter jenen Zivilisten zumal, die nahtlos ins Feindbild des »Islamischen Staates« passten, Angehörige der »ungläubigen« Minderheiten. Dass dessen Kampfeinheiten weit von den Anschlagsorten entfernt standen (oder anfangs noch gar nicht existierten), machte die Sache nur noch unheimlicher. Die Anschläge nährten die Angst in der Bevölkerung, von der die Dschihadisten profitierten, vollkommen unabhängig davon, was sie mit den Explosionen zu tun hatten.

Auch der »Islamische Staat« selbst würde sich später nicht immer zu den Selbstmordattentätern aus den eigenen Reihen bekennen, die ab Januar 2014 dutzendfach die Stellungen der Rebellen und Ortsräte in Aleppo, Idlib und anderen Provinzen Syriens angriffen. Gebrüstet wurde sich mit jenen seltenen Attacken, die ins Image passten: gegen die syrische Armee oder die Luftwaffe wie beim Sturm auf den Flughafen von Mennegh bei Aleppo 2013. Aber es gab ein markantes, makabres Merkmal, an dem man Anschläge des IS sicher erkennen konnte: Es wurde nicht einfach ein Auto voller Sprengstoff irgendwo geparkt und dann in die Luft gesprengt. Beim IS wurde der Wagen stets von einem Selbstmordattentäter gelenkt, der auf sein Ziel zuraste.

Doch im Lärmen des Krieges ging das Rätsel der anonymen Autobomben rasch unter. Jeden Tag starben in Syrien Dutzende, Hunderte Menschen, und auch jenseits der oft nur wenige Kilometer entfernten Frontlinie kamen in den Vierteln unter Regierungskontrolle immer wieder Zivilisten durch Mörsergranaten der Rebellen ums Leben. Ermittelt wurde nach den Explosionen ohnehin nicht. Kaum waren die Toten und Verletzten abtransportiert, rollten die Bagger heran, um die Trümmer rasch aus dem Weg zu räumen.

Während die Anschläge in Syrien also untergingen im dröhnenden Fortgang des Krieges, wurde nach Autobomben, die in den Nachbarländern detonierten, aufwändig ermittelt. Am 11. Februar 2013 tötete eine solche Bombe am syrisch-türkischen Grenzübergang von Bab al-Hawa/Cilvegözü 14 Menschen; am 11. Mai desselben Jahres detonierten im Abstand von 15 Minuten zwei Autobomben in der grenznahen Kleinstadt Reyhanlı, mehr als 50 Menschen starben; abermals zwei Autobomben detonierten am 23. August in der nordlibanesischen Hafenstadt Tripoli vor zwei Moscheen zur Zeit des Freitagsgebets. Es war der schwerste Anschlag im Land seit Ende des Bürgerkriegs 1991 mit 47 Toten und mehr als 500 Verletzten.

2 Wechselhafte Anfänge

In allen drei Fällen wurden lokale Helfer und Drahtzieher der syrischen Geheimdienste angeklagt. Jener Dienste, die mithilfe iranischer Instrukteure schon ab 2011 für ausgesuchtes Personal Kurse zum Bau von Autobomben nahe Damaskus organisiert hatten. Manche der im Libanon und in der Türkei Verdächtigen tauchten auf Bildern von Überwachungskameras auf oder hatten bei abgehörten Telefonaten über die geplanten Taten gesprochen. Aber Polizei und Geheimdienste hatten in beiden Ländern versagt, die Anschläge zu verhindern.

Umso aussagekräftiger war die Festnahme eines prominenten Bombenkuriers bereits im Vorjahr gewesen: Am frühen Morgen des 9. August 2012 war der frühere Informationsminister Michel Samaha in seiner Sommerresidenz oberhalb der libanesischen Hauptstadt Beirut verhaftet worden. Er war bekannt als treuer, langjähriger Vasall der ehemaligen syrischen Besatzungsmacht, insofern erwarteten viele, dass er umgehend wieder freigelassen werden würde. Oder dass zumindest die Hisbollah-Führung sich massiv für ihn einsetzen würde. Doch nichts von beidem geschah. Die Hisbollah hat innerhalb des libanesischen Sicherheitsapparates für gewöhnlich genügend Macht, Festnahmen und Aussagen zu verhindern. Beides tat sie in diesem Fall nicht. Bis auf das lauwarme Statement eines Parlamentsabgeordneten, die Verhaftung Samahas basiere »auf den Lügengeschichten der Sicherheitsdienste, die wir seit langem kennen«, blieb selbst die Hisbollah still.

Alle rätselten, warum der Polizeigeheimdienst den immer noch einflussreichen Mann verhaftet hatte und überdies zu den Gründen schwieg. Was erst nur Gerüchte waren, wurde nach zwei Tagen offiziell bestätigt: Samaha sollte 24 bereits montierte Sprengsätze vom syrischen Geheimdienst erhalten haben, die per Fernzündung an verschiedenen Orten im Nordlibanon, wo die Unterstützung für die Aufständischen in Syrien am größten war, zur Detonation gebracht werden sollten. Ziel seien des Weiteren libanesische Parlamentsabgeordnete gewesen, die Syriens Opposition unterstützten.

Was klang wie ein überdrehter Krimiplot, ließ sich anhand einer Kette aus Zeugenaussagen, Tonmitschnitten und Videoaufnahmen, die bis hin zu den mutmaßlichen Auftraggebern zurückreichte, lückenlos beweisen. Ein von Samaha angeheuerter Sicherheitsmann hatte sich an die Polizei gewandt und war mit versteckter Aufnahmetechnik dabei gewesen, als die Sprengsätze ankamen und anschließend von Samaha selbst umgeladen wurden. Samaha gab bereits in den ersten Verhören zu, der Mann in den Videos zu sein. Als die libanesische Staatsanwaltschaft am 11. August offiziell Anklage erhob, tat sie dies folglich nicht nur gegen Samaha: sondern auch gegen Syriens obersten Geheimdienstkoordinator Ali Mamluk und einen nur mit dem Vornamen »Adnan« bezeichneten syrischen Brigadegeneral, der gemeinsam mit Mamluk die explosive Fracht an Samaha übergeben haben sollte. Mamluk, jener immer wieder auftauchende Strippenzieher, der schon 2009 gemeinsam mit al-Qaida deren Anschläge im Irak vorangetrieben hatte, der ab 2011 mit iranischen Experten das Trainingsprogramm zur Herstellung von Autobomben für seine Männer in Syrien installiert hatte. Ebenso wie der Mann, wiesen auch die gefundenen Sprengsätze auf ein schon seit langem laufendes Programm des verdeckten Terrors hin: Ihre Machart, etwa 200 Gramm militärischer Sprengstoff versehen mit einem starken Magneten für die Befestigung unter Autos, glich exakt jenen Bomben, mit denen nach dem Mord an Libanons Ex-Premier Rafik Hariri Anfang 2005 eine ganze Reihe Syrien-kritischer Abgeordneter, Minister und Journalisten ermordet worden waren.

Wie heikel es aber im Libanon auch sieben Jahre nach dem offiziellen Abzug der syrischen Besatzer noch war, deren Ver-

2 Wechselhafte Anfänge

bündete festzunehmen, zeigte die aufwändige Inszenierung, mit der man die Verhaftung Samahas im Fernsehen verkündete: Der damalige Präsident Michel Suleiman trat gemeinsam mit Polizeichef Ashraf Rifi und Wissam al-Hassan, dem Chef des Polizeigeheimdienstes, auf, sah sich persönlich die Sprengsätze an (»beängstigend«)[63] und lobte die Ermittlungsarbeit.

Gezündet werden sollten die Bomben während eines mehrtägigen Besuchs des damaligen maronitischen Patriarchen Bishara Rai im Nordlibanon, der für den 13. bis 16. August geplant war – möglicherweise, um einen radikalislamischen Hintergrund vortäuschen zu können. Ein perfektes Setting: Christen werden von islamistischen Terroristen ermordet. »Das ist es, was Baschar will«, wurde ein Mitschnitt Samahas zitiert, in dem er sich auf den syrischen Staatschef bezog. Samaha, selbst Christ, hätte als prominenter Politiker mühelos Zugang zu den Stationen der Besuchsreise und zu allen christlichen Würdenträgern gehabt. In weiteren Mitschnitten habe Samaha erwähnt, dass Mamluk ihm die Bomben gegeben habe sowie Geld, um die Handlanger zu bezahlen, die die Sprengsätze zünden würden. 170 000 US-Dollar waren bei seiner Verhaftung in Samahas Haus gefunden worden, die Sprengsätze wurden an mehreren Orten im Libanon sichergestellt.[64] Die Korrespondentin der *Washington Post* in Beirut, Liz Sly, twitterte, Samaha habe ihr eine Weile zuvor erzählt, dass al-Qaida Bombenanschläge im Libanon plane: »Und jetzt ist Samaha selbst angeklagt, Anschläge geplant zu haben.«

Samaha blieb in Haft, trotz kaum verhohlener Drohungen aus Damaskus, man solle ihn umgehend freilassen. Offiziell hieß es, Polizeigeneral al-Hassan habe im Oktober eine Gruppe von Parlamentariern der Opposition informiert, dass Ex-Minister Samaha seine eigenen Telefonate mitgeschnitten und später auf einem Computer gespeichert hatte – möglicherweise als Rückversicherung gegenüber den Gesprächspartnern. Auf jeden Fall habe er mit Ali Mamluk und Baschar al-Assads enger Beraterin Boutheina Schaaban über die geplanten Anschläge gesprochen, einer alten Bekannten von ihm.[65] Das syrische Staatsfernsehen meldete, es seien alles Lügen, man habe in den vergangenen Jahren keine Kontakte zu Michel Samaha unterhalten.

»Keine Kontakte? Samaha?« Der Mann lachte, auch noch Monate, nachdem er die Nachrichten gehört hatte. Ende 2012 war er aus Damaskus geflohen, ein im Rang zwar niedriger Untergebener von General Mamluk, dem er dennoch nähergekommen war als viele Offiziere. Der Mann, nennen wir ihn Nadhif, denn er hatte noch Verwandte in Damaskus, war Chef von Mamluks Putzkolonne gewesen. Die bestand nur aus handverlesenen Männern, überwiegend Soldaten, die das Allerheiligste säubern durften sowie Botengänge und Servierdienste für den General erledigten. Nadhif und seine Kollegen hatten die meisten von Mamluks Besuchern kommen und gehen sehen. »Nicht alle«, schränkte Nadhif ein, »die ganz geheimen Treffen fanden an anderen Orten statt. Oder die Besucher kamen verhüllt, in Mantel und Sonnenbrille. Aber Samaha war kein geheimer Gast. Er kam fast jede Woche vorbei, war der häufigste Besucher über die letzten zwei Jahre. Der durfte sogar unangemeldet kommen, blieb oft über Stunden. Dann war die Stimmung ausgelassener als bei anderen, Samaha küsste Mamluk zur Begrüßung auf die Wange, es wurde Essen vom Four-Seasons-Hotel gebracht, die haben gelacht, getrunken. Er kam ungefähr jede Woche – bis zum August 2012.« Boutheina Schaaban, Assads wichtigste Beraterin, die einst bei Hofe aufstieg als Englisch-Übersetzerin von Hafiz al-Assad, sei zweimal im Monat gekommen, »aber allein, etwas diskreter. Dann blieb sie für Stunden.« Auch den überraschenden Auftrieb iranischer

2 Wechselhafte Anfänge

Gäste bekam er mit, »wieder Essen vom Four Seasons, Nescafé mit Honig und Zourat«, ein beliebter Kräutertee.

General Ali Mamluk, Jahrgang 1946, stammt ursprünglich aus Hatay, der von Frankreich Ende der dreißiger Jahre an die Türkei abgetretenen Küstenprovinz, die Syriens Regierungen jahrzehntelang vergeblich zurückforderten. Er schätzt das Rätselhafte und ließ früher verbreiten, er komme aus Damaskus. Der stämmige Rothmans-Kingsize-Raucher mit dröhnender Stimme habe zugleich einen ausgeprägten Kontrollwahn, erzählte Nadhif. Einmal habe ihn der General persönlich angerufen, was sonst nie vorgekommen sei: »Er klang aufgebracht und sagte, er habe sein kleines Diktiergerät im Büro vergessen. Ich sollte sofort hingehen, niemanden sonst hereinlassen und schauen, ob es noch da sei. Falls ja, sollte ich es an mich nehmen und ihm bringen.« Er schneide alle seine Gespräche mit, für welchen Zweck auch immer. Die Türen zu seiner Etage mit eigenem Fitnessraum, Bad, Küche, seien stets verschlossen, die Scheiben schusssicher, die Türen schalldicht und selbst das Stockwerk nur über einen Trick zu erreichen: »Man drückt beim Fahrstuhl auf den vierten Stock, aber kommt woanders raus.«

Der ganze Gebäudekomplex des Geheimdienstsitzes war ein Hochsicherheitstrakt. Nur als am 23. Dezember 2011 offiziell ein dschihadistisches Terrorkommando einen sprengstoffbeladenen GMC-Geländewagen erst auf den Hof gebracht und dann in die Luft gejagt und dabei nach offiziellen Angaben 44 Menschen umgebracht hatte, war Mamluks Interesse an der Aufklärung des Anschlags auffällig schnell erlahmt: »Alles blieb liegen, bis die Delegation der Arabischen Liga kam. Dann wurden die Trümmer mit Bulldozern zusammengeschoben, saubergemacht, und das war's. Das Außenministerium fragte nach, die Arabische Liga fragte nach, aber wir hörten Mamluks klare Anweisungen, dass er keine Ermittlungen wolle.«

Am 19. Oktober 2012 dann erschütterte eine so massive Explosion Beiruts Christenviertel Ashrafiye, das sie noch Kilometer weiter am Meer zu hören war. Sie galt Wissam al-Hassan, jenem Polizeigeneral, der die Ermittlungen gegen Samaha und Mamluk am nachhaltigsten vorangetrieben hatte. Er war erst am Vortag aus Paris zurückgekehrt, wo seine Familie lebte, und verließ gerade sein geheimes Quartier, als die Autobombe detonierte. Die Wucht der Explosion, die sieben weitere Menschen tötete und Dutzende verletzte, riss Balkone von den Häusern und schleuderte zentnerschwere Metallteile über zwei Häuserblöcke. Umgehend beschuldigten Oppositionspolitiker das syrische Regime, Irans Führung vermutete – wie stets – Israel hinter dem Anschlag, aber nicht einmal die Hisbollah wollte sich dem anschließen und beließ es bei einer schlichten Verurteilung. Der Anschlag sei »ein Versuch, die nationale Einheit zu unterminieren«, verkündete ihr Haussender Al-Manar. Nüchtern erklärte Polizeichef Rifi nur: »Wissam al-Hassan wurde zum Ziel wegen des Samaha-Falles.«[66] Der Innenminister Marwan Charbel gab an, er habe al-Hassan noch gebeten, in Frankreich zu bleiben und nicht in den Libanon zurückzukommen. Sein Leben sei hier in Gefahr.[67]

Verhaftet wurde für den Anschlag niemand. Samaha allerdings saß Mitte 2016 wieder in Haft, nachdem er Anfang des Jahres kurzzeitig freigelassen, aber in einem zweiten Verfahren zu neun Jahren Gefängnis verurteilt worden war. Nach der ersten Verurteilung zu vier Jahren hatte Justizminister Ashraf Rifi das Urteil als »Hohn auf die Justiz« bezeichnet und war unter Protest zurückgetreten.

2 Wechselhafte Anfänge

Der Kaninchen-Killer

Nadim Balousch ist wohl der schillerndste Agent provocateur des syrischen Regimes. Er führte eine Gefangenenrevolte ins Verderben, unterhielt eine Dessous-Boutique und testete Giftgasattacken an Kaninchen, bevor er beim »Islamischen Staat« landete.

Der Mann im sonnendurchglühten Innenhof seines vorläufigen Quartiers wollte eigentlich über etwas ganz anderes reden als über Nadim Balousch. Brigadegeneral Nabil Dandal, einst Chef der »politischen Sicherheit« im syrischen Lattakiya, hatte ein knappes Jahrzehnt zuvor den SPIEGEL-Rechercheur Abdulkader al-Dhoun als jungen Studenten wegen einiger Artikel über Korruption verhaftet. Nun fanden sie sich beide auf der Seite der Opposition wieder: Dandal war zu den Rebellen übergelaufen und in die Türkei gegangen, al-Dhoun ebenfalls dorthin geflohen. Und wir wollten wissen, was Dandal heute zu der damaligen Verhaftung al-Dhouns sagen würde.

Es war eine lange Fahrt im Juli 2013 durch die lähmend heiße, staubige Ebene bis nach Urfa, tief im Südosten der Türkei. Dandals Familie, die aus Bukamal am Euphrat stammte, dem letzten Grenzort vor dem Irak, hatte sich dorthin geflüchtet, in die nächstgelegene türkische Großstadt.

Da saßen sie nun: der Ex-Geheimdienstgeneral und der Ex-Häftling. Etwas unsicher lächelnd, dankbar für die kalte Limonade, die Dandals Sohn brachte, wussten beide nicht recht, was sie sagen sollten. Sie waren sich einig, dass Assads Regime das Land ins Verderben stürzen würde, wenn es an der Macht bliebe. Sie hatten beide ihr Leben riskiert, um zu fliehen. Doch dann sagte Nabil Dandal etwas Ungewöhnliches: »Das war schon richtig damals. Du hast gegen Gesetze verstoßen, also mussten wir dich festnehmen.«

Al-Dhoun hielt dagegen: »Aber ich habe deswegen damals

mein Examen verpasst, ich wurde mitten in der Prüfung verhaftet. Ich hatte Artikel über die Korruption in der Baath-Partei geschrieben, das stimmte doch alles!« Dandal versuchte zu erklären: »Aber das waren die Gesetze damals! Gegen die hattest du verstoßen! Das war der Staat, und ich hatte mich darauf eingelassen.« Nabil Dandal diente der Diktatur, aber er wollte eine Diktatur nach Regeln. Die, dachte er, würden doch für alle gelten. Ein Irrtum, der ihm 2006, ein Jahr nach al-Dhouns Festnahme (der nach ein paar Monaten wieder entlassen wurde), zum Verhängnis werden sollte. Dandal hatte einen Korruptionsring innerhalb der Stadtverwaltung von Lattakiya aufgedeckt, der Millionensummen von der staatlichen syrischen Landwirtschaftsbank unterschlug. Und der Chef der »politischen Sicherheit« hatte die Hoffnung, dass Baschar al-Assad die Versprechen nach seinem Amtsantritt im Jahr 2000 wahr machen würde, gegen die Korruption im Land vorzugehen. Also ließ er die Verdächtigen verhaften: »Nach einem Tag waren sie alle wieder draußen. Und ich war abgesetzt.« Er wurde buchstäblich in die Wüste geschickt, in die damals verschlafene Provinzhauptstadt Raqqa, als Chef des dortigen Passamtes. Ohne allerdings selber einen Pass besitzen zu dürfen.

Die Anklage gegen ihn lautete auf »sektiererische Hetze«. Die führenden Männer der Stadtverwaltung von Lattakiya, die er versucht hatte, vor Gericht zu bringen, waren Alawiten – so wie Assad und fast alle führenden Generäle in Syrien. Dandal hingegen war Sunnit. »Ich rief Ghazi Kanaan an, der gerade Innenminister geworden war und den ich gut kannte. Aber der sagte nur: ›Warum, warum hast du das getan? Niemand kann dir mehr helfen.‹«

Dandal war eine dieser Existenzen aus den weiten Grauzonen zwischen moralischer Überzeugung und Kompromissbereitschaft, die sich stets gute Gründe zurechtlegen, warum sie

2 Wechselhafte Anfänge

bei einer Sache mitmachen, die sie eigentlich nicht mittragen wollen. Des Teufels Brigadegeneral, der einen Studenten verhaften ließ, weil man die Korruption, die er selbst bekämpfen wollte, nicht publik machen durfte. Der Staat war eine Diktatur, damit hatte Dandal sich abgefunden und jahrzehntelang Karriere gemacht. Aber dass andere Generäle noch den letzten Rest Legitimität untergruben, den diese Diktatur hatte, und »die von der Küste«, wie die Alawiten in Syrien umschrieben werden, mit völliger Unantastbarkeit den Staat nur noch als Beute betrachteten, das lag jenseits seiner moralischen Grenzen.

Eine Weile lang zählte er an jenem Sommertag in Urfa auf, wer von den führenden Offizieren vor allem in den allmächtigen Geheimdiensten sich über Jahre schamlos bereichert hatte: Generalmajor Ali Younis vom Militärgeheimdienst, der fingierte Verträge über Waffenkäufe über zig Millionen US-Dollar abgeschlossen hatte; General Mohammed Mansoura, Chef der »politischen Sicherheit«, der eigentlich für die Kontakte zur kurdischen PKK zuständig war, aber sich am Schmuggel von Zigaretten, Öl bis hin zu Waffen und Drogen bereichert hatte; Faris Schalisch, Neffe vom Chef der Leibgarde Assads, der Waffen an Saddams Regime geschmuggelt hatte. »Die haben einen Witz aus dem Staat gemacht«, schloss er, »eine Fälschung.«

So kam er schließlich auf das Thema, das ihn all die Jahrzehnte seines Aufstiegs im syrischen Sicherheitsapparat begleitet hatte: wie die tatsächliche Bedrohung des Regimes durch die Muslimbrüder ab Ende der siebziger Jahre Hafiz al-Assad als Vorwand diente, jeden Missliebigen zu verhaften. Erst seien die echten Muslimbrüder ausspioniert und unterwandert worden, »schließlich hat das Regime selbst Gruppen gegründet, um die Bedrohungskulisse aufrechterhalten zu können. Die echten Islamisten waren ja nach 1982 tot, im Gefängnis oder geflohen.« 1992 sei er in Damaskus gewesen, als die Order kam, einen Mann im Viertel Kafr Sousa zu verhaften: »Wir umzingelten das Haus, auf dem Dach stand der Mann und rief mir zu, ›Saidi, mein Herr, ich habe Befehl von Hisham Ikhtiyar (damals der Chef der Staatssicherheit), diese Zelle zu bilden, ich bin kein wirklicher Terrorist!‹ Wir glaubten ihm nicht, verhafteten ihn. Aber als ich Ikhtiyar fragte, sagte er: ›Ja, der ist okay.‹ Keiner wusste, was die anderen tun.«

Genauso sei es 2003 gewesen: »Wir hatten Informationen über eine Terrorgruppe in Lattakiya, wollten die festsetzen. Aber kaum hatten wir die Ersten von denen verhaftet, wurden wir zurückgepfiffen: Die waren vom Militärgeheimdienst geschaffen worden. Mittelsmann war ein offiziell ausgeschiedener Oberst, ein Alawit aus Lattakiya namens Hafiz Suleyman, der vorgab, Geschäftsmann zu sein. Über den bekamen sie 100 000 syrische Pfund im Monat (nach damaligem Wechselkurs etwa 1700 Euro). Wir mussten alle laufen lassen, sie gingen dann in die Berge. Ihr Anführer war Nadim Balousch, der war noch sehr jung damals.«

Unverhofft hatte Dandal das früheste Puzzlestück geliefert zur Biographie der schillerndsten Gestalt aus Syriens Radikalenszene, zum erfolgreichsten *Agent provocateur* des syrischen Militärgeheimdienstes, der sich innerhalb eines Jahrzehnts drei Mal als außerordentlich nützlich erwies: 2003, mit Anfang 20, sollte er eine Islamistenzelle aufbauen, um mit ihrer Hilfe einreisende Ausländer ebenso wie Syrer als Terroristen in den Irak zu schleusen. »2004 hörten wir dann, dass seine Gruppe vorhatte, das Meridien zu sprengen«, damals eines der größten Hotels am Strand nördlich von Lattakiya. »Offiziell sollte Balousch verhaftet werden, aber floh in die Türkei«, fuhr Dandal fort. »Ghazi Kanaan, der damals gerade Innenminister geworden war, stellte sogar einen offiziellen Auslieferungs-

2 Wechselhafte Anfänge

antrag, Balousch wurde in der Türkei festgenommen, ausgeliefert und dann zu zehn Jahren Haft verurteilt.«

Er kam erst ins Gefängnis nach Adra, im April 2007 dann nach Saidnaya nordwestlich von Damaskus, eine der größten syrischen Haftanstalten, in der vor allem Islamisten aller Couleur gemeinsam untergebracht wurden: al-Qaida-Kämpfer, echte oder vermeintliche Muslimbrüder, Mitglieder islamistischer Splittergruppen, aber auch Jugendliche, die mit Tonkassetten einer Predigt gefasst worden waren. Auch Mohammed Haydar Zammar, jener Deutsch-Syrer, der nach dem 11. September 2001 von der deutschen Polizei wegen seiner Verbindungen zu Osama Bin Laden überwacht, dann auf einer Reise nach Marokko von der CIA gekidnappt und nach Syrien verfrachtet worden war, saß in Saidnaya. Das Gefängnis war eine Schule des Hasses, und wer zu Haftbeginn noch kein überzeugter Dschihadist gewesen war, wurde es hier. »Es war hart dort, aber es herrschte auch eine einzigartige Atmosphäre«, erinnerte sich im Mai 2013 im umkämpften Ort Zabadani ein ebenfalls 2011 freigelassener Radikaler, der als Abu Ali nun zum Scheich der örtlichen Islamisten-Brigade avanciert war: »In Saidnaya konnten wir ja auf einmal frei reden, diskutieren, ohne Angst, denn verhaftet waren wir ja schon. Dieses Gefängnis war unsere Universität!« Nur anders als im Fall des berüchtigten amerikanischen Straflagers Camp Bucca im Südirak, wo IS-Anführer Abu Bakr al-Baghdadi und andere einsaßen, war der Effekt der Radikalisierung hier offenbar erwünscht: Die Behandlung war harsch, die Aufseher waren zumeist Drusen oder Alawiten, und es gehörte zu den Verhörritualen, die sunnitischen Häftlinge zu beleidigen, Gott und den Propheten Mohammed zu schmähen.

Als Ende März 2008 eine Revolte losbrach, zunächst wegen der unsäglichen Haftbedingungen, hatte die Gefängnisleitung keine Eile mit der Niederschlagung. Im Gegenteil: das »Saidnaya-Experiment« nannte es später der Ex-Häftling Firas Saad in einem Zeitungsartikel über seine Zeit dort: »Als Ergebnis der ersten Meuterei wurde das Gefängnis nach und nach den Islamisten überlassen. Es war wie ein Versuchsprogramm, zu sehen, was geschieht, wenn man solche Gruppen einfach loslässt auf andere Gefangene, sich anschaut, was intern geschieht, ohne es zu stoppen.«[68]

Die über tausend Radikalen hatten freie Hand, schrittweise weite Areale des Gefängnisses unter ihre Kontrolle zu bringen. Sie organisierten sich in Gruppen, brachen Löcher in die Mauern und hangelten sich durch die Ventilationsschächte, als im Juli 2008 ein halbherziger Versuch unternommen wurde, den Komplex wieder der Aufsicht des Personals zu unterstellen. Sie verwalteten die Essensverteilung, unterhielten eigene Gerichte, töteten mehrere ihrer Mitgefangenen und sogar Wärter. Die Sicherheitsdienste hatten zwar bis zu 1200 Militärpolizisten nach Saidnaya geschickt, um die Lage unter Kontrolle zu halten – aber die Gefängnisführung schien monatelang eher daran interessiert zu sein, die Geschehnisse zu beobachten, als die Lage wieder zu beruhigen.

Nadim Balousch hatte sich in Saidnaya zunächst etwas abseitsgehalten und dann die Nähe gesucht zu einem der prominentesten Gefangenen: Ibrahim al-Zahir, ein gebürtiger Jordanier, der unter Abu Musab al-Zarqawi Kommandeur der irakischen Westprovinz Anbar gewesen und in Jordanien wegen eines Anschlags in Abwesenheit zum Tode verurteilt worden war. Mit ihm teilte er bald eine Zelle, erst im dritten Stock des gigantischen Gefängnisses, dann im zweiten. Als der Aufstand ausbrach, lief Balousch zur Hochform auf, erinnerte sich Ende 2013 der ehemalige Mithäftling Maher Esper: »Seine Anhänger waren ihm hörig, das war wie eine Sekte: Er halbierte ihre Rationen, um sie zu trainieren, mit wenig zu überleben, reduzierte sie immer weiter, die Leute sind fast verhungert, aber haben mitgemacht. Er schlug sie, folterte sie für das geringste Vergehen, er war für die wie Gott. Obwohl viele von denen älter waren als er.«

Anfang Dezember 2008 übernahmen Balousch und 350 Radikale das Erdgeschoss und kontrollierten den Eingang. »Schon damals«, erinnerte sich Esper, »trugen viele solche schwarzen Masken wie später bei Da'ish.« Die Lage sei eskaliert, Balousch »stand im Hexagon der Treppenaufgänge, wo alle Trakte zusammenliefen, und sammelte die Radikalsten der Radikalen um sich, die alle Verhandlungen mit der Gefängnisleitung ablehnten. Er predigte gegen jeden, der mit der Gefängnisleitung verhandeln wollte. Das sei Ketzerei! Er versprach ihnen: ›Von hier aus werden wir Jerusalem erobern, ja, wir werden die Fahne des Islam über dem Weißen Haus hissen!‹ Es war vollkommen surreal, wir waren doch alle Gefangene. Aber er peitschte die Leute unglaublich auf.« Er werde sich nicht ergeben, verkündete Balousch immer wieder, »eher sterben«. Auch der damalige Gefangene Diab Serrih, einer der wenigen säkularen Häftlinge in Saidnaya, erinnerte sich später an Balouschs Brandreden in der Halle: »Er erklärte das Gefängnis zum Emirat und versprach allen: Von hier aus werden wir ganz Syrien befreien!«

Nach Wochen der Eskalation kam dann das überraschende Finale: Der auf knapp 80 Mann geschrumpfte harte Kern derer, die bei Balousch geblieben waren und sich von seinen Tiraden aufputschen ließen, die Mitgefangene und Wärter umgebracht hatten und offenbar daran glaubten, vom Innenraum des mittlerweile bestbewachten syrischen Gefängnisses die Welt erobern zu können, sie hörten ihren Meister auf einmal per Megafon rufen: »Ich hatte eine Vision! Gott hat mich geleitet! Ergebt euch, dann wird euch nichts geschehen!«

Ein halbes Dutzend Männer sei dem jähen Richtungswechsel

gefolgt – die anderen wurden von eingerückten Sicherheitskräften mit Maschinengewehren niedergemäht, erinnert sich Maher Esper, der später mit Hunderten anderen Gefangenen, unter ihnen Diab Serrih, ins Gefängnis nach Adra verlegt wurde. Mit dabei waren auch fünf, die das Massaker schwer verletzt überlebt hatten: »Einer von denen erzählte dann, was mit Balousch geschehen war, als die anderen erschossen wurden«, so Esper. »Für ihn gab es einen Handschlag vom Direktor, dann Tee und Sandwiches.« Auch Balousch kam später nach Adra, allerdings nicht wie die anderen zu 20, 30 Mann in eine Zelle, sondern in eine geräumige Einzelzelle. Er konnte die Wachen zum Getränkeholen schicken und empfing Besuch von seiner Familie, die im Mercedes des Militärgeheimdienstes aus Lattakiya gebracht wurde. Zwischenzeitlich verschwand er, manchmal für Wochen. »Als er einmal zurückkam«, erinnerte sich Diab Serrih, »erzählte er uns ganz stolz, dass Asif Schaukat nach ihm verlangt hatte«, der allmächtige Chef des Militärgeheimdienstes und Schwager von Baschar al-Assad. »Schaukat habe Freiwillige gesucht, die zu Fatah al-Islam gingen, der Dschihadistengruppe im Libanon. Aber er habe abgelehnt. Wir wussten nicht, ob er übertreibt oder warum er uns das erzählte. Aber er war sehr eitel.« Auf jeden Fall hielt Schaukat seine schützende Hand über Balousch und sorgte 2010 für dessen Freilassung.

Nach seiner Haft tauchte Balousch zunächst einmal ab und dann plötzlich wieder auf, in einer für den radikalsten Gotteskämpfer ungewöhnlichen Rolle: als Betreiber des Dessous-Geschäfts »Cremat« in Lattakiya, jener Hafenstadt im Norden, wo seine vermeintliche Dschihadistenkarriere Jahre zuvor ihren Anfang genommen hatte. Wobei er außer Unterwäsche in seinem Laden auch eingeschmuggeltes Sexspielzeug verkauft habe, behaupten Zeugen aus Lattakiya, die den Laden aber nie betreten haben wollen.

2 Wechselhafte Anfänge

Eine Weile blieb es still um Balousch. Doch dann wurde er im Frühsommer 2011 auf den ersten Demonstrationen gegen das Assad-Regime in Lattakiya gesehen. Auch wenn seine Doppelrolle im Gefängnis Saidnaya nicht verborgen geblieben war und sich rasch herumsprach, schien ihn das nicht zu stören. Manche sahen ihn auf Demonstrationen mit einer Pistole in der Hand, andere fanden Ende 2011 ein Bild von ihm auf Facebook, wie er auf einem Pick-up mit aufmontiertem Maschinengewehr posierte. Verhaftet wurde er nicht. Es war absurd, aber ging vorerst unter im allgemeinen Aufruhr.

Die dritte Verwandlung des Nadim Balousch begann. Ein Freund aus Jugendtagen, der mit ihm Ende der neunziger Jahre davon geschwärmt hatte, nach Afghanistan zu gehen »zu Osama Bin Laden«, war Islamgelehrter geworden. »Scheich Chalid«, wie er sich nannte, versuchte, in jenen Anfangsmonaten des syrischen Aufstands im Sommer 2011 zu vermitteln zwischen den friedlichen Demonstranten und dem Regime. Bei einem solchen Vermittlungstreffen in Lattakiya mit dem einflussreichen, Assad-treuen Geschäftsmann Ayman Jabr traf er Nadim Balousch wieder. »Er war einfach gekommen als einer der Wortführer der Demonstranten, obwohl ihn niemand geschickt hatte«, erzählte er im Sommer 2013. »Er klang rabiat, und Jabr war kurz davor, ihn verhaften zu lassen. Dann stand er auf und forderte Jabr auf, mit ihm ein paar Meter vom Tisch wegzugehen.« Er telefonierte, Scheich Chalid verstand die Worte »Lass ihn! Er gehört zu uns«, und Jabr erkannte die Stimme: Es war Asif Schaukat selbst, der Chef des Militärgeheimdienstes. »Wir verstanden nicht, welchen Sinn diese Aktion hatte«, wunderte sich Scheich Chalid, »aber offenbar liebte Balousch solche Momente: mächtige Leute wie Jabr jählings zu überraschen, einzuschüchtern und erbleichen zu lassen.«

Dann verschwand Balousch aus der Stadt. Die Nächsten,

die ihn sahen, waren Flüchtlinge und Rebellen im einstigen Ausflugsort Salma, etwa 30 Kilometer nordöstlich von Lattakiya in den Bergen. Unter ihnen war der syrisch-britische Arzt Rami Habib, der seine Stelle in Leicester aufgegeben hatte und in seine Heimat zurückgekehrt war, um ein Notkrankenhaus in Salma aufzubauen: »Nadim Balousch war irgendwann im Winter 2011/2012 hier aufgetaucht, hatte sich als Experte für Sprengstoffe empfohlen und mit einem Mann zusammengetan, der eine Rebellengruppe finanzieren wollte. Aber er suchte noch einen Anführer.« Balousch übernahm diese Rolle gern. Sie gründeten die Brigade »Gottes Glorie«, aber schon nach kurzer Zeit irritierte viele seine zur Schau getragene Radikalität. »Er sprach immer öfter davon, dass man die Alawiten-Dörfer angreifen müsse, am besten mit chemischen Waffen«, so Habib, »mit sowas wollten wir nichts zu tun haben.«

Doch bei den Kämpfen, die 2012 zunehmend heftiger wurden, war Balouschs schrumpfende Truppe trotz dieser markigen Worte kaum je zu sehen. Balousch widmete sich, nach einigen Videos, die ihn an Straßensperren und im Feld zeigten, dem virtuellen Aufbau seiner »Chemischen Brigade kalter Wind«. In den berühmt gewordenen Videos prangte dieser etwas abstruse Name der Organisation auf einem aufwändig gedruckten Farbposter. Auch der Vermummte mit Gasmaske, der in den Filmen zu sehen war, wiederholte ihn immer wieder. Zu dschihadistischen Gesängen und nervöser Kameraführung goss der Gasmasken-Mann eine Chemikalie in ein Terrarium mit zwei furchtsam dreinschauenden Kaninchen, die wenige Minuten später zuckend verendeten. »Alawiten, ihr Feinde Gottes! Das ist, was euch geschehen wird, so Gott will!«, sagte der Sprecher. »Ihr Assad-Unterstützer, seht ihr? Das wird euch geschehen! Allahu akbar!«[69] Es gab eine ganze Reihe solcher Kaninchenkiller-Videos von Balouschs »Chemischer Brigade

2 Wechselhafte Anfänge

kalter Wind«, gedreht stets vor einer Batterie türkischer Chemikalien, bei denen es sich allerdings um so wenig dramatische Stoffe wie Kaliumpermanganat (Oxidationsmittel), Nagellackentferner, Natriumnitrit und Kaliumnitrat (beide vor allem eingesetzt als Konservierungsstoffe für Lebensmittel) handelte, die frei erhältlich sind.

Es waren diese Videos, die rasch ihren Weg ins syrische, russische und iranische Fernsehen fanden und die Präsident Baschar al-Assad gern Besuchern und Delegationen zeigte als Beleg dafür, dass seine Regierung nicht etwa legitime Proteste niederschlug, sondern gegen Terroristen kämpfe. Jähe Popularität erlangten die Filme allerdings erst im August 2013. Just nach der groß angelegten Giftgasattacke mit Sarin auf mehrere Vorstädte von Damaskus, tauchten die recycelten Videos mit Balousch abermals auf als vermeintlicher Beleg, dass die Rebellen selbst Chemiewaffen einsetzten.[70] Nun allerdings wurden die Angriffe einer neuen Gruppe namens »Riyadh al-Abdeen« zugeschrieben. Balousch reicherte die Kaninchenszenen für diese Zwecke noch dramatisch an: »Wir werden tun, was unser Scheich Osama Bin Laden gesagt hat: Wir müssen die strafen, die uns strafen, wir müssen ihre Männer, Frauen und Kinder töten. Und ich wiederhole es nochmal, wir müssen ihre Frauen und Kinder töten – bis sie aufhören, unsere Frauen und Kinder zu töten. (…) Wir werden sie in ihren Häusern angreifen, ihren Tag zur Nacht und ihre Nacht zum Tag machen!«

Schlagartig verbreiteten sich die Bilder und Zitate nun im Netz, avancierten zum »Beweis« für die Chemieangriffe der Rebellen – und lieferten ein Paradebeispiel für den Irrsinn der Netzwelt, in der Balouschs angeblicher Terrortruppe immer neue Details angedichtet wurden: Sie sei ein al-Qaida-Ableger, finanziert von der britischen Regierung, überdies unterstützt von »Obamas Weißem Haus« und sowieso irgendwie gesteuert vom »zionistischen Regime« in Jerusalem. Dass es sich bei Balousch um einen »zionistischen Agenten« handele, lasse sich schon daran erkennen, dass Bin Laden nie gesagt habe, man solle Frauen und Kinder umbringen.

Dass Balousch selbst zum Zeitpunkt der Gasattacken im August 2013 schon längst nicht mehr in den Bergen oberhalb von Lattakiya war – örtliche Rebellen hatten ihn bereits im April des Jahres festgenommen –, störte dabei nicht. Seine Gruppe hatte im Januar in der Türkei den zur Freien Syrischen Armee (FSA) übergelaufenen Ex-Offizier Riad Ahmed entführt, nach Syrien verschleppt und dort zu Tode gefoltert. Der türkische Geheimdienst schätzte es nicht, wenn auf türkischem Boden ohne sein Einverständnis Menschen verschleppt wurden, und so ermittelte auch die türkische Polizei im Fall des Syrers – und fand auf einer Überwachungskamera einer Tankstelle Aufnahmen vom Auto der Entführer, dessen Kennzeichen sich zu Balouschs Gruppe zurückverfolgen ließ. Nadim Balousch wurde drei Tage lang unter anderem von Scheich Chalid verhört, seinem Jugendfreund: »Aber am vierten Tag drängten die von der Nusra-Front darauf, ihn auch verhören zu wollen. Sie hätten ein Recht darauf, ihn zu befragen zu den Morden damals in Saidnaya. Und das müsse bei ihnen geschehen.«

Balousch wurde an die örtliche Gruppe der Nusra-Front überstellt – und verschwand nach wenigen Tagen, entflohen, wie es hieß. In Wirklichkeit wurde er freigelassen von jenen in der Nusra-Front, die später bei ISIS wieder auftauchten: allen voran Abu Ayman al-Iraqi, dem ISIS-Spitzenkader, der damals für die Provinz Lattakiya und dort für die ersten Morde an anderen Rebellenkommandeuren verantwortlich war. Er war einer aus jener Vorhut, die schon 2012 aus dem Irak mit Abu Bakr al-Baghdadi und Haji Bakr gekommen war, um die Machtübernahme in Syrien strategisch vorzubereiten. Auch Nadim

Balouschs verschlungene Wege führten ihn schließlich zum »Islamischen Staat«: Seine letzten Lebenszeichen waren 2014 ein Treueschwur an Abu Bakr al-Baghdadi und einige Jubel-Tweets von seinem Twitter-Account. Hier hatte er sich den *nom de guerre* »Abd al-Gharib«, Diener des Fremden, zugelegt, eine beliebte Metapher aus frühislamischer Zeit, mit der man sich präsentiert als einer, der im Wissen um seinen göttlichen Auftrag gegen alle kämpfen und dabei allen fremd bleiben muss. Anfang 2016 soll er im Ausland ums Leben gekommen sein – aber auch dafür fehlt ein Beweis.

3 HERBST DER ANGST
Die Eroberung Nordsyriens durch den IS

Schritt für Schritt setzt der »Islamische Staat« seinen Plan der Machtergreifung um. Mit der langsamen Steigerung des Terrors und einer zentralen Kommandostruktur lähmt er seine Gegner. Zur ersten Hauptstadt des IS wird Raqqa, ausgerechnet jene unscheinbare Provinzmetropole, die sich bislang weder um den Islam noch um die Revolution geschert hatte.

Kaum jemand außerhalb Syriens hatte zuvor von Raqqa gehört. Die verschlafene Provinzhauptstadt am Euphrat, tief im Osten des Landes, war höchstens Ruinen-Reisenden ein Begriff, und auch in Syrien selbst besaß die Stadt den Ruf des Nichtssagenden. Der Kalif des Abbasidenreiches hatte hier für 13 Jahre residiert – aber das war auch schon zwölf Jahrhunderte her. In Raqqa lebten keine flammenden Parteigänger von irgendwem, nicht von Baschar al-Assad, nicht von den Islamisten.

Am treffendsten mag eine historische Anekdote die Haltung der Stadt charakterisieren: Als die französischen Besatzer nach kurzen, heftigen Kämpfen 1946 ihre Mandatsherrschaft über Syrien aufgaben, wurde dies landesweit bejubelt. Nur in Raqqa wehte die Trikolore noch zwei Wochen länger über dem Sitz der Provinzverwaltung. Nicht aus beharrlicher Liebe zu Frankreich – man hatte nur schlicht vergessen, sie abzunehmen. Oder noch gar nicht mitbekommen, dass man nun unabhängig war. Zwar hatte Raqqa eine der prozentual höchsten Mitgliedsraten in der herrschenden Baath-Partei[1], doch die Stadt profitierte nie von dieser Treue zum Regime, vielleicht auch weil keiner

3 Herbst der Angst

der wirklich mächtigen Generäle oder Geheimdienstchefs aus der Stadt am Euphrat stammte.

»Wir waren nie eine politische Stadt«, erzählte später ein Arzt, der in die Türkei gegangen war: »Wir waren auch nie eine religiöse Stadt, hier haben nicht viele gebetet. Vor der Revolution waren wir bei vielen eher für al-Sahil bekannt, das Amüsierviertel entlang des Euphrats. Da gab es 15 bis 20 Casinos, Bars, wie immer die hießen, aber letztlich waren das alles Puffs. Da kamen reiche Beduinen, Landbesitzer aus den Dörfern östlich von Homs, die Techniker der Ölquellen, sogar Türken. Raqqa war eigenartig, eine Stadt ohne Wurzeln, ohne Zugehörigkeit, ohne Strategie, ohne Interessen. So hielt die Stadt lange dem Regime die Treue und fiel dann andererseits ohne großen Widerstand. Dann waren wir ein Freiluft-Labor, jeder konnte machen, was er wollte. Bis Da'ish machte, was Da'ish wollte.«

Bis Anfang 2013 hatte die Stadt den Spitznamen »Qardaha des Ostens« getragen, nach dem Heimatdorf des Assad-Clans, denn Raqqa blieb nicht nur unter Kontrolle der Armee, es bildeten sich hier auch kaum Widerstandsgruppen. Als im März 2013 Rebellen vor allem aus dem Norden anrückten, fiel die Stadt mit solcher Leichtigkeit, dass es lange Zeit Gerüchte gab, Assad habe sie absichtlich preisgegeben. Um andere Provinzhauptstädte wurde jahrelang gekämpft, und die Armee bombte sie eher zu Trümmern, als sie aufzugeben. Und: Die stärkste Macht in Raqqa – zumindest medial – war auf einmal die Nusra-Front, obwohl sie vorher kaum eine Rolle gespielt hatte in der Stadt. Doch dann geschah erst einmal wieder wenig. Die »Nationale Koalition«, die im türkischen Gaziantep als Vertretung des revolutionären Syriens residierte, kümmerte sich kaum um die erste befreite Provinzhauptstadt, sondern war vollauf mit sich selbst beschäftigt und schlicht unfähig, die Verwaltung

Die Eroberung Nordsyriens durch den IS

einer Großstadt zu organisieren oder auch nur die Finanztransfers zu gewährleisten.

Trotzdem blühte Raqqa plötzlich auf. Aus Abgesandten der großen Familien wurde ein Stadtrat gewählt, Rechtsanwälte, Ärzte, Journalisten organisierten sich, Frauengruppen entstanden. Aus Ost-Ghouta, den belagerten und beschossenen Vorstädten von Damaskus, kehrte der prominente Intellektuelle Yassin Haj Saleh in die Heimatstadt seiner Familie zurück. Die »Freie Jugend Raqqas« gründete sich, die Bewegung *Haqquna*, »Für unsere Rechte«, und drei, vier Dutzend weiterer Initiativen, manche unterstützt aus dem Ausland. Es gab sogar eine Capoeira-Tanzgruppe, die Kindern den akrobatischen brasilianischen Kampftanz beibrachte: *Bidna Capoeira*, »Wir wollen Capoeira«, hieß die Gruppe um den jungen Damaszener mit dem Spitznamen »Pulo di Gato«, der Katzensprung. Alle kannten ihn nur unter diesem Namen, was später vielleicht lebensrettend war, als er vor dem IS in ein Dorf der Umgebung floh. Eigentlich war der Sportler und Capoeira-Lehrer nach Raqqa gekommen, weil es dort ruhiger war als in Damaskus. Capoeira in Raqqa – »Warum nicht?«, sagte er lachend. Jeden Tag kamen Dutzende Kinder zum Unterricht, manchmal begleitet von ihren Müttern in traditionellen Kopftüchern, die amüsiert zuschauten, wie ihre Kinder die gespielten Angriffe, Zirkelbewegungen und Sprünge in der Roda, dem imaginären Kreis des Tanzes, vollführten. Capoeira war einst eine Beschäftigung der Sklaven gewesen, eine Mischung aus Kampf und überlieferten afrikanischen Tänzen. »Und er passt perfekt zum *Dabke*«, dem alten arabischen Tanz, der zum Trommelklang wuchtig mit den Füßen gestampft wird. Gato tanzte mit den Kindern draußen oder zwischen den Klassenzimmern der Schulen, die längst zu Flüchtlingslagern umfunktioniert waren: »So haben sie wenigstens etwas, was ihnen Freude bereitet.«

3 Herbst der Angst

Alles schien möglich in Raqqa. Und genau das, so sahen es später manche der Geflohenen, war der Auftakt zum Untergang der gerade erst errungenen Freiheit. Raqqa war der Prototyp einer Eroberung durch ISIS, die schleichend begann, langsam brutaler wurde und gegen größere Gegner erfolgreich war, ohne dass wirklich gekämpft worden wäre. Niemand hatte die vollständige Kontrolle über die Stadt, diverse FSA-Gruppen kämpften außerhalb des Stadtgebiets vor den letzten Militärbastionen der Armee, die FSA-Kämpfer hielten sich die Waage mit Angehörigen von Nusra, Ahrar al-Scham und ISIS. Letzterer war im März mit einer kleinen Schar nach Raqqa gekommen und hatte auch hier ein Daawa-Büro eröffnet. Allerdings hatten die Dschihadisten sich schon bald ein sinnfälliges Gebäude gesichert: den marmorgetäfelten vormaligen Gouverneurssitz. Und, noch weit wichtiger, sie übernahmen die Kontrolle über die Ölquellen der Umgebung, deren Produktion weitgehend zur Raffinerie in die Hafenstadt Banyas floss und ans Regime verkauft wurde. Während ISIS sich also strategisch in Stellung brachte, hielten sich die Nusra-Front und Ahrar al-Scham aus Fragen der Verwaltung und der öffentlichen Ordnung weitgehend heraus und versuchten nicht etwa, rigide Glaubensregeln durchzusetzen. Der Stadtrat hatte sich unterdessen gespalten, genauer: Es gab zwei konkurrierende Stadträte, die zuständig waren für die Verwaltung – einen der Bewohner und einen der Exil-Koalition, der in Urfa residierte, sich aus geflohenen Bewohnern zusammensetzte, kaum etwas tun konnte, aber die spärlichen Mittel der Koalition für Raqqa für sich einbehielt.

Die jungen Demokratie-Aktivisten, die Raqqa im März 2013 nach dem überraschend widerstandsarmen Fall der Stadt zum »Symbol der Revolution« erklärt hatten, kümmerten sich eher um Kultur, Medien und soziale Belange als um Verwaltung,

Finanzen und Abfallbeseitigung. Im Sommer saßen sie in den neu eröffneten Cafés, jeder über sein iPad, seinen Laptop gebeugt, schwer beschäftigt und zutiefst betrübt über die schleichende Ermächtigung der Radikalen. Trotzdem klangen sie noch selbstbewusst: »Jede bewaffnete Gruppe, die uns bedrohte, musste mit massiven Demonstrationen und Sit-ins rechnen!« Zweimal seien so gefangen genommene Aktivisten erst von der FSA-Gruppe *Ahfadh al-Rasul*, den »Nachfahren des Propheten«, dann von Nusra wieder freigelassen worden. Dass eine Gruppe sich von Sit-ins und Demonstrationen überhaupt nicht beeindrucken lassen würde, damit hatten sie nicht gerechnet.

Anfangs noch verdeckt, begann der Würgegriff des ISIS. Dem Plan folgend, den Haji Bakr aufgestellt hatte, folgte der Phase der Unterwanderung nun die Beseitigung jener Personen, die als potenzielle Anführer und Gegner ihrer Machtergreifung ausgemacht worden waren. Die Führungsfiguren ließ man einer nach dem anderen einfach verschwinden. Als Ersten traf es Abdullah Khalil, den Rechtsanwalt und gewählten Vorsitzenden des Stadtrates der Bewohner von Raqqa, der zuvor schon vom Regime verhaftet und gefoltert worden war, bevor er in die Türkei fliehen konnte und im März 2013 zurückkehrte. Mitte Mai verschleppten ihn maskierte Bewaffnete. Alle Gruppen, auch ISIS, dementierten hartnäckig, etwas mit seinem Verschwinden zu tun zu haben. Als Nächster verschwand Firas Haj Saleh, der Bruder des Schriftstellers Yassin Haj Saleh, zwei Tage später Ibrahim al-Ghazi. Er hatte die Kampagne angeführt, die Revolutionsfahne mit den drei Sternen als neue syrische Fahne auf die Mauern zu malen. »Wir ahnten, wer ihn gekidnappt hatte«, erzählte einer seiner Freunde, »aber keiner traute sich mehr, etwas zu tun.« Dazu kam, dass kleine Gruppen der Nusra-Front plötzlich die Seiten wechselten und zum »Staat« überliefen. Misstrauen machte sich breit und Angst.

3 Herbst der Angst

Schon im Mai hatten ISIS-Schergen drei Männer auf dem Hauptplatz von Raqqa exekutiert, aber im Juli verschwanden Dutzende, Hunderte. Manchmal tauchten ihre Leichen auf, meistens aber blieben sie spurlos verschwunden. Immer neue Vorschriften wurden erlassen, wie Frauen sich zu kleiden hätten, dass Geschäfte während der Gebetszeiten zu schließen hätten. Am 19. Juli verabschiedete die »Jugend von Raqqa« eine Erklärung, »vorläufig« auf Proteste gegen ISIS zu verzichten. Die Lehrerin Souad Nofal weigerte sich, ihre Unterschrift unter diese Erklärung zu setzen. Stattdessen stand sie für Tage immer wieder mit einem Plakat vor dem ISIS-Hauptquartier und forderte die Freilassung der Entführten, während Passanten Angst hatten, auch nur in ihrer Nähe stehenzubleiben. Das sei Wahnsinn, warnten ihre Freunde. »Hau ab«, brüllte sie ein maskierter Saudi-Araber an. »Wieso, ist das deine Straße?«, hielt sie ihm entgegen. »Sie gehörte Baschar«, erwiderte der Mann. »Nun gehört sie uns.« Einer ihrer ehemaligen Schüler hatte sich ISIS angeschlossen und herrschte sie an: »Du hast uns Religion beigebracht und Sittsamkeit, wie kannst du dann hier stehen?« Doch Souad Nofal gab nicht auf: »Ich habe euch nicht gelehrt, Terroristen zu sein und jene zu entführen, die nicht eurer Meinung sind!«[2]

Am 29. Juli betrat der Jesuit Paolo Dall'Oglio das ISIS-Hauptquartier, um über die Freilassung der Entführten zu verhandeln. »Padre Paolo« war eine Berühmtheit in Syrien, wo er seit 30 Jahren lebte, ein verfallenes Kloster wiederaufgebaut und zur Begegnungsstätte von Muslimen und Christen gemacht hatte. Obwohl Freunde den charismatischen Italiener, der bereits in mehreren Fällen erfolgreich vermittelt hatte, eindringlich davor warnten, bestand er darauf, den Emir persönlich zu sprechen. Es war das letzte Mal, dass er in Freiheit gesehen wurde.

Die Eroberung Nordsyriens durch den IS

Im August schickte ISIS nacheinander mehrere Autos mit Selbstmordattentätern ins Hauptquartier der am wenigsten religiösen FSA-Brigade Ahfadh al-Rasul im ehemaligen Bahnhof von Raqqa, tötete Dutzende Kämpfer und trieb die Übrigen in die Flucht. Im September brandschatzten die Schergen eine Kirche und ersetzten das Kreuz durch ihre schwarze Fahne. Es war das erste Mal, dass in Raqqa eine Kirche entweiht worden war. Selbst die Nusra-Front hatte es bislang nicht gewagt, ein Gotteshaus anzurühren.

Am 17. Oktober rief ISIS alle Notabeln, Geistlichen und Rechtsanwälte der Stadt zu einer Versammlung. Eine Geste der Konzilianz, mochten manche gedacht haben. Von den 300 Menschen, die zusammenkamen, erhoben nur noch zwei Männer das Wort gegen die brutal fortschreitende Machtübernahme der Bärtigen und klagten sie der Entführungen und Morde an. Einer der beiden war Muhannad Habayebna, ein stadtbekannter Bürgerrechtler und Journalist. Fünf Tage später fand man Habayebnas gefesselte Leiche. Er war mit einem Kopfschuss hingerichtet worden. Zuvor hatten einige seiner Freunde eine E-Mail erhalten, deren Absender nicht zu erkennen gewesen war. Aber als sie das angehängte Foto öffneten, wussten sie auch so, von wem die Nachricht stammte. Unter dem Bild der grausam zugerichteten Leiche von Muhannad Habayebna stand nur ein Satz: »Bist du jetzt traurig über deinen Freund?« Basil Aslan, ein junger Ingenieur, saß gerade im Café, als er die E-Mail erhielt: »Ich hatte das Gefühl, jemand im selben Café war der Absender, und geriet in Panik.« Stunden später flohen rund 20 Oppositionelle – Ärzte, Stadträte, Aktivisten – in die Türkei. Sie flüchteten vor Da'ish, wie sie sagten, »aber wir nennen sie auch die Armee der Masken«, sagte Basil, der geflohene Ingenieur, »denn ihre Männer zeigen nie ihr Gesicht, treten stets schwarz gekleidet und vermummt auf«. Auch

Souad Nofal, die todesmutige Lehrerin, die sich letztlich wochenlang versteckt gehalten hatte, floh nun aus der Stadt in die Türkei – und erhielt selbst dort, an eine neue Nummer, weiterhin Todesdrohungen per SMS.

Am 2. November verabschiedeten sich die letzten Journalisten des »Revolutionären Medienzentrums Raqqa« mit einer Erklärung, bevor sie ihr mehrfach gestürmtes Büro aufgaben und die Webseite schlossen: »Unsere Familien und Menschen in Raqqa, verzeiht uns! Wir lieben nichts mehr, als ein bisschen Freude und Hoffnung in unser Leben zu bringen. Unser Wunsch war, dass unser letztes Statement zum Fall des Tyrannen Baschar al-Assad erscheinen würde, aber die Umstände sind stärker, als wir es sind. Möge Gott uns alle bessern!«[3]

Raqqa war der Wendepunkt. Die Phase der ISIS-Kinderfeste mit Teletubby-Puppen und Limonade, der Gratis-Korane und freundlichen Missionierungsbüros, die man öffnete, aber auch wieder schloss, wenn die Bevölkerung vor Ort sie nicht mochte, war endgültig vorbei. Jetzt begann die Phase der brutalen Unterwerfung, der rigiden Regeln für das Alltagsleben, in der jeder Dissens als Verstoß gegen Gott und Glauben betrachtet und im Zweifelsfall mit Mord geahndet wurde.

In Raqqa ebenso wie an anderen Orten, verstand es ISIS virtuos, die bestehenden, oft alten und tiefsitzenden Fehden und Konflikte für sich zu nutzen – so wie Assads Regime in den Jahrzehnten zuvor. Die schweigende Mehrheit der Stadt, in diesem Fall repräsentiert durch die Oberhäupter der größten Stämme, wurden im Oktober 2013 bei einer Zeremonie gefilmt, in der sie die *Baya*, den Treueeid, auf den Emir Abu Bakr al-Baghdadi al-Quraischi ablegten. 14 Stammesoberhäupter sprachen an jenem Tag die Eidformel nach und verpflichteten sich mit Leib und Seele dem Gehorsam gegenüber ihrem neuen Emir. Es waren Scheichs derselben Stämme, die nur zwei Jahre zuvor in einer ähnlichen Zeremonie Staatspräsident Baschar al-Assad in etwas anderen Worten ihre unverbrüchliche Treue geschworen hatten. Allen voran der Stamm der Bariaj, dessen Schergen, die Schabiha, die Demonstranten gegen Assad niedergeknüppelt hatten. Vom Sieg der Rebellen waren die Stammesleute kalt überrascht worden, aber sie erwiesen sich als flexibel: Ebenso wie sie sich zuvor aus Opportunismus dem Regime in Damaskus angedient hatten, dienten sie sich nun den neuen Herren an und versuchten, ihre zwischenzeitlich verlorene Stärke wiederzugewinnen. Vor allem die Bariaj wurden zum dschihadistischen Fußvolk der neuen Herrscher.[4] Der Emir von Raqqa wurde ein Mann namens Abu Luqman, einer jener Radikalen, die 2011 überraschend aus den syrischen Gefängnissen entlassen worden waren.[5] Wobei sich im Fall Luqmans nie ganz klären ließ, ob er wegen islamistischer Umtriebe, wegen Waffenschmuggel oder wegen beidem eingesperrt worden war.

Raqqa war für ISIS nur der Anfang: Mitte September überrannte die Dschihadistengruppe, bis dahin etwa 7000 Mann stark, den Grenzort Azaz im Nordwesten Syriens und taufte ihre Übernahme der Kleinstadt »Schlacht von Nahrawan«, nach dem vernichtenden Sieg des vierten Kalifen über eine Gruppe von Abweichlern knapp 1400 Jahre zuvor. Den Gottesstaatlern gefielen solche historischen Verweise. Sie nutzten sie als Puzzleteile, um ein Bild der Wiederkehr zusammenzusetzen: Wie es dem Propheten Mohammed als ausführendem Organ Gottes fast anderthalb Jahrtausende zuvor gelungen war, aus dem Nichts ein Weltreich zu erobern, so schufen sie sich nun ebenfalls ihren »Islamischen Staat«. Und je mehr Belege die ISIS-Propagandisten präsentieren konnten, auf demselben Pfad der fortschreitenden Siege unterwegs zu sein wie damals der Prophet, desto fundierter wurde ihr Anspruch auf Macht und Unterwerfung – auch, wenn diese historischen Verweise nur von ihnen selbst stammten.

Zwei Wochen nach dem Fall von Azaz übernahm ISIS die Macht im Städtchen Jarablus 200 Kilometer östlich, außerdem in den Städten al-Dana, Atarib, Binish, al-Bab und sogar in Teilen der Metropole Aleppo; Gebiete, die bis dahin von verschiedenen syrischen Rebellengruppen kontrolliert worden waren. In allen größeren Orten wurden die Wortführer eines zivilen Staates bedroht, entführt, ermordet: Anwälte, Journalisten und Stadträte, aber auch Geistliche wie der moderate Imam der Hauptmoschee von Manbij. Hatte sich ISIS einmal festgesetzt wie in al-Bab, erließ der örtliche Emir fortwährend neue Dekrete, wie ein Geflohener berichtete: »Erst hieß es, Frauen dürfen nur noch in *Abaya* auf die Straße«, dem knöchellangen Schleiergewand, »dann durfte zu den Gebetszeiten keiner mehr draußen sein. Danach wurde das Rauchen verboten, letzte Woche nun die Musik. Jetzt kontrollieren sie auf den Hochzeiten, dass nichts gespielt wird. Die sind schlimmer als das Regime.«

ISIS setzte seine Ordnung durch, ernannte Emire für die eroberten Orte und ließ sein Fußvolk im Glauben, dass man es dabei bewenden lasse. Doch es gab stets eine zweite Ordnung: die der Spitzel, Aufseher und Sonderkommandos, die den leisesten Widerstand im Keim ersticken sollten und zugleich darauf achteten, dass niemand von den eigenen Leuten in seinem Terrain zu mächtig werde, sich eine eigene Hausmacht aufbauen und unabhängig machen könnte von der umherziehenden, so unsichtbaren wie allwissenden Zentrale.

Dabei war es nicht so wichtig, wer Emir eines Dorfes, selbst einer Stadt wurde. In manchen Orten wurden Halbwüchsige ernannt, gehirngewaschene Fanatiker; in anderen Orten herrschten Ausländer, die ihre Allmachtsphantasien an den Bewohnern auslebten wie der Ägypter Abu Hafs al-Masri, der sich einen Spaß daraus machte, in der Stadt al-Bab einen alten Bauern vor laufender Kamera mit einem »Islam-Quiz« zu demütigen, und seine Pistole zog, als der Alte die Fragen nicht beantworten konnte.[6] Selbst in einer großen, bedeutenden Stadt wie Aleppo ernannte ISIS einen Mann zum Emir, den der frühere Häftling Diab Serrih in den gemeinsamen Jahren im Gefängnis von Saidnaya gründlich kennengelernt hatte und als »strohdumm und radikal« charakterisierte. Der Mann, Ammar al-Absi, war ein Mittdreißiger, der in Saudi-Arabien studiert hatte, zum Kämpfen in den Irak gegangen und bei seiner Rückkehr nach Syrien verhaftet worden war. Im Gefängnis von Saidnaya hatte er selbst die Säulenheiligen der islamischen Geschichte kurzerhand zu Ungläubigen erklärt, erinnerte sich Diab Serrih: »Wer vor 600 Jahren mal einem Zweifler recht gegeben hatte, wurde verdammt. Wer Poesie verfasst hatte wie Imam Shafi, immerhin Begründer einer der vier islamischen Rechtsschulen, sei *Kafir*, ein Ungläubiger. Shafi hatte die Verse verfasst ›Lass die Tage tun, was sie tun wollen‹, aber al-Absi fand, das gehe doch nicht an, dass die Tage einfach tun, was sie wollen. Die müssten doch auch auf Gottes Kommando warten!« Er lachte: »Und der wird Emir von Aleppo.«[7]

Ob sich jemand zum Emir eignete, war ISIS egal. Absolute Loyalität war es, worauf es den Dschihadisten ankam. Weitergehende Fähigkeiten wie Managementqualitäten oder fachliche Expertise besaßen andere aus den Kontrollebenen des »Staates«. Und funktionierte ein lokaler Emir nicht, wie er sollte, wurde er eben ersetzt, wie überhaupt die örtlichen Chefs regelmäßig rotierten. Oder zur Not umgebracht wurden wie jener Abu Hafs al-Masri, der entweder zu unberechenbar oder anderweitig zum Problemfall geworden war. Eines Morgens jedenfalls wurde seine Absetzung verkündet, al-Masri war einfach verschwunden und tauchte nie wieder auf.

3 Herbst der Angst

Überall wusste ISIS rasch und detailliert, welche Personen wichtig waren, wo sie wohnten, wohin sie unterwegs waren. Und das, obwohl die Kerntruppe fast überall aus Ausländern bestand, die in der gesamten Organisation in der Überzahl waren und auch die Emire stellten. Lediglich in Jarablus und in Raqqa waren Syrer in nennenswerter Zahl bei ISIS vertreten. Aber die über Monate aufgebauten Netze lokaler Informanten und die Struktur der Schläferzellen, die Haji Bakr in seinen Organigrammen so akribisch geplant hatte, begannen sich auszuzahlen.

Während die zusehends rabiatere Machtübernahme voranschritt, waren die internen Abteilungen von ISIS damit beschäftigt, die unübersichtliche Szenerie der zahlreichen Rebellengruppen, aber ebenso der Regime-Unterstützer und der Profiteure auf beiden Seiten auszuspionieren. Als sei das noch nicht kompliziert genug, verwandten sie zusätzlich Mühe darauf, die eigenen Kader zu überwachen und akribisch Akten anzulegen, wer wen beim Rauchen beobachtet hatte.

Als im Januar 2014 der lange vermiedene, offene Krieg zwischen den syrischen Rebellen und ISIS jäh und unerwartet doch noch ausbrechen sollte, mussten die Dschihadisten fluchtartig ihr Hauptquartier im einstigen Kinderkrankenhaus von Aleppo verlassen. Die Ascheberge, die im gestürmten Komplex gefunden wurden, lassen vermuten, dass die vom Angriff Überraschten zuvor noch verbrannten, was sie verbrennen konnten – darunter einen Berg Pässe und sonstige Personalpapiere, von denen sich nur noch verkohlte Plastikreste fanden. Ein Konvolut von Akten aber, das erhalten blieb und im Hauptquartier der Tauhid-Brigade landete, konnte für dieses Buch ausgewertet werden. Es zeichnet das Bild einer krakenartigen Organisation, die Details über alle und jeden sammelte: Manche ausländischen Dschihad-Pilger hatten komplette Bewerbungsschreiben inklusive ihrer terroristischen Vorbereitungen daheim sowie ihrer illegalen Kontakte als Referenz eingereicht. Wie der Jordanier Nidal Abu Eysch, der in aller Ausführlichkeit referierte, wie er im Bombenbau trainiert worden war und dass er sich eigentlich in Israel in die Luft sprengen wollte, dann aber doch lieber nach Syrien gekommen sei, um sich den Dschihadisten anzuschließen. Für ihn bürgen könnten folgende Scheichs (samt Telefonnummern), ein Neffe von Abu Musab al-Zarqawi und sein Bombentrainer Raschid S. (ebenfalls mit Telefonnummer). Seine Hobbys seien Jagen, Boxen und Bombenbauen, und bei den jordanischen Behörden sei eine Strafsache gegen ihn anhängig, Aktenzeichen 75/2013.

Ein anderer Fall, dem die Terror-Bürokraten einen eigenen Vorgang gewidmet hatten, behandelte einen ihrer Kämpfer: Der Mann habe bereits sein Heimatdorf Tadef bei al-Bab verlassen müssen, weil er dort als Dieb gesucht worden sei. Bei der Nusra-Front sei er nicht genommen worden, weil er nicht betete. Bei ISIS wurde er offenbar akzeptiert. »Er würde sich bessern«, vermerkte das Protokoll, aber dann wurde er von einem der ISIS-Scharfschützen aus der Entfernung beim Rauchen beobachtet – und festgenommen auf persönlichen Befehl von Haji Bakr.

In manchen Unterlagen bestätigte sich, was Bakr, der große Planer, Monate zuvor als Planungsskizze zur Machtübernahme aufgeschrieben hatte: etwa, dass die Einheirat in einflussreiche örtliche Familien forciert werden sollte. In den Akten aus Aleppo findet sich eine Liste von 34 ISIS-Kämpfern, Ausländern wie Syrern, die gerne eine Frau haben wollten und darüber hinaus noch eine Zusatzausstattung beantragten. So gaben Abu Luqman und Abu Yahya al-Tunisi an, sie bräuchten auch eine Wohnung. Abu Suheib und Abu Ahmed Osama beantragten eine Schlafzimmereinrichtung. Abu al-Baraa al-Dimaschqi

3 Herbst der Angst

wollte einen finanziellen Zuschuss sowie Komplettmöblierung, während Abu Azmi explizit Wert legte auf eine vollautomatische Waschmaschine.

Zu den bizarrsten Akten zählt der Ermittlungsbericht über eine mutmaßliche Magierin im Norden von Aleppo: Umm Maher, wie sie genannt wurde, die »Mutter von Maher«, verfüge über magische Kräfte. So habe es einer der »Brüder« berichtet. Sie unterhalte Beziehungen zu Assads Regime, habe aber auch regelmäßig Sex gegen Bezahlung mit Rebellen und schlafe jede Nacht in deren Basis. Bei ihrer Festnahme seien, so der Bericht, Pro-Assad-Slogans an ihren Zimmerwänden gefunden worden, die aber, so die Nachbarn, von ihren Söhnen stammten. Ein Anwohner sei nach der Festnahme zu ihnen gekommen und habe sich beschwert, die Frau habe seine Ehefrau verhext und ihm überdies 275 000 syrische Pfund gestohlen, umgerechnet etwa 1500 US-Dollar. Er möge sich, wurde festgehalten, an das nächste Scharia-Gericht wenden. Beim Verhör habe Umm Maher zugegeben, mit Ahmad Salby von einer turkmenischen Rebellengruppe intim geworden zu sein. Dass sie eine Affäre mit Salby hatte, vermerkt der Report, sei auch von einem ihrer Informanten bestätigt worden. Umm Maher habe behauptet, Salby sei ihr Schwager. Was der aber bei einem Verhör bestritten habe. Und so weiter, und so fort.

In endlosen Listen hielten die Buchhalter des Dschihadismus fest, welche Informanten sie in welchem Ort, in welcher Rebellengruppe, in welcher Miliz des Regimes hatten. Es war sogar vermerkt, wer aus den besagten Rebellengruppen als Spion für die Geheimdienste von Assads Regime arbeitete. »Sie wussten mehr als wir, weit mehr«, konzedierte der Verwahrer des Konvoluts, in dem allerdings die Aufstellung der ISIS-Spione innerhalb der Tauhid-Brigade fehlte. In einem Verzeichnis ihrer Listen war dieses Schriftstück aber noch aufgeführt. Man habe es gründlich ausgewertet, sagte der Mann, denn die Tauhid-Brigade hatte allen Grund zur Vorsicht: Mitte November 2013 war ihr Gründer Abdelqader Saleh, einer der prominentesten Rebellenkommandeure Syriens, trotz aller Vorsichtsmaßnahmen bei einem gezielten Luftangriff durch Assads Truppen getötet worden. Wer der Informant gewesen war, der seinen Aufenthaltsort verraten hatte, blieb ungeklärt.

Dieser bürokratische, stasi-hafte Perfektionismus war schon früh ein Markenzeichen des »Islamischen Staates« gewesen: Mehrere Aktenfunde im Irak, zuletzt im Juni 2014 in Mosul, enthielten stapelweise Personalbögen für Selbstmordattentäter, Gehaltsabrechnungen, Spitzellisten und Abrechnungen von Waffenkäufen.[8] Die ISIS-Führungskader kopierten und nutzten dabei die Kernstruktur von Saddam Husseins Geheimdienststaat – und hatten es geschafft, dieses gut geölte Räderwerk nun auch im syrischen Nachbarland ins Laufen zu bringen und dadurch weite Gebiete zu erobern.

Im Herbst 2013 wagte es in Syrien kaum jemand mehr, sich den Maskierten entgegenzustellen. Als ein ISIS-Konvoi aus Pick-ups mit aufmontierten Maschinengewehren Ende November in den Ort Termanin einrollte, fiel kein einziger Schuss. Ohne Widerstand besetzten die Dschihadisten das größte Gebäude im Ort und errichteten Straßensperren. Immer mehr syrische Rebellenkommandeure, die sich bislang sicher gefühlt und ISIS die Stirn geboten hatten, verschwanden, so etwa der FSA-Befehlshaber Mustafa Waddah im Dorf Atmeh. Dort tummelten sich die Dschihad-Ankömmlinge zwar schon länger, aber Waddah hatte genügend Männer und vor allem die Lokalbevölkerung hinter sich gewusst. Noch im Juli hatte er eine Gruppe fusselbärtiger Tunesier angeblafft, sie sollten sich um ihre Angelegenheiten kümmern und den Einheimischen nichts vorschreiben. Nun wurde auch er verschleppt und verschwand.

3 Herbst der Angst

Selbst jene Befehlshaber, die auf dem legendären Video im August 2013 mit ISIS die gemeinsame Eroberung des Flughafens von Mennegh gefeiert hatten, mussten nun um ihr Leben fürchten: Abduljabar Ogeidy, der Vorsitzende des Militärrates von Aleppo, trat im November plötzlich zurück, floh ins türkische Gaziantep und verbrämte den jähen Rückzug mit einer Klage über die internationale Gleichgültigkeit: »Die versprochene Hilfe von außen ist nie gekommen.« Doch den wahren Grund für den jähen Rückzug nannte einer seiner Vertrauten: »schlichte Todesangst«.

Vorläufig noch pfleglich behandelt wurde ein anderer Kommandeur, der auch auf dem Video aufgetaucht war: Radwan Karandel. Denn der kam aus dem Ort, an dem Haji Bakr vorläufig keine Friktionen, keinen Streit wollte: Tal Rifaat, Bakrs Wohnort, der auserkoren war, in Zukunft das Zentrum von ISIS im Norden zu werden. Öffentliche Anfeindungen gegen Karandel wurden deswegen vermieden. Stattdessen geschahen ihm seltsame Dinge: Bei einem Treffen örtlicher Kommandeure fiel der Strom aus. Karandel nutzte sein Handy kurz als Lampe und legte es dann beiseite. Als nach 15 Minuten der Strom wiederkam, war es verschwunden. Und mit ihm alle eingespeicherten Textnachrichten, Kontakte, Telefonnummern. Karandel gegenüber hatte Haji Bakr gesessen, der sich im Ort immer noch als unbedeutender Verwalter ausgab. Zwei Tage später reiste ein saudi-arabischer Emir an zur nächsten Sitzung. Vor der Tür des Versammlungsraumes blieben die Leibwächter der Kommandeure stehen, alle mit Sturmhauben. »Aber ich habe Haji Bakr erkannt, und drinnen war er nicht«, sagte später einer der örtlichen Kämpfer. »Der stand mit den anderen da zu lauschen, was geredet wurde. Was Karandel tatsächlich vorhatte, wie die Stimmung war.«

Immer noch konnte der »Islamische Staat« es weder an Waf-

Die Eroberung Nordsyriens durch den IS

fen noch an Kämpfern mit den weit größeren syrischen Brigaden aufnehmen. Anfang Dezember zählten etwa 5500 Ausländer zu ISIS in Syrien. Dazu kamen etwa 2000 Syrer vor allem aus Raqqa. Ein ISIS-Lohnbuchhalter, dessen Bruder zu unseren Quellen gehörte, hatte 2650 ausländische Kämpfer auf seiner Soldliste im »Emirat Aleppo« stehen, davon ein Drittel Tunesier, die größte Gruppe. Mit einigem Abstand folgten Saudi-Araber, Türken und Ägypter, dann erst Tschetschenen und Dagestaner, Europäer, Iraker, Indonesier. Auch in Idlib und Raqqa waren stets Tunesier, so Zeugen aus verschiedenen Orten, die größte Nationengruppe. Die meisten lokalen Emire waren Tunesier, Saudi-Araber, Kuwaiter, Tschetschenen oder Iraker.

Aber es war eben nicht die numerische Größe, die ISIS seine Stärke verlieh, sondern die virtuose Art des Machterwerbs. Das militärische Vorgehen war geschmeidig den Umständen angepasst worden: Die Kampfgruppen von ISIS wurden zentral gesteuert und nach ihrem zweimonatigen Training jeweils für einen Monat irgendwo stationiert. Da sie überwiegend aus Ausländern bestanden, waren sie frei von lokalen Rücksichtnahmen, jederzeit verlegbar und hochmobil. Stets traten die Kämpfer maskiert auf, was zwei Vorteile hatte: Zum einen waren sie schlicht furchteinflößend in dieser Maskerade, zum anderen konnte niemand wissen, wie viele sie eigentlich waren. Wenn in fünf Orten hintereinander 200 Kämpfer auffuhren, hatte ISIS dann dort 1000 Bewaffnete? Oder 500? Oder nur wenig mehr als 200? Da die FSA und die anderen Rebellenformationen letztlich Zusammenschlüsse lokaler Milizen waren, ließ sich so eine zahlenmäßige Unterlegenheit leicht kaschieren – solange die anderen nicht koordiniert zurückschlugen. Außerdem zahlte ISIS gut: im Schnitt 500 US-Dollar pro Monat, mehr als das Doppelte des Salärs bei der Nusra-Front, die ihre Quer-

3 Herbst der Angst

finanzierung durch ISIS verloren hatte und weitgehend von Sponsoren aus dem Ausland abhängig war. Die FSA konnte ihren Kämpfern gerade einmal 100 Dollar zahlen und auch das nur unregelmäßig.

Mit dieser Mischung aus zentraler Führung, Bestechung und Brutalität attackierte ISIS die Achillesferse der syrischen Aufständischen: deren Uneinigkeit. Als ISIS den Grenzort Azaz angegriffen hatte, gab es ein Kommandeurstreffen der großen Rebelleneinheiten des Nordens, so ein Augenzeuge. Ob man der bedrängten Einheit der Freien Syrischen Armee gegen die ISIS-Kämpfer beistehen solle? »Nein«, sagte schließlich Abdelqader Saleh, jener später getötete Führer der Tauhid-Brigade, der größten Formation in Aleppo mit damals etwa 10 000 Kämpfern. Man könne sich keine zweite Front leisten, solange der Kampf gegen Assads Armee alle Kräfte binde. Außerdem mochte er die dortige Gruppe nicht, mit der er seit über einem Jahr um den einträglichen Dieselschmuggel und die erhobenen Zölle konkurriert hatte. Stattdessen verhandelte die Tauhid-Führung einen Waffenstillstand mit den Dschihadisten – der freilich nur so lange hielt, bis ISIS genügend maskierte Kämpfer zusammengezogen hatte, um die Stadt endgültig zu unterwerfen. »Sie riechen Schwäche«, sagte verbittert ein Kommandeur der Faruk-Brigade von der zerfallenden FSA, der vergeblich andere Kommandeure vor den Dschihadisten gewarnt hatte. Sie seien besessen von Befehl und Gehorsam, erzählte er. »Die berufen sich immer auf dieses *Hadith* des Propheten: Sobald mindestens drei unterwegs sind, muss einer von ihnen der Emir sein, der Befehlshaber.« Selbst bei jeder Patrouille müsse immer einer der Chef sein, »nur aufs Klo gehen sie gerade noch alleine«, schnaufte er. Aber so funktionierte ein System, das selbst mit weit weniger Männern größeren Gegnern Paroli bieten konnte.

Die Eroberung Nordsyriens durch den IS

Im Morgengrauen des 11. November 2013 standen zwei durchgefrorene syrische Kollegen vor der Metalltür des damaligen SPIEGEL-Büros in der kleinen Grenzstadt Reyhanlı. Zitternd vor Angst und Kälte waren sie die ganze Nacht zu Fuß unterwegs gewesen und immer noch nervös, obwohl sie auf türkischer Seite nun in Sicherheit waren. »Sie wissen alles, einfach alles!«, erklärte Emad al-Qasim ihre bodenlose Furcht. »Aber woher?«, wunderte sich sein Freund und Mitstreiter Mahmoud al-Shihabi. Seit Beginn der Revolution in Syrien hatten die beiden als Nachrichtensammler und Fotografen des Geschehens gearbeitet, erst im Untergrund, später offen für das »Aleppo-Medienzentrum« und ausländische Korrespondenten. Sie taten, was sie zuvor nicht konnten, aber rasch lernten: Chronisten des lebensgefährlichen, oft konfusen Geschehens in der umkämpften Stadt zu sein. Sie dokumentierten, was tatsächlich geschah und was Übertreibung oder Propaganda aller Seiten war. Zumindest hatten sie das getan, bis die Vermummten gekommen waren. Die beiden Studenten waren hart im Nehmen, auch wenn sie nicht so aussahen. Dass in ihrer Nähe Mörsergranaten einschlugen oder wutschnaubende Männer ihnen mit vorgehaltener Kalaschnikow befahlen, mit dem Filmen aufzuhören, waren sie gewohnt. Doch der »Islamische Staat« bevorzugte drastischere Methoden. Ende Oktober hatte Mohammed Said, ein Kollege der beiden, beim Friseur auf dem Stuhl gesessen, als ein Maskierter hereinkam, ihm kommentarlos in den Kopf schoss und wieder ging. Tage später verwüstete ein Rollkommando bewaffneter Ägypter die Büroräume des Medienzentrums, stahl die Computer, Satellitentelefone, Kameras und drohte, Emad al-Qasim und die anderen umzubringen, wenn sie ihre Arbeit nicht einstellten. Vorsorglich war zuvor schon ein Ausweichquartier organisiert worden, leere Wohnungen gab es ja zur Genüge in Ost-Aleppo, seit die

3 Herbst der Angst

Fassbomben auf die Stadt niedergingen: Stahlzylinder, gefüllt mit Sprengstoff und Eisenteilen, abgeworfen von Hubschraubern. »Aber diese Adresse kannten sie auch schon«, fuhr der gejagte Chronist fort, »kaum waren wir dort, kamen sie wieder. Verdammt, woher wissen die das? Das sind Tunesier, Ägypter, Briten, woher kennen die sich in Aleppo so gut aus? Als sie die Wohnung stürmten, brüllten sie, dies sei ihre letzte Warnung. Da wir für internationale Medien berichteten, würden sie uns auf einem öffentlichen Platz enthaupten. Wir hätten einen Tag, Syrien zu verlassen.« Neun Tage hielten die beiden sich in den Ruinen Aleppos versteckt, bis Freunde eine komplizierte Schmuggelroute, vorbei an allen Kontrollposten, in die Türkei organisiert hatten. Für ein paar Tage blieben sie in Reyhanlı, brachen dann weiter gen Istanbul auf und wollten sich nach Fluchtmöglichkeiten erkundigen: »Europa, Australien, egal, nur noch fort.«

So wie ihnen erging es vielen Syrern, die gedacht hatten, gegen einen und nur einen Gegner anzutreten: Assads Regime. Die demonstriert hatten, verhaftet, gefoltert worden waren, die über nun zweieinhalb Jahre miterlebt hatten, wie Freunde und Verwandte umkamen, ihre Städte zu Schutt geschossen wurden, wie Kriminelle die Anarchie genutzt hatten, sich als Rebellen auszugeben und zu plündern. Wie andere aus schierer Not begannen zu plündern. Aber zumindest war klar gewesen, gegen wen sie standen und wofür sie weiterkämpften.

Doch dass da plötzlich eine ganz andere Macht auftauchte, die mit den gleichen Mitteln wie das Regime, mit Bespitzelung, Einschüchterung, mit Entführungen und Morden, sich mitten unter ihnen breitmachte, das war für viele kaum zu fassen. »Wir wussten erst gar nicht, wer diese Dschihadis waren«, erzählte der geflohene Emad al-Qasim auf dem Sofa in Reyhanlı, »die hatten freundlich getan, gesagt, sie seien auf unserer Seite, und waren anfangs nicht organisiert aufgetreten. Das wirkte eher so, als seien sie alle einzeln gekommen zum Dschihad. Wir wollten mit denen nichts zu tun haben, aber sahen die auch nicht als Bedrohung an.« Es blieb trotzdem schwer verständlich, wieso Menschen sich gegen die zerstörerische Wucht von Assads Divisionen, Panzern und Kampfjets erhoben hatten – aber nun vor einer maskierten Mörderbande in die Knie gingen. »Gegen Assad war es klarer«, versuchte al-Qasim zu erklären. »Jeder wusste, warum er gegen ihn war. Jetzt ist es weniger klar. Sind die Amerikaner gekommen, uns zu helfen? Die Europäer? Niemand kam, außer den Dschihadis, die sagten, sie seien unsere Brüder. Und jetzt haben wir unversehens eine Diktatur für eine andere eingetauscht: Erst hatten wir Assad, jetzt haben wir die Islamisten. Oder: eine Kombination aus beiden.«

Das mochte zunächst irritierend klingen. Al-Qasim schien den Umstand zu übertreiben, dass die Dschihadisten die Revolte zusehends als Vorwand nutzten, die just von Assads Herrschaft befreiten Gebiete nun unter ihre exklusive Kontrolle zu bringen. Aber jenseits der Koinzidenz, dass die Geheimdienste des Regimes und die Todesschwadronen des ISIS exakt dieselben Führungsfiguren der Opposition verfolgten und umbrachten – Rebellenkommandeure ebenso wie Anwälte, Journalisten, Notabeln –, tauchten vormalige Offiziere der Geheimdienste an verschiedenen Orten plötzlich als Emire von ISIS wieder auf: In der Provinz Deir ez-Zor wurde der Geheimdienstoffizier Saud Faisal Shihan, der jahrelang an verschiedenen syrischen Botschaften gearbeitet hatte, ISIS-Anführer. In der Nachbarprovinz Hassaka, ausgerechnet in jenem dünn besiedelten Bezirk Shadadi, wo das Vorauskommando des »Islamischen Staates« in den ersten Monaten diskret logiert hatte, wurde ein Mann ISIS-Emir, den ein früherer Kollege wiedererkannte: »Wir waren jahrelang gemeinsam beim Militärgeheim-

3 Herbst der Angst

dienst in Qamishli.« Andere Assad-Leute wurden bei ISIS in Idlib und Aleppo gesichtet.

Man könnte einwenden, dass nicht nur Geheimdienstler, sondern auch unzählige Soldaten und Offiziere der offiziellen Streitkräfte die Seiten wechselten. Aber die taten das so demonstrativ, dass ihre gefilmten und ins Netz gestellten Erklärungen zu einer speziellen syrischen Videogattung wurden: das *Inschiqaq*-Video, in dem einzelne Armeeangehörige oder Gruppen von Soldaten in ihrer alten Uniform Rang und Namen nennen, ihre Abkehr vom »verbrecherischen Assad-Regime« verkünden, bekennen, fortan für die Revolution kämpfen zu wollen, und zum Abschluss ihren Truppenausweis in die Kamera halten. Die Soldaten stehen mal mit, mal ohne Koran vor der Kamera, in verschiedenen Varianten des Grundmusters. Tausende dieser Videos entstanden vor allem 2011 und 2012 als Ausdruck, dass diese Männer eben nicht desertieren, sondern überlaufen, nicht den Staat an sich verraten, sondern ihn übernehmen wollten. Doch jene, die zu ISIS gingen, taten dies im Geheimen, wurden höchstens wiedererkannt von früheren Haftopfern oder Kameraden. Dass die Geheimdienste schon Jahre zuvor einige ihrer eigenen Kader für Einsätze als Islamisten geschult hatten, hatte der ehemalige Vizepolizeichef von Homs bezeugt.

Auch manche der Muhadschirun, der ausländischen Kämpfer, hatten zuvor mit den syrischen Geheimdiensten kooperiert: wie jener Emir Abu Osama al-Tunisi in Idlib, der bei Verhandlungen zur Freilassung der drei entführten deutschen Grünhelme im Juni 2013 nicht die Namen der Geiseln, sondern nur die der Informanten wissen wollte. Er war schon Jahre zuvor nach Syrien gekommen und in Lattakiya unter Führung der Dienste militärisch ausgebildet worden, bevor er in den Irak zog und in den folgenden Jahren zwischen beiden Ländern pendelte.[9]

Die Eroberung Nordsyriens durch den IS

Seltsame Dinge geschahen in diesem Herbst: Als der örtliche ISIS-Emir von den Bewohnern der Kleinstadt Atarib verlangte, sie sollten die Fahne des »Staates« hissen, hatten die Menschen Angst vor Luftangriffen des Regimes. Er beruhigte sie mit einer ungewöhnlichen Zusicherung. »Wenn ihr die Fahne des Islamischen Staates hisst, wird euch Assads Luftwaffe überhaupt nicht mehr bombardieren!«, versprach Emir Shahhoud Abdulrahman. Das war zwar ein recht deutliches Eingeständnis von ISIS, mit Damaskus freundliche Beziehungen zu unterhalten, aber nach mehreren Luftangriffen und Toten war das den Leuten in Atarib egal. Gewundert hatte es sie ohnehin nicht mehr, spätestens seit sie gesehen hatten, wer denn ihr Emir war. »Den kannten wir alle«, so der örtliche Chronist Emad Obeid, »der war doch vorher bei der Baath gewesen«, ein örtlicher Funktionär der ewig herrschenden Partei. Für eine Weile hatte er das Dorf verlassen und war dann mit ISIS zurückgekehrt. Schließlich hissten die Bewohner von Atarib die schwarze Fahne hoch auf einem Felsen oberhalb des Dorfes. Und tatsächlich blieben sie von Luftangriffen verschont.

So geschah es auch in anderen Orten wie der Stadt al-Bab, die ab Herbst 2013 von ISIS beherrscht wurden. Dorthin zogen trotz der immer aggressiveren Kontrolle und der Gefahr, jederzeit verschleppt werden zu können, sogar Flüchtlinge, und zwar aus dem einzigen Grund, dort keine Bombardements aus der Luft mehr fürchten zu müssen. Nicht mehr die andauernde, zermürbende Angst vor jedem Fluggeräusch haben zu müssen. Diese Ruhe teilten sie mit den ISIS-Kämpfern, von denen einer später in der britischen Zeitung *The Telegraph* zitiert wurde: »Wir haben immer sicher in unseren Basen geschlafen.«[10]

4 GEMEINSAM ZUM GEGENSCHLAG
Der Versuch der Syrer, sich gegen
den IS zu wehren

Anfang 2014 haben die syrischen Rebellen genug vom »Islamischen Staat« und schlagen zurück. Ein tragischer Veteran des Dschihad, der schon in Afghanistan Lehmhütten mit Osama Bin Laden teilte, erkennt die Zeichen. ISIS lässt ihn ermorden und kann beim Kampf gegen die Rebellen auf Assads Luftwaffe zählen.

Er war einer der Paten des globalen Dschihad, der Überlebende vieler Kriege. Aber am Ende sollte er eine tragische Figur in jenem Kosmos werden, den er über die Jahrzehnte mitgeschaffen hatte. Abu Chalid al-Suri, »der Syrer«, war das gängigste Pseudonym des um 1963 in Aleppo geborenen Mannes. Der Veteran des bewaffneten Kampfes in Gottes Namen war schon als Jugendlicher beim eskalierenden Widerstand der syrischen Muslimbrüder gegen die Diktatur Hafiz al-Assads dabei gewesen. Seit den späten siebziger Jahren hatte sich die Bewegung vor allem in den Provinzen Idlib, Aleppo, Hama und Deir ez-Zor radikalisiert und – unter der aufmerksamen Beobachtung der Geheimdienste – bewaffnet. Hafiz al-Assad war ein Mensch des Abwartens. Er wollte sich nicht politisch mit seinen Gegnern auseinandersetzen, sondern sie militärisch vernichten.

Das taten Assads berüchtigte »Verteidigungsbrigaden« schließlich Anfang der achtziger Jahren in Aleppo sowie in kleinen Städten der Provinz Idlib – bis der Aufstand der Muslimbrüder im Frühjahr 1982 im zentralsyrischen Hama ihm schließlich den Vorwand gab, weite Teile der Innenstadt und Tausende ihrer Bewohner zusammenschießen zu lassen.

Al-Suri, der sich schon als Jugendlicher der bewaffneten Untergrundorganisation »Kampfspitze« der Muslimbrüder angeschlossen hatte, floh – und verbrachte die nächsten 30 Jahre wahlweise unterwegs oder in Gefängnissen.

Er wurde zum Nomaden des Dschihad, lebte in Spanien, ging immer wieder nach Afghanistan, nach Bosnien, Tschetschenien und verbrachte eine Weile in London, wo er mit seinem Jugendfreund Abu Mussab al-Suri aus Aleppo ein Medienbüro betrieb und 1997 das berühmte CNN-Interview mit Osama Bin Laden vermittelte.[1] In Afghanistan hatte er während des Kampfes gegen die sowjetischen Besatzer Abdullah Azzam getroffen, den legendären Gründervater von al-Qaida und Mentor Bin Ladens. Er kannte sie alle, und er kannte sie gut: Bin Laden, Ayman al-Zawahiri, Abu Qutada, Abu Laith al-Libbi, die erste Generation der al-Qaida-Terroristen, die in oder durch Afghanistan zusammengekommen und dazu gebracht worden waren, weltweit zu operieren. Jedoch schwor al-Suri nie den Treueeid gegenüber Bin Laden und ging schon vor 2001 auf Abstand zur al-Qaida-Spitze.

Mohammed al-Bahaya, wie Abu Chalid al-Suri mit bürgerlichem Namen einst hieß, war überall mit dabei als Kämpfer, Planer, Kurier, Logistiker. Er war kein großer Ideologe wie sein Freund und Mentor Abu Mussab, der mit ihm nach Afghanistan gegangen war und später mit seinem 1400-Seiten-Werk »Aufruf des weltweiten islamischen Widerstands«, das er Ende 2004 online stellte, zum wichtigsten Theoretiker des internationalen Dschihad aufsteigen würde. Nach dem erneuten Scheitern von al-Qaida in Afghanistan sollte fortan, so die Kernidee des Buches, ein Graswurzel-Terrorismus kleiner, voneinander unabhängiger Zellen den Kampf vorantreiben, »führerloser Widerstand«, nannte er es. Dies werde den Boden bereiten für den folgenden offenen Kampf, »denn ohne die offene

4 Gemeinsam zum Gegenschlag

Konfrontation und die Kontrolle des Landes können wir keinen islamischen Staat etablieren, was das strategische Ziel des Widerstandes ist«.[2]

2005 waren sie beide, Abu Mussab al-Suri und Abu Chalid al-Suri, in Pakistan festgenommen, von der CIA verschleppt und offenbar nach einer Weile ans syrische Regime überstellt worden. Hier wurden sie offiziell gesucht und konnten inoffiziell ohne Rücksichtnahme auf Menschenrechtskonventionen gefoltert werden – und auf ewig im Gefängnis sitzen. Doch dann kam alles anders. Mit Beginn des Aufstands gegen das Assad-Regime waren eingekerkerte Radikalenführer plötzlich potenziell nützliche Werkzeuge geworden. Mitte Dezember 2011, am Ende mehrerer Amnestiewellen für al-Qaida-Anhänger, Salafisten, Muslimbrüder und all jene, vor denen das Regime in Damaskus beständig warnte, kam auch Abu Chalid al-Suri frei.

Schon in den Monaten zuvor hatte sich die Atmosphäre in den Gefängnissen merklich gewandelt, erinnert sich später Abu Chalids Leibwächter und Assistent an dessen Erzählungen: »Als ein General zur Inspektion nach Saidnaya ins Gefängnis kam, beschimpfte ihn einer der einsitzenden Dschihadisten wütend, nannte ihn Kafir (Ungläubiger), ja steigerte sich immer weiter in seiner Wut und brüllte ›Baschar Kafir!‹, Assad sei ein Ungläubiger. Früher hätten sie ihn dafür umgebracht. Jetzt geschah: nichts.« Die offiziellen Feinde von morgen waren kostbar und wurden offenbar gut gehütet.

Nach seiner unverhofften Entlassung setzte sich der wuchtige Mann mit dem ausladenden Vollbart umgehend in die syrische Nordprovinz Idlib ab, wo sich viele der späteren Anführer islamistischer Gruppen sammelten und von der Freien Syrischen Armee (FSA) mit Waffen versorgt wurden. Mit Abu Chalid al-Suri stieß einer der raren Veteranen aus der Hochphase der syrischen Muslimbruderschaft zu ihnen, der nach dem Massaker von Hama 1982 nicht im Massengrab, im Gefängnis, im inneren oder äußeren Exil verschwunden war – sondern der beständig daran arbeitete, den alten Dschihad mit immer neuen Partnern, in neuen Konstellationen zu verwirklichen. Und das, obwohl er sich bitterlich darüber beklagte, Mal um Mal davon enttäuscht worden zu sein, wie die Idee der religiösen Machtergreifung von Geheimdiensten, Kriminellen und Opportunisten sowie den allzu großen Egos ihrer Anführer gekapert worden und gescheitert sei.

Anknüpfend an seine erste Zeit im Untergrund bei der »Kampfspitze« der Muslimbrüder suchte Abu Chalid Kontakt zu jener Gruppe, die dem am nächsten kam, was er 30 Jahre zuvor verlassen hatte: die rasch wachsende, religiöse und disziplinierte Formation »Ahrar al-Scham«, die geführt wurde von seinem ebenfalls freigelassenen Gefängniskameraden Hassan Aboud. Finanziert wurde sie hauptsächlich über die Netzwerke der syrischen Muslimbrüder, von reichen Glaubensgenossen in Kuwait sowie vom Scheichtum Katar. Das setzte auf die Renaissance der Muslimbrüder als der kommenden Kraft nach den Umstürzen in Ägypten, Syrien und andernorts. Abu Chalid blieb bei der Gruppe, auch als sich die Nusra-Front formierte und später, als im April 2013 plötzlich ISIS in Syrien auftauchte. Wobei er auch diesmal, wie früher schon, wenig in der operativen Spitze aktiv war. Er war der Moderator, der Unterhändler und bald der Emissär von höchster Stelle: Al-Qaida-Chef Ayman al-Zawahiri bestimmte ihn zu seinem Repräsentanten im syrischen Geschehen, um dort zu vermitteln zwischen der offiziell zur al-Qaida-Filiale ernannten Nusra-Front und ISIS, der sich weder um Appelle noch um Befehle Zawahiris scherte. Wieder einmal stand die *Fitna* im Raum, das ewige Übel der Spaltung, das fast so alt ist wie der Islam selbst.

Abu Chalids junger Assistent und Leibwächter, der das

4 Gemeinsam zum Gegenschlag

letzte Lebensjahr stets an dessen Seite gewesen ist, erinnert sich im Herbst 2014 an die Treffen in Aleppo und in der Wüste im Osten: »Abu Chalid wollte Baghdadi treffen, den Emir, aber der kam nie. Stattdessen schickte er Abu Ali al-Anbari, Abu Ayman al-Iraqi, Haji Bakr. Doch die, sagte Abu Chalid immer wieder, seien Saddam Husseins alte Geheimdienstler, falsche Schlangen. Denen dürfe niemand trauen.«

Es sei das Lebenstrauma Abu Chalids gewesen, das mit neuer Wucht wieder auftauchte: »Ich will nicht, dass der Dschihad in Damaskus denselben Weg des Scheiterns nimmt wie in Algerien, Irak, Afghanistan«, habe er zunehmend pessimistisch geäußert. Was hier zutage trat, war ein Stellvertreterkrieg in der Schattenwelt radikalislamistischer Bewegungen, deren tatsächliche Binnenverhältnisse selten öffentlich werden: zwischen jenen Dschihadisten, die zwar auch keine Hemmungen haben, Tod und Terror zu verbreiten, aber die immerhin gegen ihre erklärten Feinde auch tatsächlich kämpfen – und jenen Formationen, bei denen nicht mehr klar ist, ob sie bloß unterwandert sind oder maßgeblich von Geheimdiensten des eigenen Landes oder anderer Länder gesteuert werden; deren Führer das »Projekt« der Islamisierung nur als Vehikel nutzen und für die Mehrung ihrer Macht oder ihres Reichtums über Leichen gehen.

Abu Chalid al-Suri wusste, was aus der Revolte in Algerien geworden war, nachdem die ultraradikalen Islamisten der »Groupe Islamique Armé« (GIA) darangegangen waren, in vollkommener Willkür zu morden – bevorzugt die Angehörigen der gemäßigten Islamisten wie 1997 beim Massaker von Bentalha, das in Sicht- und Hörweite der Armee geschah. Die Radikalen massakrierten unbehelligt jene Oppositionellen, die den herrschenden Generälen aufgrund ihrer Popularität gefährlich geworden waren. Al-Suri erzählte als warnendes Beispiel, wie GIA-Kommandeure vom berüchtigten algerischen Geheimdienst DRS gekauft worden waren, wie Kriminelle erst in deren Reihen auftauchten, sich dann selbständig machten und ungehindert morden und brandschatzen durften.

»Der ›Islamische Staat‹, das ist doch das ultimative Statement aller Geheimdienste Syriens, Irans«, habe er sich in beißendem Spott über die »falschen Dschihadisten« von ISIS ausgelassen: »Die echten Dschihadisten werden verraten werden. Da'ish kennt keine Brüderlichkeit, nur Unterwerfung, Lügen, Mord!« Es hat etwas Tragikomisches, aber Abu Chalid habe wirklich an die Aufrichtigkeit des Dschihad geglaubt, so sein Leibwächter, und al-Qaida gegen Baghdadis ominöse Kadertruppe verteidigt. Ein Terrorist, der um die Integrität seiner Bemühungen kämpft, gegen die Vereinnahmung und – aus seiner Sicht – den Missbrauch des Dschihad.

Über Monate eskalierte der Streit zwischen ISIS und al-Qaida, denn die ISIS-Führer forderten die vollständige Unterwerfung aller anderen Gruppen. Immer häufiger hatte ISIS schon in den Monaten zuvor Kommandeure anderer Gruppen verschleppt, ganze Dörfer angegriffen oder Radiostationen unter dem Vorwand gestürmt, Kriminelle bekämpfen oder »Agenten des Westens« bestrafen zu wollen. Al-Qaida-Führer Zawahiri in seinen Verstecken irgendwo im afghanisch-pakistanischen Grenzgebiet wurde in seinen Appellen zusehends drastischer, doch ohne jeden Erfolg. Nach einem Gipfeltreffen im November 2013, bei dem Abu Chalid als Vermittler zwischen Nusra und ISIS von beiden Seiten anerkannt worden sei, habe der ISIS-Emissär abermals die Morde und Verschleppungen anderer Rebellen geleugnet. »Da hat Abu Chalid an Zawahiri übermittelt, dass es absolut keinen Sinn habe, einen Ausgleich zu suchen. Er solle ISIS endgültig in den Irak zurückschicken, Nusra solle allein in Syrien bleiben«, so erzählt es Abu Chalids

4 Gemeinsam zum Gegenschlag

Begleiter. Zawahiri stimmte zu. Die Antwort von ISIS: »Zawahiri ist weit weg. Mischt euch nicht ein!«

Die Zeichen standen auf Sturm, als Abu Chalid Ende Dezember 2013 in die Kleinstadt Maskana ganz im Osten der Provinz Aleppo kam, wieder einmal, um aufgeflammte Kämpfe zwischen Ahrar al-Scham und ISIS beizulegen. Am 10. Dezember hatten dessen Trupps die Kleinstadt nahe des Euphrat-Stausees in ihre Gewalt gebracht, mehrere Ahrar-al-Scham-Kommandeure und vor allem den Arzt Hussain al-Sulaiman verschleppt, der weithin bekannt war unter seinem *nom de guerre* Abu Rayyan: einen hochangesehenen Kommandeur und Kinderarzt, der ein Untergrundkrankenhaus eingerichtet hatte. Überdies war er von der Ahrar-Führung ernannt worden, den Grenzübergang Bab al-Hawa zu kontrollieren, einen der beiden wichtigsten Übergänge zur Türkei im Nordwesten. Diesen Übergang vor allem wollte ISIS unter seine Kontrolle bringen, denn damit würde der »Staat« sowohl die Versorgung Idlibs mit Medikamenten, Baumaterialien, die Evakuierung Verwundeter kontrollieren wie auch die Wegezölle für sämtliche Importe einstreichen können. Außerdem ließen sich so leichter die einsickernden ausländischen Kämpfer einsammeln, die vielfach von Schmugglern nicht durch die Wiesen und Gräben geführt, sondern ganz bequem durch die Grenzübergänge geschleust wurden – ohne Fragen, ohne Stempel.

Doch alle Vermittlungsversuche Abu Chalids waren zum Scheitern verurteilt. Als am 31. Dezember ISIS-Kämpfer den toten Abu Rayyan im Rahmen eines Geiselaustauschs übergaben, bedeutete dies den Auftakt zum Krieg im Kriege in Syrien. Abu Rayyans Leiche war übersät mit Wunden, ein Ohr fehlte, ebenso die Schädeldecke. Als er den verstümmelten Körper sah, habe Abu Chalid sofort die Zentrale in Aleppo angerufen, erinnerte sich später sein Assistent: »Schickt an Kämpfern, wen ihr habt! Mindestens 600!« Es müsse ein Ende haben mit dem Terror von ISIS. Auch die anderen großen Rebellengruppen des Nordens, Liwa al-Islam und Tauhid, habe er um Hilfe angerufen. Nur kam erst kaum jemand: Von den angeforderten eigenen 600 Männern hätten sich nur 150 auf den Weg gemacht.

»Die verstanden immer noch nicht, dass auch Mudschahidin ihre Feinde sein konnten«, erinnert sich Abu Chalids Begleiter Monate später kopfschüttelnd. Abu Chalid hätte verstanden – aber gegen die überlegenen ISIS-Verbände, die sich in einer Zuckerfabrik nahe Maskana verschanzt hatten, nicht viel ausrichten können. Abdallah al-Muhaisny, ein saudi-arabischer Scheich, der gute Beziehungen zu den Fanatikern pflegte, vermittelte einen letzten Waffenstillstand, den Abu Chalid und die kleine Schar der Ahrar-Kämpfer nutzten, um über die verschneite Straße wieder nach Osten abzuziehen.

Doch Tage später brach überall das Inferno los. Teils koordiniert, teils spontan erhoben sich die syrischen Rebellen aller politischen Schattierungen von den Säkularisten in Kafranbel[3] ganz im Westen bis zu einigen Einheiten der nominellen al-Qaida-Verbündeten von der Nusra-Front in Raqqa ganz im Osten. Der »Islamische Staat« war einfach zu weit gegangen mit den Entführungen und Ermordungen von Lokalaktivisten und Rebellen, mit seinem Machtwahn und Terror.

Es begann am 2. Januar 2014 mit einer wütenden Demonstration der Bewohner des Kleinstädtchens Atarib, wo ISIS-Schergen zuvor zwei prominente Lokalkommandeure der Rebellen ermordet hatten. Die ISIS-Männer schossen auf die Demonstranten, aber diesmal verfing die Einschüchterung nicht mehr. Die Dschihadisten wurden überrannt, ihr tunesischer Emir erschossen. In fast allen Orten Nordsyriens, in denen ISIS sich festgesetzt hatte, wurden die Islamisten nun gleichzeitig angegriffen, belagert, vertrieben: al-Bab, Atmeh,

4 Gemeinsam zum Gegenschlag

Azaz, Binish, al-Dana, Jarablus, Kafr Takharim, Maaret Misrin, Maskana, Salqin, Termanin, selbst das schwer befestigte ISIS-Hauptquartier im ehemaligen Kinderkrankenhaus von Aleppo war binnen kurzem erobert. »Hätten wir geahnt, wie schwach die in Wirklichkeit sind«, lautete der kopfschüttelnde Tenor quer durch die Provinzen, »dann hätten wir diesem Spuk viel früher ein Ende bereitet!« Den bizarrsten Auftakt zu seiner – zeitweiligen – Vertreibung lieferte ISIS in dem kleinen, strategisch wichtigen Grenzort Jarablus: In der ohnehin angespannten Stimmung schwärmten die Dschihadisten aus, genau jetzt ihr angekündigtes Rauchverbot im Ort durchsetzen zu wollen. Der einzige – gesundheitlich – sinnvolle Vorstoß der Fanatiker. Aber nachdem ISIS auch in Jarablus zuvor Einwohner entführt und sich damit wenig Freunde in der Bevölkerung gemacht hatte, reichte der geraunzte Befehl eines Usbeken an kettenrauchende Einheimische, sofort damit aufzuhören, um erst einen Streit und dann eine Schlacht zu entfesseln. Am Ende des Kampfes war ISIS auch in Jarablus niedergerungen, eine kleine Gruppe Dschihadisten hatte sich allerdings im Kulturzentrum des Ortes verschanzt und wurde von Rebellen belagert.

So wie sich in Jarablus die großen Stämme in ungekannter Einigkeit gegen die ausländischen Dschihadisten zusammentaten, agierten die großen Rebellenverbünde in dieser Phase so kooperativ wie nie zuvor. Indem sie gleichzeitig überall losschlugen, nahmen sie ihrem Gegner dessen taktische Stärke, Einheiten immer rasch dorthin verlegen zu können, wo die Maskierten in Bedrängnis gerieten. Denn nun waren sie überall in Bedrängnis.

Manche ISIS-Kämpfer zogen sich in entlegene Quartiere und Bergdörfer zurück oder nach Raqqa, die Hochburg des »Staates« im Osten. Manche liefen über zu den Rebellen. Hunderte versuchten, wieder dorthin zurückzukehren, wo sie hergekommen waren, und flohen über die Grenze in die Türkei. Über 100 Dschihadisten kamen allein am 8. Januar im Grenzort Reyhanlı an. Drei von ihnen, abgerissene Tunesier, tauchten dort vor einem Imbiss auf, wo sie von syrischen Flüchtlingen erkannt und erst einmal verprügelt wurden.

Noch Tage vor dem Sturm hatte das »Wilaya Haleb«, die ISIS-Provinzführung von Aleppo, einen eigentümlichen Brief an die »Brüder von Ahrar al-Scham« geschrieben. In vitriolischer Frömmelei wechseln in der Epistel Drohungen und heilige Zitate einander ab. In dem Schreiben stellte sich ISIS als von Gott autorisiert dar, seinen – mithin ihren – Willen durchzusetzen: »Wir wissen, dass der Teufel Zwietracht zwischen seinen Dienern sät«, beginnt es mit einem Koranzitat, »aber wir müssen den Versuchungen des Satans widerstehen. Jene unter dem Namen von Ahrar al-Scham, die sich davon nähren, Spaltung zu betreiben, die die weisen Männer übergingen und die Soldaten des Islamischen Staates bedrohten, der Satan hat sie verführt. Wir schwören bei Gott, dass wir nicht absichtlich das Blut eines untadeligen Muslim vergießen werden. Euer Blut ist uns kostbarer als alles in der Welt.

Aber: Wir sollten euch warnen, nicht dem Teufel anheimzufallen!

Unsere Moral verbietet uns, jene zu bedrohen, die uns nicht bedrohen. Aber gleichzeitig bekräftigen wir, dass wir mit voller Wucht jene angreifen werden, die vom Satan verführt die Söhne des IS und sein Projekt angreifen!« Und dann endet es wieder mit einem Koranzitat: »Gott allein hat Macht über seinen Ratschluss, allein die meisten Menschen wissen es nicht.«[4]

Tage später, als die Kämpfe in vollem Gange waren, klang der offizielle ISIS-Sprecher, Abu Mohammed al-Adnani, unverblümter: Die Kämpfer von ISIS »sind hungrige Löwen, die Knochen verschlingen, Blut trinken, und denen nichts schmackhafter ist als das Blut der Sahwat«, womit er jene Milizen nannte, die im Irak Jahre zuvor mit US-Geldern gegen al-Qaida gekämpft hatten – und womit er nun die syrischen Rebellen meinte.[5] Man werde die Feinde »zermalmen und die Verschwörung im Keim ersticken«.[6]

In den Orten, die von der Herrschaft des »Staates« befreit wurden, boten sich Bilder des Grauens wie auch grenzenloser Erleichterung: je nachdem, ob die Abziehenden ihre Gefangenen zuvor noch erschossen hatten wie in Aleppo – oder so überstürzt aufgebrochen waren, dass Dutzende Gefangene befreit werden konnten wie in al-Dana. Deren Schilderungen ähnelten einander in grausigen Details: »Sie haben uns Fingernägel ausgerissen wie in den Gefängnissen des Regimes«, erzählte ein Mann unmittelbar nach seiner Befreiung in al-Dana, »das war alles so wie bei Assad. Und ich habe einen wiedererkannt, der früher bei der ›Politischen Sicherheit‹ war, der hatte mich mal auf einer Demonstration beobachtet. Jetzt saß er bei Da'ish.«[7] Auch zwei andere Gefangene, die wegen kritischer Facebook-Einträge und ihrer Arbeit als Journalisten von den Maskierten gekidnappt worden waren, schilderten später »dieselben Methoden wie früher: die gleiche Art der Folter, Schläge bei jeder Gelegenheit, winzige Zellen, auf die Toilette einmal am Tag für zwei Minuten, das kannte ich alles schon.«[8] Eines allerdings sei seltsam gewesen, erinnerte sich der Ex-Gefangene Ahmed Primo: »Als sie mich verhörten, wussten sie den Namen einer Ex-Freundin an der Uni und den Namen eines Freundes aus der Militärdienstzeit – aber das war 2006 gewesen, die mussten irgendwoher meine alte Akte haben.«

Viele Gefangene waren drei, vier Mal verlegt worden, in immer neue Kerker, die ISIS an allen Orten errichtete – so, wie die Entführergruppe der drei deutschen Grünhelme in ihrem Quartier der verlassenen Hühnerfarm ein regelrechtes Gefängnis mit lauter winzigen Einzelzellen mit Stahltür in die vormalige Halle gebaut und vor ihrem Abzug wieder abgerissen hatte. Gefangen gehalten worden waren jene, die gegen den »Islamischen Staat« etwas gesagt oder geschrieben hatten, Rebellenkommandeure, Stadträte, muslimische Geistliche, auch Kämpfer aus den eigenen Reihen, die gestohlen hatten oder nicht gehorsam gewesen waren – nur kein einziger Soldat oder Milizionär des Regimes.

»Das sind Fanatiker, völlig wahnsinnige Extremisten, die nichts als Terror verbreiten!«, sagte fassungslos ein Mann, der bei den Kämpfen in Aleppo dabei gewesen war und die Öffnung der ISIS-Kerker erlebt, die Leichenhaufen der vor dem Abzug Erschossenen im Hof des ehemaligen ISIS-Hauptquartiers gesehen hatte. Der Mann war ein Angehöriger des internen »Sicherheitsdienstes« der Nusra-Front. Al-Qaida beklagte sich über islamistischen Extremismus – das klang verwirrend, aber spiegelte wider, wie wenig die gewohnten Kategorien noch taugten, um die Situation zu verstehen.

Aus einem ISIS-Quartier westlich von Aleppo waren dessen Bewohner so eilig geflohen, dass sie eine ganze Reihe ungewöhnlicher Dokumente zurückließen: iranische SIM-Karten und Pässe sowie zwei kasachische Pässe, die zwar iranische Einreise-, jedoch keine Ausreisestempel enthielten. Was taten al-Qaida-Anhänger in Iran? Und warum organisierten iranische Behörden offenbar den Schmuggel von ISIS- oder vorherigen Nusra-Reisenden? Das Rätsel löste sich wenige Wochen später, am 6. Februar 2014, als das US-Finanzministerium einige neue Namen auf seiner Liste der Terror-Sponsoren und ihrer Finanzpartner veröffentlichte. Darunter fand sich der Name des Usbeken Olimzhon Adkhamovich Sadikov, der sich von Iran aus darum kümmerte, al-Qaida-Anhänger zur Nusra-Front nach Syrien zu schleusen.[9] Über seinen Komplizen Abu

4 Gemeinsam zum Gegenschlag

Yasin al-Suri[10], auf dessen Gefangennahme die USA schon 2011 zehn Millionen US-Dollar ausgesetzt hatten, schrieb ein Mitarbeiter des US-Außenministeriums im Januar 2014, er sei »aktiver denn je, erfahrene Kämpfer aus Pakistan via Iran und Türkei nach Syrien zu schicken«.[11]

Am Ende der ersten Woche des Aufstandes war die Wucht der Syrer im Westen und Norden, den Provinzen Idlib und Aleppo, so groß, dass ISIS aus den meisten Orten weichen musste. Im Grenzort Azaz verbarrikadierte sich eine größere Gruppe und wartete auf Befehle. Doch der Kampf konzentrierte sich hauptsächlich auf Raqqa, die einzige Provinzhauptstadt, die ISIS vollständig unter seine Kontrolle gebracht hatte und wohin viele der ISIS-Kämpfer nun geflohen waren. Als eine der ersten Reaktionen auf die nahende Gefahr hatte ein ISIS-Konvoi die ausländischen Geiseln, ihren kostbaren Besitz, aus der Stadt gebracht. Nach Tagen waren die Rebellen bis auf 400 Meter ans Hauptquartier der Fanatiker im Gouverneurspalast herangekommen, aber immer noch kontrollierte der »Islamische Staat« die Brücken in die Stadt, mussten die Rebellen in Booten den Euphrat überqueren. Es kam zu bizarren Situationen, die nicht recht in die gängigen Vorstellungsmuster von der syrischen Rebellenszene zu passen schienen. So waren es die Kämpfer der Nusra-Front, die zwei von ISIS besetzte und verwüstete Kirchen einnahmen und ankündigten, sie wieder für christliche Gottesdienste übergeben zu wollen.[12]

Der Sieg schien nur noch eine Frage von Tagen zu sein, doch dann schlug ISIS mit aller militärischen Wucht und einem Mittel zu, auf das die Dschihadisten bis dato kaum zurückgegriffen hatten: Selbstmordattentäter, die mit Autos voller Sprengstoff in die feindlichen Linien brachen. Bislang hatte ISIS Selbstmordattentäter nur vereinzelt als Waffe benutzt, etwa zum Sturm auf den Militärflugplatz Mennegh nördlich von

Aleppo. Nun rasten die *Istischhadis*, »die Sich-selbst-zum-Märtyrer-Machenden«, von ISIS reihenweise in die Kontrollposten, Hauptquartiere, Unterkünfte der Rebellen. In Aleppo wurden die Wachen gerade noch rechtzeitig misstrauisch, als ein Attentäter zu Muddar Najjar ging, einem der obersten Tauhid-Kommandeure, und behauptete, er komme von Ahrar al-Scham. Der Zünder seines Bombengürtels funktionierte nicht, sodass die Wachen den Attentäter überwältigen konnten. Nur 15 Minuten später fuhr ein Auto auf das Gebäude zu, detonierte an der Mauer und tötete sechs Zivilisten. Auch im kleinen Ort Ra'ei nahe der türkischen Grenze setzte ISIS auf einen solchen Doppelschlag. Bei einem vereinbarten Treffen mehrerer Rebellenkommandeure mit einem ISIS-Emissär, mit dem sie über einen Waffenstillstand verhandeln wollten, betrat der ISIS-Mann den Raum – und sprengte sich in die Luft, gleichzeitig explodierte eine Autobombe vor dem Haus. Ein anderer Tauhid-Kommandeur wurde tot aufgefunden, erschossen offenbar im Schlaf von einem Schützen mit Schalldämpfer, denn niemand hatte etwas gehört. »In was für einem Alptraum sind wir bloß gelandet?«, fragte Muddar Najjar, dessen Männer aus Panik vor potenziellen Selbstmordattentätern kurz davor waren, auf jedes fahrende Auto der Umgebung zu schießen. Allein bis Ende Februar zählte die Syrische Beobachtungsstelle für Menschenrechte, eine in London ansässige NGO und recht verlässliche Chronistin des Geschehens, 34 solcher Attacken.

Wo die Dschihadisten von ISIS im Januar 2014 jäh abrücken und fliehen mussten, hinterließen sie an vielen Orten ein letztes Wort, oft hastig auf Mauern gemalt oder gesprüht, denn viel Zeit war nicht, während sie ihre Akten verbrannten und ihre Gefangenen ermordeten. Mit beidem wurden sie glücklicherweise oft nicht fertig. Dieses eine Wort nur ließen sie vielerorts zurück: *baqiya*, ein aufs Äußerste verknappter, drohender letzter Gruß. »Bleibend«, ein Partizip eigentlich, der erste Teil der ISIS-Losung »baqiya wa tatamaddad«, bleiben und ausdehnen, überstehen und expandieren. Ein seltsam verschränkter, ja zurückgenommener Schlachtruf für eine Organisation mit maßlosem Machtanspruch. Aber, wie sich in diesen Januarwochen zeigte, zugleich präzises Abbild ihrer Mutationsfähigkeit. Heute Staat, morgen Terrorgruppe, aber übermorgen wieder Staat. Im Irak hatte der »Islamische Staat« nach 2006 halbe Provinzen kontrolliert, bevor US-Truppen und irakische Einheiten ihn wieder zurückdrängten. Er hatte als terroristische Keimzelle im Irak überlebt und war dann 2013 über beinahe ganz Nordsyrien expandiert. Nun musste er wieder abziehen – und hinterließ nur dieses eine Wort, das die unausgesprochene Drohung in sich trug: Wir kommen wieder.

Während die internationalen Nachrichtenagenturen – in Ermangelung einer Deutungsschublade – im Januar immer noch von ISIS als al-Qaida-Ableger[13] oder mit al-Qaida verbundener Formation schrieben, bemühte sich al-Qaida-Führer Ayman al-Zawahiri in immer schrilleren Tönen klarzustellen, dass dem gar nicht so sei: Am 23. Januar appellierte er an Fraktionen, dass die Mitgliedschaft in konkurrierenden bewaffneten Gruppen doch dem Dschihad nicht im Weg stehen möge und dass die Praxis, Glaubenskameraden zu Ungläubigen zu erklären, ein Ende haben müsse.[14] ISIS ließen diese Appelle kalt. Zwei Wochen später brach Zawahiri die Brücken ab zur erfolgreichsten dschihadistischen Unternehmung der vergangenen Jahrzehnte: »Al-Qaida hat keine Verbindung zum sogenannten ›Islamischen Staat‹, so wie sie weder informiert noch konsultiert wurde zu dessen Gründung. Al-Qaida ist nicht verantwortlich für die Aktionen von ISIS.«[15]

Nicht von Zawahiris Bannstrahl, aber davon, wie jählings und konzertiert die anderen Rebellengruppen zugeschlagen hatten, war der »Islamische Staat« überrascht und empfindlich getroffen worden. Aller Überwachung und Unterwanderung, allen Geheimabkommen mit einzelnen Rebellenbrigaden zum Trotz hatte ISIS einen solchen Sturm nicht kommen sehen. Wobei den Dschihadisten ihr kunstvoll gewobenes Netz geheimer Nichtangriffs- und Beistandspakte durchaus zugutekam. So etwa in Raqqa, wo sich ISIS jeweils separat mit den örtlichen Verbänden Thuwar Raqqa und Liwa al-Muntasar gegen Ahrar al-Scham und mit Ahrar al-Scham gegen alle anderen verbündet hatte. Kurz: Jede Brigade dachte, es trifft nur die anderen.

Der »Islamische Staat« brauchte nicht lange, um sich zu sammeln und zurückzuschlagen. Bereits in der zweiten Januarwoche rollten etwa 1300 Mann Verstärkung aus dem Irak heran. Doch sie stürmten nicht einfach nach Raqqa, sondern machten es trickreicher, erinnert sich ein geflohener Arzt: »Raqqa war fast schon frei, aber da waren so viele Brigaden aus anderen Städten dazugekommen, dass niemand wusste, wer genau die anderen waren. Und plötzlich begann eine Truppe in der Kleidung der Rebellen, nicht im Schwarz der Dschihadisten, auf die anderen zu schießen. Es war Chaos, keiner wusste mehr, wer wer war, alle flohen einfach.«

Eine kleine, simple Maskerade der ISIS-Kämpfer: einmal die schwarzen Sachen ablegen und Jeans und Materialwesten anziehen, und das Chaos war auf ihrer Seite. Genug Zeit, die Verstärkung anrollen zu lassen. In der dritten Januarwoche 2014 war Raqqa, die »Kernzelle des Kalifats«, wie ISIS die Stadt selbst genannt hatte, wieder fest in seiner Hand. Etwa 70 Gefangene, vor allem Kämpfer von der Konkurrenz von Nusra und Ahrar al-Scham, wurden hingerichtet. Auch im nördlich von Raqqa gelegenen Grenzort Jarablus wendete sich jählings das Blatt, nachdem die letzten etwa 60 ISIS-Kämpfer bereits

4 Gemeinsam zum Gegenschlag

seit Tagen im Kulturzentrum des Ortes eingeschlossen gewesen waren. FSA-Gruppen aus anderen Orten kamen und gingen, die Lage war unübersichtlich. Als plötzlich ein Trupp in der üblichen Rebellenkluft anrollte, dachte niemand an eine Falle. Bis dieser Trupp plötzlich das Feuer eröffnete.

Derselbe Trick hatte abermals funktioniert. Die ISIS-Angreifer nutzten die Verwirrung und hatten nach kurzem Gefecht den Ort unter Kontrolle. Auf den Zaunspitzen des zuvor noch belagerten Kulturzentrums steckten anschließend vier Köpfe der Belagerer als makabre Machtdemonstration. Insgesamt wurden etwa 20 Rebellen sofort umgebracht, danach begannen die Razzien von Haus zu Haus: Die Rebellen selbst, aber auch deren Verwandte wurden von den Dschihadisten niedergemacht. »Jetzt wussten sie ja, wer gegen sie war«, erinnerte sich später ein Geflohener. An anderen Orten nahmen Rebellen mehrfach Fahrer von ISIS-Selbstmordfahrzeugen gefangen, die irritiert nachfragten: »Und ihr seid auch Sunniten? Mir hat unser Emir gesagt, ihr wärt Ungläubige von Assads Armee.«

In der Summe mutet es immer wieder aberwitzig an: Gottes selbsternannte Vollstrecker auf Erden schicken sich an, ihr künftiges Weltreich zu erobern, aber womit? Mit Ninja-Outfits, Taschenspielertricks und Spionagezellen unter der Camouflage von Missionshäusern. Genau damit hatten sie in Syrien Erfolg, auch und gerade wegen des anarchischen Habitus der syrischen Rebellen. Denn die kämpften zwar gegen denselben Feind, aber blieben hartleibige Lokalisten, die sich mit Einfallsreichtum und Disziplin um ihren Ort kümmerten, aber auch nur um ihren Ort, Bezirk, maximal ihre Provinz. ISIS hingegen war straff zentral organisiert, zog je nach Bedarf rasch Kräfte zusammen und konnte so seine zahlenmäßige Unterlegenheit wettmachen. Überdies sorgten die Spitzel-Kohorten dafür, dass die ISIS-Führung stets genau unterrichtet war, wo

Orte schwach, uneins waren oder wo es lokale Konflikte gab und ISIS sich als Schutzmacht anbieten konnte, um Fuß zu fassen. »Wir haben so etwas nie gemacht«, sagte ein FSA-Anführer kopfschüttelnd, »warum sollten wir ein Dorf kontrollieren wollen, das schon frei ist? Wir haben nie so ruchlos geplant.«

Aber eben auch der groteske Gegensatz zwischen dem öffentlichen, sorgsam inszenierten Auftritt und der Realität war kennzeichnend für den »Islamischen Staat«. Die Kluft zwischen den glaubensfesten Proklamationen und der vollkommenen Beliebigkeit in der Wahl der Mittel und Allianzen ging dabei weit über Verkleidungsfinten hinaus: Denn was im Januar begann, war die deutlichste Phase der Kooperation zwischen ISIS und seinem offiziellen Hauptfeind, dem Herrscherhaus der Assads und der alawitischen Machtelite. Die Alawiten, eine Abspaltung von der schiitischen Fraktion, werden mit ihren klandestinen Glaubensriten selbst von vielen Schiiten nicht als vollwertige Muslime angesehen – von radikalen Sunniten wie den ISIS-Kämpfern ganz zu schweigen, die alle Schiiten unisono als *Rafidin*, als Glaubensleugner, verunglimpfen.

Soweit die Theorie. In der Praxis waren Assad und ISIS Anfang 2014 symbiotische Feinde und profitierten voneinander. ISIS war überaus nützlich für die mantrahaft wiederholte Version der Regime-Propaganda, dass man Opfer einer ausländischen Verschwörung sei, die radikale Islamisten zum Terror aufstachle. Kurz: Man schlage keinen demokratischen Aufstand nieder, sondern kämpfe nur gegen Terroristen. Fahnenschwingende, friedlich demonstrierende Syrer wie zu Beginn der Revolte waren da hinderlich gewesen. Aber eine barbarische Dschihadistentruppe, die ihre Opfer enthauptete und allen Ungläubigen den Krieg erklärte, passte perfekt ins PR-Konzept der Führung, die sich auf der Anfang 2014 stattfindenden zweiten Genfer Friedenskonferenz als Bollwerk gegen den Terror prä-

4 Gemeinsam zum Gegenschlag

sentieren wollte – während die eigene Luftwaffe die aufständischen Städte und Regionen Syriens einäscherte.

Dass dieser nützliche Feind nun von den syrischen Rebellen besiegt und vertrieben zu werden schien, drohte die gesamte PR-Strategie des Assad-Regimes zu ruinieren. Schon in den Monaten zuvor hatte Damaskus von der Verschleppung und Ermordung von Rebellenkommandeuren durch ISIS profitiert. Auch deswegen war wohl das weithin sichtbare, überdies mit großen, schwarzen Fahnen dekorierte ISIS-Hauptquartier im Gouverneurspalast von Raqqa über ein halbes Jahr lang nicht ein einziges Mal angegriffen worden – während die bis zu eine Tonne schweren Fassbomben in der Zwischenzeit ganze Straßenzüge Aleppos dem Erdboden gleichgemacht und Tausende Menschen getötet hatten.

Doch was jetzt begann, war keine Koinzidenz von Interessen mehr, sondern militärische Kooperation: An den wichtigsten Schauplätzen der erbitterten Kämpfe zwischen ISIS und den Rebellen, in Aleppo, al-Dana, al-Bab, Hraitan, Kafr Takharim, Salqin, griff meist unmittelbar nach, manchmal noch während der Gefechte die Luftwaffe ein – und bombardierte stets die Stellungen der Rebellen, nie die des »Islamischen Staates«. Insgesamt waren die Kämpfe jener Wochen, bei denen allein in den ersten vierzehn Tagen mehr als 700 Menschen umkamen[16], zweifellos unübersichtlich. Aber sowohl die Zielgenauigkeit wie auch die Frequenz der Luftangriffe sprachen gegen einen Zufall:

♦ 3. Januar 2014: Stunden, nachdem eine Koalition mehrerer Rebellenbrigaden den strategisch wichtigen Kontrollposten von ISIS im Aleppiner Viertel Enzarat an einer der wichtigsten Ausfallstraßen nach Norden erobert hatte, griffen Jets den Posten mit Raketen an. 25 Menschen starben, etwa 50 wurden verletzt. Seit ISIS den Posten drei Monate zuvor, im Oktober 2013, besetzt hatte, war er nie aus der Luft angegriffen worden.[17]

♦ 5. Januar 2014: Als Omar al-Schischani, der wichtigste ISIS-Militärkommandeur, mit einem Konvoi von Raqqa nach Aleppo fuhr, um die unterlegenen ISIS-Verbände dort freizukämpfen, waren zwar Flugzeuge in der Luft, aber griffen nicht an, was den Eindruck erweckte, dass sie eher zu seinem Schutz aufgestiegen waren. Als am nächsten Tag ein Verband der Tauhid-Brigade auf einer parallelen Route unterwegs war, wurde er umgehend bombardiert.

♦ 8. Januar 2014: Während die Kämpfe noch andauerten, ISIS aus der Stadt Salqin in der Provinz Idlib zu vertreiben, griff ein Kampfjet das Hauptquartier der örtlichen Rebellen in der ehemaligen Polizeistation der Stadt an. Das auffällige ISIS-Quartier, nördlich der Stadt an der Straße nach Harim gelegen, wurde nicht angegriffen.[18]

♦ 8. Januar 2014: Während ISIS-Einheiten von mehreren Seiten versuchten, al-Bab im Osten der Provinz Aleppo, nicht fern von Raqqa, einzunehmen und die Stadt mit Artillerie beschossen, bombardierten Jets der Luftwaffe sie innerhalb von drei Tagen vier Mal und töteten etwa 20 Menschen. Für wenige Tage war die Stadt frei, dann kam ISIS zurück.

♦ 10. Januar 2014: Kurz nachdem ISIS aus der Stadt Aleppo endgültig vertrieben war, griffen Kampfflugzeuge die Rebellenstellungen im kurdischen Viertel Scheich Maqsoud an.[19]

4 Gemeinsam zum Gegenschlag

♦ 18. Januar 2014: Just nachdem Rebellen ISIS aus dem ehemaligen Armeelager des »Regiments 46«, nahe Atarib, vertrieben hatten, das die Dschihadisten monatelang als Stützpunkt genutzt hatten und dort nie von der Luftwaffe behelligt worden waren, griffen Flugzeuge die Rebellen an.[20]

♦ Am 1. Februar 2014 war der Kommandeur von Suqur al-Scham, Abu Hussein al-Deek, mit einer Gruppe seiner Kämpfer unterwegs in der Steppe östlich von Hama an der Provinzgrenze zu Homs, als seine Kolonne von Jets attackiert wurde. Etwa eine Stunde später erschien ein Trupp von ISIS, tötete die noch lebenden Kämpfer und nahm al-Deek gefangen, der irgendwann in den Tagen danach zu Tode gefoltert wurde. Er war auf dem Weg zur Sha'er-Region gewesen, wo eines der wichtigsten syrischen Gasfelder liegt – das im Sommer 2014 von ISIS erobert wurde und im Laufe der kommenden Monate mehrfach den Besitzer wechselte.

♦ 6. Februar 2014: Während die Kämpfe in der Kleinstadt Kafr Takharim im Süden der Provinz Idlib noch andauerten, griff ein Flugzeug gezielt das Hauptquartier der Salah-al-Din-Brigade der Rebellen an. ISIS, der 500 Meter entfernt im Kulturzentrum des Ortes sein Hauptquartier bezogen hatte, wurde nicht angegriffen.[21]

♦ 12. Februar 2014: Solange ISIS in Hraitan, einem Vorort Aleppos, seine Stellung gehalten hatte, war der Ort wochenlang von Luftangriffen verschont geblieben. Drei Tage nach der Vertreibung von ISIS wurde die Stadt erst von einer Fassbombe, tags darauf von einer der selten abgeschossenen Scud-Raketen getroffen.[22]

Nicht allein wegen, aber auch dank der Luftangriffe konnte ISIS in den ersten Wochen des Jahres einen Teil des zwischenzeitlich verlorenen Terrains zurückerobern. Die Dschihadisten hatten, leihweise, eine Luftwaffe auf ihrer Seite. Selbst später noch, als Assads Truppen im Osten Syriens längst gegen den »Islamischen Staat« kämpften, ging diese Form militärischer Kooperation im Nordwesten und rund um Damaskus weiter.[23]

Diese nicht sehr diskrete Luftunterstützung hat sich auch in den Folgejahren fortgesetzt: vor allem in den den Orten Mara'a und Tal Rifaat nördlich von Aleppo, woher viele der Rebellen stammen, die in der Stadt Aleppo kämpfen – und wo wenige Kilometer östlich seit Anfang 2014 die Frontlinie zum IS verläuft. Immer wieder griffen der IS am Boden und Assads Luftwaffe in zeitlicher Nähe an, wie am 3. Juni 2015, als erst im Morgengrauen und am Nachmittag die Luftwaffe bombardierte und eine halbe Stunde später der Artilleriebeschuss des IS einsetzte.

Derart augenfällig war die Synchronizität, dass selbst das US-Außenministerium mehrfach twitterte: »#Assad versucht nicht nur, #ISIL-Stellungen zu schonen, sondern unterstützt nachhaltig ihre Lage.«[24] Auch in anderen Landesteilen versuchte die Luftwaffe, dem IS den Weg freizubomben: So gingen nach einer zurückgeschlagenen IS-Attacke auf Rebellenpositionen in der Südprovinz Deraa Anfang Juni 2015 die schwersten Bombardements seit vier Jahren auf exakt jene Areale nieder, die der IS zuvor vergeblich versucht hatte zu erobern.

Aus der Ferne mag das unlogisch erscheinen, aber die Frage nach Kooperation oder Konfrontation zwischen der Armee und den Dschihadisten ließ sich nur nach Region und Lage, nicht für das Land als Ganzes beantworten: Waren die Rebellen irgendwo stark, wurden – und werden – sie von beiden Seiten attackiert. Sind nur noch Armee und »Islamischer Staat« übrig, kämpfen sie dort gegeneinander oder es existiert jener

4 Gemeinsam zum Gegenschlag

Zustand der Ruhe, der in Syrien als »kalte Front« bezeichnet wird.

Ende Februar 2014 verlief die neue Frontlinie vertikal durch die Provinz Aleppo: Raqqa und die Städte Tell Abiyad, Manbij, Jarablus und al-Bab waren wieder unter Kontrolle von ISIS. Westlich davon, aus dem Westteil der Provinz Aleppo, aus Idlib, Hama, Lattakiya zogen sich die Dschihadisten vorläufig zurück. Ihren letzten Brückenkopf in der Provinz Aleppo, die kleine Grenzstadt Azaz, wohin sich über 100 ISIS-Kämpfer zurückgezogen hatten, räumten sie Anfang März nach einem verhandelten Abzugsabkommen.

Für die kommenden Monate verschob sich die Kampfrichtung von ISIS: Die zuvor vereinzelten und propagandistisch stark überhöhten Angriffe auf Stellungen der syrischen Armee entfielen nun gänzlich. Zu Beginn der Kämpfe im Januar hatte ISIS gewarnt, sich von der Frontlinie in Aleppo zurückzuziehen, wo man gegen Truppen des Regimes kämpfte. Um ihren Kampfeinsatz zu demonstrieren, hatte ISIS extra ein Video veröffentlicht, das etwas planlos auf einer Straßenmitte stehende Dschihadisten zeigte, die Panzerfäuste abschossen. Als die ISIS-Kämpfer sich dann tatsächlich zurückzogen, geschah – nichts. Assads Armee rückte nicht ein, da die Dschihadisten offensichtlich nirgends mehr einen umkämpften Frontabschnitt tatsächlich gehalten hatten. Anscheinend hatten sich hier keine wirklich befeindeten Truppen gegenübergestanden. Stattdessen ereigneten sich an anderen Orten Dinge, die den klaren Frontwechsel von ISIS unterstrichen: Nicht nur, dass lediglich Rebellen und Oppositionelle in den ISIS-Gefängnissen landeten, jedoch keine Angehörigen der Armee, am 1. Februar stürmte ISIS auch noch das wichtigste Gefängnis der Rebellen im Ort Ra'ei nahe der türkischen Grenze und befreite mehr als 100 dort festgehaltene, meist hochrangige Offiziere der

Armee, Geheimdienstler, Baath-Parteifunktionäre sowie Schabiha-Milizionäre des Regimes – was zu Freudenbekundungen bei deren Parteigängern führte. Ein ISIS-Aussteiger erzählte im Interview mit CNN, warum er nicht mehr mitkämpfen wollte: »Wir wollten die Armee Assads angreifen, aber unser Emir hat es verboten. Wir durften nie gegen die Armee kämpfen.«[25]

Nachdem ISIS-Einheiten sämtliche Rebellen in und um Raqqa niedergekämpft hatten, konnte die Luftwaffe des Regimes Ende Januar auch wieder ungehindert Versorgungsflüge per Hubschrauber zu der nahe Raqqa gelegenen Militärbasis der 17. Division aufnehmen, die aus Furcht vor Beschuss monatelang unterblieben waren. Ein mitfliegendes Kamerateam des Hisbollah-Senders Manar TV zeigte begeisterte Soldaten und die Verteilung von Essenspaketen, ohne zu erklären, wieso denn die Lage auf einmal wieder sicherer geworden sei.[26] Diese Militärbasis ist ein markanter Angelpunkt des Geschehens: Sechs Monate später, nach dem ISIS-Siegeszug in Mosul, würde sie der erste Dominostein im Kampf gegen die syrische Armee sein, der von den erstarkten Dschihadisten überrannt wurde. Dann würden sie niedermetzeln, was sie ein halbes Jahr zuvor noch beschützt hatten. Aber so wie der »Islamische Staat« periodisch seinen Namen änderte, wechselte er opportunistisch auch die Angriffsrichtung: mit den Rebellen, solange es nützlich und nötig war; mit Assads Regime, solange es nützlich war; gegen alle, sobald man mächtig genug war. Alle Seiten werden benutzt, doch bis sie dessen gewahr werden, ist es meist zu spät.

Wie gleichgültig den Verfechtern der strengen Lehre dabei ihre eigenen Regeln waren, zeigte sich in Jarablus, jenem trickreich zurückeroberten Grenzort, in den verkleidete ISIS-Kämpfer eingerollt waren und um sich geschossen hatten. Kaum war der Ort wieder unter ihrer Kontrolle und steckten die Köpfe ihrer Gegner auf den Zaunspitzen im Stadtzentrum, informierten die neuen Herrscher die europäischen Hilfswerke, die ihre Unterstützung wegen der Kämpfe eingestellt hatten. Sie mögen doch ihre Arbeit wiederaufnehmen, baten die Dschihadisten, nur eben nun unter ihrer Kontrolle – schließlich brauche Jarablus Hilfe.

Nach den kurzen Rückschlägen des Jahresbeginns lief für ISIS nun wieder alles nach Plan. Nur nicht mehr für den Chef-Planer der Dschihadisten. Ausgerechnet Haji Bakr wurde vom Aufstand überrascht und am 27. Januar in Tal Rifaat getötet. Ob er gedacht hatte, er könne sich mit den anderen, die in der chaotischen Lage in Idlib noch an verschiedenen Orten aushielten oder sich versteckten, nach Azaz an die Grenze durchschlagen? Dort sammelten sich bis Anfang März einige Hundert ISIS-Kämpfer und handelten einen kurzfristigen Waffenstillstand aus. Oder hoffte Bakr, von Tal Rifaat aus seine Reconquista anführen zu können? Immerhin war der Ort, eine der Hochburgen des ISIS, bislang von den Kämpfen weitgehend verschont geblieben. Oder spekulierte er darauf, einfach still in seinem konspirativen Quartier abzuwarten, ein Versteck, das kaum jemand im Ort kannte, ebenso wenig wie ihn selbst?

Als die syrischen Rebellen dann doch angriffen, teilte sich die Stadt binnen Stunden: eine Hälfte im Norden und Westen blieb unter ISIS-Kontrolle, die andere geriet unter Kontrolle vor allem der örtlichen Brigade Liwa al-Islam. Haji Bakr saß in der falschen Hälfte. Die Rebellen hatten diesen Teil der Stadt zu schnell erobert, außerdem hatte Bakr ja zum Zweck der Unauffälligkeit nicht in einem der massiv gesicherten Militärquartiere gewohnt. Offenbar konnte er seinen Truppen Bescheid geben, denn im Morgengrauen des 27. Januar rückte eine schwer bewaffnete Kolonne vom Dorf Kafr Naseh auf Tal Rifaat vor. Vorausgeschickt wurde, wie üblich, ein Selbstmordattentäter, der sich am Kontrollposten des südlichen Ortsrandes in die Luft sprengte. Doch die Vorrückenden waren zuvor schon beobachtet worden, wurden erwartet und gerieten sofort unter schweren Beschuss. Ihr Umkehren besiegelte das Schicksal des großen Planers, der sich diesmal verkalkuliert hatte: Noch während die Schüsse fielen, rannte ein Mann zu den Rebellen und rief: »Bei mir nebenan wohnt ein Scheich von Da'ish!« Der örtliche Kommandeur Abdelmalik Hadbe und eine Handvoll Männer fuhren hin und klingelten. Unwirsch öffnete eine Frau: »Mein Mann ist nicht da!«

Aber das Auto stehe doch vor dem Haus?

Da erschien Haji Bakr im Pyjama an der Tür. Er solle mitkommen, herrschte ihn Hadbe an. Er wolle sich erst noch etwas anziehen, erwiderte Bakr. Die Stimmung war angespannt. Nein, wiederholte Hadbe: »Mitkommen! Sofort!« Überraschend behände für sein Alter sprang Haji Bakr zurück und kickte die Tür mit dem Fuß zu. Hadbe schoss, aber traf nur die Tür. So erzählten es später zwei, die dabei waren.

Im Haus versteckte sich der Iraker im Mauerwinkel unter der Treppe und brüllte: »Ich habe einen Sprengstoffgürtel hier! Ich werde uns alle in die Luft jagen, wenn ihr nicht abhaut!« Hadbe schoss, die Frau weinte, flehte ihren Mann an: »Geh mit ihnen!«, er rief: »Okay« und kam mit einer Kalaschnikow im Arm heraus, feuernd. Ein Schrapnell traf Hadbes Hand, der schoss zurück und traf den Mann, von dessen Identität er immer noch keinen Schimmer hatte, tödlich.

Bakrs Frau sowie seinen Computer, Bomben, ein GPS-Gerät und das Auto, einen weißen Nissan-Jeep, nahmen die Rebellen mit. »Begrabt ihn hier irgendwo im Garten«, sagte Hadbe noch. Erst später am Tag, als jemand von einer anderen Brigade im örtlichen Rebellenhauptquartier vorbeikam, den Wagen sah und verwundert fragte: »Wo habt ihr DEN denn her? Der gehört Haji Bakr!«, wurde klar, wen sie da gerade erschossen hatten. »Nicht begraben!«, gab Hadbe neue Instruktionen: »Alles sichern, fotografieren, filmen!« In Haji Bakrs Hinterlassenschaft fanden sich mehr als ein Dutzend syrische und irakische SIM-Karten, sein irakischer und ein syrischer Pass, ein gefälschter Führerschein und sogar eine Bezugskarte für Lebensmittelhilfe, ausgestellt von der »Nationalen Koalition«, der syrischen Exilvertretung in Gaziantep. Und jenes bereits erwähnte Konvolut zumeist handschriftlicher Pläne und Listen für den Aufbau des »Islamischen Staates«, dessen Siegeszug in den kommenden Monaten sein Schöpfer nun nicht mehr erleben würde.

Abu Chalid al-Suri, der gescheiterte Vermittler zwischen den Dschihadistengruppen und tragische Gegenspieler von Haji Bakr, sollte ihn nur um einen Monat überleben. Der »Islamische Staat« hatte kein Problem damit, Osama Bin Laden als Held zu preisen, eines seiner Trainingslager nach ihm zu benennen – und gleichzeitig jenen Mann unter den Rebellen ermorden zu lassen, der Bin Laden höchstwahrscheinlich am nächsten gestanden hatte. Ideologie war unwichtig, Abu Chalid al-Suri galt ISIS als Gefahr für die eigene Allmacht.

Trotz des halben Sieges über ISIS sei er niedergeschlagen gewesen, erinnert sich sein Leibwächter. »Unsere morsche Ideologie hat keine Chance gegen Da'ish«, habe er all jenen vorgehalten, die immer noch an die endgültige Vertreibung von ISIS glaubten. »Wer dann?«, fragten die anderen zurück. »Die Dörfer. Die Menschen, die überhaupt keine Ideologie haben, sondern einfach ihrer Moral, ihren Instinkten folgen. Die haben eine Chance. Wir nicht.«

Al-Suri und seine Leute waren vorsichtig geworden, von allen Treffen wusste stets nur ein kleiner Kreis, die Orte wechselten. In Aleppos winzigem Vorort Ain al-Tall, in dem verlassenen Areal einer Baumwollspinnerei und einer Textilfabrik, lag eines der diskreten Quartiere. »Wir waren mit Abu Yasin,

Abu Chalids Nachfolger in Aleppo, und einigen anderen Kommandeuren morgens um neun verabredet«, so der Leibwächter, »und standen in dem großen Saal, in dem wir uns für gewöhnlich trafen. Plötzlich kamen zwei Männer durch einen Nebeneingang herein und eröffneten sofort das Feuer. Ich schoss, Abu Chalid griff noch zu seiner Kalaschnikow, Abu Yasin versteckte sich hinter einem Pfeiler. Die Männer warfen Handgranaten, ich wurde ohnmächtig. Das Ganze mag eine Minute gedauert haben. Als ich wieder zu mir kam, lag Abu Chalid tot da, Abu Yasin beugte sich über ihn, ›ya sheikhi, ya sheikhi‹, oh, mein Scheich! Die Männer waren herausgerannt, und als die Wächter vom Haupteingang kamen, sprengte sich einer sofort in die Luft. Der andere schoss noch kurz, sprengte sich dann ebenfalls.«

Einer in der Runde, die besprechen wollte, wie man sich gegen ISIS weiter zur Wehr setzen könne, hatte an diesem Morgen gefehlt: Abu Ahmed al-Lulu, der bei Ahrar al-Scham zuständige Mann für »Produktion«, für die primitiven Ölraffinerien und Getreidemühlen. Die Gruppe versuchte, das Modell der Muslimbrüder zu kopieren, und hatte einen ganzen Zweig, der sich um Erwirtschaftung und Verteilung von Hilfsgütern und Lebensmitteln kümmerte. Dass al-Lulu nicht zum Treffen erschienen war, wäre allein noch kein Grund zum Verdacht gewesen. Aber es hatte vor einer Weile schon einmal Gerüchte gegeben, dass er in einen Entführungsversuch verwickelt gewesen sei. »Sucht Lulu!«, habe er seinen Mitkämpfern noch auf dem Weg in ein türkisches Krankenhaus zugerufen, erinnert sich der Leibwächter, der bei dem Schusswechsel schwer verletzt worden war. Einer der führenden ISIS-Emire verbreitete derweil via Twitter, dass man mit dem Tod Abu Chalids nichts zu tun habe.[27] Eine glatte Lüge.

Sie fanden Abu Ahmed al-Lulu zwei Monate später, nahe

4 Gemeinsam zum Gegenschlag

der Grenze. Er hatte nicht damit gerechnet, dass im Chaos des Krieges so hartnäckig nach ihm gefahndet werden würde. Mithilfe seines Telefons konnten seine Verfolger gelöschte Botschaften an die ISIS-Führung rekonstruieren, deren Emir von Aleppo schon kurz nach dem Anschlag intern mitgeteilt hatte: »Gott sei Dank sind die Verräter erledigt! Das Projekt ›Syrien den Syrern‹ ist vorbei!«

Lulu gestand: Er sei schon Monate zuvor im türkischen Antakya von ISIS rekrutiert worden, habe erst nur spionieren sollen. Aber dann sei der Mordauftrag gekommen, von einem der »Sicherheitsbeauftragten« des ISIS, Abu Obeida al-Maghribi. Lulu sollte Bewegungen, Treffpunkte, Kontaktpersonen auskundschaften. Immer wieder seien seine Erkenntnisse überprüft worden, bis man ihm glaubte und das Duo vorstellte, das den Mordauftrag ausführen sollte: ein Syrer und ein Marokkaner mit französischem Pass. An jenem Morgen, als Lulu sich sicher war, dass die gesamte Führungsriege nach Ain al-Tall kommen würde, habe er den beiden Bescheid gegeben. Nur die 500 000 US-Dollar, die Baghdadi ihm für den Mord versprochen habe, die habe er nie bekommen, beklagte er sich bitterlich bei seinen Vernehmern.[28]

5 BLITZKRIEG DER DSCHIHADISTEN
Die Eroberung Mosuls und die Rückkehr
des IS in den Irak

*Im Juni 2014 wird Mosul überrannt, innerhalb von Tagen
nehmen die Dschihadisten ein Drittel des Landes ein.
ISIS wird zum »Kalifat« – und seine Kämpfer greifen in
Syrien plötzlich Assads Truppen an, was sie zuvor strikt
vermieden hatten.*

Die Ruhe täuschte. Seit Monaten schon war vom »Islamischen Staat« in der Welt nicht viel zu hören gewesen. Dass seine Sturmtruppen die kurdische Enklave Kobane seit Jahresbeginn belagerten, nahm man im Westen nicht wahr. Dort kauerten an einem Freitag Mitte Mai die kurdischen Verteidiger auf einer Hügelstellung oberhalb des Euphrats, als der Wind Satzfetzen der Freitagspredigt des ISIS-Kämpfers am Fluss hochtrug: »Sammelt euch! ... die Verräter des Glaubens erschlagen!« Die Stimme des Predigers aus den Moschee-Lautsprechern, verzerrt durch die von Dschihadisten so geliebten Hall-Verstärker, gab den Worten etwas Gespenstisches.

Unten am Fluss sammelten sich die ISIS-Kämpfer zum nächsten Angriff. Ein paar Hundert Meter weiter oben, auf den kargen, sonnendurchglühten Hügeln, saßen die Kurden und hatten das Gefühl, in einen Horrorfilm geraten zu sein. »Was wollen die von uns?«, fragte ein junger Kämpfer, der bis vor ein paar Wochen noch Verkäufer in einem Supermarkt gewesen war. »Diese Irren greifen immer wieder an und laufen noch weiter, selbst wenn sie angeschossen sind. Einen habe ich zweimal getroffen. Er stoppte erst nach einem Kopfschuss. Die sind verrückt, die kommen zum Sterben hierher.« Schon im Frühjahr

5 Blitzkrieg der Dschihadisten

hatten die Kurden damit begonnen, Schützengräben auszuheben und Bunker mit Stahlbetondecken zu bauen. Der Frontverlauf sah aus wie ein Schauplatz des Ersten Weltkriegs.

Im Westen nichts Neues: Die Frontlinien in Syrien veränderten sich wenig, verliefen vertikal durch die Provinz Aleppo und irgendwo durch die Wüste südlich von Raqqa. Im Osten nichts Neues: Im Irak hielt ISIS seit Januar 2014 die als Radikalenhochburg verschriene Stadt Falluja in seiner Gewalt, aber jenseits davon gab es keine nennenswerten militärischen Bewegungen. Doch der Geheimdienst der kurdischen Regionalregierung (KRG) im Nordirak fing seit Wochen Nachrichten auf, dass ISIS eine große Operation plane und die Stadt Mosul ins Visier genommen habe. So erzählte es Monate später Masrour Barsani, Geheimdienstchef der KRG und Sohn des Kurdenpräsidenten Masoud Barsani: »Wir haben Bagdad und (Premier) Maliki gewarnt, mehrfach. Wir wussten, dass Da'ish Mosul angreifen wollte, sich dafür mit anderen Gruppen koordinierte. Es war klar, dass es bald geschehen würde. Aber Maliki winkte nur ab, dafür habe er doch die Armee. Die werde sich schon darum kümmern.« Auch ein Vertrauter von Ahmed Chalabi, dem legendären Stehaufmännchen irakischer Politik, 2003 einst von US-Verteidigungsminister Donald Rumsfeld als neuer starker Mann im Irak vorgesehen und später in Ungnade gefallen, erinnert sich: »Chalabi hatte Zugang zu Maliki. Er warnte ihn. Vergeblich.« Selbst einer der von Maliki persönlich ernannten Generäle in Mosul, Mahdi Gharawi, hatte nach einer Razzia Ende Mai eine ISIS-Zelle ausgehoben, von bevorstehenden Angriffsplänen erfahren und Bagdad um Verstärkung gebeten – vergeblich.[1]

Mosul, die zweitgrößte Stadt des Irak mit etwa zwei Millionen Einwohnern, war stets ein schwer durchschaubarer Ort gewesen. Sunnitisch bis ins Mark im mehrheitlich schiitischen

Irak, aber nicht so provinziell wie Tikrit, woher Saddam und sein machtbesessener Clan stammten. Aus Mosul, der Handelsmetropole des Irak, waren früher viele Offiziere der Armee gekommen. Hier hatten sich Saddams Söhne versteckt, und hier waren sie verraten worden. Hier hatten die Scheichs von al-Qaida auf dem Höhepunkt des irakischen Bürgerkriegs ab 2007 Edikte erlassen, die weit über eine Vollverschleierung der Frauen und Bartpflicht für Männer hinausgingen. Tomaten und Gurken dürften nicht gemeinsam in einen Salat, besagte eine Proklamation an einer der Moscheen: Tomaten seien weiblich, Gurken männlich. Die Tätowierer der Stadt hatten Kunden, die sich ihren Namen und ihre Telefonnummer auf den Rücken oder die Beine stechen ließen: »Damit mich meine Verwandten finden, falls ich geköpft worden bin.« Erst in den letzten Jahren, bis 2012, war Mosul oberflächlich zur Ruhe gekommen – während der IS seit Jahren die Unterwelt der Stadt beherrschte. Seine Schutzgelderpressungen unter Mosuls Geschäftsleuten waren über Jahre seine wichtigste Einnahmequelle gewesen.

Aber diese Phase der scheinbaren Ruhe währte nur kurz. Auf der anderen Seite der bald nicht mehr existierenden Grenze zu Syrien hatte ISIS seit Monaten den Angriff auf die Stadt geplant, hatte aufgerüstet für das, was nun folgen sollte.

Die Stimmung war angespannt in Mosul in den ersten, brütend heißen Junitagen 2014. Am 4. Juni war der Militärchef der Dschihadisten in der Stadt gestellt worden, hatte sich aber lieber in die Luft gesprengt, als sich zu ergeben. Danach herrschte eine kurze, trügerische Stille bis zur Nacht des 6. Juni: Gegen 2.30 Uhr rollte das erste Rudel Pick-ups aus der Wüste im Westen heran, jeder Wagen besetzt mit bis zu vier Kämpfern, die sich ihren Weg durch die vordersten Kontrollposten am Stadtrand freischossen.[2] Eine Stunde später hatten die ersten

5 Blitzkrieg der Dschihadisten

Dschihadisten das Zentrum erreicht. Die Polizeieinheiten dort schossen zurück, aber sie allein hatten wenig Chancen gegen die auf die Pick-ups montierten 14,5 mm-Maschinengewehre. Und von der Armee war nicht viel zu sehen. Zwei Selbstmordkommandos sprengten sich mit ihren Fahrzeugen am anderen Ende der Stadt in die Luft. Kleine Verbände der 3. Division schossen mit Mörsern, aber verließen meist fluchtartig ihre Stellungen, sobald die Angreifer näher kamen.

Immer mehr der rasch beweglichen ISIS-Kommandos rollten heran, als ihre Führer merkten, auf welch geringen Widerstand sie stießen. Am 7. Juni hatten die Kämpfer bereits fünf Stadtteile eingenommen. Kurdenpräsident Barsani bot abermals an, Peshmerga-Verbände aus den benachbarten Kurdengebieten nach Mosul zu schicken. Maliki lehnte ein Mal, dann ein zweites Mal ab. Es seien genügend Kräfte in der Stadt, ließ er ausrichten. Stattdessen bombardierten Hubschrauber vom südlich gelegenen Flughafen die Stadtviertel und töteten damit Kämpfer und Zivilisten gleichermaßen. Noch hielt die improvisierte Verteidigungslinie entlang des Tigris, die den Durchbruch der feindlichen Kämpfer in die östlichen Viertel stoppen sollte. Am Nachmittag des 8. Juni rollte die nächste Welle der Angreifer heran: Etwa 100 Fahrzeuge mit mehr als 400 Kämpfern jagten in die Stadt. »Aber sie kamen nicht nur aus einer Richtung«, erinnerte sich ein geflohener Einwohner: »Sie kamen von überallher! Sie trugen schwarze Masken, wir wussten nicht, wer diese Männer waren. Aber wenn sie etwas sagten, klang das oft nach Maslawi«, dem lokalen Akzent. »Das können nicht nur Angreifer von außen gewesen sein. Die wussten genau, wo welches Gebäude ist, viele waren auch zu Fuß unterwegs.«

Im Irak – wie in vielen Ländern – liebt man den Glauben an Verschwörungen auch ohne jeden Beleg. Aber beim Sturm auf Mosul handelte es sich tatsächlich um eine zuvor umfänglich geplante Operation. Ganz unterschiedliche Gruppen, alte Baath-Zellen, mehrere Islamistenformationen, die radikalen Sufis des Nakschbandiya-Ordens, die eher nationalistischen »Revolutionäre von 1920«, sie allen schlugen nun koordiniert zu. Zuvor hatten sich die Gruppen auf kein gemeinsames Vorgehen verständigen können. Aber ISIS war von seinem Siegeszug in Syrien massiv gestärkt zurückgekommen. Seither war klar, wer die Offensive anführen würde.

Im Laufe des 9. Juni erschütterte eine gewaltige Detonation die Stadt: Ein Wassertanklaster, voll beladen mit Sprengstoff und Metallteilen, war auf das Hotel zugerast, in dem die letzten 40 Polizisten auf der Westseite der Stadt noch ausgeharrt hatten. Der Rest war tot, geflohen – oder zu den Maskierten übergelaufen. Die Polizisten schossen auf den nahenden Laster, er explodierte knapp vor dem Gebäude, aber die Stellung war nicht mehr zu halten.[3] Der Westen Mosuls war jetzt vollständig in der Hand der Angreifer. Polizisten warfen ihre Uniformen weg und flohen. Gegen 19.30 Uhr trafen sich General Mahdi Gharawi, der erst im März zum Operationskommandeur von Mosul ernannt worden war, mit dem Gouverneur und den beiden höchsten Generälen vor Ort, dem irakischen Vizestabschef Aboud Qanbar und Heereschef Ali Ghaidan. »Wo bleibt die 2. Division?«, habe ein Berater des Gouverneurs gefragt. Gharawis Einheiten, ohnehin dezimiert, steckten fest in verschiedenen Teilen der Stadt. Die 2. Division stand noch entfernt von den Kämpfen östlich der Stadt. »Wir können die Kräfte mobilisieren«, habe der Berater versprochen. Qanbar unterbrach ihn barsch: Sie sollten sich um ihre Angelegenheiten kümmern! »Wir kümmern uns um unsere.«[4] Dann gingen die beiden, verließen erst die Besprechung, verlegten dann ihr Einsatzquartier weit nach Osten und nahmen einen ganzen Konvoi von Sol-

5 Blitzkrieg der Dschihadisten

daten und Fahrzeugen mit. Es sah nach Flucht aus, und das glaubten auch die Soldaten und Offiziere, bei denen sich die Nachricht vom Verschwinden der Befehlshaber rasend schnell herumsprach – und unter denen nun eine Massenflucht einsetzte. Tausende gaben ihre Posten auf, warfen ihre Uniformen ab und versuchten verzweifelt, zivile Kleidungsstücke zu bekommen. Er habe seine Dienstpistole der Marke »Glock« gegen ein T-Shirt eingetauscht, bekannte Tage später ein desertierter Soldat vor einem Reisebüro in Erbil, wo er versuchte, einen Flug nach Hause in den Südirak zu buchen.

Theoretisch waren zwei Divisionen, dazu Verbände von zwei weiteren Divisionen, insgesamt 25 000 Polizisten und Soldaten in und um Mosul einfach davongelaufen vor anfangs 1000, am letzten Tag der dreitägigen Kämpfe maximal 2000 ISIS-Kämpfern. Eine ganze Armee mit Panzern, Apache-Kampfhubschraubern, gepanzerten Humvee-Geländewagen, Artilleriegeschützen und Raketenwerfern rannte davon vor einer überschaubaren Zahl an Männern auf Pick-ups mit aufmontierten Maschinengewehren – und zwar unter Zurücklassung ihres gesamten Arsenals. Ein unfassbarer Sieg, den einzelne Dschihadisten umgehend Gottes helfender Hand zuschrieben. Doch wie es dazu kommen konnte, dass Mosul trotz mehrerer Vorwarnungen, trotz immenser Militärhilfe aus Washington allein 2013, trotz einer theoretisch 200 000 Mann starken Armee und annähernd einer halben Million Polizisten sowie Paramilitärs innerhalb von nur vier Tagen ISIS in die Hände fallen konnte, hatte mehrere Gründe – Gottes Beistand war keiner davon.

Es war ein Triumph, der sich aus altem Hass und neuen Fehlern speiste, aus der gegenwärtigen Paranoia eines Regierungschefs, der Arroganz britischer Kolonialbeamter vor 100 Jahren und letztlich dem frühesten Machtkampf innerhalb des Islam, in dessen Namen nun die Stadt erobert worden war. Sunniten gegen Schiiten, das war die Bruchlinie des Bürgerkriegs nach dem amerikanischen Einmarsch in den Irak gewesen. Und Nuri al-Maliki, seit 2006 gewählter Premier des Landes, hatte alles getan, die Kluft weiter zu vertiefen. Dass die 2003 jählings von der Macht vertriebene sunnitische Minderheit ihrerseits über Jahre alles daransetzte, wiederum die Schiiten aus ihren neu erworbenen Machtpositionen zu vertreiben, statt sich an einem demokratischen Miteinander zu beteiligen, machte es ihm leicht. Politisch groß geworden im Untergrund, im nicht minder diktatorischen Exil in Iran und Syrien, hatte Maliki den Instinkt des Überlebenskünstlers entwickelt – der ihm dann zum Verhängnis wurde, als er alles erreicht hatte, was zu erreichen war: Regierungschef des Irak zu sein. Besessen von der Angst, einstige Saddam-Anhänger oder andere Gegner könnten gegen ihn putschen, entfernte er Sunniten und potenzielle Dissidenten aus den Offiziersrängen, dem Kabinett, den Ministerien. Die von den USA finanzierten sunnitischen Sahwa-Milizen (»Erweckungs-Milizen«), die ab 2007 erfolgreich al-Qaida niedergerungen hatten, wurden weder in die Armee übernommen noch bezahlt. Über Jahre arbeitete Maliki beharrlich daran, fähige Offiziere durch Günstlinge und Verwandte zu ersetzen, um sicherzustellen, dass die Armee eines niemals tun könnte: gegen ihn putschen. Dass die Armee dadurch im Zweifelsfall auch nicht mehr gegen einen äußeren Feind kämpfen könnte, war zweitrangig.

Im Westen wurde wenig, in der arabischen Welt dafür umso genauer beachtet, wie Maliki schrittweise immer radikalere Positionen einnahm und damit begann, die Sunniten aus »seinem« Staat zu drängen, ja den sunnitischen Islam überhaupt infrage zu stellen. Bei einem Besuch in Kerbala im Dezember 2013 schlug er öffentlich vor, dass die Gebetsrichtung geändert werden sollte, fortan nicht mehr nach Mekka, sondern

5 Blitzkrieg der Dschihadisten

nach Kerbala ausgerichtet. »Hier liegt schließlich Imam Hussein begraben«[5], die heilige, von den Schiiten verehrte Ikone ihrer Glaubensrichtung. Friedliche Proteste von Sunniten wie im April 2013 in der Stadt Hawija wurden von der Armee zusammengeschossen.

Und schließlich ließ Maliki all jene sich am System bereichern, die ihm loyal waren – das bewährte Rezept vieler Diktaturen. Loyalität zahlte sich aus. Sollte hingegen jemand in den Verdacht geraten, nicht mehr loyal zu sein, konnte er umgehend und ganz legal der Korruption angeklagt werden. Maliki war berüchtigt dafür, Dossiers über alle, Feinde, Freunde, Verbündete, Minister, Generäle, anzulegen, und drohte auch mehr als einmal, »den Irak aus den Angeln zu heben«[6], sollte irgendeine Fraktion versuchen, ihn zu stürzen. So konnte er noch eine Säuberungswelle in einen Akt der Rechtsstaatlichkeit verwandeln.

Doch Korruption hat etwas Korrosives. Sie zerstört den Staat von innen, zerfrisst schleichend Polizei und Geheimdienste und lähmt am Ende den Apparat, den man zur Sicherung seiner Herrschaft geschaffen hat. Nach mehreren Massenausbrüchen hochrangiger ISIS-Gefangener aus den eigentlich sicheren Gefängnissen des Landes in Basra und Bagdad und vor allem, nachdem die Terrororganisation sich öffentlich damit gebrüstet hatte, Waffen und Sprengstoff in den Irak geschmuggelt zu haben, brachten die Ermittlungen dieser Vorgänge einen unerwarteten Helfer zutage: Abu Ali al-Basri, den Sicherheitschef im Büro des Premierministers. Er wurde sogar von einem Parlamentsausschuss zu den Vorwürfen gegen ihn befragt, einen Haftbefehl vereitelte allerdings ein Richter, der mit Maliki verwandt war, sodass al-Basri außer Landes fliehen konnte.[7]

Jener Militär, der sich bei der Verteidigung Mosuls als der fähigste erwies und bis zur letzten Stunde kämpfte, der ehemalige Polizeigeneral Mahdi Gharawi, war zuvor eher bekannt gewesen als Anführer einer Todesschwadron und Herr über geheime Foltergefängnisse. Sein Beiname lautete: das Monster von Mosul. Selbst die amerikanischen Statthalter in Bagdad hatten es über zwei Jahre nicht geschafft, Maliki davon zu überzeugen, Gharawi angesichts erdrückender Beweise für Folter und Morde vor Gericht stellen zu lassen.[8]

ISIS musste im Wesentlichen nur noch das tun, was seine Führer am besten konnten – die Fehler der anderen erkennen und nutzen. Und in Mosul hatten sie damit schon lange begonnen, bevor sie nun sichtbar an die Oberfläche kamen: im Untergrund, effektiv und leise, wenn sie Schalldämpfer auf ihre Mordwaffen schraubten, laut nur, wenn wieder irgendwo eine ihrer Bomben hochging. Das, was ISIS ab Jahresbeginn 2013 in Nordsyrien ins Werk setzte, erst das Auskundschaften der Bevölkerung bis in kleinste Details, wer was besitzt, wer Schulden hat, wer mächtig ist, wer sündigt und wo wer wohnt, das wussten sie in Mosul längst. Es war ja ihre Stadt, schon seit 2003 hatten sich hier radikale Zellen gebildet, hatten die Bevölkerung mit ihren gezielten Morden terrorisiert und waren nie gänzlich vertrieben worden. Viele von ihnen stammten aus Mosul und hatten die Stadt schlicht als Beute betrachtet, die man plündern konnte – egal, ob die Ladenbesitzer, Tankstellenbetreiber und Apotheker, die immer mehr Schutzgeld bezahlen mussten, nun Sunniten, Christen oder Schiiten waren.

Nuri al-Malikis Politik, die Sunniten seines Landes grundsätzlich als ein Terrorproblem zu sehen und die Armee in Mosul wie eine Besatzungsmacht einzusetzen, hatte den echten Terroristen dabei entscheidend geholfen. In Mosul hatten die meisten Bewohner vor beidem Angst: vor dem Staat, der im Wesentlichen als bewaffnete Macht auftrat und jeden beliebigen Bürger an zahllosen Kontrollposten der Stadt verhaften konnte – und

5 Blitzkrieg der Dschihadisten

vor den Terroristen, die trotz oder gerade wegen des immensen Militäraufgebots wenig behelligt wurden. »Wieso sollte ich zur Polizei gehen?«, beklagte sich ein aus Mosul geflohener Journalist. »Erstmal helfen die mir sowieso nicht, und außerdem würden mich manche meiner Nachbarn als Verräter ansehen, dass ich mit Malikis Leuten gemeinsame Sache mache. Es reicht ein Spitzel, der mich sieht und anschwärzt, und ich bin tot.«

Mosul war eine Stadt der Angst vor dem Unsichtbaren. Vor den leisen Killerkommandos von ISIS, die genau wussten, wo ihre Opfer arbeiteten, wohnten, welche Wege sie nahmen, und die niemand aufhielt. Als Anfang Oktober 2013 zwei Reporter des privaten TV-Senders Al Sharqiya auf einem Markt die Einkäufer wegen des nahenden Opferfestes filmen wollten, lösten sich ein paar Männer aus der Menge, erschossen die beiden und verschwanden.[9] Eine professionelle Hinrichtung, Schüsse in Brust und Kopf. Niemand folgte den Mördern, auch nicht die Polizisten, die in der Nähe gestanden hatten. »Wie sollen wir die Öffentlichkeit schützen, wenn wir uns nicht einmal selbst schützen können?«, klagte ein Polizeioffizier, der selbst nur mit »A. Mohammed« zitiert werden wollte.[10] Der Journalist Nawzat Shamdin überlebte einen Mordversuch: »Auf dem Markt sah ich, wie plötzlich ein Junge zwischen zwölf und 15 eine Pistole mit Schalldämpfer aus einem Sack zog und auf mich richtete. Für eine Sekunde begriff ich nicht, was los war. Just in dem Augenblick explodierte in der Nähe eine Bombe, der Junge verschwand.«[11] Dutzende Polizisten erhielten Todesdrohungen, wurden eingeschüchtert, vertrieben oder umgebracht. Am 8. Oktober, drei Tage nach dem Mord an dem Kamerateam, traf es Saad Zaghloul, den Sprecher des Gouverneurs. Sein Vorgänger war im Juni ermordet worden. Stunden nach Zaghlouls Tod kursierten Flugblätter in der Stadt: Wer weiterhin als Journalist arbeite, sei des Todes. »Jeder nahm die ernst«, sagte der Radiojournalist Talal Majid.[12] Manche blieben, wie er, aber zogen um, löschten ihre Facebook-Accounts, änderten ihre Telefonnummern.

Der Terror traf Journalisten und Polizisten, aber genauso Bezirksbürgermeister, Armeeoffiziere, selbst Immobilienmakler.[13] Denn so identisch die mutmaßlichen Killerkommandos waren, so unterschiedlich waren die Motive für die Morde: Journalisten sollten einfach ausgerottet und mundtot gemacht werden. Die Hoheit über die Wirklichkeit, zumindest jene, die berichtet wird, würde später wichtig sein. Immobilienmakler, Firmenbesitzer, Geschäftsleute aber starben aus anderen Gründen. ISIS hatte aus der bodenlosen Angst ein immens profitables Geschäftsmodell gemacht: Wer in Mosul leben und vor allem wer dort Geschäfte machen wollte, musste dafür zahlen. Wer die »Terror-Steuer« nicht zahlte, wie der Investor der ersten Shoppingmall in Mosul, sah sein Geschäft in einer Trümmerwolke verschwinden. Am 19. Oktober 2013 wurde die »Sama«-Mall im vornehmen Viertel al-Arabi gesprengt, 19 Menschen starben oder wurden verwundet. Am selben Tag traf es das »Happy«-Restaurant.

»Alle dort zahlen«, erzählten schon im Frühjahr Geschäftsleute aus Mosul, die nach Erbil ins Kurdengebiet gezogen waren, »deswegen sind wir ja weggegangen.« Wie viel Geld ISIS mit Schutzgelderpressungen allein in Mosul einnahm, ist angesichts von Tausenden Einzelfällen schwer zu ermitteln. Brett McGurk, der Vizestaatssekretär im US-Außenministerium, nannte bei einer Anhörung vor dem Repräsentantenhaus im Juli 2014 die Summe von zwölf Millionen US-Dollar pro Monat.[14] Vor dem Fall der Stadt dürfte die Summe eher noch höher gelegen haben. In dem Schattenreich des Schreckens »wollen sie immer mehr Geld von immer mehr Leuten«, so ein lokaler Journalist 2013.[15] Anfangs hätten sich die Dschihadisten auf

5 Blitzkrieg der Dschihadisten

den Benzin-Schwarzmarkt und große Firmen beschränkt, aber mittlerweile würden sie selbst Moscheen erpressen, Universitäten, Apotheken und die Eigentümer der Generatoren, die bei den permanenten Stromausfällen die Nachbarschaft im Abo-Betrieb mit Energie versorgen. Dort kassierte ISIS gleich doppelt: Zum einen zahlten die Betreiber, zum anderen gab es bis zu tausend »Geister-Generatoren«, die zwar nicht existierten, aber deren Besitzer ebenfalls Anspruch auf den subventionierten Diesel erhoben. Den wiederum mussten sie mit ISIS teilen. Der einzige Weg, die Terroristen von dieser Einkommensquelle abzuschneiden, »wäre eine funktionierende Stromversorgung«, so ein Kraftwerksbeamter, aber die gab es in Mosul seit dem Sturz Saddams 2003 nicht mehr.

Sobald sie sich sicher genug fühlten oder mehr Geld brauchten, erhöhten die Eintreiber im Herbst 2013 die Preise: Apotheken, die bis dato 200 Dollar im Monat gezahlt hatten, sollten plötzlich bis zu 20 000 aufbringen. Viele Apotheker gaben auf und schlossen ihre Geschäfte, ebenso wie die Betreiber von Supermärkten, Arztpraxen, Maklerbüros. »Ich habe 20 000 Dollar gezahlt an Leute, die ich nicht kannte«, erzählte ein Universitätsprofessor, »aber so wie ich bekamen viele Kollegen Todesdrohungen oder Ankündigungen, man werde ihrer Familie etwas antun.«[16] Schon bevor der eigentliche Sturm der Dschihadisten auf die Stadt begann, hatten sie Mosul mürbe terrorisiert. Und sie hatten über Jahre eine gigantische Kriegskasse erwirtschaftet, von der bis 2012 ja nicht einmal klar gewesen war, ob sie diese je würden investieren können. Ein beachtliches Maß an planerischer Disziplin, denn die weitergehenden Terroranschläge in Bagdad und anderen Städten kosteten einen kleinen Bruchteil der gehorteten Gelder.

Was dann ab dem 6. Juni 2014 bei der Eroberung Mosuls geschah, glich bis ins Detail dem, was zuvor in syrischen Städten im kleinen Stil erprobt worden war: Während eine kleine Vorhut von außen angriff, schlugen die Schläferzellen im Inneren zu, strömten aus ihren konspirativen Quartieren, wo sie zuvor mit Waffen, Unterkunft, selbst Papieren versorgt worden waren[17], und beteiligten sich an den Kämpfen. Sie besetzten neuralgische Punkte, leiteten die Ankommenden durchs Gewirr der Stadt. Wie viele Menschen in diesen Tagen flohen, ist nie geklärt worden. Die UN sprach von bis zu 500 000 Flüchtlingen, aber in den kommenden Wochen waren die wenigen Auffanglager fast leer, was dafür spricht, dass es zunächst erheblich weniger waren.

Doch als die schwarzen Banner mit dem weißen Schriftzug schließlich am Mittwoch, dem 11. Juni, von den Autobahnbrücken und höchsten Gebäuden der Stadt wehten, herrschte in Mosul Partystimmung. Im hupenden Autokorso fuhren Hunderte durch die Innenstadt und jubelten den Eroberern zu, die mit frisch erbeuteten Humvees und Schützenpanzern durch die Stadt zogen. »Da'ish hat unsere Frauen und all die unschuldigen Gefangenen aus Malikis Knästen befreit«, triumphierte Ghanem al-Abed, einer der Organisatoren von Straßenprotesten, wie es sie für kurze Zeit ab 2011 in Anlehnung an die Proteste in Kairo auf Mosuls Tahrir-Platz gegeben hatte. »Wir haben Da'ish nicht darum gebeten«, bekräftigte al-Abed, »die haben das von sich aus getan. Maliki hatten wir oft darum gebeten, die freizulassen, wir haben demonstriert, Sitzstreiks veranstaltet, aber er hat nicht einmal geantwortet.«[18] Sie seien einfach froh, dass die Soldaten und Polizisten fort seien, »die haben unser Leben zur Hölle gemacht mit ihren Straßensperren, Verhaftungen, Razzien in den Häusern.«

Die Eroberer von ISIS kamen mit Süßigkeiten für die Kinder der Stadt – und dem Exekutionskommando für die schiitischen Häftlinge des größten Gefängnisses in Mosul. Während

5 Blitzkrieg der Dschihadisten

man die sunnitischen Häftlinge tatsächlich freiließ, holte man die anderen nur zu ihrer Ermordung aus den Zellen. Zu Hunderten brachten ISIS-Kämpfer die Gefangenen an den Rand der Wüste und metzelten sie dort nieder.

Nur einen Tag später war das »Schild des Islam«, wie die hochmobilen Eliteeinheiten trainierter Kämpfer bei ISIS heißen[19], weitergerollt gen Süden, hatte Saddam Husseins Geburtsstadt Tikrit überrannt und Regierungsgebäude, Armeelager, Rundfunkstationen, Banken besetzt. Waffen, Geld, Teile der Fuhrparks wurden bereits am Tag von Mosuls Fall nach Syrien verbracht.[20] Kämpfe gab es in Tikrit, Hawija und anderen eroberten Städten kaum noch, denn die waren gar nicht mehr nötig: Der Schrecken von Mosul, gepaart mit einer virtuos inszenierten Propagandakampagne, die drohte, der Sturm auf Bagdad stehe unmittelbar bevor, räumte vielfach jeden Widerstand beiseite, bevor ISIS die betreffenden Orte überhaupt erreicht hatte. Abgesehen davon saß der Hass auf Malikis schiitische Apartheidsregierung in Bagdad bei vielen so tief, dass sie allerorten die Dschihadisten als Befreier bejubelten – eine gänzlich gegensätzliche Reaktion als in Syrien, wo die aktuelle Situation und die politische Kultur eine andere waren.

Begleitend zum rasenden Zug durch den Westirak lancierte ISIS eine Twitter-Kampagne und putschte seine Kämpfer mit immer neuen Nachrichten auf: »Die Schlacht wird Bagdad und Kerbala erreichen! Schnallt euch an!«[21] Als sei das Kampfgeschehen eine Achterbahn. Aber ungefähr so fühlten sich die meisten Iraker auch, die nicht wussten, wem sie nun mehr misstrauen sollten: dem Staatsfernsehen, das noch alles in Mosul unter Kontrolle wähnte, als schon längst nichts mehr unter Kontrolle war? Oder den schwarmartigen Meldungen der Dschihadisten?

In Bagdad wusste Premier Nuri al-Maliki umgehend, was

zum Kollaps einer der theoretisch am modernsten ausgerüsteten arabischen Armeen geführt hatte: »Es war eine Verschwörung!«[22] Von wem, ließ er offen, aber selbstredend sei sie gegen ihn gerichtet gewesen. Aber warum war Mosul überhaupt gefallen? Wie konnte es so schnell gehen? Wieso hatten 25 000 Soldaten und Polizisten die Stadt einfach im Stich gelassen?

Zunächst einmal muss man feststellen: So viele Soldaten waren es wohl nicht. Denn so, wie es im Irak Geister-Generatoren und Geister-Bauunternehmer gibt, die Millionensummen kassieren, ohne je etwas zu produzieren, gibt es auch Geister-Soldaten, die ihren Sold mit ihrem Offizier teilen und nie zum Dienst erscheinen. Nach Schätzungen mehrerer Offiziere waren in Mosul in den entscheidenden Tagen insgesamt nur etwa 10 000 Mann auf Posten.[23] Von denen wiederum waren viele Schiiten, die nicht einsahen, warum sie für die Rettung einer sunnitischen Stadt kämpfen sollten.

Beispielhaft für die desaströse Kombination aus Korruption und Unfähigkeit der Armee stand das Schicksal der 9. Brigade. Die war zwar nicht in Mosul selbst stationiert gewesen, sondern gehörte zu den Grenztruppen, aber deren Niederlage an den wichtigen Grenzübergängen Qaim und Walid hatte den ungehinderten Durchmarsch der ISIS-Kohorten massiv erleichtert. Der *New-York-Times*-Reporter Chris Chivers traf die demoralisierten Männer Ende Juni im Südirak, wo sie in den Ruinen eines frühmittelalterlichen Forts Zuflucht gesucht hatten. »Wir wollten kämpfen«, sagten sie, »aber wir sind verkauft worden.« Sie waren ohne Wasser an ihren Einsatzort Qaim geschickt worden, bei Tagestemperaturen um die 50 Grad. Die Versorgung der gesamten Division war an eine Privatfirma vergeben worden, der gängigste Weg, sich an den Kommissionen zu bereichern. Nur sah der Vertrag nicht vor, dass die Firma die Verpflegung auch in Kriegsgebiete liefert, und Qaim war zweifellos ein solches. »Die Einheimischen gaben uns kein Wasser«, sagte einer der Männer, »entweder weil sie mit Da'ish sympathisierten oder Angst vor denen hatten.«[24]

Nach knapp einer Woche, als die Soldaten kurz vor dem Verdursten waren, erreichte sie ein Befehl zum Abzug nach Walid, in die andere Grenzstadt. Dort trafen sie dann ihren Divisionskommandeur Generalmajor Ali Waham al-Maliki, begleitet von einem Kamerateam, der den Ausgedörrten werbewirksam Wasser reichen wollte. »Wir haben uns geweigert«, erzählten die Soldaten, »und wollten wissen, warum wir erst nicht versorgt und dann einfach abgezogen wurden!« Aber Generalmajor al-Maliki, der seine Karriere der Herkunft aus dem Clan des Premiers verdankte, hatte darauf keine Antwort. Er war schon 2008 unehrenhaft aus der Armee entlassen worden, weil er Waffen an schiitische Terrormilizen weitergegeben hatte, die damals sowohl gegen die US-Truppen, wie gegen die irakische Armee kämpften. Auf den Wegen verwandtschaftlicher Patronage war al-Maliki in die Armee zurückgekommen, jedoch galt er als »völlig unfähig zur Führung und während des ISIS-Vormarsches vollauf damit beschäftigt, patriotische Auftritte für TV-Teams zu organisieren, anstatt Wasser, Verpflegung und Benzin für seine Truppen«, so ein Offizier, der seinen Werdegang begleitet hatte.[25]

Bei aller Korruption und Unfähigkeit, die das desaströse Verhalten der irakischen Armee in jenen Tagen zumindest teilweise erklären können, bleibt ein Punkt rätselhaft, den Soldaten wie Offiziere aus Mosul, Tikrit und anderen Orten später immer wieder nannten: die Befehle zum Rückzug. In Qaim wäre die Alternative gewesen, voll ausgerüstet zu verdursten. Aber auch aus Mosul berichteten anschließend mehrere geflohene Soldaten[26], dass es einen klaren Befehl zum Abzug gegeben habe. »Der diensthabende Offizier sagte uns, er habe Befehl erhalten, sich schnellstmöglich aus der Stadt zurückzuziehen«, gab der nach Bagdad entkommene Soldat Amir al-Saadi an. »Wir dachten erst, er macht Witze, aber dann haben wir die Basis verlassen und Zivilkleidung angezogen.« Ein Hauptmann der Polizei bestätigte: »Wir bekamen über Funk am Montag, dem 9. Juni, den Rückzugsbefehl.«[27] Und auch der kurdische General Abdallah Sherko gab an, zu ihm geflohene irakische Armeeangehörige hätten sich über die Rückzugsbefehle gewundert. Andere Soldaten wiederum erzählten, sie seien weggelaufen, als alle ihre Offiziere verschwunden waren.[28]

Die Schilderungen waren so detailliert und in dem einen Punkt einhellig, dass sie nicht nach frei erfundenen Ausflüchten klangen. Wer die Befehle gegeben hatte, in deren Folge Tausende Soldaten einfach gingen und ihr Arsenal zurückließen, ist nie geklärt worden. Wie viele Offiziere einfach nur ihre Truppen schützen wollten, als sie den Massenexodus bemerkten, ist untergegangen im Chaos dieser Tage. Fest steht, dass die beiden obersten Militärs des Irak sich sang- und klanglos ins sichere Kurdistan absetzten: Vizestabschef Aboud Qanbar und Heereschef Ali Ghaidan. Qanbar war zuvor Chef des Baghdad Operation Command gewesen, Malikis wichtigster Mann innerhalb der Streitkräfte, insofern spricht vieles dafür, dass er mit Wissen und im Willen des Ministerpräsidenten handelte. Qanbar wurde von Maliki sogar noch befördert, dann vom neuen Premier Haider al-Abadi pensioniert, jedoch bis Anfang 2015 nicht gerichtlich belangt.

Ob es am Ende Hybris war, schlichte Dummheit oder ein konspiratives Kalkül, das fehlschlug: Nuri al-Maliki unternahm nichts, die nahende Katastrophe aufzuhalten. Sollte es Kalkül gewesen sein, wäre er ein extrem hohes Risiko eingegangen, den Fall Mosuls in Kauf zu nehmen, um sich anschließend den Irakern und den USA als Retter vor dem Terror präsentie-

5 Blitzkrieg der Dschihadisten

ren zu können. Aber zumindest Letzteres tat Maliki tatsächlich: Er ersuchte Washington um dringende Militärhilfe und forderte das Parlament auf, den nationalen Notstand auszurufen. Beide Adressaten verweigerten sich. So seltsam es auf den ersten Blick erscheinen mag, angesichts des Verlustes von knapp einem Drittel des Landes an eine wahnhafte Terrorarmee nicht den Notstand auszurufen, so begründet waren die Einwände des irakischen Parlaments: Maliki, der die letzte Wahl nur knapp gewonnen hatte, hätte im Fall des nationalen Notstands gar keine Mehrheit mehr gebraucht, um weiter an der Macht zu bleiben. »Wir sind dagegen«, verkündete deswegen der kurdische Abgeordnete Shwan Muhammad Taha. Sobald der Notstand erklärt würde, würde Maliki »der Alleinherrscher des Irak mit unbegrenzter Macht«, warnte Esmat Radschab[29], der in letzter Minute aus Mosul geflohene dortige Provinzchef der Kurdenpartei KDP.

Während Maliki Ende Juni in Bagdad verzweifelt um die Macht kämpfte, war die Stimmung an der Front eine Woche nach dem kurzen Kampf bizarr, nämlich: vollkommen alltäglich. *Nuqta Nihaiya*, »letzter Kontrollposten« vor dem Feind, hatten die kurdischen Peshmerga mit roter Farbe auf ihren Unterstand gepinselt. Es klang wie »letzte Tankstelle vor der Autobahn«, und ähnlich unkriegerisch wirkte die belebte Szenerie. Da hatte eine dschihadistische Horde die Millionenstadt Mosul eingenommen, und in beide Richtungen floss, staute sich der Verkehr, als sei nichts geschehen. Auch eine Woche nach dem ISIS-Blitzsieg lagen immer noch verstaubte Uniformhosen und -hemden herum, waren die ausgebrannten Armeefahrzeuge nur an den Straßenrand geschoben worden. Doch an diesen Relikten des kurzen Kampfes vorbei waren LKWs mit Nahrungsmitteln, Holz, Altmetall in beiden Richtungen unterwegs, fuhren Autofahrer aus Mosul zum Benzinkauf nach

Kurdistan, kehrten geflohene Familien zurück. »Wir sind nicht vor Da'ish weggelaufen«, erzählte ein Autofahrer, »wir hatten nur Angst, dass Maliki weiter die Stadt bombardieren lässt.« 34 der Fahrer, über zwei Stunden befragt, gaben fast identische Antworten: »Da ist alles ruhig, alles normal. Die Maskierten mischen sich nicht ein. Krankenhäuser, Verwaltung, alles läuft normal.« Ein Kettenraucher auf dem Rücksitz amüsierte sich über das offizielle Rauchverbot von ISIS: »Ich fahre jeden Tag hin und her, und ich rauche immer!«

Es entbehrte dabei nicht der Ironie, dass viele der Befragten in ihrer Aufzählung, was sich alles verbessert hätte, auch die Bombenanschläge erwähnten, die zuvor immer wieder ihre Orte erschüttert hatten: »Die sind nun vorbei, Gott sei Dank!« Was nicht so verwunderlich war, da die Urheber der Attentate nun die Macht übernommen hatten. Das Einzige, was es in Mosul nicht gebe, seien Strom und Benzin, berichteten die Pendler. Wobei Letzteres auch in Kurdistan nur noch nach stundenlangem Warten oder auf dem Schwarzmarkt erhältlich war, seit die größte Raffinerie des Landes in Beiji nördlich von Bagdad umkämpft und abgeschnitten war.

Nach Kontakten zu den ISIS-Kämpfern befragt, zuckten die Peshmerga am Posten mit den Schultern: »Wir reden nicht mit denen. Ich kann doch kein Afghanisch«, witzelte einer. Den einzigen Kontakt gebe es durch die Zielfernrohre der Scharfschützen, die 50 Meter weiter hinter einem Sandwall lagen. Der kurdische Kontrollposten war bezeichnenderweise noch derselbe wie vor dem Sturz der Stadt. Bis hierhin reichte der Einflussbereich, den die Autonome Region Kurdistan einst mit Bagdad vereinbarte hatte[30], und nur bis hierhin hatten sich die ISIS-Truppen vorgekämpft. Generell hatte sich ISIS in dieser Phase darauf konzentriert, die sunnitischen Städte des Westirak zu überrennen, und hinderte die kurdischen Peshmerga

5 Blitzkrieg der Dschihadisten

nicht daran, ihrerseits die legendäre Ölstadt Kirkuk, »unser Jerusalem«, und andere Gebiete zu besetzen, die bis dato unter Bagdads Kontrolle gestanden hatten. Auf diese Weise erweiterten die Kurden ihre Einflusszone um etwa 40 Prozent.[31] Zumindest vorläufig waren sie die Nutznießer der Dschihadisten-Offensive, während sie offiziell erklären konnten, Kirkuk nur vor dem »Islamischen Staat« gerettet zu haben.[32]

Aber die anfängliche Entspanntheit in Mosul war trügerisch. Schritt für Schritt übernahm ISIS, während der Eroberung nur eine von vielen Gruppen, die vollständige Kontrolle über die Stadt – und führte eigene Regeln ein. Schon nach zwei Tagen wurde ein 16-Punkte-Edikt erlassen, in dem ISIS verkündete, was fortan erlaubt und was verboten sei. Zunächst, hieß es darin, würden die Truppen des »Staates« die Herrlichkeit des Islam wieder auferstehen lassen und all die Ungerechtigkeiten wiedergutmachen, die den Sunniten des Irak von den schiitischen Schlangen angetan worden seien. Jeder sei sicher, solange er nichts tue, was im neuen Staat als kriminell gelte. ISIS habe das Geld aus den Banken an sich genommen, aber das sei nur zum Schutz geschehen, damit es keiner stehle. Wer selbiges versuche, werde hingerichtet. Wer eine Organisation bilde oder eine öffentliche Versammlung organisiere, werde hingerichtet, ebenso jeder, der eine andere Fahne als die von ISIS hisse. Für Kommunalbeamte, Soldaten, Polizisten gebe es die Möglichkeit, öffentlich Reue zu bekunden und der Regierung in Bagdad abzuschwören. Wer das tue, dem werde vergeben. Aber dieses Angebot gebe es nur ein Mal. Wer es jetzt nicht annehme, werde: hingerichtet.[33]

Manche Bürger Mosuls nahmen das Edikt zunächst nicht ernst. Die Verfasser schon: Es war eine umstandslose Ankündigung des Kommenden. Die Menschen Mosuls wurden von einem Wahnsinn übergeben an den nächsten. Selbst jene Radikalen, die Anfang Juni noch auf Seiten von ISIS mitgekämpft hatten und dachten, auch sie hätten gesiegt, lernten rasch, dass dem nicht so war. Allen voran die Anhänger Saddam Husseins, denen rasch klargemacht wurde, dass sie ihre gerade erst aus den Verstecken geholten und an die Wand gehängten Bilder des Ex-Diktators sofort wieder abnehmen müssten. Fortan sei nur noch ein Emblem erlaubt: die schwarze Flagge des IS.[34]

Eine der symbolischsten Handlungen, mit denen die Roll- und Räumkommandos des IS rasch ihren Anspruch auf die Errichtung eines neuen Staates demonstrierten, stieß selbst bei vielen Gegnern der Dschihadisten auf ein positives Echo: das Schleifen der Grenze zwischen Syrien und Irak. Ein Bagger brach eine Lücke in einen Sandwall – ein simpler Akt der Zerstörung, doch von ungeheurem Symbolwert. Denn damit konnte der »Islamische Staat« für sich in Anspruch nehmen, die ein Jahrhundert zuvor von den Kolonialmächten Frankreich und Großbritannien vereinbarte »Sykes-Picot-Linie« ausradiert zu haben, die als schnurgerade Diagonale einst die Einflusssphären beider Staaten voneinander getrennt hatte. Seit der Unabhängigkeit Syriens und des Irak war mehr als ein halbes Jahrhundert vergangen, aber die erbitterte Feindschaft zwischen den Baath-Regimen in Damaskus und Bagdad hatte die künstliche Grenze der »Kreuzritter« aufrechterhalten. Nun aber, als weiteren Auftakt zur glorreichen Rückkehr in das 7. Jahrhundert, twitterte die IS-Medienabteilung unter dem Hashtag #SykesPicotOver, dass sie diesen verspäteten Sieg über die koloniale Arroganz errungen hatten. Die Grenzöffnung war nützlich für die eigene militärische Beweglichkeit, aber sie kam auch gut an bei den Stämmen, die schon seit Jahrhunderten auf beiden Seiten dieser Linie gelebt hatten, ebenso bei arabischen Nationalisten, die immer noch gern die europäischen Mächte für die eigene politische Misere verantwortlich

5 Blitzkrieg der Dschihadisten

machten, und schließlich bei allen Islamisten, die daran glaubten, dass die arabisch-islamische Welt stärker sei, wenn sie sich nicht von Grenzen spalten lasse, die andere gezogen hatten. Ein grandioser PR-Erfolg.

In Mosul betrieb der IS derweil eine andere Art der Symbolpolitik und ließ die Denkmäler der Stadt schleifen: die steinernen Figuren des Dichters Abu Tammam, des Musikers Mullah Osman und anderer Größen aus Mosuls Geschichte. Selbst das Denkmal des unbekannten Saftverkäufers, eine Mosuler Institution, wurde nicht verschont. Dann traf es die Grabmäler der Heiligen in der »Stadt der 40 Propheten«, wie Mosul einst genannt wurde, weil so viele Gestalten aus den biblischen Geschichten hier begraben liegen sollen. Der Schrein des Propheten Georg aus dem 14. Jahrhundert wurde gesprengt, die angebliche Grabstätte des Jonas, deren Ursprünge bis ins 8. Jahrhundert zurückreichten, der Schrein des Propheten Seth, verehrt im Christentum wie im Islam als dritter Sohn von Adam und Eva. Und es waren nicht nur Fremde, die Mosul seiner Geschichte beraubten: Manche der Bilderstürmer, so beschrieb es der kurdische Journalist Nawzat Shamdin, hätten den Dialekt der Dörfer südlich Mosuls gesprochen.[35]

Alle paar Tage ließ eine weitere Detonation jene Wahrzeichen der Stadt in Mörtelwolken verschwinden, die – in extremster islamischer Auslegung – von der Heiligkeit Gottes ablenkten.[36] Mit dem stoischen Takt eines Mahlwerks zermalmten die Greiftrupps und Sprengkommandos der neuen Herrscher in den kommenden Wochen all das, was ihrer Allmacht entgegenstand: heilige Gräber, schiitische Moscheen und *Husseiniyas*, religiöse Seminare der schiitischen Minderheit in der Stadt. Christliche Klöster und die meisten Kirchen Mosuls wurden beschlagnahmt. Später würden die Bilderstürmer sogar die antiken assyrischen Statuen im Mosuler Museum zertrümmern und sich dabei filmen, wobei sich hartnäckig das Gerücht hielt, es seien vor allem Repliken zerstört worden. Die Originale würden auf dem Schwarzmarkt verkauft.[37]

Widerspenstige sunnitische Geistliche wurden festgesetzt oder entführt, darunter auch der Imam der Nur-al-Din-Zenki-Moschee. Es sei, als ob ihre Stadt getötet werde, sagten Bewohner am Telefon, die alle darum baten, nicht ihre Namen zu nennen. Immer neue Gesetze wurden ihnen auferlegt: T-Shirts mit Aufdrucken aus Nummern oder Buchstaben waren plötzlich verboten. Ebenso Jeans, Kartenspiel und Domino, das Wasserpfeife-Rauchen ohnehin. Die Kunstakademie und die Justiz-Fakultät schlossen, Mädchen über zwölf Jahren durften nicht mehr zur Schule gehen, Unterrichtsfächer außer Arabisch, Mathematik, Islam würden demnächst abgeschafft, hieß es.

Mitte Juli 2014 wurde ein Edikt erlassen, dass Christen konvertieren, eine »Kopfsteuer« zahlen oder die Stadt verlassen müssten – oder sie würden sterben. Ihre Häuser wurden mit einem arabischen »n« für *Nazrani*, Christ, markiert. Es stand selbst auf Häusern, die an Muslime vermietet waren, aber Christen gehörten. Die Schergen hatten gründlich recherchiert. Die Miete sei fortan dem »Islamischen Staat« zu zahlen, erklärten die Dschihadisten den verdutzten Bewohnern. Selbst über die Geschäftsbeziehungen sunnitischer und christlicher Kaufleute wisse man Bescheid, wurde mitgeteilt: Die nicht-muslimischen Anteile seien umgehend dem »Islamischen Staat« zu überlassen.[38] Man erweise den Christen Mosuls eine »große Gunst«, ihnen bis zum 19. Juli Zeit zu geben, die Stadt zu verlassen. »Danach ist nichts mehr zwischen uns und ihnen als das Schwert«, verkündete eine Proklamation, die zur Freitagspredigt in den Moscheen verlesen wurde.[39] Wer noch geblieben war, floh jetzt, wobei die Kontrollposten den Flüchtenden ihre Wertsachen abnahmen, ebenso ihre Autos, selbst die Mobiltelefone. Man ließ ihnen gerade genug Geld für ein Taxi in die benachbarte kurdische Zone. Ihre Häuser wurden konfisziert. Auf Facebook kursierte ein Abschiedsfoto: Ein junger Christ und ein Muslim, Freunde seit Kindheitstagen, umarmten sich weinend ein letztes Mal. Bis zu 10 000 Christen verließen in diesen Wochen Mosul, eine der ältesten christlichen Gemeinden der Welt hörte auf zu existieren.

Gleichzeitig begann die Säuberungswelle im Inneren: Schwarze Wagen mit getönten Scheiben hielten nun vor den Häusern jener ehemaligen Baath-Spitzenfunktionäre und Generäle aus Saddams Armee, die gedacht hatten, die neue Macht sei automatisch auch ihre Macht.[40] Es stimmte, dass im Kern des »Islamischen Staates« frühere Baathisten saßen, aber das hieß noch lange nicht, dass die ISIS-Anführer ihre frisch gewonnene Macht auch teilen wollten. In rascher Folge wurden die alten Parteikader abgeholt: Waad Hannoush, früher Kommandeur von Saddams »Spezialkräften«, Saifeddin al-Mashhadani, der es als Baath-Spitzenfunktionär 2003 bis ins amerikanische Kartenspiel der meistgesuchten Saddam-Loyalisten geschafft hatte, und weitere ehemals Mächtige. Insgesamt seien es 25 bis 60 Männer aus der einstigen Spitze von Armee, Geheimdiensten, Partei gewesen, die im Laufe des Julis in Mosul verschwanden. Es war wie unter Saddam: Man werde den Generalmajor »nach der Befragung wieder nach Hause bringen«, verabschiedeten sich die ISIS-Schergen bei dessen Verhaftung und nahmen den Mann mit, der nie wieder zurückkam.[41] Es ging nicht darum, jene Brutalität zu vermeiden, die »al-Qaida im Irak« Jahre zuvor in die Niederlage getrieben hatte, sondern darum, sich gegen die Folgen zu immunisieren. Vollständige Kontrolle, ein Nordkorea auf Arabisch, würde Meinungen und Widerstand der Beherrschten weitgehend irrelevant machen.

Jener anfangs so begeisterte vormalige Anführer friedlicher

Proteste, der den Einmarsch von ISIS im Juni noch bejubelt hatte, klang zwei Monate später ganz anders: »Das sind Verbrecher«, sagte Ghanem al-Abed, »was sie den Christen antun, ist nicht mehr menschlich!«[42] Danach verstummte er.

Die neuen Herren hatten nicht vor, kompromissbereiter zu werden, nicht in Mosul, nirgends. Im Gegenteil: Mit dem erbeuteten, gigantischen Arsenal an Waffen, Munition, Fahrzeugen legten die Dschihadisten erst richtig los. Am 30. Juni präsentierten sie Panzer, Humvees, selbst eine Scud-Rakete auf einer Parade in ihrer syrischen Hauptstadt Raqqa. Die seit Monaten belagerte kurdische Enklave Kobane wurde den gesamten Juli über fortwährend angegriffen. Und im Verlauf von Wochen verabschiedete sich die nun übermächtig gewordene Armee des IS von ihrer monatelangen stillen Allianz mit Assads Regime.

Das erste Opfer der neuen Kräfteverhältnisse wurde eben jene Basis der 17. Division bei Raqqa, die syrische Rebellen über ein Jahr lang belagert hatten und zu der nach dem Sieg von ISIS am 23. Januar der erste Versorgungsflug der Luftwaffe aufgebrochen war. Am 25. Juli wurde die Basis von den Dschihadisten überrannt. Anschließend rollten sie sämtliche verbliebenen Militärstützpunkte in der Provinz auf: Basis 93 und 121, im August schließlich den Flughafen von Tabqa, stets nach dem gleichen Muster. Vorneweg brachen mehrere Selbstmordattentäter Lücken in die Verteidigung, dann attackierte in breiter Formation die Phalanx der aus schweren, aufmontierten Maschinengewehren feuernden Pick-ups und Humvees, jenen bulligen Ungetümen, mit denen sich die US-Truppen jahrelang durch den Irak und Afghanistan bewegt hatten.

Diese Attacken waren ein jäher Richtungswechsel, nachdem sich das syrische Regime und ISIS über ein halbes Jahr lang militärisch ignoriert und oft sogar unterstützt hatten.

5 Blitzkrieg der Dschihadisten

Natürlich nahm das Assad-Regime diesen Schwenk nicht folgenlos hin: Nach ersten Warnangriffen, bei denen die Flugzeuge nur mit ihren Bord-MGs schossen, griff die syrische Luftwaffe schon Tage nach dem Blitzangriff auf Mosul erstmals Raqqa massiv an. Allerdings hatte ISIS just in der Nacht zuvor alle seine Hauptquartiere in und um Raqqa geräumt, sich in Privathäuser und umliegende Dörfer zurückgezogen – was daran liegen mag, dass die Dschihadisten aus Damaskus gewarnt worden waren.

Ungefähr zur gleichen Zeit konnten die schwer bewaffneten ISIS-Verbände die bis dato widerständigen Stämme der syrischen Südostprovinz Deir ez-Zor besiegen. Mehr als ein Jahr lang hatten jene sich zur Wehr setzen können, aber gegen das neue und hochmoderne Militärarsenal der Dschihadisten hatten sie nun keine Chance mehr. Der »Islamische Staat« war auf dem – vorläufigen – Zenit seiner Macht. Und immer noch regte sich international kein ernsthafter Widerstand gegen die unaufhaltsam erscheinende Ausbreitung seines Herrschaftsgebiets. Es war eine paradoxe Situation: Acht Jahre lang, bis zu ihrem Abzug, hatten die US-Truppen im Irak al-Qaida-Zellen bis in die Dörfer und in die Wüste verfolgt. Nun eroberte ein noch radikalerer Nachfolger im Irak und in Syrien ein Areal von der Größe Großbritanniens, und Washingtons Reaktion bestand darin, amerikanischen Fluggesellschaften eine größere Reiseflughöhe als die üblichen 30 000 Fuß zu verordnen, sobald sie irakischen Luftraum überflogen.

Ein perfekter Zeitpunkt, mochten sich die Strategen des »Islamischen Staates« gedacht haben, den nächsten Schritt zu wagen, von dem Osama Bin Laden zwar geträumt, den umzusetzen er aber nie gewagt hatte. Am Sonntag, dem 29. Juni 2014 und Beginn des Fastenmonats Ramadan erging ein Manifest an die anderthalb Milliarden Muslime der Welt und alle Adressaten, die es sonst noch interessieren könnte: Hiermit werde das »Kalifat« ausgerufen, teilte dessen oberster Sprecher, Abu Mohammed al-Adnani, mit. »Hier weht die Flagge des Islamischen Staates, die Flagge des Monotheismus. Ihr Schatten bedeckt das Land von Aleppo bis Diyala«, mithin von Nordwestsyrien bis zur iranischen Grenze. Fortan sei Abu Bakr al-Baghdadi al-Quraischi »Kalif Ibrahim«, der »Führer der Gläubigen«, dem qua Gottes Befehl alle Muslime Gefolgschaft zu schwören hätten. Alles andere sei Ketzerei, ein todeswürdiges Verbrechen. »Die Legalität aller Emirate, Staaten, Gruppen und Organisationen wird null und nichtig durch die Expansion der Autorität des Emirats und die Ankunft seiner Truppen in ihren Gebieten«, hieß es in der Erklärung, in der auch gleichzeitig noch eine Namensänderung mitgeteilt wurde. Künftig würden Verlautbarungen der Kommandoebene nur noch im Namen des »Staates des islamischen Kalifats« erscheinen ohne alle Ländernamen.

Das Kalifat, Sehnsuchtsvision militanter Islamisten seit Generationen, untergegangen im Konkurs des Osmanischen Reiches 1924, war auf einmal wieder da. Um den künftigen Untertanen die Orientierung zu erleichtern, erschien auf den Twitter-Accounts des frisch gegründeten »Kalifats« eine schwarz-weiße Landkarte mit den Umrissen des künftigen Reiches, die sich weitgehend deckten mit jenen der Abbasiden im 8. Jahrhundert.

Die ersten Reaktionen auf diese Verkündung waren Ungläubigkeit, Spott und wütende Kritik gerade aus den Reihen anderer dschihadistischer Eminenzen. Baghdadis Selbsternennung (die nominell natürlich von seinem Gelehrtenrat vorgenommen worden war) brachte die schillernde Islamistenszene zum Beben. Die Ausrufung sei »illegitim und destruktiv, nicht nur für die sunnitischen Aufstände, sondern für den Islam an sich«, warf die Welt-Vereinigung sunnitischer Gelehrter unter Führung des berühmten TV-Predigers Yussuf al-Qaradawi dem IS vor. »Reformier dich, bereue, höre auf, Muslime zu töten und die Religion zu entstellen«, erklärte selbst Abu Mohammed al-Maqdisi, der just aus dem Gefängnis entlassene palästinensisch-jordanische Prediger.[43] Dessen Wort hatte Gewicht, da er der religiöse Mentor von Zarqawi gewesen war, dem Gründervater aller IS-Vorläufer. Baghdadi sei »vom Glauben abgefallen«, »abartig«, »spaltet die Gesellschaft«, »sät Hass und Zerstörung«, sekundierten andere. Dass die Ablehnung der syrischen Rebellen, die seit Januar einen erbitterten Kampf gegen die mit Massakern und Autobomben operierenden IS-Truppen führten, drastisch ausfiel, war zu erwarten: Der »Islamische Staat« sei »ein Feind der Nation«, kriminell, ein »Handlanger syrischer und iranischer Geheimdienste«, so Zahran Allousch, Kommandeur der »Armee des Islam« auf einer Pressekonferenz im Umland von Damaskus.

Etwas bizarrer fielen die Verwünschungen aus jenem Lager aus, das vor lauter ideologischer Ähnlichkeit Schwierigkeiten mit rationaler Kritik am IS hat: den Geistlichen Saudi-Arabiens. Als »Abtrünnige, schlimmer als Juden, Christen oder selbst Heiden«, verdammte der ultrakonservative Scheich Nasir al-Shithri die Anhänger des IS. Ein anderer prominenter Prediger, Saleh al-Fauzan, der sich zu anderen Gelegenheiten für die Sklaverei und ein Verbot, Nicht-Muslime zu heiraten, ausgesprochen hatte, ging noch weiter: Das »Kalifat« sei eine Kreation von »Zionisten, Kreuzfahrern und *Safawiden*«, dem gängigen Schimpfwort für Schiiten.[44] Zustimmung hingegen und Treueschwüre kamen eher vereinzelt und verhalten von radikalen Gruppen am Rande des islamistischen Spektrums.

Nur eine Organisation meldete sich erst einmal gar nicht: al-Qaida. Während der IS über sein globales Netzwerk im

Minutentakt Twitter-Meldungen absetzte, dauerte es bei al-Qaida-Chef Zawahiri immer eine Weile, bis Kuriere seine Sermone Al Jazeera oder anderen Fernsehsendern überbracht hatten. Aber in diesem Fall lag das Problem tiefer: Was sollte das dümpelnde Mutterschiff des Welt-Dschihad dazu sagen, dass das abtrünnige Beiboot gerade verwirklichte, wozu niemand zuvor die Chuzpe gehabt hatte? Die Ausrufung des »Kalifats« zu kritisieren würde nur wie das Mäkeln des Verlierers klingen. Das »Kalifat« zu begrüßen hieße, sich unterwerfen zu müssen. Zawahiri hatte die rabiaten Konkurrenten des IS schon zu Jahresbeginn exkommuniziert – aber die wollten einfach nicht auf ihn hören. Angesichts der realen Erfolge des IS sah die Perspektive düster aus. Oder wie es der Chef des Nahostzentrums für strategische und rechtliche Studien im saudi-arabischen Dschidda griffig formulierte: »ISIS ist wie Pac-Man im Videospiel. Er wird alle Terrorgruppen auffressen, die auf seinem Weg liegen.«[45]

So absurd Baghdadis Ausrufung des »Kalifats« auch klingen mochte: Sie war konsequent angesichts der enormen Geländegewinne, die seine Armee in den Monaten zuvor gemacht hatte. Von al-Bab, der Kleinstadt im Osten der syrischen Provinz Aleppo, bis nach Beidschi, der zwischenzeitlich vom IS eroberten Kleinstadt mit Iraks größter Erdölraffinerie nördlich von Bagdad, wehte die schwarze Fahne der Extremisten. Um dieses Gebiet zu durchfahren, wäre man einen Tag lang unterwegs – auch ohne Wartezeit an der von den Dschihadisten für ungültig erklärten syrisch-irakischen Grenze.

Entsprechend nüchtern sah Shadi Hamid, ein Experte für die Region vom amerikanischen Thinktank Brookings, die Wiederauferstehung des Kalifats: »Leute müssen es nicht mögen, aber sie müssen darauf reagieren. Jetzt, da es ein real existierendes ›Kalifat‹ mit einem ›Kalifen‹ gibt, werden viele

5 Blitzkrieg der Dschihadisten

Muslime sich damit auseinandersetzen müssen, was das bedeutet – und einige werden damit sympathisieren.«[46] Qua Deklaration war das »Kalifat« nun in der Welt und die bis dato errungene reale Macht des IS ließ es nicht als reinen Größenwahn erscheinen.

In einem der ältesten Gotteshäuser Mosuls, der Nur-al-Din-Zenki-Moschee, dessen Imam vom IS festgesetzt worden war, hatte Abu Bakr al-Baghdadi schließlich beim Freitagsgebet des 4. Juli seinen größten Auftritt. Langsam schritt er die Predigerkanzel hoch – auch der Prophet soll dies gemessenen Schrittes getan haben – und verkündete mit schwerer Armbanduhr am Handgelenk, aufgezeichnet in HD-Filmqualität, die Rückkehr zu Glanz und Größe des Islam in Form des Gottesstaates. Als kleine Requisite für den frühislamischen Bühnenzauber holte er vor der Kamera ein Miswak heraus, jenes faserige, handlange Holzstäbchen, wie es der Prophet zur Zahnreinigung verwendet habe. Ebenso eklektizistisch wie die Inszenierung war der Inhalt der Verkündung: Denn der »Kalifenstaat«, wie er nun ex cathedra verkündet wurde als konsequente Umsetzung des »Versprechen Gottes«, war eine Komposition verschiedener Elemente, die dergestalt noch nie existiert hatte.

Baghdadi, dessen *nom de guerre* Abu Bakr ihn als Wiedergänger des ersten Nachfolgers Mohammeds erscheinen ließ, tat so, als habe eine bruchlose Traditionslinie des Kalifats existiert, von den Zeiten Mohammeds bis zum Untergang des Osmanischen Reiches vor 90 Jahren. Doch dem war nicht so. Die ersten vier »rechtgeleiteten« Kalifen, die in den 29 Jahren nach Mohammeds Tod geherrscht hatten, waren noch dessen Gefährten gewesen, deren Anhänger sich bald darüber entzweiten, ob ihr Anführer ein Verwandter des Propheten sein müsse oder nicht. Als die Institution des Kalifats 400 Jahre später überhaupt erst normiert wurde, gab es drei konkurrierende

Kalifate, in Kairo, Córdoba und in Bagdad. An der Herausforderung, militärischer, politischer und religiöser Führer in einer Person zu sein, scheiterten zudem viele Kalifen in der Praxis. Die Bedeutung des Kalifentitels schrumpfte, und nach dem Untergang des Bagdader Abbasiden-Kalifats im Mongolensturm 1258 wurden die letzten Abkömmlinge der Abbasiden noch bis zum frühen 16. Jahrhundert als symbolische Aufwertung an den Höfen gehalten. Exklusive Macht hatten sie da schon nicht mehr. Dann verblichen Titel und Träger schlichtweg für zwei Jahrhunderte, bis die osmanischen Sultane lediglich den Titel wiederbelebten. Was er beinhaltete, war zuvor schon Gegenstand langer, nie abgeschlossener Auseinandersetzungen gewesen: eine rein religiöse Rolle, ähnlich dem Papst im Christentum, oder doch echte, politische Macht? »Kalif« wurde zum titulatorischen Brokatmantel der Sultane, denen er größere religiöse Autorität vor allem über jene Muslime verleihen sollte, die in Indien oder Russland außerhalb der osmanischen Grenzen lebten. Kemal Atatürk schaffte den Titel 1924 schließlich ab, nachdem die tatsächliche Machtfrage schon Jahre zuvor entschieden und der Sultan abgesetzt worden war. Anschließend versuchten zwar einige, sich den Titel zu sichern, aber sie scheiterten allesamt.

Wenn es durch die Jahrhunderte eine Tradition von Islam und Macht gibt, dann jene der opportunistischen Nutzbarmachung des Islam für jeden gerade erwünschten Zweck. Auch Mullah Omar, der seit einem Jahrzehnt vermutlich in Pakistan abgetauchte Gründer und Führer der Taliban, hatte sich einst den Ehrentitel eines *Emir al-mu'minin*, eines Befehlshabers der Gläubigen, verleihen lassen. Doch was damit genau gemeint war, blieb in der üblichen Unschärfe ungeklärt, denn die Taliban hatten und haben bis heute gar nicht die Absicht, ihre Macht über die Grenzen Afghanistans auszudehnen. Sie sind, all ihrem mittelalterlich wirkenden Habitus zum Trotz, in erster Linie Nationalisten.

Das Baghdadi-»Kalifat« von Mosul nun ist ein Phantasieprodukt, arrangiert aus Versatzstücken der heiligen Texte und geschichtlicher Überlieferungen. Sein jäh verkündeter Allmachtsanspruch über anderthalb Milliarden Muslime (von denen 100 bis 150 Millionen Schiiten ohnehin ja erst umgebracht werden müssten, sollte der IS die eigenen, hasserfüllten Verkündigungen umsetzen) ist pseudohistorisches Illusionstheater. Eines, das dennoch seinen Zweck nicht verfehlt. Denn als Sehnsuchtsgröße, als Endziel kursiert die Schaffung eines »richtigen« islamischen Staates seit Jahrzehnten unter allen islamistischen Bewegungen. Schon 1930 hatte der frühe Islamist Shakib Arslan mit einem Buchtitel gefragt: »Warum sind die Muslime rückständig, während andere über den Fortschritt verfügen?« Seine Antwort: »Weil die Muslime vom Islam abgewichen sind, deshalb sind sie rückständig.« Für all die Zukurzgekommenen, Frustrierten, Wütenden, die sich an die Glorie der imaginierten Vergangenheit klammern, aber keine Antwort haben auf die Krisen der Gegenwart, klingt es nach Erlösung. Ein echter Staat würde Macht, Kontrolle, Reichtum bedeuten und wäre überdies der perfekte Rückgriff auf Mythen, die stets genährt und noch nicht entzaubert worden waren.

Immer wieder hatte man in islamistischen Kreisen über die Gründung des Kalifats gesprochen, auch al-Qaida-Chef Zawahiri hatte sie vorgeschlagen, nur eben noch nicht jetzt. Und dann kam Baghdadi. Schon zuvor hatte der IS von der Wechselwirkung profitiert, mit dem größeren »Projekt« vom eigenen Staat auch mehr Anhänger, mehr Geldgeber zu gewinnen, was ihm wiederum die Ausweitung seiner Herrschaft ermöglichte. Die Ausrufung des »Kalifats« war nur eine konsequente Fortsetzung des bisherigen, erfolgreichen Kurses. Bis zum 29. Juni 2014 hatte es lediglich ein erobertes Areal gegeben – nun gab es das »Kalifat«! Es existierte, weil die Strategen des »Islamischen Staates« es so beschlossen hatten. Wertschöpfung per Deklaration.

6 AL-QAIDA WAR GESTERN
Warum der »Islamische Staat« radikal anders ist

Warum Osama Bin Laden im Vergleich zu Abu Bakr al-Baghdadi ein gläubiger Mensch war, wieso es fruchtlos ist, die hässlichen Züge der islamischen Frühzeit ignorieren zu wollen, und warum die Deutungsgenese des Koran eine Geschichte des Opportunismus ist.

Man sollte annehmen, die Spurensuche sei zu bewältigen und irgendwann könnte die Frage abschließend geklärt werden, die immer wieder aufs Neue die Debatten bewegt: Wie viel hat der Islamismus mit dem Islam zu tun? Wo verläuft die Grenze zwischen denen, die einfach ihren Glauben leben wollen, in den sie zu 99,99 Prozent hineingeboren wurden – und jenen, die ihn als Rechtfertigung betrachten, anderen ihre Vorstellungen aufzuzwingen, mit Worten, mit Bomben, mit Kalaschnikows? Offenkundig aber ist diese Frage nicht zu klären, denn in den Talkshows, Debatten, Artikeln bewegt sich der Streit wie auf den Schienen einer Endlosschleife.

Nur warum ist das so? Weshalb beharken sich Islamkritiker und Reformer – Dschihadisten selbst kommen selten in Talkshows – in jeder Runde aufs Neue mit akkurat zitierten Koranversen und beklagen, ihr Gegenüber habe die Dinge aus dem Zusammenhang gerissen, falsch verstanden und missbraucht? So unterschiedlich die innerislamischen Ansichten über den »richtigen« Islam heute auch sein mögen, sind sich beide Seiten doch gleich darin, immer wieder zum Koran und zu den frühen Überlieferungen zurückzukehren, denn von der Heiligkeit der Schrift bis aufs Wort wagen sie sich nicht zu lösen. Und damit bleibt es eine fruchtlose Debatte.

Der theologische Disput, ob Mohammeds, respektive Gottes Worte nun auf alle Zeit wörtlich gemeint seien oder ob der Koran doch eher als Dokument einer bestimmten Epoche zu verstehen sei, deren ethische Essenz stets neu zu deuten ist, war da schon einmal weiter. Gott trage laut Koran doch keine menschlichen Züge, schrieb der Philosoph Ibn Rushd, der später in Mitteleuropa als Averroës berühmt wurde, um 1179 in Andalusien: Wie könne Gott dann sprechen, dazumal Arabisch? Also sei das Niederschreiben des Koran ein Akt der Interpretation. Und damit einer des Menschen, seiner Vernunft, die gleichberechtigt neben dem Glauben stehe. Der Philosoph wurde verbannt, und fortan gewannen jene konservativen Theologen die Oberhand, die Gottes Wort schon immer für unfehlbar und ewig gehalten hatten und sich selbst für dessen Sachwalter. Mohammed hatte zwar gesagt, er sei lediglich ein einfacher Mensch, kein Sohn Gottes, nur dessen Gesandter. Aber mit seinem grenzenlosen Machtanspruch hatte er die Saat für das Vollkommenheitsdogma ausgebracht, das nach seinem Tod um den Koran, aber auch um ihn entstand.

Eifersüchtig wachten die Gelehrten später über ihre Macht. Alles sollte festgeschrieben werden, die Strafen, die Details der Gebete, was gegessen werden darf und selbst wie. Macht war der gemeinsame Nenner für die Orthodoxen der Glaubensauslegung und die Herrscher, und mit dieser Vorstellung von der auf ewig festgeschriebenen Macht des Islam im Glauben wie in der Welt festigten die Theologen eine fatale Allianz. *Din wa Daula*, »Glaube und Staat« in einem, das ist bis heute der Kampfruf aller, die in Gottes Namen an der Macht sind oder dorthin gelangen wollen. »Diesen Bruch mit dem mittelalterlichen Staat, der das Göttliche benutzt, um die Willkür zu legitimieren und zu vertuschen, hat es in der arabischen Welt nie gegeben«, klagte schon vor 20 Jahren Fatima Mernissi, Marokkos prominenteste Soziologin.¹

Wenn der deutsche Innenminister Thomas de Maizière nach dem Massaker in der Redaktion von *Charlie Hebdo* am 7. Januar 2015 sagte: »Terroristische Anschläge haben nichts mit dem Islam zu tun«, so ist das ehrenwert, aber doch nur die halbe Wahrheit. Denn wenn das, was im 7. Jahrhundert geschah, grundsätzlich geheiligt wird und Rückgriffe darauf statthaft sind, kann man sie auch den Fanatikern nicht grundsätzlich verwehren. Solange jede Fraktion sich aus dem koranischen Repertoire und dem Supermarkt seiner Auslegungen bedient, hat jeder recht – und unrecht, denn einen Monopolanspruch der je eigenen Deutung geben die Quellen nicht her. Anstatt den Traditionsbruch zu wagen, beharren moderate Ausdeuter des Koran wie die deutschen Islamverbände auf den freundlichen, weltoffenen Anteilen. Die Salafisten und ihre kampfbereiten Brüder suchen sich währenddessen eben jene Stellen heraus, die Angriffskriege, Unterwerfung und Versklavung von Nicht-Muslimen legitimieren.

Man möge sich da nicht täuschen: Das, was die ersten muslimischen Biographen ab etwa einem Jahrhundert nach seinem Tod über Mohammeds Siegeszug schrieben, hat nicht viel zu tun mit den über die Jahrhunderte immer freundlicher und milder gewordenen Erbauungsgeschichten über einen Propheten, der eigentlich grundgütig gewesen sei. Die wenigen ersten Jahre der gewaltsamen Durchsetzung des Islam waren geprägt von Kämpfen und Brutalität, denen nur entkam, wer sich Mohammeds Truppen und dem neuen Glauben unterwarf. Aus der Perspektive einer späteren, machtsatten islamischen Welt waren die blutigen Details ebenso unnötig wie irritierend. Der Prophet konnte nett werden, brauchte – retrospektiv – keine Gewalt mehr anzuwenden. Er hatte ja gesiegt. Mit den durchaus vorhandenen Quellenfragmenten aus der Frühzeit jedoch lässt sich der Weg der religiösen Geschichtsklitterung bis an die Anfänge zurückverfolgen. Und die waren nun einmal nicht von Güte geprägt, anders als die Glanzzeit ein halbes Jahrtausend später, als der Islam für eine Weile eine tolerante, blühende Zivilisation gebar, die Wissenschaft förderte und den Spott ertrug.

Vor allem Mohammeds erster Biograph Ibn Ishak, der jahrzehntelang die bis dato oft erst mündlich weitergegebenen Aussprüche, Erzählungen, Listen, Verträge, Gedichte sammelte, die über den Propheten kursierten, schuf einen fast modern anmutenden Fundus, in dem er sogar konkurrierende Versionen von Mohammeds Leben nebeneinanderstellte im Eingeständnis, es auch nicht genau zu wissen. Und er dokumentierte das Vorhandene, noch ehe der jahrhundertelange Prozess der Verklärung einsetzte: Als etwa aus dem kleinen, hölzernen Vogel, den Mohammed laut Ibn Ishak im Mekkaner Heiligtum der Kaaba gefunden habe, 360 Götzenbilder geworden waren. Diese habe der Teufel überdies mit Blei verstärkt, und doch seien sie zu Staub zerfallen, sobald Mohammed mit einem Stab auf sie zeigte.[2] Vor allem aber schilderte Ibn Ishak jene kurze Phase der Kämpfe zwischen Mohammeds Auszug aus Mekka und seiner Eroberung der Stadt acht Jahre später in Details, die in den kommenden Jahrhunderten vielfach gemildert oder weggelassen wurden.

Es sind diese frühen Fragmente einer Eroberung, die sich in frappierender Weise im Siegeszug des »Islamischen Staates« vom Sommer 2014 widerspiegeln. Die irakische Metropole Mosul, aus deren Umgebung viele IS-Führer kommen, konnten die Kämpfer des »Islamischen Staates« nicht direkt angreifen – sondern sie mussten erst im Chaos Syriens zu militärischer Macht gelangen und die vergleichsweise unbedeutende

Stadt Raqqa zum Sprungbrett der eigentlichen Eroberung machen. Das ähnelt dem Umweg Mohammeds, der Mekka zunächst verlassen und nach Medina ausweichen musste, bevor er letztlich die Stadt erobern konnte, um die es ihm eigentlich ging. Fast kampflos, ebenso, wie der IS Mosul einnehmen sollte.

Die kalkuliert eingesetzte, von ihnen selbst gefilmte, in manchen Fälle bewusst übertriebene Grausamkeit der IS-Kampfverbände, mit der sie ihre Feinde oft schon vor ihrer tatsächlichen Ankunft in die Flucht schlagen, sie wirkt wie übernommen aus dem Textbuch der uralten Überlieferungen: »Mir wurde der Sieg zuteil dank dem Schrecken, den ich über eine Wegstrecke von einem Monat verbreite!«, lautet ein Zitat aus den frühesten Sammlungen der Aussprüche Mohammeds.[3] Seine erste Schlacht am Brunnen von Badr im Frühling des Jahres 624 wurde ohne Erbarmen geführt. Nach dem Sieg gegen einen zahlenmäßig überlegenen Gegner ließ Mohammed einen Teil der Gefangenen hinrichten, die anderen als Sklaven verkaufen. Mohammeds Anordnung, die Leichen der feindlichen Anführer in die Brunnen zu werfen und diese so zu vergiften, ist anschließend in Gedichten gerühmt worden.

Der jähe Sturmangriff des IS Anfang August 2014 auf die jesidischen Dörfer rund um den Berg von Sinjar, das Morden, das Brandschatzen, die Versklavung der Frauen – dies alles wirkt wie ein Reenactment der letzten großen Schlacht Mohammeds vor dem Fall von Mekka, als er die verbliebenen drei jüdischen Stämme Medinas attackieren ließ, die ihrem Glauben nicht hatten abschwören wollen. Gott habe ihm befohlen, den Clan der Quraiza anzugreifen, sagte der Prophet und ließ deren Wohntürme belagern, bis die Quraiza sich nach 25 Tagen bedingungslos ergaben. Frauen und Kinder wurden als Sklaven verkauft, die Männer, 600 bis 900 an der Zahl, massakriert. »Dies ist das Urteil Gottes über den sieben Himmeln«, sprach dessen Gesandter.[4]

In den Anfangsjahren des Islam waren keine friedvollen Gottsucher unterwegs, sondern eine anschwellende Kampftruppe, deren Stämme einander überboten an Hörigkeit und Gewalt »wie kämpfende Kamelhengste«, so beschrieb es Ibn Ishak.[5] Ein Wort der Kritik, ein Verdacht der Konspiration, ein Wink des Propheten, und die Getreuen töteten. »Wer erlöst mich von Ibn al-Aschraf«, einem jüdischen Spötter und Dichter, zitierte Ibn Ishak eine Frage des Propheten.[6] Was folgte, war ein Mord. Spott ist die erste Entzauberung der Macht, und je besessener der Machtanspruch verfolgt wird, umso gefährlicher ist Gelächter. Wobei vor 1400 Jahren der Spott in einer Welt voller Geister, Dämonen und Engel tatsächlich als Waffe gefürchtet war, ähnlich dem Fluch.

Aus heutiger Sicht ist solch ein Vorgehen Terror, so wie die Morde an den Satirikern der französischen Wochenzeitung *Charlie Hebdo* Anfang Januar 2015. Damals aber galt das Töten als so ruhmvoll, dass die Chronisten lange Listen mit den Namen all jener Muslime füllten, die an den Kämpfen teilgenommen hatten und deren Nachfahren dadurch geadelt wurden. Feinde hinterrücks zu überfallen, ihre Frauen und Kinder zu versklaven war grausam, für die damalige Zeit aber nicht ungewöhnlich. Danach änderten sich die Sitten, kam die Blütezeit eines weltoffenen, wissenschaftsneugierigen Islam und ging wieder unter, kamen lange Phasen der akzeptierten Mehrdeutigkeit in den Auslegungen des Koran, was der Münsteraner Islamwissenschaftler Thomas Bauer als »Ambiguitätstoleranz« über Jahrhunderte beschrieben hat. Die historische Praxis bietet Beispiele und Wege für Demokratien, für Offenheit in der islamischen Welt. Insofern haben all jene vollkommen recht, die empört verkünden, der Terror von al-Qaida habe nichts mit dem Islam zu tun. Nur: Die anderen haben eben auch recht.

Denn selbst die heiligste aller islamischen Schriften, der Koran, ist nicht nach seiner Offenbarung an Mohammed ein für alle Mal ausgehärtet wie abbindender Beton, sondern über die Jahrhunderte stets aufs Neue ausgedeutet worden. Wie Wachs, wie eine immer wieder schmelz- und formbare Masse, wurde die Auslegung der Verse den jeweiligen politisch-theologischen Erfordernissen angepasst. Und das natürlich jedes Mal mit dem Anspruch, die letztgültige Klärung der göttlichen Verkündigung zu dekretieren. Bis neue Zeiten eine neue Auslegung erforderten.

Das Selbstmordattentat etwa, zentrale militärische Komponente bei den Angriffswellen des IS, der mehr Fahrer in sprengstoffbeladenen Autos in den Tod schickt als jede Terrorbewegung vor ihm, kann als gottgefällig interpretiert werden – oder als tiefste Todsünde. Denn der Selbstmord hat im Islam eine bewegte Geschichte hinter sich, von der Billigung über die flammenspeiende Verdammnis zurück zur Billigung. Alles basierend auf demselben Halbsatz in der 29. Sure. Da steht ein Personalpronomen, *anfusakum*, was zweierlei bedeuten kann: »euch selbst« oder »euresgleichen«. Und dieser Unterschied gibt dem ganzen Vers zwei vollkommen verschiedene Aussagen: »Tötet nicht euch selbst!« Oder: »Tötet nicht euresgleichen!« Das Arabische ist manchmal nicht sehr eindeutig.

Seit mehr als 1000 Jahren mäandert nun die Deutung dieser Sure hin und her: Der Gelehrte al-Tabari befand im 9. Jahrhundert, dass sie besage, keinen anderen Muslim zu töten. Aber schon Jahrzehnte später wird das Verbot des Selbstmordes bei Strafe der Höllenverbannung festgeschrieben. In den Hadithen, den nach Jahrhunderten edierten Aussprüchen des Propheten, sind ganze Litaneien der Verdammnis notiert: »Der Prophet sagte: Wer sich von einem Berg hinabstürzt und Selbstmord begeht, der wird im Höllenfeuer sein. Auf immer und ewig wird er dort sein und unendlich seine Tat wiederholen. Wer Gift zu sich nimmt und Selbstmord begeht, vergiftet sich mit seinem Gift in der Hand auf immer und ewig im Höllenfeuer. Wer mit einem spitzen Gegenstand Selbstmord verübt, der wird sich im Höllenfeuer auf immer und ewig den Bauch aufschlitzen«, und so fort. Der Selbstmordattentäter kommt nicht vor, es gab damals ja noch keinen Sprengstoff. Noch im frühen 18. Jahrhundert urteilte eine Fatwa, dass der Selbstmord ein noch größeres Verbrechen sei als der Mord. Sein Leben selbst zu beenden war eine Einmischung in die letzten, in Gottes Angelegenheiten. Je mächtiger die Religion wurde, desto vehementer gerieten alle Ansinnen unter Verdammnis, sich dieser Macht entziehen zu wollen. Das war im Christentum nicht anders.

Aber dann wurde der Sprengstoff erfunden – und irgendwann die Idee, einen Märtyrer, dem die Sache wichtiger ist als sein Leben, damit aufzurüsten. Gegen einen Selbstmordattentäter ist jede Macht auf hintersinnige Weise machtlos, denn sie kann ihn töten, aber nicht unterwerfen. Wer nicht überleben will, ist auch nicht zu bedrohen. Die schiitische Hisbollah war die erste islamistische Formation, die im Libanon ab 1983 regelmäßig Selbstmordattentäter einsetzte. Und wieder einmal musste die Offenbarung passend gemacht werden. In geradezu buchhalterischer Abwägung erging eine Fatwa, Selbstmordattacken zu legitimieren, solange auch eine möglichst große Anzahl von Feinden dabei zu Tode komme. Ein neuer Begriff entstand: der *Istischhadi*, der sich selbst dem Märtyrertum Überantwortende. Denn die Märtyrer fahren ja himmelwärts. Heute ist der Selbstmordanschlag derart gängige Praxis geworden, dass der IS Hunderte losschickt, sich sprengstoffbeladen in den Linien und Kontrollposten seiner Feinde in die Luft zu sprengen. Dass er damit tausend Jahre islamischer Auslegung und selbst die von ihm hochgehaltenen Hadith-Enzyklopädien einfach ignoriert, ist ihm nicht einmal eine Rechtfertigung wert.

Solange aber der Koran und die frühen, oft widersprüchlichen oder schlicht kryptischen Aussprüche weiterhin als heilig und gültig gelten, kann man auch die gewaltreiche Entstehungsphase des Islam nicht als historische Epoche abtun. So bleibt der Glauben im ungelösten Dilemma verstrickt: Sieht man den Propheten jenseits seiner Epoche, wirken viele seiner Anordnungen gewalttätig und grausam. Betrachtet man ihn als Mann seiner Zeit, erscheinen viele seiner Handlungen und Aussprüche in einem anderen, milderen Licht – vom Aufruf zum heiligen Kampf, um die Medinenser gegen Mekka zu mobilisieren, bis zu den Anweisungen, Frauen wie Gefangene zu behandeln. Dann aber taugt Gottes Gesandter kaum mehr als leuchtendes, makelloses Vorbild jenseits von Zeit und Raum. Solange das Beharren auf die wortwörtliche Gültigkeit des Koran und der Sunna, der überlieferten Handlungen und Aussprüche des Propheten, fortdauert, werden auch die gewalttätigen, anmaßenden und machthungrigen Elemente darin fortleben. Es lässt sich schwerlich missbrauchen, wofür nie eine klare Gebrauchsanweisung hinterlassen wurde.

Dabei liegt das radikal Neue am »Islamischen Staat« gar nicht in sklavischer Glaubensergebenheit und Gottvertrauen – sondern in dessen Gegenteil. Der IS glaubt nicht und hofft schon gar nicht, sondern verfolgt mit strategischer Planung und nüchterner Berechnung seine Ziele. Dabei wird so wenig wie möglich dem Zufall – oder der Glaubenshoffnung – überlassen. Der nüchterne Einsatz von Lügen, der vollkommen unideologische Wechsel taktischer Allianzen, das absolute Misstrauen allen gegenüber inklusive der eigenen Emire, das ausgefeilte System von Bespitzelung und Kontrolle, all dies hat in den vergangenen Jahrzehnten noch nie eine Dschihadistenformation so kaltblütig ausgeführt. Der Verlockung, sich die von Gott geliehene Ermächtigung auf die eigene Fahne zu schreiben, sind auch früher schon Gruppen erlegen. Aber so konsequent ist sie noch nie umgesetzt worden, so erfolgreich auch nicht. Im tiefsten Innern des »Islamischen Staates« ist kein Glaube erkennbar, sondern Kalkül. Der IS will nicht den Traditionen islamischen Daseins folgen, sondern den Islam in seinem Namen abermals einführen. In den Dörfern unter der Kontrolle des IS in Nordsyrien müssen die Menschen ihren obligatorischen Treueeid auf den »Staat« seit Herbst 2014 als »Neu-Muslime« ablegen, denn nichts von früher soll mehr Gültigkeit haben. Dass diese Gegend seit den frühesten Zeiten zu allen muslimischen Reichen gehört hat, spielt keine Rolle mehr.

Das Basiselement der Unterwerfung, kombiniert mit einem – halbwegs – funktionierenden Staat, das ist die hochreaktive Konsequenz aus dem Amalgam der Dschihadisten und der Machtplaner aus den oberen Rängen der Baath-Partei. Dabei erscheint das Zusammengehen einer säkularen Partei und einer glaubensbeseelten Fanatikerhorde auf den ersten Blick unmöglich. Zwei Elemente, die sich in ihrem Kern diametral entgegenstehen, müssten sich doch abstoßen, könnten höchstens mit spitzen Fingern kurze Phasen der Kooperation überstehen – würde man annehmen. Doch letztlich sind sich beide Modelle in ihrer Struktur extrem ähnlich: Beide gehen davon aus, dass die Massen unter der Führung einer kleinen, allmächtigen Elite zurückgeführt werden sollen zur Größe der arabischen Nation (Baath) oder zum Kalifat (IS). Der Kern ist letztlich austauschbar.

Im Kontrast dazu muss al-Qaida als Bewegung gesehen werden, die immer wieder daran gescheitert ist, zu sehr zu glauben. Vor allen Dingen an die eigenen Hoffnungen zu glauben, statt die realen Verhältnisse für sich zu nutzen. Die frühen Führer von al-Qaida glaubten an Gott, an die muslimischen Massen, die sich in seinem Namen erheben würden gegen ihre jeweiligen Regime und gegen die Übermacht des gottlosen Westens. Für Jahre galt bei al-Qaida jene Doktrin vom »fernen Feind«, die vor allem Ayman al-Zawahiri, der aus Ägypten geflohene Theoretiker, ab Mitte der neunziger Jahre ersonnen hatte: die Annahme, dass man den »fernen Feind« der USA oder Europas treffen müsse, damit dieser seine Unterstützung für den »nahen Feind«, die eigenen, autoritären Regime, aufgebe – und Letztere dann in sich zusammenfielen.[7]

Schon diese Annahme war gewissermaßen ein ideologischer Fluchtplan aus dem Unvermögen, die eigentlichen Gegner, all die »nahen Feinde« der Herrschenden in Saudi-Arabien oder Ägypten, direkt besiegen zu können. Schon dort war Zawahiris radikale Heimatgruppe »al-Dschihad« angetreten, mit Terrorakten bis hin zur Ermordung von Präsident Anwar al-Sadat einen Umsturz herbeizuführen. Auch Osama Bin Laden setzte in Saudi-Arabien darauf, die herrschende Familie Al Saud stürzen zu können, sobald sich die schützende Hand Washingtons zurückziehen würde. Dann hätten die geknechteten Untertanen endlich die Chance, erfolgreich aufzubegehren. Es war eine gewagte Umwegskonstruktion, die jedoch angesichts des Aufenthaltsortes der beiden Männer nicht ganz abwegig schien: In Afghanistan hatte der Kampf der Mudschahidin gegen die sowjetischen Besatzungstruppen zu deren Rückzug und, so wirkte es zumindest, zur Implosion der Sowjetunion geführt. Warum sollte das nicht auch andernorts funktionieren? Bin Laden ging sogar so weit, von einem Zerfall der USA in ihre Bundesstaaten zu phantasieren, träfe man das Land nur hart genug.[8] Doch so hart die Terrorkommandos von al-Qaida die Welt auch trafen, weder zerfielen die USA, noch stürzte der König in Saudi-

Arabien oder der erstarrte Endlos-Diktator Husni Mubarak in Ägypten.

Weiter als bis zu Terror und Massenmord sind Bin Laden und Co. nicht gekommen. Nüchtern gesehen waren sie religiöse Romantiker, die in ihrer Illusion über das revolutionäre Potenzial der Massen den europäischen Linksterroristen der siebziger Jahre ähnelten. Auch die glaubten, dass ihr Terror gegen die Symbolfiguren des »Schweinesystems« über den Umweg der folgenden staatlichen Repression die Massen zum Aufstand bewegen würde. Und auch das ging bekanntermaßen schief.

Im Falle al-Qaidas gibt es darüber hinaus noch einen bemerkenswerten Widerspruch: Einerseits fordert ihre Auslegung des Koran eine rigide Unterwerfung der Menschen. Einer der Drahtzieher der Attentate auf die US-Botschaften in Kenia und Tansania 1998 gab später als Rechtfertigung für den Tod Hunderter muslimischer Zivilisten an, die Bomben seien doch an einem Freitagvormittag explodiert. Gute Muslime sollten da in der Moschee sein, nicht auf der Straße.[9]

Andererseits aber folgte al-Qaida in ihren Hoffnungskonstrukten vom »fernen Feind« letztlich einem Menschenbild, das von mündigen Menschen ausging, die sich aus eigenem Entschluss massenhaft erheben würden. Dass die betreffenden Bevölkerungen es damals nicht taten (sondern erst ab 2011 im Rahmen des »Arabischen Frühlings« und dann nicht unter dem Banner der sich als Avantgarde betrachtenden Islamisten), hat gute Gründe jenseits der Frage, wie mutig oder revolutionär sie sind. Aber zentral für die Ideologie al-Qaidas war die Annahme, dass die Gläubigen sich aus freien Stücken zu einem islamischen Staat zusammenschließen würden. Al-Qaida war sich stets bewusst, dass sie mit ihren Taten nur den Weg zum Endziel eines solchen Staates bereiten könnte. Zu mehr sei sie gar nicht in der Lage.

Das Menschenbild des »Islamischen Staates« hingegen ist anders. Es sieht die Menschen als Schafe und ähnelt der Praxis des Propheten: Menschen gewinnt man eher durch Unterwerfung als durch Bekehrung. Mohammed hat es mit Bekehrung versucht, ein paar Jahre lang, damals in Mekka. Er ließ sich verspotten als *Kahin*, als orakelnder Geisterseher, dem die Gemeinde schließlich sogar den Arzt bezahlen wollte, auf dass er endlich Ruhe gäbe. Er ließ sich auslachen, bedrohen und emigrierte schließlich nach Medina – jene *Hidschra*, die den Beginn der islamischen Zeitrechnung markierte und die seitdem zum Schlüsselpunkt vieler dschihadistischer Biographien geworden ist. Nach der Auswanderung begann Mohammed in Medina mit dem Einsatz aller Mittel, die Macht an sich zu ziehen. Mohammed war als *Hakim*, als Vermittler in aussichtslos erscheinenden Fehden, in die Stadt gerufen worden.[10] Eine Position, die er Schritt für Schritt nutzte, um vom Schiedsmann zum Herrscher aufzusteigen. Sobald er die Stadt unter seiner Kontrolle hatte, begannen die *Razzuas*, die Raubzüge, später die Schlachten im Namen des Herrn. Wer sich dem neuen Glauben und seinem Gesandten unterwarf, dem wurde vergeben.

Der IS mit seinem »Kalifen« Abu Bakr al-Baghdadi und den Planern im Hintergrund macht es heute genauso. Sie lassen nur die Frühzeit aus, in der Mohammed sich in Mekka verspotten ließ. Aber das Manövrieren aus einer anfänglichen Position der Schwäche heraus, die zunehmend rabiateren Angriffe, der Bruch von Vereinbarungen und schließlich die mit aller Wucht geführten Attacken und das stete Angebot, sich zu unterwerfen: Sie wirken wie Schritt um Schritt aus der historischen Vorlage umgesetzt. Bis auf den wichtigen Unterschied, dass der IS heute alle Mythen des erfolgreichen Siegeszugs vor 1400 Jahren für sich nutzbar machen kann – jedenfalls sobald ein vorläufiger Beweis des Erfolges einmal erbracht ist. Woran wiederum die kühlen Machttechniker des IS aus der Baath-Partei einen entscheidenden Anteil haben dürften.

Die fundamentalen strategischen Unterschiede zwischen al-Qaida und dem »Islamischen Staat« haben immense praktische Konsequenzen gehabt: Geprägt vom 11. September 2001, haben viele westliche Terrorexperten vor einem dankbaren Publikum seit Anfang 2014 gebetsmühlenartig wiederholt, dass dem IS ja noch ein Merkmal fehle, um mit al-Qaida gleichziehen zu können: der eine spektakuläre, gigantische Anschlag. Der war schließlich das Kernstück jener al-Qaida-Phase, die weltweit wahrgenommen wurde: die Anschläge von Nairobi und Daressalam 1998, der Angriff auf die USS Cole im Golf von Aden 2000, der 11. September 2001, Madrid 2004, London 2005. Man verstand einfach nicht, warum der IS nicht das tat, was sein Vorgänger in Sachen internationaler Wahrnehmung getan hatte. Dass er keinen großen Anschlag durchführe, lege nahe, dass er es (noch) nicht könne, meinten die Terrorexperten. Doch damit verkannte und unterschätzte man den IS – wie sich spätestens seit der Mehrfachattacke in Paris am 13. November 2015 zeigte.

Die umgekehrte Frage wäre passender gewesen: Warum sollte der IS in der Phase seines Erfolges einen spektakulären Anschlag in Los Angeles, Berlin oder Dubai verüben? Was hätte er davon? Was brachten der 11. September und die anderen Attacken ihren Urhebern? Weltweite Empörung, Abscheu, Unglauben, der so weit ging, dass sich in Pakistan und anderen muslimischen Ländern bis heute die Verschwörungstheorie hält, dass hinter den Todesflügen auf die Twin Towers nicht die eigentlichen Täter stehen, sondern eine finstere Allianz des Mossad wahlweise mit der CIA oder dem indischen Geheimdienst (die pakistanische Variante).

Aber das Ziel von al-Qaida, mit den Anschlägen eine Reaktionskette in Gang zu setzen, die zum Sturz von Regierungen und zum weltweiten Zusammenschluss von Muslimen zu einem islamischen Staat führen würde, wurde verfehlt. Osama Bin Laden klagte, er sei »verraten« worden.[11] Stattdessen wurde al-Qaida Ende 2001 aus Afghanistan vertrieben und wird seither überwacht, verfolgt, mit Drohnenattacken konstant ihres Führungspersonals beraubt. Dass George W. Bushs Regierung 2003 den an al-Qaidas Anschlägen unbeteiligten Saddam Hussein in Bagdad stürzte, war ein Nebeneffekt, der von Afghanistan aus schwerlich vorauszusehen gewesen sein dürfte. Aber selbst im Irak scheiterten die Dschihadisten damals an ihrer Unfähigkeit, dauerhaft Gebiete unter ihre Kontrolle zu bringen.

Kurzum: Spektakuläre Anschläge brachten zwar maximale weltweite Aufmerksamkeit bei vergleichsweise geringem Aufwand, aber aus ihnen erwuchs kein Sieg, sondern ein Scheitern. Die Massen haben sich nie erhoben, um al-Qaida zur Macht zu verhelfen. Al-Qaida, das waren die Illusionisten des Terrors. Ob ihre Theorie auch in der Praxis Bestand haben würde, darüber hatten sie vermutlich wenig nachgedacht. Dass sie nicht funktionieren würde, wussten sie erst, als die erwarteten Reaktionen auf ihre Anschläge ausblieben.

Was Haji Bakr und die Führung des IS skizzierten, war hingegen ein nüchternes, erprobtes Konzept zur Unterwerfung von Menschen in einer Umgebung, die sie seit Jahrzehnten minutiös studiert hatten. Sie sind die Opportunisten des Machterwerbs, zäh und planvoll, die im Sommer 2014 Herren über ein Reich waren, von dem Bin Laden nur hatte träumen können. Oder wie es der oberste Sprecher des »Islamischen Staates« in seiner letzten Antwort an Ayman al-Zawahiri im Mai 2014 formulierte: Es gäbe für den IS überhaupt keinen Anlass, irgendwelchen al-Qaida-Direktiven Folge zu leisten. Denn al-Qaida sei nichts weiter als eine Organisation, sie aber seien schließlich ein Staat.[12]

7 AUF DEM BERG DER JESIDEN
Die Katastrophe von Sinjar und die Wende für den IS

Sklavinnen seien eine praktische Sache, dozieren die Anführer des IS nach der massenhaften Verschleppung von Jesidinnen aus Sinjar. Doch mit ihrem Mordzug gegen diese »Ungläubigen« im Nordirak sorgen die Dschihadisten für weltweite Empörung und bringen die USA zum Eingreifen.

Am achten Tag auf dem Berg bekam Bagisa ihr erstes Kind, eine Tochter. Sie nannten sie Chudaida und hatten nichts mehr zu trinken. Aus dem Dorf Sumari waren die junge Bagisa und ihr Mann Hadi geflohen. Die beiden hatten das Glück, allein zu laufen, nicht in einer der Gruppen, die von den Angreifern am Fuß des Berges unter Beschuss genommen wurden. Und sie hatten das Pech, allein zu laufen, denn als sie schließlich innehielten, irgendwo im Schatten eines Felshangs, war da niemand, den sie kannten. Niemand, der sein kostbares Wasser mit Bagisa geteilt hätte.

Andere Familien mit einem Säugling rückten zusammen, um Mutter und Kind Schatten zu spenden, sparten sich vom Munde ab, was einmal am Tag verteilt wurde. Oder was sie, nach stundenlangen Märschen, in den Senken der ausgetrockneten Bergbäche gefunden hatten.

Bagisa, Hadi und dem Neugeborenen half niemand, sie mussten in der Hitze ausharren. Bis am Tag nach Chudaidas Geburt endlich drei kurdische Kämpfer auftauchten, Mitglieder der PKK, und sie über den einzigen offenen Pfad vom Berg hinab über die nahe Grenze nach Syrien brachten, ins Lager Nowruz. Die Geflüchteten dort erzählten vom Grauen, das sie hinter sich gelassen hatten. Sie erzählten, wie die Männer des IS im Dorf Garzarik per Lautsprecher verkündet hatten: »Legt nur eure Waffen nieder, wir werden euch nichts tun.« Und wie sie dann trotzdem auf alle geschossen hatten, die fliehen wollten.

Sie erzählten vom Schaf, das Verzweifelte mit einem Felsbrocken totschlugen, um dessen Blut zu trinken. Von den alten Eltern, die sie zu Hause zurücklassen mussten. Von Männerleichen auf den Straßen. Von Familien, die angehalten und aus den Autos gezerrt wurden, die Männer seien sofort erschossen, die Frauen fortgeschleppt worden. Und sie erzählten von Frauen, die ihre Familien anflehten, sie zu töten, um nicht diesen Wahnsinnigen in die Hände zu fallen.

Aber sie erzählten auch von Nachbarn, die plötzlich zu Feinden, zu Helfershelfern der anrollenden Dschihadisten geworden waren: Araber aus den umliegenden Dörfern, Turkmenen aus der Nachbarstadt Tal Afar und selbst einige Kurden. Die meisten Kämpfer hätten Arabisch, aber manche Kurdisch im Dialekt der Gegend gesprochen, wenn sie den anderen zeigten, welche Häuser sich zu plündern lohnten, wo Jesiden lebten, wo Araber. »Sie wussten genau, wo sie hinwollten«, sagte einer der Letzten, die flohen. Denn wieder war der Angriff des »Islamischen Staates« einem erprobten Muster gefolgt. Erst hatten Verbindungsleute über längere Zeit diskret ein Netz an Informanten aufgebaut, die in den Stunden des Blitzangriffs den IS-Kämpfern dann zeigten, wer wo wohnte, wie viele Männer kämpften. Sie wussten, wie stark der Gegner war – und wen man als Erstes töten wollte. So war es zuvor auch in den Städten und Dörfern Nordsyriens, ebenso in Mosul Anfang Juni 2014 geschehen.

Knapp zwei Monate lang hatten die Bewohner der jesidischen Enklave rund um die Stadt Sinjar am Fuß des gleichnamigen Tafelberges gedacht, sie seien dem Sturm der Fanatiker vom Juni nochmal entkommen. Ihr Gebiet liegt nördlich von Mosul im Nordirak. Aber vor allem liegt es an der Grenze zum nie ganz klar markierten Einflussbereich der kurdischen Autonomiezone. Und deren Regionalregierung KRG hatte schließlich versprochen, die Jesiden zu beschützen, vor allem nach dem Blitzangriff des IS im Juni. Denn egal, woran die Jesiden glaubten: Sie seien Kurden! Außerdem würden sie sich damit ja automatisch zum Machtbereich der KRG zählen.

Ganz sicher allerdings war das Leben nie gewesen für die uralte Glaubensgemeinschaft, deren Angehörige weder Juden noch Christen noch Muslime waren, sondern an ihre ganz eigene Schöpfungsgeschichte glaubten, die mit sieben Mysterien und einem gefallenen Engel in Pfauengestalt begann, dem Gott vergeben hatte. So, wie überhaupt das Böse in ihrem Glaubenskosmos nicht vorkam. Gott habe keine Kraft, sich fortwährend einer zweiten bösartigen Macht zu erwehren. Wozu also das Böse, wenn die Menschen doch selbst denken können und für ihre Taten selbst verantwortlich seien? Der Mensch sei frei, zumindest grundsätzlich – bis auf das Verbot, außerhalb der Glaubensgemeinschaft zu heiraten, Salat zu essen und zu heiraten im April. Für Muslime waren die Jesiden, die ja nicht einmal ein heiliges Buch besaßen, Gottlose, was langen Phasen friedlicher Koexistenz trotzdem keinen Abbruch getan hatte. Doch seit über 100 Jahren war es für die Jesiden ein leidvolles Dasein geworden, immer wieder wurden sie bedrängt, zunächst von den Truppen der osmanischen Sultane, später des Regimes von Saddam Hussein, dann von al-Qaida. Doch was nun auf sie zukam, war ein Feldzug der Auslöschung. Die Jesiden des Sinjar hatten geglaubt, gehofft, dass die dschihadistische Horde, die zwei Monate zuvor Mosul im Handstreich übernommen hatte, sich auf die Gebiete der Araber beschränken würde. Erst sah es

7 Auf dem Berg der Jesiden

auch danach aus, fuhren IS-Kolonnen ihr neues Kriegsgerät aus den geplünderten Beständen der irakischen Armee zur Siegesparade nach Raqqa und kämpften vor allem in Syrien weiter.

Dann aber waren sie über Nacht in den Irak zurückgekommen. Wenige Tage nur, nachdem die kurdischen Kämpfer in der syrischen Enklave Kobane schon begonnen hatten, sich zu wundern, warum die sonst fast täglichen Angriffe des IS auf einmal ausblieben.

Am Morgen des 3. August griffen die ersten IS-Konvois Dörfer im Umland von Sinjar an. In breiter Front und rasender Geschwindigkeit näherten sie sich von drei Seiten. Einige Peshmerga-Einheiten der kurdischen Regionalregierung schossen anfangs noch zurück. »Aber im Morgengrauen sagte plötzlich einer der Kommandeure, er habe den Befehl zum Rückzug bekommen«, erinnerte sich im Lager von Nowruz der alte Clan-Chef Blindkas Chalaf. Alle Peshmerga zogen ab, mehr als 7000 Mann aus Städten und Dörfern des Bezirks machten sich samt ihres Waffenarsenals auf den Weg nach Norden. Viele dieser Waffen hatten sie erst im Juni den Jesiden abgenommen. »Wir waren etwa 1600 Soldaten aus Sinjar in Malikis Armee«, so Chalaf. »Als die sich nach dem Fall Mosuls im Juni auflöste und die Peshmerga hier einrückten, beschlagnahmten sie alle Waffen und versprachen, uns zu beschützen.«

Als ihre erklärten Beschützer am Sonntagmorgen des 3. August Sinjar verließen, wollten die ehemaligen Soldaten wenigstens ihre Kalaschnikows wiederhaben, um sich selbst verteidigen zu können. Ohne Erfolg. Nach übereinstimmenden Schilderungen mehrerer Augenzeugen blockierten verzweifelte Jesiden im Dorf Sorava um zehn Uhr vormittags die Straße und ließen den Konvoi der Peshmerga nicht weiterfahren. Was wiederum diese in wachsende Panik versetzte. Wütende Wortgefechte eskalierten, bis die abziehenden Kurden sich den Weg freischossen. Drei der Demonstranten seien ums Leben gekommen, dann jagte die Kolonne weiter.

Eine Order zum Rückzug habe es nie gegeben, dementierte Tage später Brigadegeneral Holgard Hekmat, Sprecher des Peshmerga-Ministeriums in Erbil, auf ungewöhnliche Art die Vorwürfe: »Unsere Soldaten sind einfach so weggelaufen. Das ist beschämend, deshalb haben sie den Befehl wohl erfunden. Aber wir ermitteln gegen die – und auch gegen denjenigen, der angeblich den Befehl gegeben haben soll.« Auch die Erschießung von drei Jesiden konnte er weder bestätigen noch dementieren, »aber versetzen Sie sich in die Lage der Peshmerga: Sie sind in Panik, wollen nur weg, dann blockiert jemand die Straße und will Waffen von Ihnen. Aber falls Ihr Auto liegenbleibt, brauchen Sie doch jede Patrone, um sich zu verteidigen.«

Die im Stich gelassenen Jesiden des Sinjar kämpften in jenen Stunden, so lange sie konnten. »Wir haben dann noch geschossen, bis uns die Munition ausging«, erzählte Tage später Mustafa Aido, einer der Überlebenden. »Aber was sollten wir auch machen gegen Da'ish, die hatten Raketenwerfer, Flugabwehrgeschütze und auf jedem Pick-up eine Duschka«, die russische Bezeichnung für die schweren 14,5mm-Maschinengewehre, deren Durchschlagskraft und Reichweite nichts gewachsen war.

Wer konnte, floh auf den Berg, nur fort von den Wahnsinnigen. Das einzige Glück der Flüchtenden war, dass es den Angreifern in der sengenden Hitze offenbar zu anstrengend war, ihnen zu Fuß nachzusetzen. Sie schossen zwar den Berg hinauf, erst mit Kalaschnikows, dann mit Mörsern, aber sie folgten den Zehntausenden nicht, die sich auf den Tafelberg retteten, der sich einsam und steil aus der Ebene erhebt. Dort oben saßen die Jesiden nun in der Falle: Mehr als 50 000 Menschen, aber nur ein paar winzige Quellen und karge Sträucher. Aido erinnerte sich, wie er auf der Flucht in einen verlassenen Laden stürzte, soviel Wasser mitnahm, wie er tragen konnte. Und daran, dass sein Cousin in der vierten Nacht vom Berg herunterging, um zwischen den Linien der Angreifer in ein Dorf zu gelangen und Essen und Wasser zu finden: »Aber er kam nicht zurück.« Zehntausende drohten zu verdursten. In Panik saßen sie fest in dem etwa 70 Kilometer langen, zehn bis 15 Kilometer breiten Gebirge.

Die hochschwangere Bagisa, die in ihrem Leben noch nie weiter als bis zur nächsten Kreisstadt gekommen war und mit zerschundenen Füßen im knappen Schatten eines Felsens ausharrte, bekam fast nichts zu trinken. Während »ich einem alten Mann, der am Wegrand saß, mein Wasser anbot«, erinnerte sich Aido, »denn er sah aus wie mein Vater«, der zu diesem Zeitpunkt erschossen unten im Dorf lag. »Aber der Mann war schon zu schwach zum Trinken. Er starb, angelehnt an einen Felsen, und blieb einfach so sitzen.« Aus der Ebene schossen die immer massiver anrückenden Dschihadisten mit ihrer Artillerie weiter auf den Berg, konnten zwar nicht gezielt treffen, aber verhinderten jede Evakuierung. Es schien, als bräuchten sie nur ein, zwei Wochen abzuwarten, dann wäre von den Jesiden dort oben ohnehin kaum noch jemand am Leben.

Die Peshmerga-Führung und die kurdische Regierung hatten die Jesiden fast kampflos sich selbst überlassen – und münzten deren Schicksal anschließend zum Argument um, Amerika und die Welt endlich zum Eingreifen zu bewegen. Um solche Katastrophen zu verhindern, müsse man die Dschihadisten mit vereinten Kräften stoppen.

Dass die Peshmerga dazu allein nicht in der Lage waren, selbst wenn sie wollten, zeigte der Verlust von Mahmour, einer Stadt zwischen Mosul und der kurdischen Hauptstadt Erbil, die für einige Tage von den IS-Milizen eingenommen worden war. Nach kurzem Widerstand waren Peshmerga dort durch die Straßen gezogen und hatten die Bewohner gewarnt, umgehend zu fliehen. Sie würden jetzt nämlich auch gehen.

Was dann heranrollte, beschrieb einer, der diese Warnung ignoriert hatte und in der Stadt geblieben war: »Sie kamen wie ein Schwarm, rasend, schießend, als ob nichts sie aufhalten könne. 70 bis 80 Wagen, davon etwa 50 gepanzerte Humvees«. Der Rest der Kolonne seien Pick-ups mit aufmontierten Maschinengewehren und Flugabwehrkanonen gewesen, die mit bis zu 80 Stundenkilometern auf die Stadt zurasten, wie ein Kavallerieangriff aus früheren Jahrhunderten. Reicher und besser bewaffnet denn je seit der Plünderung ganzer Divisionsbestände beim Fall von Mosul zwei Monate zuvor, waren die IS-Verbände, die durch die Steppe heranrollten, keine Terrorgruppe mehr, sondern eine echte Armee.

Auch aus anderen attackierten Orten berichten Flüchtlinge von den apokalyptischen Angriffsformationen der Dschihadisten. »Sie rollten in breiter Linie durch die Wüste, Dutzende Fahrzeuge nebeneinander, und schossen dabei. Egal, ob wir einen Wagen ausschalten konnten, die anderen rasten einfach weiter«, so ein geflohener Soldat aus einer Garnison nahe Mosul. »Sie schickten erst mehrere Selbstmordattentäter mit sprengstoffbeladenen Wagen«, erinnerte sich ein Peshmerga, der ganz im Osten nahe dem Dorf Jalawla eingesetzt gewesen war. »Dann kam die Haupttruppe, aber so schnell nach den Explosionen, dass keiner so rasch reagieren konnte. Wer konnte, floh.«

Die Militärführung des IS hatte es nicht nur vermocht, die chaotische Schar Dschihad-Nomaden, die aus aller Welt nach Syrien eingesickert waren und von denen die wenigsten militärische Erfahrungen hatten, zu einer ebenso disziplinierten wie furchtlosen Kampftruppe zu formen. Sie hatte überdies Angriffsformationen entwickelt, die zumindest bei Überraschungs-

7 Auf dem Berg der Jesiden

attacken sehr erfolgreich waren: Nach einer langen Phase der Erkundung und Infiltration rasten Selbstmordattentäter in oftmals mit Metallplatten gegen leichten Beschuss verkleideten Autos auf Kontrollposten oder Stellungen der Gegenseite zu, sprengten eine Lücke und schufen genug Verwirrung, dass nachfolgende Einheiten durchstoßen konnten. Panzer wurden dabei selten eingesetzt, die tauchten eher auf den Siegesparaden des »Islamischen Staates« auf. Bei den Angriffen hingegen ging es um Schnelligkeit. Die vom IS zuvor nicht nur begangenen, sondern mit hohem Aufwand propagierten Gräuel sorgten dafür, dass seine Horden vielerorts gar nicht mehr kämpfen mussten, weil Verteidiger wie Bewohner schon bei der Nachricht des Herannahens geflohen waren.

Hinzu kamen die logistischen Fähigkeiten des IS, in kürzester Zeit ganze Kampfverbände samt Munition, Wasser und Treibstoff von Ort A nach Ort B verlegen zu können. Das klingt simpel, aber daran sind über Jahre exakt jene Armeen immer wieder gescheitert, die von den USA und Europa mit großen Summen und modernstem Kriegsgerät aufgepäppelt wurden: die irakische und die afghanische. Auch noch nach Jahren milliardenschwerer Unterstützung und Ausbildung mussten Brigaden der Afghanischen Nationalarmee, die 2009 und 2010 zu Operationen gegen die Taliban aufgebrochen waren, nach 48 Stunden wieder umkehren, weil die Soldaten nichts mehr zu essen hatten. Oder weil die Offiziere zuvor vergessen hatten zu tanken. Was an solch fortgesetztem Scheitern Korruption war – wie bei den irakischen Grenztruppen im Juni 2014 –, was schiere Unfähigkeit oder schlichtes Desinteresse, für die Wünsche fremder Mächte in den Krieg zu ziehen, variierte von Fall zu Fall. Aber markant war, dass die Offiziere und Logistiker des IS, vor allem Veteranen aus Saddam Husseins Armee, die logistischen Herausforderungen des Krieges perfekt meisterten. Sei es der rasante Vorstoß mit den gerade zuvor erst erbeuteten Waffen aus Mosul gegen die Enklave Kobane tief in Syrien, sei es der Angriff auf Sinjar unmittelbar, nachdem die Attacken auf Kobane eingestellt worden waren: Ausweislich der militärischen Details waren die Streitkräfte des IS eine hochmobile, rasch zu verlegende und zentral gesteuerte Armee. Es hinderte die Dschihadisten allerdings auch keine größere Macht daran, wie apokalyptische Reiter über Landstriche und Orte herzufallen.

Dass die mehr als 50 000 Gestrandeten auf dem Sinjar-Berg schließlich doch nicht verdursteten, dass auch die Stadt Mahmour zurückerobert werden konnte, verdankte sich einer Truppe, die bis vor kurzem ein wenig aus der Zeit gefallen schien mit ihren marxistisch-nationalistischen Kaderschulungen und dem feldgrünen Militärdrillich: der kurdischen Arbeiterpartei PKK. Ihr seit 1984 gegen den türkischen Staat geführter Aufstand war nicht zu gewinnen, aber wurde auch nie gänzlich verloren. Nach der Einigung der türkischen Regierung mit PKK-Chef Abdullah »Apo« Öcalan, der von seiner Partei auch nach 16 Jahren im Gefängnis weiterhin kulthaft verehrt wird, hatte 2013 der stille Abzug der verbliebenen PKK-Kämpfer aus den Bergen der Osttürkei in ihr nordirakisches Hauptquartier im Qandil-Bergmassiv begonnen. Aber ihre Kader trainierten noch immer für diesen Krieg, der doch längst abgesagt schien, huldigten Öcalan mit 20 Jahre alten Porträts und wirkten insgesamt etwas gestrig. Doch in diesen Zeiten der Kämpfe und des Chaos stellten sich die Disziplin, die Kampffähigkeit und die zentralistische Organisation der PKK als immenser Vorteil heraus.

In der vom IS überrannten Stadt Mahmour war es nur das kleine Lager der PKK gewesen, das die Angreifer nicht hatten einnehmen können. Der Mann, der nicht gegangen war, als die

Dschihadisten kamen, und von der endzeitlichen Kulisse ihrer Angriffe erzählen konnte, war der wettergegerbte kurdische Kommandeur Mahmoun oder »Doktor Mahmoun«, wie ihn seine jungen Kämpfer nannten. Er war aus Qandil geschickt worden, dem Hauptquartier, als die Späher der PKK berichteten, dass die Lage sich zuspitze rund um Sinjar. »Ich habe viel erlebt in den vergangenen 20 Jahren«, erzählte er, »Hubschrauberangriffe der türkischen Luftwaffe, Panzerbeschuss, wochenlange Gefechte, aber sowas wie Da'ish, nein, sowas noch nie. Es war wie im Horrorfilm.« Im Hof der PKK stand ein brandneuer weißer Pick-up, unter der frisch aufgetragenen Lehmtarnung schimmerte noch das schwarze Signet des »Islamischen Staates« durch, der den Wagen zwei Monate zuvor in Mosul wiederum von der irakischen Armee geraubt hatte. »Diese Wagen wechseln häufiger die Besitzer«, spottete ein alter PKK-Mann, während drei gerade aus den Bergen angekommene junge Frauen in kurdischer Kluft mit Kalaschnikow über der Schulter nach ihrem Quartier fragten. Wieder, wie zuvor in Mosul und anderen Orten, waren es lauter kleine Schicksalsgeschichten von Freundschaft und Verrat ihrer Nachbarn, die jene erzählten, die dabei gewesen waren. Denn die Araber, allesamt Sunniten, hatten sich entscheiden können: für ihre kurdischen und jesidischen Nachbarn oder für die islamistischen Eroberer, in deren Namen man morden, vergewaltigen und plündern durfte.

Ein arabischer Nachbar einer kurdischen Familie, dessen Söhne Wochen zuvor verschwunden waren, floh nicht – aber wurde dann am Tag des IS-Einmarsches beobachtet, wie er die ankommenden Terrorkämpfer zu ausgesuchten Häusern begleitete. Dort taten die Männer dann das, was sie für Gottes frommes Werk hielten – sie plünderten. Doch ebenso war es ein arabischer Nachbar, der die PKK rettete. Am zweiten Tag

Die Katastrophe von Sinjar und die Wende für den IS

der IS-Invasion hatte er gehört, wie zwei Männer davon sprachen, das weiterhin erbittert Widerstand leistende PKK-Lager auf dem Hügel von unerwarteter Seite durch die Gärten anzugreifen. Über kurdische Freunde warnte er die PKK telefonisch, die einen Hinterhalt für den Hinterhalt legten und ihre Stellung hielten. Obwohl sie gegen die Geschütze der Dschihadisten nicht mehr aufbieten konnten als ein paar Dutzend Kalaschnikows vom Schwarzmarkt, mussten die IS-Kämpfer ihren Angriff aufgeben, als sie plötzlich von allen Seiten unter Beschuss gerieten. Vier Tage später kehrten Peshmerga-Einheiten zurück, um die Stadt gemeinsam mit der PKK zurückzuerobern. Als sie die Stadt am 10. August schließlich wieder eingenommen hatten, zogen sie zum Haus des Mannes, der den IS-Kämpfern die Tipps zum Plündern gegeben hatte. Die Peshmerga drehten den Hahn einer 20-Liter-Gasflasche auf, zündeten sie an und rollten die flammenspeiende Flasche in sein Wohnzimmer. Am Tag danach standen nur noch die rußgeschwärzten Wände, knackte das Mauerwerk unter der nur langsam nachlassenden Hitze.

Doch irritierend blieb, wie wenig die kurdische Führung mit einem Angriff der Dschihadisten gerechnet hatte. »Wir würden ja gern offensiver vorgehen«, beteuerte deren ergrauter örtlicher Kampfkommandeur Nadschad Ali in Mahmour, der sich in den letzten Jahren eher mit einer Dissertation im Fach »Internationale Sicherheit« beschäftigt hatte als mit der örtlichen Sicherheitslage: »Aber jetzt baggern wir erst einmal Verteidigungsgräben!« Eine Schutzmaßnahme, die man eigentlich bereits nach der ersten Angriffswelle zwei Monate zuvor erwartet hätte. Der scheinbar mühelose Vormarsch der Kalifatskrieger hatte das Selbstvertrauen der Peshmerga zutiefst erschüttert. Zugleich hatte er auch alte Feindschaften nichtig werden lassen, zumindest für den Moment. Die PKK und die

7 Auf dem Berg der Jesiden

irakische Kurdenführung, jahrelang einander in Misstrauen abgeneigt, waren zu Verbündeten in der Not geworden. Kurdenpräsident Barsani reiste extra nach Mahmour, um dem dortigen PKK-Kommandeur zu danken. Die Kurden in der Türkei und im Irak, aber auch Schiiten, Amerika und Iran hatten auf einmal einen gemeinsamen Feind, der nicht nur brutal, sondern mit ungemein geschicktem Kalkül bei seinem Eroberungszug vorging. Sich gegen diesen Feind zur Wehr zu setzen erforderte Koalitionen, die zuvor undenkbar schienen.

Die Rolle der PKK war letztlich entscheidend in Sinjar. Es war eine Laune der Geographie und der kolonialen Grenzziehung vor einem Jahrhundert gewesen, die den Westrand des Sinjar-Berges unmittelbar an Syrien grenzen ließ. Denn auf syrischer Seite kontrollierte die PKK das Land, genauer: ihr dortiger Ableger, die »Volksverteidigungseinheiten«, *Yekîneyên Parastina Gel*, kurz YPG, die sich ebenfalls unter dem Banner Öcalans sammelten. Sie waren es, die von dort eine Piste nach Sinjar freischossen, eine Kette von Auffangstationen und Lagern entlang der Route innerhalb Syriens aufbauten und dann die halb verdursteten Flüchtlinge vom Berg holten – zunächst zu Fuß, manchmal auf dem Rücken getragen, wie die gerade niedergekommene junge Bagisa, dann weiter mit Kieslastern und Pick-ups. Ärzte, Trinkwasser, Bahren wurden schon in den allerersten Vorfeldstationen bereitgestellt, Bagger planierten Flächen für das große Auffanglager, eingelagerte Zelte von früheren Flüchtlingskatastrophen wurden von überall herbeigeschafft. »Wir haben alles requiriert, was fahren kann«, so Alwar Khalil, der einarmige Chef des größten Auffanglagers Nowruz nahe der syrischen Kleinstadt Derek, wo etwa 12 000 Menschen untergebracht werden konnten. Von dort wurden die Geflohenen wieder in die sichere Kurdenzone des Nordirak gebracht, von wo aus Busse der UN-Partnerorganisation IOM sie in Lager, Dörfer und Städte rund um die Stadt Dohuk fuhren. Hier fanden sie Zuflucht, wo immer es sich irgendwie hausen ließ – wie in dem 13-stöckigen Rohbau eines Hotels. Vom 9. bis 14. August wurden so zwischen 40 000 und 50 000 Jesiden über den syrischen Umweg gerettet.[1]

Es war eine der dramatischsten und größten Rettungsaktionen der vergangenen Jahrzehnte, die anfangs fast unbemerkt von der Weltöffentlichkeit verlief. Wobei es nicht allein humanitäres Kalkül war, was die PKK bewegte, sondern auch vorausschauendes Eigeninteresse: Nahe dem Berg Sinjar liegt die Stadt Rabie, die nicht von der zumeist feindseligen kurdischen Barsani-Regierung kontrolliert wurde und über die Kämpfer und Material der PKK von den Qandil-Bergen nach Syrien und retour transportiert wurden. Ein Verlust des gesamten Gebietes wäre fatal für die Manövrierfähigkeit und Nachschubversorgung der PKK gewesen.

Während PKK-Einheiten täglich Tausende durch syrisches Gebiet bis zum irakischen Grenzübergang Fischkhabur fuhren, dachte man in Washington darüber nach, wie sich die Jesiden mittels einer Luftbrücke vom Sinjar-Berg retten ließen. Als amerikanische Spezialkräfte am 13. August auf dem Berg landeten und die Lage sondierten, stellten sie überrascht fest, dass die Zahl der Flüchtlinge weit kleiner war als erwartet. Nur noch geschätzte tausend Menschen harrten dort oben aus. Es war bezeichnend für das Chaos in Kurdistan, dass die systematische Evakuierung der Gestrandeten offenbar auch dem US-Militär weitgehend entgangen war.

Washington stand vor einem Dilemma: Monatelang hatte US-Präsident Barack Obama die Gefahr kleingeredet, um nicht in einen neuen Krieg hineingezogen zu werden. Zweimal hatte er mit dem Abzug amerikanischer Truppen aus den Feldzügen im Irak und in Afghanistan, die sein Vorgänger begonnen

7 Auf dem Berg der Jesiden

hatte, Wahlen gewonnen. Dieses erfolgreiche Markenzeichen wollte man nicht aufs Spiel setzen, zumal man erkannt hatte, dass jedes Eingreifen im Irak auf Seiten Malikis keinen Sieg über den Terror, sondern eine Eskalation des Hasses bedeuten würde. Nun, jählings, ohne einen Plan, sondern aus Notwehr und aufgrund internationalen Drucks, griffen die USA in einen neuen Krieg im Irak ein. Am 8. August begannen die ersten Drohnenangriffe auf IS-Stellungen. Doch diese konnten anfangs ebenso wenig ausrichten wie die punktuellen Angriffe amerikanischer F-18-Jets, zumal die gesamte Umgebung vom IS kontrolliert wurde.

Am 14. August, fast gleichzeitig mit der Erfolgsmeldung Obamas, dass der Belagerungsring um Sinjar durchbrochen sei, schlossen IS-Kommandos wieder jene letzte Evakuierungsroute, die zum rettenden Nadelöhr für Zehntausende Jesiden geworden war. Tanzende Staubwolken, haushoch und tiefgrau, waren das Einzige, was noch von der Straße zum Sinjar-Berg zu sehen war, als Mörsergranaten in einiger Entfernung einschlugen. Panisch umkehrende LKW-Fahrer schlingerten über die Piste und riefen den Entgegenkommenden zu: »Sie schießen!«

Am Morgen desselben Tages hörte die winzige Tochter von Bagisa und Hadi auf zu atmen. Chudaida wurde vier Tage alt. Woran genau sie starb, könne man nicht feststellen, sagte der Arzt, der sie im Flüchtlingslager Nowruz behandelt hatte: »An allem.« An der Hitze auf dem Berg, dem Durst, dem andauernden Wind voller Staub und Exkremente, dem Hunger. Sie sei schon zu schwach gewesen, als sie im Lager ankam.

Hadi grub mit einem Stück Plastik eine Grube, nur ein paar Meter hinter den Zelten des Camps. Ein syrischer Sanitäter sah ihn dort mit dem Bündel im Arm. Er wollte den Eltern helfen, wenigstens ein bisschen Würde zu bewahren, also fragte er beim nahen Dorffriedhof an, ob dort Platz für Chudaida sei, nur ein kleines Grab. Während um sie herum erschöpfte Scharen die Lastwagen gen Irak bestiegen, wurden die drei einen halben Tag lang von der Friedhofsverwaltung zum PKK-Sicherheitsdienst, von dort zur Campleitung und wieder zum Friedhof geschickt. Niemand wollte zuständig sein für ein totes jesidisches Kind aus dem Irak in syrischer Erde. Bis der Friedhofswächter ein Einsehen hatte und es Hadi und Bagisa erlaubte, ihre Tochter auf dem Gemeindefriedhof zu beerdigen.

Die vom Berg Geretteten hatten außer ihrem Leben nichts mehr. Alles war verloren, ihre Dörfer, ihre Felder, ihre Häuser, die in den kommenden Wochen und Monaten systematisch vom IS gesprengt wurden. Selbst wenn es irgendwann möglich sein würde, konnten sich viele nicht vorstellen, wieder in ihr altes Leben zurückzukehren. »Wie sollen wir den Arabern jemals wieder trauen?«, fragte ratlos der junge Jeside Mustafa Aido, der Männern aus dem Nachbarort Tal Afar beim Morden zugesehen hatte. »Unser Leben gibt es nicht mehr, selbst, wenn Da'ish verschwindet.«

Was dem IS in Syrien nur an wenigen Orten gelungen war, funktionierte im Irak, in Mosul wie rund um Sinjar: Die Dschihadisten konnten massenhaft die sunnitischen Araber rekrutieren, die jahrelang gegängelt worden waren von Malikis Apartheidsregierung und vielfach immer noch gefangen waren im nostalgischen Groll, ihre einstige Vormachtstellung unter der Herrschaft Saddam Husseins verloren zu haben. Es war fatale Kurzsichtigkeit, auf die Barbaren des IS zu setzen, doch bis die sunnitische Bevölkerung des Irak das erkannte, war es bereits zu spät. Verrat und bestialische Morde sind nicht zu revidieren, selbst wenn die Truppen der irakischen oder kurdischen Streitkräfte imstande wären, die verlorenen Gebiete zurückzuerobern. Die Rache der Rückkehrer würde fürchterlich sein, zumal wenn die schiitischen Milizen aus Bagdad und dem Südirak vorrücken würden, die ihrerseits in den Jahren zuvor mit amtlich gebilligter Grausamkeit gewütet hatten.

Wer sich auf den »Islamischen Staat« eingelassen hatte, war zu dessen Geisel geworden in einer kaum aufzuhaltenden Eigendynamik der Vergeltung. Die Teilhabe an schäbiger Plünderung, an der Barbarei des Mordens, Vergewaltigens und Versklavens hatte einen Preis, über dessen Höhe jene vermutlich nicht nachgedacht hatten, die so bereitwillig ihre Nachbarn verrieten. Ganz im Gegensatz zu den Strategen des »Kalifats«. Die inszenierten ihre Grausamkeit in Sinjar genauso sorgfältig wie später einen Akt der Milde. Durch ihre Taten hatten die IS-Kämpfer deutlich gemacht, dass sie die Jesiden als »Teufelsanbeter« und Ungläubige betrachteten, die man straflos umbringen, deren Frauen man verschleppen und versklaven dürfe. Doch nachdem sie Hunderte erschossen und Hunderte, vielleicht Tausende Frauen und Mädchen gefangen genommen hatten, veröffentlichten die Dschihadisten Wochen nach dem Sturmangriff ein frappierendes Video. In großer Güte war dort Abu Bakr al-Baghdadi zu sehen, der »Kalif«, wie er zwischen zwei jungen, verängstigten Ex-Jesiden saß. Er erklärte, dass die Tore des wahren Glaubens geöffnet blieben und dass, wer immer den rechten Pfad beschreite, willkommen sei – so wie diese beiden jungen Männer, die ihrem Irrglauben abgeschworen und sich zum Islam bekannt hätten. Das war die Botschaft, die er lächelnd wiederholte.[2]

Rasende Brutalität und freundlichste Milde gehen beim »Islamischen Staat« Hand in Hand, ein von außen gesehen verstörendes Schauspiel. Doch die Kombination ist ein hochwirksames Mittel, mit dem der IS das erreicht, worum es ihm im Kern geht: Unterwerfung. Auch damit bringt er die frühesten Mythen der islamischen Geschichte zum Klingen. Denn wortwörtlich bedeutete »Islam« erst einmal »Ergebung in

Die Katastrophe von Sinjar und die Wende für den IS

Gottes Willen«, den nach Überzeugung des IS nun offiziell seit dem 29. Juni 2014 Abu Bakr al-Baghdadi als »Kalif Ibrahim« repräsentiere. Aus der Wortwurzel der drei Konsonanten von »Islam« s – l – m hat das Arabische die Worte für Frieden (salam) ebenso hervorgebracht wie für Unterwerfung (istislam), und in der Verknüpfung beider Begriffe bewegt sich der »Islamische Staat«.

Der Rückgriff auf jenen unglaublichen Siegeszug Mohammeds vor fast 1400 Jahren ist ein probates Mittel der Machtergreifung. Und für all jene, die sich der irdischen Hölle nahender IS-Sturmtruppen gegenübersehen, gibt es einen Ausweg, selbst für die Jesiden, jene verlorenen Seelen, die tausend Jahre lang auf einem gottlosen Irrweg waren. Die Botschaft des Propagandavideos war klar: Ihr müsst euch nur unterwerfen und den neuen Gott annehmen. Dann lebt ihr.

Dieselbe Botschaft galt jenen Frauen, die gezielt schon am ersten Tag der Angriffe verschleppt worden waren. Immer wieder drohten ihnen die Schergen des IS mit dem Tod oder Schlimmerem, wenn sie ihrem Glauben nicht abschwören würden, gaben ihnen in der Hitze des Sommers nur winzige Teerationen oder einen Eimer Waschwasser zu trinken, aber lockten: »Ihr bekommt so viel klares Wasser, wie ihr wollt, wenn ihr euch zum Islam bekennt.« Für ein paar Tage, manchmal Wochen telefonierten noch manche der entführten Frauen über versteckt gehaltene Mobiltelefone, erzählten davon, in ein vormaliges Gefängnis in Mosul oder eine Moschee in der Stadt Tal Afar gebracht worden zu sein – bis die letzten Batterien erloschen.

Insgesamt etwa 200 Frauen und Mädchen gelang die Flucht, wie der 20-jährigen Nadja Murad-Pesse, die schilderte, gemeinsam mit anderen Mädchen in verschiedenen Quartieren als Sexsklavin gefangen gehalten worden zu sein. Nichts anderes – außer der Konversion zum Islam – hätten die wechselnden Männer von ihnen gewollt. Nadja hatte bei ihrer Flucht das Glück, sich am Rand von Mosul wiederzufinden und auf eine Familie zu stoßen, die ihr tatsächlich half zu entkommen, als sie an ihre Tür klopfte.[3]

Die meisten Frauen, die dem IS entfliehen konnten, beschrieben eine ähnliche Odyssee von Ort zu Ort, sprachen manchmal direkt, meist in Andeutungen von den Vergewaltigungen und davon, dass immer wieder Männer vorbeigekommen seien, sich unter ihnen eine Ehefrau auszusuchen. Manche Mädchen, so die Schilderungen der Geflohenen, wären bis zur Ohnmacht geschlagen worden. Manche hätten sich das Leben genommen. Gegenüber Amnesty International schilderte die 27-jährige Wafa ihren Versuch, dem Grauen ein Ende zu machen: »Der Mann, der mich und meine Schwester gefangen hielt, sagte uns, entweder müssten wir ihn und seinen Bruder heiraten, oder er würde uns verkaufen. In der Nacht haben wir versucht, uns mit unseren Kopftüchern zu erdrosseln. Wir banden sie uns um den Hals und zogen, so fest wir konnten. Bis ich ohnmächtig wurde. Zwei Mädchen, die mit uns gefangen gehalten wurden, wurden wach und stoppten uns. Sie blieben wach bis um fünf, da versuchten wir es noch einmal. Sie wurden nochmal wach und hielten uns davon ab. Danach konnte ich tagelang nicht sprechen.«[4] Manche der Männer seien Ausländer gewesen, berichteten die geflohenen Frauen, andere Geschäftsleute aus Mosul – und ihre ehemaligen Nachbarn aus den sunnitischen Dörfern der Umgebung, die denselben kurdischen Dialekt sprachen. Mehrere der geflohenen Mädchen wurden von ihren neuen »Besitzern« mit in deren Familien genommen, fanden sich plötzlich zwischen den Kindern und Frauen ihrer Geiselnehmer wieder – von denen eine mehreren Mädchen half zu fliehen.[5]

Wie viele Frauen im August 2014 rund um Sinjar verschleppt wurden, ist nie ganz genau geklärt worden, Schätzungen gehen von etwa 3500 aus. Viele wurden mehrfach von einem IS-Mann zum nächsten weiterverkauft, manche konnten irgendwann fliehen. Aber mindestens 400 wurden, oft nach über einem Jahr, auf verschlungenen Wegen, von jesidischen Mittelsleuten freigekauft. Abu Shuqaa, wie er sich nennt, ist einer der Vermittler: »Man darf sich den Sklavenmarkt in Raqqa nicht wie vor Jahrtausenden vorstellen. Das Geschäft läuft online, über WhatsApp, Telegram.« Über alte Freunde, Dissidenten innerhalb des IS oder schlicht Geldgierige bekommen er und seine Gruppe die Kontakte, arrangieren die Flucht.

Zu der Versklavung der jesidischen Frauen meldete sich der »Islamische Staat« einige Wochen später selbst zu Wort: In der vierten Ausgabe ihres Onlinemagazins *Dabiq* erläuterten die Werbetexter des IS in der gespenstischen Nonchalance einer juristischen Erörterung, warum es gottgefällig gewesen sei, diese Frauen als Sklavinnen zu benutzen und zu verkaufen. Mehr noch: warum jeder Widerspruch gegen diese Erörterung seinerseits bedeuten würde, die Verse des Koran und die Schilderungen des Propheten zu leugnen, also Ketzerei sei. Was auf diesen vier Seiten ebenso wie im ganzen Heft ausgebreitet wurde, war die Konstruktion einer vollständigen, hermetischen Gegenwelt. Die Realität existiert nur noch insoweit, als sie Belege liefert für die Aussagen und Verkündungen aus der Zeit des Propheten.

Der Artikel beginnt gemächlich, mit einer Erläuterung, wer die Jesiden seien, dass sie den gefallenen Engel in Form eines Pfaus anbeteten anstatt Allah – »Welcher arrogante Unglauben könnte größer sein?« –, um dann ganz bedenkentragend fortzufahren, man habe vor der Eroberung Sinjars Scharia-Studenten gebeten zu recherchieren, ob die Jesiden als »Glaubensabtrünnige« oder »Götzenanbeter« einzustufen seien, mithin ob sie schon einmal Muslime gewesen seien oder nicht. Denn danach bemesse sich ihre Behandlung. Häretiker müssten umgehend abschwören oder seien zu töten, Götzenanbeter hingegen könne man auch so versklaven. Gelehrtenmeinungen werden erwogen und Hadithe zitiert, jene überlieferten, als glaubwürdig erachteten Aussprüche Mohammeds. Es gibt dazu sogar eine Fußnote im Text, als wollte man diesen hermetischen Kosmos mit dem Anschein wissenschaftlicher Objektivität versehen. Vor allem jener Hadith wird genannt, nach dem das Jüngste Gericht (und der finale Sieg des Islam) nicht mehr fern sei, wenn »das Sklavenmädchen seinen Gebieter gebiert«. So sei das in den Zeiten zunehmender Eroberungen, wenn immer mehr »Sklaven von den Ländern der Ungläubigen erbeutet werden«. Dann würden sich die Männer nicht mehr mit Heiraten aufhalten, sondern »ihnen reichten Konkubinen aus«. Damit sei klar, woher Abu Mohammed al-Adnani, der Sprecher des IS, seine Inspiration bezogen habe, dass die gegenwärtigen Kämpfe die letzten seien: »Danach werden wir euch überfallen, und ihr werdet uns nie wieder heimsuchen. Wir werden euer Rom erobern, eure Kreuze brechen und eure Frauen versklaven, mit der Erlaubnis Gottes, des Erhabenen.« Und auch moralisch gesehen sei die Versklavung sinnvoll, schließt die Epistel, denn wer sich keine Heirat leisten könne oder zum sündigen Ehebruch mit Dienstmädchen verlockt werde, könnte doch »vollkommen legitim eine Beziehung zu seiner Sklavin unterhalten«.

Wie an einer Knotenschnur hangelt sich der Text an geheiligten Fundstellen entlang und fügt sich zu einer wasserdichten Argumentation. In fehlerlosem Englisch und poliertem Layout präsentieren sich die Autoren als Avantgarde des 7. Jahrhunderts. Dies alles als widerwärtige Rechtfertigung zu verdammen griffe für eine Analyse zu kurz: Denn es war keine Rechtfertigung mehr, es gibt im Kosmos des IS keine Instanz, vor der irgendetwas zu rechtfertigen wäre – außer Gott, aber in dessen Namen sind sie ja unterwegs. Der »Islamische Staat« schafft sich eine eigene, in sich konsistente Welt, die sich an nichts mehr messen muss. Die anderen den Krieg erklärt und die siegreich sein werde, wie die Zeichen es ja belegen. Ein perfektes Angebot für die Allmachtsphantasten, Verlierer, Zornigen, für alle tatsächlich oder imaginiert Zukurzgekommenen der Welt.

Nur eines bleibt bei all dem offen: Warum griff der IS Sinjar überhaupt an? In dem Gebiet liegen weder Ölquellen noch Fabriken oder reiche Städte. War es tatsächlich das akkurate Nachspielen der Prophetengeschichte, getreu der eigenen Propaganda einmal in die Dörfer der Ungläubigen einzufallen, Männer abzuschlachten und vor allem Frauen versklaven zu können? Zuvor hatten sich die Kämpfer ja vor allem gegen die eigenen Glaubensbrüder gewandt, deren Ermordung anschließend umetikettiert wurde. Oder war es der Grenzübergang des kleinen Städtchens Rabie, der so wichtig war für den »Islamischen Staat«? Schließlich hatte auf diesem Weg schon der Vorgänger des IS, al-Qaida im Irak, Dschihadisten aus Syrien in den Irak gebracht. Ein Übergang, der südlich des Kurdengebiets und ganz am Nordrand des Kern-Irak liegt, von keiner Seite wirklich kontrolliert wird – und überdies der wichtigste Übergang der PKK war, um ihre Kämpfer vom Qandil-Berg im Nordirak nach Syrien zu bringen. Oder lag es daran, dass sich mehrere sunnitische Turkmenen in der Führungsspitze des IS befinden, die aus der Stadt Tal Afar stammen, deren Einnahme gesichert werden sollte?

Bis zum Sturm auf Sinjar hatte der IS keinen Angriff unternommen, der nicht zuvor sorgsam vorbereitet und kalkuliert worden war. Wenn angreifen, dann siegreich, jeder Feind zu seiner Zeit. Aber diesmal hatten sich die Dschihadisten verschätzt. Ihre Grausamkeiten gegen die Jesiden waren nicht schlimmer als die Massaker zuvor, aber sie trafen eine Minderheit und wurden weltweit mit Entsetzen registriert, medial befeuert von der kurdischen Regionalregierung. Die amerikanische Luftwaffe begann, IS-Stellungen im Irak zu bombardieren. Das Eingreifen der USA wird wohl kaum das Ziel der Dschihadisten gewesen sein, die mit ihren Gräueltaten vor allem Angst, aber keine Gegenwehr auslösen wollten. Doch der missglückte Angriff auf Sinjar erwies sich für den IS als doppelt fatal. Nicht nur mussten sich die Dschihadisten zum ersten Mal zurückziehen, sie hatten mit den USA auch einen neuen, mächtigen Gegner bekommen.

Statt sich angesichts dieser Rückschläge erst einmal ruhig zu verhalten, setzten die IS-Strategen auf weitere Eskalation. Vielleicht dachten sie, mit der plakativen Hinrichtung der beiden amerikanischen Journalisten James Foley und Steven Sotloff die USA einschüchtern zu können. Vielleicht mussten sie auch irgendetwas tun, um ihre fanatische Klientel der Zugereisten zu befriedigen. Auf jeden Fall bewirkten die Hinrichtungen nicht Abschreckung, sondern Gegenwehr: Einer Umfrage der *Washington Post* zufolge stieg die Zustimmung der Amerikaner zu den Luftschlägen gegen den IS seit Mitte Juni 2014 um 26 Prozentpunkte von 45 auf 71 Prozent. Auf einmal war da ein echter Gegner, der den »Islamischen Staat« vielleicht nicht vernichten, aber der dessen weitere Expansion erst einmal stoppen könnte.

8 WER KÖPFT, DEM GLAUBT MAN
Der »Islamische Staat« und die Medien

Die Medienstrategen des IS wissen, was das Publikum von ihnen erwartet. Ihr hämmernder Takt der Statements, Tweets, Videos, Bilder übertönt, wie hermetisch abgeriegelt ihr Reich ist. Sie bestimmen unser Bild vom »Islamischen Staat«. Dafür etikettieren sie ihre Opfer um, leihen sich Tote und lügen sich ihr Image zurecht.

Schwungvoll geht es mitten hinein ins »Herzland des Kalifats«. Von einem Hügel aus spricht der Reporter der heutigen Sendung in bemüht gutgelauntem Tonfall: »Wir stehen auf der Spitze der Welt, in Mosul, sehen herab auf die zweitgrößte Stadt des Irak, die unter vollständiger Kontrolle des Islamischen Staates steht – seit mehr als fünf Monaten!« Und hinein geht es über Brücken und Schnellstraßen ins Gewusel der Altstadtgassen, durch den Markt, am Steuer des Autos der Reporter: »Wir haben es geschafft, eine Besuchsgenehmigung für das Zentralkrankenhaus zu bekommen.« Nur jetzt müsse er leise sprechen, »die Kinder sind traumatisiert von den Bomben«, die Amerikas Flugzeuge abwürfen.

Sein Name: John Cantlie. Zum Zeitpunkt des heiteren Videos ist er seit 25 Monaten in der Gewalt seiner Geiselnehmer, der letzte britische Gefangene des »Islamischen Staates«. Fünf Briten und Amerikaner sind seit August geköpft worden. »Lend me your ears«, »Hört mich an«, heißt Cantlies regelmäßige Nachrichtenshow, in der er Woche um Woche für jene wirbt, die ihn irgendwann umbringen wollen. Anfangs erschien er blass und abgemagert, aber bestens ausgeleuchtet und wie ein Nachrichtensprecher an einem braunen Tisch platziert: »Hallo zusammen, ich bin John Cantlie, der britische Staatsbürger, der von seiner Regierung im Stich gelassen wurde und ein Langzeitgefangener des Islamischen Staates ist.« Die Kameras zeigten ihn mal frontal, mal von der Seite, sie zoomten auf sein bleiches, unrasiertes Gesicht, seine Augen, die tief in ihren Höhlen lagen, und Cantlie redete um sein Leben: »Bis zum nächsten Mal«, verabschiedete er sich nach knapp sechs Minuten.

Erst trug er noch einen orangefarbenen Overall wie die Gefangenen des US-Lagers in Guantanamo. Doch Film um Film wird sein Erscheinungsbild normalisiert. Im Video, in dem er die Zuschauer durch Mosul führt, bewegt er sich in westlicher Zivilkleidung, frotzelt vor der Kamera über das »Medienbild vom Leben im Islamischen Staat, wo die Leute sich unterjocht dahinschleppen, in Ketten, niedergeknüppelt von einer totalitären Herrschaft. Aber wirklich, abgesehen vom etwas kühlen, aber sonnigen Dezemberwetter ist das Leben hier in Mosul *business as usual.*«[1]

Mit all den kleinen ironischen Spitzen, den gespielten Entdeckungen des neugierigen Flaneurs ist das Acht-Minuten-Video die diabolische Propagandasimulation einer anderen Wirklichkeit: dass es fast keinen Strom gebe, die Menschen Not litten – das sei doch alles bloß »Unrat, zusammengefegt von der Straße«. Dass der IS langsam kollabiere angesichts der Luftangriffe und seiner eigenen Unfähigkeit – alles falsch, »der Islamische Staat hält das aus. Er wird siegen!« Doch nicht Cantlies Worte sind das Frappierende, sondern das ins Extrem getriebene Spiel mit der Realität: Cantlie, der Gefangene, sitzt am Steuer des Autos, fährt durch Mosuls Straßen und suggeriert eine Freiheit, die er nicht hat. Er darf sogar am Abend das Motorrad der Polizei steuern, auf dem Sozius ein Mann in Schwarz mit zwei Schusswaffen. Für alle Fälle. Cantlie scherzt darüber, dass er ein wenig schlingere, »Ist ja lange her, dass ich

Motorrad gefahren bin«, und dann braust er der Kamera davon, mit eingeschalteter Sirene: »Wir fahren jetzt Patrouille!« Auch wenn die Polizei ja kaum nötig wäre, so sicher, wie Mosul mittlerweile sei.

Die Produzenten vom IS, die das Logo ihrer Al-Hayat-Produktionsabteilung kalligraphisch dem tropfenförmigen Logo von Al Jazeera nachempfunden haben, inszenieren die professionell gedrehte und geschnittene »Virtual Reality«-Sendung mit solchem Selbstbewusstsein, dass sie es sich leisten können, gelassen und heiter daherzukommen. Seht her, verkünden sie: Hier existiert eine vollständige Gegenwelt! Cantlie wird vorgeführt, und jeder weiß, dass er um sein Leben spielt. Aber das ist egal oder verstärkt sogar noch die Botschaft seiner Clips, die von Dschihadisten auf Facebook und anderen sozialen Medien geteilt und mit »Likes« überhäuft werden.[2] Die Regieplaner des IS nutzen echte, von ihnen mit dem Tod bedrohte Menschen, um sie als Figuren ihrer Inszenierung weiterzuentwickeln: erst der Gefangene in Orange, erst die Morde, dann der geläuterte Westler in normaler Kleidung, der sogar selbst am Steuer sitzen und alles im »Kalifat« für gut und richtig befinden kann.

Nie zuvor hat eine Terrororganisation die Medien derart virtuos eingesetzt wie ausgerechnet der »Islamische Staat«, der doch eine Rückkehr zur Zeit und Herrschaft des Propheten verspricht. In Saudi-Arabien, dessen rigide Staatsideologie ähnliche Wurzeln hat wie der IS, gab es vor vier Jahrzehnten noch Tote bei Demonstrationen gegen die Einführung des Fernsehens. Das habe es zu Mohammeds Zeiten schließlich auch nicht gegeben.

Und nun das: Die »popkulturell geschulten Horden«, wie der SPIEGEL-Autor Georg Diez sie nannte, bewegen sich mit traumwandlerischer Sicherheit zwischen Videoproduktion und Social Media, begeistern, verwirren, ja überlisten ihr jeweiliges

Publikum. Sie operieren höchst geschickt mit unterschiedlichen Sujets und Botschaften, inszenieren jedes Video speziell für unterschiedliche Adressaten: cool, clean und überlegen für westliche Zuschauer; brutal und blutrünstig fürs heimische Publikum, das nicht überzeugt, sondern nur verängstigt werden soll. Sie täuschen Vielfalt vor und kontrollieren gleichzeitig rigide jenes Bild, das ihre Anhänger und ihre Feinde von ihnen haben sollen. Beispielhaft lässt sich das zeigen an drei Videos, die im August 2014 fast gleichzeitig erschienen: Das eine inszenierte die Ermordung des Amerikaners James Foley. Vom zweiten sollte der Westen gar nichts mitbekommen. Das dritte nahm dort kaum jemand wahr.

Foley, der gemeinsam mit John Cantlie Ende November 2012 in Nordsyrien verschleppte Journalist, sollte vor der Kamera des IS zur Welt sprechen: Bei bestem Morgenlicht, im Orange der Guantanamo-Gefangenen, machte er die USA für seinen Tod verantwortlich, bereute, je als Amerikaner geboren zu sein, und sprach seine Mörder von jeder Schuld frei. Hörte man nur seinen Worten zu, ohne auf das Bild zu schauen, klang seine Ansprache befremdlich, als spräche hier ein unerschütterlicher Islamist: »Ich rufe meine Freunde und Familienmitglieder auf, erhebt euch gegen meine wahren Mörder, die US-Regierung. Alles, was mir geschehen wird, ist nur ein Ergebnis ihrer Selbstgefälligkeit und Verbrechen!« Mit fester Stimme und im Tonfall der Überzeugung erklärte James Foley im Video, dass die amerikanischen Luftangriffe an seinem Tod schuld seien. Er redete seinem Bruder John ins Gewissen, über seinen Job bei der U.S. Air Force nachzudenken, »über die Leben, die du zerstörst«. Kaum ein Zittern in der Stimme, wenig verriet den Zwang. Dann stellte Foley sich dem Messer seines Mörders.

Das Video ist in jeder Hinsicht verstörend. Hier bettelte niemand um Gnade wie in früheren Enthauptungsvideos islamistischer Terrorgruppen, in denen die Täter letztlich nichts anderes bewiesen als ihre Grausamkeit und ihre überschaubare Macht über den kurzen Moment der Tat. Die Botschaft des technisch brillant inszenierten IS-Videos war eine andere: Seht her, verkündeten Foleys Worte und Haltung, nicht meine Mörder sind schuld – sondern ihr seid die Schuldigen! Schwerer könnten seine Worte kaum wiegen, denn der, der sie aussprach, würde auch ihre furchtbare Konsequenz tragen. Im Angesicht des Todes aber, so die unterschwellige Botschaft, ist niemand mehr zu einer Lüge zu zwingen. Womit auch? Es war die perfektere Umkehrung der Wirklichkeit.

Und damit diese Botschaft auch ihr Publikum erreichte, wurde Foleys Enthauptung vor laufender Kamera vorgetäuscht.[3] Kein Tropfen Blut floss, als sein mutmaßlicher Mörder ihm das Messer an die Kehle setzte, es am Hals hin- und herbewegte. Dann verdunkelte sich das Bild. Forensiker haben zunächst gerätselt, welchen Sinn die zynische Inszenierung haben sollte, zumal in der nächsten Einstellung Foleys abgetrennter Kopf blutbefleckt auf seinem Körper lag. Auf dieselbe Art wurde die Hinrichtung der nächsten Geisel inszeniert, des amerikanischen Journalisten Steven Sotloff.[4] Die einfachste Erklärung: Das Video sollte ansehbar bleiben für den westlichen Zuschauer. Und zugleich würde dessen Phantasie genau jene Leerstelle zwischen dem Ansetzen des Messers und dem Ergebnis des Grauens eine Szene später verlässlich selbst füllen. Ein filmisches Mittel, das schon Hitchcock und Hollywood einsetzten und das die Regisseure eines echten Mordes einfach übernommen haben.

Radikal anders kam das zweite Video daher, das ebenfalls im August 2014 erschien. Ungeschnitten und grobkörnig zeigte es, wie Killer des »Islamischen Staates« die Angehörigen des Scheitat-Stammes nahe der syrischen Stadt Deir ez-Zor ermordeten. Es ist schwierig, Worte zu finden für das, was in diesen elf Minuten geschah. Die Opfer lagen noch lebend am Boden, schauten angsterfüllt nach oben, bevor einem nach dem anderen die Kehle durchgeschnitten, der Kopf vom Rumpf gehackt, gedreht, gerissen wurde. Dazwischen hört man das Lachen der Schlächter: »Hey, der hat ja richtig Fleisch an den Wangen! Hey du, du sollst auf das Messer gucken, wenn ich dir den Kopf abschneide!« Sie sprachen Arabisch, mit marokkanischem und ägyptischem Akzent.

Dieses Video war für einen anderen Markt gedacht: den der Untertanen, der Unterworfenen im Herrschaftsgebiet des »Kalifats«, und speziell für jene, die es wagen würden, sich zu widersetzen. So wie die Männer vom Stamm der Scheitat, die hier vor laufender Kamera niedergemetzelt wurden. Die Botschaft verfehlte ihre Wirkung nicht: Der Scheich der Scheitat soll IS anschließend um Verzeihung und Gnade gebeten haben.

Für jene, die bekämpft werden sollen, hat der IS nur eine einzige Botschaft: Fürchtet euch! Die Gegner sollen panische Angst haben vor den heranrollenden, wiewohl oft zahlenmäßig unterlegenen Horden des IS. Diese Taktik hat in vielen syrischen wie irakischen Orten hervorragend funktioniert, etwa bei den kurdischen Peshmerga, die Anfang August 2014 fast allerorten einfach davonrannten. So auch in Sinjar, dem Ort, den Dörfern und dem gleichnamigen Berg, auf dem Zehntausende in letzter Sekunde entkommene Jesiden Zuflucht suchten, als der IS am 3. August blitzartig von Westen angriff.

Das dritte Video, das ebenfalls im August 2014 veröffentlicht wurde und im Westen kaum Beachtung fand, hatte der IS Wochen nach seinem Vernichtungsfeldzug, der Ermordung und Verschleppung Tausender Jesiden online gestellt. In dem Propagandafilm saß, wie im vorhergehenden Kapitel erwähnt, IS-Anführer Baghdadi, nun offiziell »Kalif«, zwischen zwei verängstigten jungen Ex-Jesiden und erklärte ihnen, dass ihre Konversion zum Islam sie gerettet habe. Ein Video, das den Zuschauer mit seiner zur Schau getragenen Güte fast ebenso sehr verstört wie die Brutalität der Hinrichtungsfilme.[5]

John Cantlies Reportage-Show, James Foleys letzte Worte, Abu Bakr al-Baghdadis Grusel-Gemütlichkeit neben zwei jungen Jesiden – so unterschiedlich diese Filme auf den ersten Blick sein mögen, so durchzieht sie doch ein identisches ikonographisches Muster. Die wiederkehrende Botschaft lautet: Die Unterworfenen erkennen die rechtmäßige Herrschaft ihrer Unterwerfer an. Dass sie dies kaum freiwillig tun, spielt keine Rolle. Eine freie Willensentscheidung ist im hermetischen Kosmos des »Islamischen Staates« nicht mehr vorgesehen. Alles ist ja schon entschieden worden von Gott und verkündet von Mohammed, dem Propheten, dessen Namen man nicht ohne angehängten Segenswunsch aussprechen darf. Die Führung des »Kalifats« führt Gottes Plan nur noch aus, weshalb Kritik an ihr oder gar Widerstand, nichts Geringeres als Gotteslästerung ist – und mit dem Tode bestraft wird, wie das Video mit der grausamen Ermordung der Scheitat-Kämpfer nachdrücklich zeigt.

Für jene wiederum, die schon Teil des »Islamischen Staates« sind, hält der IS die frohe Botschaft bereit vom aufregenden, brüderlichen wie familienfreundlichen Leben in der Utopia des real existierenden »Kalifats«: Für den Nachwuchs sind populäre Videospiele wie »Grand Theft Auto 5« so manipuliert worden, dass die Kämpfer und die schwarze Fahne des IS darin auftauchen. In »Mujatweets«, einer Serie von Kurzvideos, erzählen auch deutsche Kämpfer von ihrem wunderbaren Leben im »Kalifat«. Die Szenen aus einer brüderlichen Multikulti-Welt sind für junge Muslime im Westen gedacht, die sich missachtet und ausgegrenzt fühlen: Seht her, lautet die Botschaft, bei uns sind alle gleich! Der Dschihad kennt keine Grenzen, suggerieren diese Bilder, er verbindet, macht glücklich. Fürs Familienprogramm schwärmen fanatisierte Frauen in Onlineforen und Blogs vom Familienleben im Krieg und von der Ehre, Witwe eines Märtyrers zu werden. Und in einem idyllischen Setting unter Bäumen sitzt eine Gruppe Dschihadisten aus Großbritannien und anderen Ländern und bekräftigt, dass schon Gott gesagt habe, »Scham«, der historische Vorgänger Syriens, sei »das beste Land für den Dschihad«. In Europa sei man als Muslim vielleicht wohlhabend, aber doch garantiert unglücklich. Aber schon Mohammed habe einst gesagt: »Dschihad heilt das Unglücklichsein!« Dazu lächeln sie unter dem Schattenspiel der grünen Blätter.[6]

Es ist das ultimative Zielgruppenfernsehen, zwischen Gemetzel und Daily Soap, so professionell und modern gemacht, dass Rivalen wie al-Qaida dagegen alt aussehen. Oder wie es die *New York Times* formulierte: Der IS sei »Online-Dschihad 3.0«.[7] Wie antiquiert al-Qaida neben der Terrormiliz wirkte, ließ sich Mitte September 2014 im Videovergleich studieren, als wieder einmal eine der eher selten gewordenen al-Qaida-Botschaften erschien: Da referierte Ayman al-Zawahiri, der in die Jahre gekommene ägyptische al-Qaida-Führer mit Glasbaustein-Brille, über langatmige 55 Minuten, dass man einen neuen Ableger des Netzwerks in Indien etabliert habe.[8] Keine schießenden Kämpfer, keine rollenden Panzer und Konvois rasender Humvees in der Wüste (über beides dürfte die al-Qaida-Führung auch kaum verfügen, weder Fahrzeuge noch ungestörte Straßen), keine schnellen Schnitte, keine Action. Doch genau so kommen die IS-Produktionen daher, bei denen aus fahrenden Autos auf angebliche Ungläubige geschossen wird, irgendwo in der Ferne riesige Feuerbälle von Explosionen aufsteigen und harte Kämpfer das schwere 14,5-mm-

Maschinengewehr bedienen. Sie wirken wie HD-Filmversionen der Videospiele »Counter-Strike« oder »Call of Duty«. So sehe die Wirklichkeit aus im »Kalifat«, ist die Botschaft: Bei uns sind die Spiele real.

Als Anfang Februar 2015 ein Video erschien, das zeigte, wie der jordanische, bei Raqqa abgestürzte Pilot Moaz al-Kasasbeh bei lebendigem Leib verbrannt wurde, waren zwischen die realen Horrorbilder übergangslos Szenen aus Science-Fiction-Filmen geschnitten, in denen Berittene neben Panzern auf eine Stadt zustürmten. Auf diese Weise inszeniert der IS eine hybride Wirklichkeit, eine fleisch- und metallgewordene Phantasiewelt, die jenes radikale Anderssein des »Islamischen Staates« auf der Gefühlsebene transportieren soll, wie die eingestreuten Koranzitate in seinen Botschaften, die Beteuerung der göttlichen Legitimation den Verstand ansprechen sollen.

Die hochprofessionellen Videos des »Islamischen Staates« haben nichts mehr gemein mit den rieseligen Standbildern aus der Frühzeit der Vorgängerorganisation vor zehn Jahren: »Früher war die Bildqualität ihrer Videos grottenschlecht«, sagt der Leipziger Islamwissenschaftler Christoph Günther, der seit 2007 die PR der Gruppe verfolgt. Häufig seien früher auch nur stundenlange, arabische Tonbänder ins Netz gestellt worden. Dabei war die Bedeutung des medialen Bildes allen seit langem klar. Selbst Zawahiri hatte schon 2005 in einem Brief an die irakische al-Qaida-Führung angemahnt, dass »mehr als die Hälfte dieses Kampfes in den Medien stattfindet und wir uns in einem Medien-Kampf befinden, in einem Wettlauf um die Herzen und Gemüter unserer Gemeinschaft«.[9] Doch die al-Qaida-Führung war in diesem Wettlauf nie so recht von der Stelle gekommen. Anders nun der IS, dessen Digital-Dschihad sich seit 2012 »exponentiell verbessert« habe, wie Günther urteilt.

Und in dieser neuen Welt sind die sorgsam inszenierten Videoauftritte der Geiseln nur ein Baustein. Der ganze neue Kosmos der sozialen Netzwerke und interaktiven Dienste wie Twitter, YouTube, Instagram, Tumblr, WhatsApp, justPaste.it, SoundCloud wird in seiner Vielfalt bespielt und auf intelligente Weise genutzt. Das stellt sicher, dass die Botschaften, die der IS absetzt, seine Adressaten überall auf der Welt erreichen, auch wenn versucht wird, einzelne Kanäle zu sperren.

Das Video von Foleys Enthauptung etwa wurde eine Stunde nach seiner Veröffentlichung von YouTube entfernt, aber längst hatten es Nutzer auf anderen Konten abermals eingestellt und über Twitter auf die neuen Links verwiesen.[10] Damit Twitter wiederum nicht allzu rasch reagieren und die Tweets löschen konnte, wurden etwa beim Veröffentlichen des Cantlie-Videos möglichst populäre Hashtags als Tarnung benutzt wie »#indyref« und »#ScotlandDecides« über das zu jener Zeit auch auf Twitter breit diskutierte Referendum zu Schottlands Unabhängigkeit.[11] Auch andere hochpopuläre Hashtags wie jene der Fußballweltmeisterschaft, #Brazil2014 oder #WC2014, wurden gezielt eingesetzt, eine möglichst breite Streuung von IS-Veröffentlichungen zu erreichen und Kontrollen zu unterlaufen.[12]

Dabei muss man sich die Digitalstrategen des IS nicht als bärtige Nerds im Keller einer Moschee in Raqqa vorstellen. Dem Netz sei Dank, musste der vom britischen Sender Channel 4 im Dezember 2014 enttarnte, vermutlich wichtigste Twitterer des IS sich nicht einmal persönlich staubige Füße holen: Der Mann, der unter @ShamiWitness und anderen Accounts auftrat, war leitender Angestellter einer Firma im indischen Bangalore, der angab, wegen seiner Familie nicht in den Dschihad ziehen zu können. In seiner Avatar-Existenz hingegen frohlockte er über die Vergewaltigungen gefangengenommener kurdischer Kämpferinnen und twitterte die Enthauptungsvideos des US-Amerikaners Peter Kassig und anderer Geiseln im Minutentakt mehrfach, damit sie nur ja nicht aus dem Netz verschwänden. Eine repräsentative Erhebung von 48 Millionen Tweets ergab, dass elf Prozent jener, die den IS erwähnen, sich positiv über ihn äußern. Ein Wert, der knapp unter dem für Frankreich (13 Prozent) und über dem für China lag (zehn Prozent).[13]

Im vergangenen Jahrzehnt ist weltweit die neue Macht der Mitmachenden entstanden. Der Nutzer sozialer Medien beschränkt sich nicht mehr darauf, persönliche Mitteilungen durchs Netz zu senden, sondern wirkt zunehmend als Durchlauferhitzer für Themen und Phänomene, die weltweite Beachtung finden. Die Nutzer können mit einem Fingerdruck »liken«, teilen, kommentieren, was sie von anderen bekommen haben. Es ist ein Schneeballsystem, das alle Kontrollmechanismen nur verlangsamen, nicht stoppen können. Und keine Dschihadisten-Organisation setzt diese neue Macht so konsequent und erfolgreich ein wie der IS.[14] Er ist ebenso raffiniert wie unermüdlich darin, unter stets neuen Konten, Nutzernamen, populären Hashtags (die zu suchen wiederum die Sympathisanten im Westen angehalten werden)[15] den Strom seiner Mitteilungen fließen zu lassen. Er täuscht Vielfalt vor, wo in Wirklichkeit eine endlose Kopierkette die immer gleichen Botschaften streut. Zwischenzeitlich existierte sogar eine eigens entwickelte Anwendung für Android-Smartphones, »The Dawn of Glad Tidings«, »Die Morgendämmerung der frohen Botschaft«: Hatte der Nutzer sie installiert, wurde sein Twitter-Konto fortan fremdgesteuert von der IS-Medienzentrale, die dadurch nicht mehr als Absender ihrer Tweets erschien, sondern sich hinter den Nutzern verbarg. Damit umging sie die von Twitter installierten Kontrollalgorithmen, die ab einer bestimmten Nachrichtenzahl von einer IP-Adresse die Spam-Blockade aktivieren würden.[16]

Wie gut sich auf diese Weise der Twitter-Verkehr künstlich hochtreiben ließ, zeigte sich Anfang Juni 2014, als der IS Mosul stürmte. Der Blitzsieg hatte ohnehin schon Panik geschürt, die IS-Verbände rückten nach Süden vor, alles schien auf einmal möglich, als das Abfeuern von 40 000 Tweets mit derselben Schreckensdrohung dank der App kurzzeitig zum Top-Treffer bei Suchanfragen zu »Bagdad« führte: Es zeigte einen bärtigen Kämpfer mit IS-Fahne auf einem Bagdader Hochhaus über der Zeile: »Bagdad, wir kommen!«[17] Es war eine doppelte Fälschung: Weder wollte der IS Bagdad direkt angreifen, noch wären ohne die Manipulation so viele Tweets verschickt worden. Aber im Zusammenspiel war es ein perfekter Trick, um die Panik weiter anzuheizen.

Die rasend zirkulierenden, bereitwillig geglaubten Drohungen des Marsches auf Bagdad waren ein Musterbeispiel der bewussten Irreführung, analysiert ein westlicher Nachrichtendienstler, der sich seit langem mit der Strategie des IS befasst: »Sie hatten zumindest zu dem Zeitpunkt überhaupt nicht vor, die Stadt auch nur direkt anzugreifen!« Wären die schwarz Vermummten ihrer eigenen Propaganda nach Bagdad gefolgt, wäre ihr Weg ins Paradies ein ziemlich kurzer gewesen: Allein in der Hauptstadt standen mehr als 100 000 hochmotivierte schiitische Bewaffnete, Soldaten wie Milizionäre, bereit.

Was immer der IS über seine eigene Barbarei verbreitet, wird für bare Münze genommen. Wer köpft, dem glaubt man. Aber warum eigentlich? Warum sollte der »Islamische Staat« seine eigene Barbarei nicht noch übertreiben? Der IS, so wird deutlich, folgt einer ebenso überlegten wie zynischen Strategie: Er will nicht nur Angst verbreiten, sondern auch Hass, er will seine Gegner – in diesem Fall die Schiiten – anstacheln zum Töten.

Bagdad ist in den Kriegs- und Terrorjahren ab 2004 eine zu 80 Prozent schiitische Stadt geworden. Das wisse auch der IS und deswegen schlage er einen Umweg ein, die Stadt zumindest langfristig in den Bürgerkrieg zu stürzen, prognostiziert der Nachrichtendienstler, der sich lange mit dem strategischen Vorgehen des »Islamischen Staates« beschäftigt hat. »Der IS braucht den Hass der Schiiten, braucht deren Angriffe auf Sunniten. Denn dann, wenn die unterlegenen Sunniten vollkommen verzweifelt sind und jeden Verbündeten nehmen, wird sich der IS gern empfehlen«, urteilt der Geheimdienstmann mit einer Schwäche für Comicverfilmungen. »Es ist ein bisschen wie im ersten Batman-Film von Christopher Nolan. Sie können die Stadt Metropolis nicht angreifen. Aber sie können die inneren Kämpfe schüren, bis die Stadt implodiert.«

Die »Massaker-Strategie« des IS nennt es der amerikanische Nahostexperte und Gründer der Webseite »jihadology.net«, Aaron Zelin: »Ihr Ziel ist, die irakischen Schiiten nicht nur in Angst und Schrecken zu versetzen, sondern sie zu radikalisieren, auf dass sie sich den von Iran finanzierten Milizen anschließen und ähnliche Gräueltaten an den Sunniten begehen. Der ›Islamische Staat‹ hofft dann, sich als Schutzmacht der Sunniten etablieren zu können und damit seine Macht über die sunnitischen Zentren zu zementieren.«[18] Nichts rekrutiert verlässlicher als die Furcht vor den Todesschwadronen der anderen Seite.

Wenn es darum geht, die Realität an die jeweilige Botschaft anzupassen, werden die eigenen Morde gelegentlich übertrieben, sofern ihre Opfer übereinstimmen mit der Ideologie. Tun sie das nicht, so werden eben deren Identitäten gefälscht. In Syrien terrorisiert und tötet der IS seit Januar 2014 sunnitische Rebellen, die gegen Baschar al-Assads Regime kämpfen. Im Gegenzug wurden die Dschihadisten des IS, die ja eigentlich die erklärten Hauptfeinde des Regimes waren, bis Ende Juni 2014 von Assads Luftwaffe komplett verschont und konnten dadurch ihre Machtbasis in Nordsyrien ausbauen.

Doch in der IS-Propaganda sah das alles ganz anders aus. Der Kairoer Satellitenkanal Al Rafidain, der von alten irakischen Baath-Kadern betrieben und im Irak von Sunniten viel gesehen wurde, zeigte fortwährend Horrorbilder Getöteter: All diese vom IS in Syrien Geköpften, Erschossenen, Gesprengten seien *Nusairis* (ein abfälliger Begriff für Alawiten), so hieß es, seien die »glaubensabtrünnigen Soldaten Assads«. In Wirklichkeit waren es sunnitische Rebellen, denen allein die Mordkampagnen in der ersten Jahreshälfte galten. Was der Sender Al Rafidain fortwährend zeigte, war eine Fälschung: Man verdrehte die Tatsachen, um sich den verbitterten Sunniten im Irak als Sturmtruppe der Rache zu empfehlen und Angst und Schrecken unter schiitischen Soldaten zu verbreiten. Erst nach dem Fall Mosuls entzog die ägyptische Regierung auf Druck des Irak dem Sender die Lizenz.

Doch auch im Westen gelingt es dem »Islamischen Staat« erstaunlich gut, sein Image nach seinen Wünschen zu prägen. Die Berichterstattung über die Opfer des IS folgt einem Klischee, das zumindest in Syrien gar nicht stimmt. »Brutalität gegen alle Andersgläubigen: Schiiten, Alawiten, Christen, Juden«, meldete RTL im Januar 2014[19], und ähnlich lautet es bei allen anderen Medien – ebenso wie beim IS selbst. Nur: Die meisten Opfern des IS 2014 in Syrien waren Sunniten, in der ersten Jahreshälfte vor allem Rebellen aller Fraktionen bis hin zur Nusra-Front, in der zweiten Jahreshälfte vor allem Zivilisten. Terror gegen Minderheiten wird wahrgenommen. Terror gegen die (sunnitische) Mehrheit wird weitgehend ignoriert, er passt nicht in das Bild, das wir uns vom IS machen. Für den Zeitraum seit der »Kalifats-Erklärung« Ende Juni schlüsselte die Syrische Beobachtungsstelle für Menschenrechte in Großbritannien die Herkunft der etwa 1500 Toten auf: Davon seien 879 Zivilisten der sunnitischen Gebiete des Nordens gewesen, unter ihnen allein 700 Angehörige des Scheitat-Stammes, die niedergemetzelt wurden, als der Stamm sich nicht unterwerfen wollte. 63 Tote entfielen auf andere Rebellengruppen inklusive der Nusra-Front, 483 seien Soldaten der syrischen Armee gewesen und vier Männer habe der IS aus den eigenen Reihen umgebracht.[20]

Die Manipulation der Wahrnehmung im Westen gelingt den Dschihadisten auch deshalb so gut, weil sich das Bild, das der IS von sich selbst in der Weltöffentlichkeit zeichnen will, mit den Erwartungen des westlichen Publikums deckt: das einer Fanatikerhorde, die an ihre eigene Ideologie bedingungslos glaubt und Andersgläubige hinrichtet. Dass sie dies gar nicht durchgängig tut, sondern vorläufig im Wesentlichen innerhalb der eigenen Glaubensgruppe metzelt, als deren Schutzherr der IS sich doch öffentlich empfiehlt, taucht in der mitunter holzschnittartigen Berichterstattung über die Terrormiliz gar nicht auf.

Die bizarrste Täuschungsoperation spielte sich im Januar 2014 ab: Per Tweet teilte ein bis dato kaum aktiv gewordener Dschihadist mit Namen Abu Hafs Amr al-Farisi mit, dass »Gott den Soldaten des Islamischen Staates Othman al-Almani empfängt, der eine Märtyreroperation im Dorf Kafat bei Homs durchgeführt und 50 Schergen der Nusairis in den Tod gerissen hat«. Bei dem genannten Othman al-Almani sollte es sich, so deutsche Sicherheitsbehörden, um den 26-jährigen Konvertiten Robert Baum aus Solingen handeln. Ein Deutscher als Selbstmordattentäter! Ein Anschlag mit 50 Toten! Die Behörden waren elektrisiert – aber offenbar nicht im Besitz einer Landkarte. Ohne die Herkunft des Tweets zu eruieren oder zumindest die überprüfbaren Details seines Inhalts zu verifizieren, wurde die Nachricht vom sensationellen Anschlag weitergereicht und von den Medien eifrig aufgegriffen. Das Problem war nur, dass fast nichts an diesem Tweet stimmte.

Die Ungereimtheiten beginnen schon bei der Geographie: Das Dorf Kafat liegt nicht etwa in der syrischen Provinz Homs, sondern weit davon entfernt am Ostrand der Nachbarprovinz. In der ganzen Provinz Homs gab es im Januar 2014 keinen einzigen massiven Bombenanschlag. Bei dem Anschlag in Kafat, den es nachweislich gegeben hat, starben auch keine Alawiten. Und vor allem: Es war kein Selbstmordanschlag. Selbst in den offiziellen Nachrichten des Staatsfunks war nur von einer Autobombe die Rede, nicht von einem Attentäter. Ein Arzt aus der nächstgelegenen Stadt Salamia hatte nach der Explosion am 9. Januar mehrere Verletzte aus dem Dorf Kafat behandelt. Sie hätten sich, so sagte er später, zuvor schon gewundert über das stundenlang vor einer Schule im Zentrum geparkte Auto: »Da dürfen normalerweise keine Privatautos stehen. Es war ein silberfarbener Saba, ein nicht so häufiges Modell, das Taxifahrer manchmal benutzen. Das ist dann in die Luft geflogen. Danach rannte ein Mann von der Militärsicherheit durch die Straße und brüllte, da habe ein Afghane am Steuer gesessen. Aber das war absurd, jeder wusste doch, dass es der geparkte Wagen gewesen war. Außerdem: Es gibt drei Kontrollpunkte vorm Zentrum, wie sollte jemand unkontrolliert in so einem Auto voller Sprengstoff hier durchkommen? Seltsam war nur: Am Tag vor der Explosion kamen Sicherheitsleute zweier Dienste in unser Krankenhaus zur Inspektion. Das taten die sonst nie.« Es habe in den Wochen zuvor Spannungen zwischen den Milizionären des Regimes und den Bewohnern des Ortes gegeben, wo fast nur Ismailiten leben – eine winzige Minderheit, die versucht hat, sich im Krieg neutral zu halten. Und die Sicherheitsdienste des Regimes im Ort hätten durchschaubar als Warnungen getarnte Drohungen ausgesprochen, dass die »Terroristen« bald kämen. »Aber das ergab keinen Sinn, die nächsten Positionen der Rebellen sind weit von uns entfernt«, so der Arzt, der auch früher schon Details aus Salamia weitergegeben hatte.

Nur was war mit Robert Baum geschehen? Der schüchterne ehemalige Bundeswehrsoldat mit dem freundlichen Gesicht war schon vor Jahren zum Islam übergetreten und im Herbst 2012 erst nach Ägypten, dann weiter nach Syrien gereist. Dort verlor sich seine Spur. Kurz nach seinem Tod tauchte ein Foto auf, das ihn noch lebend neben einem Pferd irgendwo in Nordsyrien zwischen Olivenbäumen zeigte – geposted auf der Facebook-Seite des Assad-Regimes. Man habe es von einem Dschihadisten namens Abu Dudschana al-Homsi bekommen. Doch der tauchte auch nirgends auf. Dass die frühen Zweifel an dem ominösen Tweet vom deutschen Superterroristen berechtigt waren, teilte der IS im Oktober 2014 dann selbst mit: Der IS-Videokanal Al Hayat zeigte Bilder von Robert Baum auf dem Beifahrersitz eines Wagens, neben sich Sprengzünder und Drähte. Per Twitter wurde verkündet: Abu Sara al-Almani, so hieß er diesmal, habe sich mit zwei weiteren Ausländern am 12. Oktober im nordirakischen Ort Kara Tapa in die Luft gesprengt, vor einem Gebäude kurdischer Sicherheitskräfte.[21] Bei einem Tweet stand auf Arabisch noch der alte Tarnname unter seinem Foto.

Diese Spurensuche macht mehrere Dinge deutlich: Zum einen nennt die Werbeabteilung für Märtyrer des IS offenbar beliebig und auch mehrfach europäische Dschihadisten als Selbstmordattentäter.[22] Zum Zweiten wird ihren Statements geglaubt, als seien es amtliche Mitteilungen. Terroristen lügen nicht, scheint eine weitverbreitete Annahme zu sein, doch der

IS tut es laufend. Und zum Dritten: Der IS hat im Januar nicht dementiert, als aus einer anonymen Quelle in seinem Namen der Selbstmordanschlag von Robert Baum alias Othman al-Almani vermeldet wurde, der gar nicht stattgefunden hatte. Sollte das ein Hinweis auf eine zynische Kooperation mit dem syrischen Militärgeheimdienst gewesen sein, so hätten beide Seiten davon profitiert: Das Assad-Regime hat einen perfekten Schuldigen für eine Explosion, die einen nicht besonders loyalen Ort in Angst und Schrecken versetzte – und der IS konnte sich ein weiteres Attentat auf seine Liste schreiben, zumal von einem deutschen Konvertiten verübt.

Der »Islamische Staat« versteht es blendend, die Berichterstattung über ihn und die Bilder, die von ihm kursieren, zu manipulieren, ohne dass dies auf Anhieb offensichtlich ist. Er spielt mit den Erwartungen und Bedürfnissen der Medienwelt. So existiert zwar eine Vielzahl von Fotos aus dem Inneren seines Reiches, die auch über die internationalen Nachrichtenagenturen Associated Press, Agence France-Press (AFP) und Reuters vertrieben werden, doch deren Fotografen arbeiten unter rigider Kontrolle der IS-Aufseher. Sie sind angehalten, den Treueeid auf das »Kalifat« zu schwören, und müssen ihre Bilder zur Zensur vorlegen. Nur die genehmigten Bilder dürfen sie senden. Wer versucht, die Kontrolle zu umgehen, riskiert 100 Peitschenhiebe. Wer den Ruf des IS beschädige, so einer seiner Emire, werde getötet.[23] Agenturen, die ihre Stringer, ihre freien Fotografen, nicht diesem Risiko aussetzen wollen, übernehmen gelegentlich gleich die offiziellen Bilder vom »Informationsbüro« des »Islamischen Staates« und verteidigen deren Nutzung mit dem »zeitgeschichtlichen Wert« der Aufnahmen. »Wir alle wissen, dass es Propaganda ist. Aber wir wissen gleichzeitig, dass die Welt sehen muss, was geschieht«, erklärte Patrick Baz, Nahostdirektor von AFP, der als einer von sehr wenigen Agentur-Vertretern überhaupt öffentlich zu der Frage Stellung genommen hat, woher die Agenturen ihre Bilder aus dem »Kalifat« bekommen.[24]

Gelegentlich lädt der IS die Fotografen zu Bildterminen ein: Militärparaden, Verkündigungen, Hinrichtungen. So machen sich die lokalen Fotografen und all jene, die das Bildmaterial des IS drucken, ob willentlich oder unwissentlich, zu Rapporteuren des Images, das der »Islamische Staat« im Rest der Welt über sich verbreitet wissen will. Egal, was eine Zeitung, ein Fernsehsender über den IS berichtet: Sie wird dafür das Bildmaterial nutzen, das der IS genutzt sehen möchte. Denn anderes gibt es ja nicht, abgesehen von hektischen, verdeckten Schnappschüssen mit Mobiltelefonen, denen jeder Bildredakteur die optisch opulenten Bilder rollender Kämpfer auf ihren Pick-ups vorzieht, die gern im farbsatten Licht der tiefstehenden Sonne aufgenommen werden. Alle, Redakteure und Fotografen, werden zu »unfreiwilligen Fußsoldaten im Propagandakrieg der Extremisten«, wie es Aidan White formulierte, der Direktor des Ethical Journalism Network.[25]

Die Öffentlichkeit bemerkt dies allerdings kaum, denn nur selten werden diese Bilder, ohnehin oft schon zigfach veröffentlicht, markiert als PR-Bildmaterial. Ein Krieg ohne Bilder wäre schließlich ein Krieg ohne Öffentlichkeit. Die Namen der internationalen Agenturen suggerieren Seriosität und eine Vielfalt in der Berichterstattung, die eben nicht existiert. Hat man je Bilder gesehen von verwundeten IS-Kämpfern? Von schlafenden, essenden, verzweifelten, erschöpften Männern des »Kalifats«? Von fliehenden, verängstigten, wegrennenden Gotteskriegern? Stattdessen tauchen immer wieder dieselben Grundmotive auf: marschierende, auf ihren Geländewagen oder Panzern durch Städte und Steppen rollende Krieger, die Fahnen im Fahrtwind, die Scheinwerfer manchmal selbst am helllichten Tag aufgeblendet.

Erlaubt der IS in Ausnahmefällen ausländischen Journalisten, in sein Reich zu kommen und es vor allem auch wieder zu verlassen, so werden sie betreut und geleitet von den Medienzuständigen, die ihnen genau das zeigen, was sie sehen sollen. Als die amerikanische Multimedia-Firma Vice ins IS-Gebiet kam, waren es kleine Scharmützel mit Assads Truppen – von denen es zuvor kaum welche gegeben hatte. Aber die Aufnahmen fügten sich ins – falsche – Bild vom Kampf des IS gegen das Regime der Ungläubigen und sollten deswegen im Westen Verbreitung finden. Den Journalisten bietet der IS ein Besuchsprogramm im klassischen Stil einer Diktatur inklusive der Vorführung von Gefangenen, die – wie aus Kafkas Novellen gestolpert – davon schwärmen, vollkommen zu Recht eingekerkert zu sein und ausgepeitscht zu werden.[26] Ergänzt werden die PR-Reisen durch einfallsreiche Kulissentricks wie das Ausstellen eines Passierscheines – als ob die sorgfältig betreuten Besucher sich auch nur fünf Minuten alleine irgendwohin bewegen dürften.

Und für das heimische Publikum geben die Journalisten dann folgsam das weiter, was man ihnen zuvor gezeigt und erzählt hat – wie die Äußerungen jenes etwas schwerfällig daherkommenden Konvertiten Christian Emde aus Solingen, derzeit unter dem Namen Abu Malik für den IS aktiv, der zutraulich verkündete, man werde zur Not auch »150, 200 oder 500 Millionen Menschen« umbringen, »ganz egal«.[27] Mit seinem flockigen Fusselbart und dem etwas teigigen Gesichtsausdruck erinnerte der deutsche Dschihadist zwar eher an Peter Ustinov in seiner Rolle als Nero als an einen kernigen Kämpfer, aber man hatte dem deutschen Interviewer vermutlich die Mühen der Übersetzung ersparen wollen.

Und die Botschaft kam an, die geplante »riesige religiöse Säuberung«[28] wurde für bare Münze genommen. Es klingt ja auch nicht nach Propaganda, die Mordankündigungen einer Mördertruppe zu veröffentlichen. Dass der IS bis Ende 2014 aber vor allem seine widerständischen sunnitischen Glaubensbrüder umgebracht hat und vielfach post mortem umetikettierte, findet in den Medien hingegen keine Erwähnung. Selbstredend möchte der IS auch nicht über sich lesen, dass er sein Erdöl an das Regime in Damaskus verkauft und seine allzu eifrigen Kämpfer davon abhält, auf die doch so glaubensheuchlerischen Soldaten Assads zu schießen. Der IS schätzt in jeder Hinsicht Menschen, die tun, was man ihnen sagt. Oder es weitersagen.

In John Cantlies achtminütigem Dezember-Spaziergang durch Mosul gibt es gegen Ende einen kurzen Moment, in dem der Brite vielleicht sagt, was er tatsächlich denkt: Als ein Flugzeug, vermutlich eine Beobachtungsdrohne der amerikanischen Luftwaffe, hoch über der Stadt vorüberzieht, brüllt Cantlie gen Himmel: »Help me! Drop a bomb! You are useless! Ab-so-lu-te-ly fucking useless!« Nutzlos, das sind die Luftangriffe in doppelter Hinsicht: Weder können sie den IS aus Mosul vertreiben, noch können sie John Cantlie befreien.

9 NORDKOREA AUF ARABISCH
Herrschaft, Wirtschaft und Alltag im
»Islamischen Staat«

Das Dasein im »Kalifat« ist in der Tat mittelalterlich, nur anders als erwartet: Es herrscht Totalüberwachung bis in die letzten Fasern des Dorflebens, der Ablasshandel floriert, während die Wirtschaft erlahmt. Schutz vor Willkür-Morden soll die »Vergebungskarte« gewähren. Aber die ist teuer und nur kurz gültig.

Anfang 2015 ist der »Islamische Staat« Realität geworden. Er wird jeden Tag etwa ein Dutzend Mal an verschiedenen Orten aus der Luft bombardiert, hat offiziell keine Freunde und seinerseits der Weltordnung den Krieg erklärt. Er herrscht zu diesem Zeitpunkt über eine Fläche von mehr als 100 000 Quadratkilometern[1], je zur Hälfte auf syrischem und irakischem Terrain. Wobei die reinen Maße nicht sehr aussagekräftig sind, denn das Gros der Fläche ist Wüste. Entscheidender ist, dass dieses Gebiet in der Summe nicht geschrumpft ist – trotz der Luftangriffe der US-geführten, internationalen Koalition und trotz der Bodenkämpfe des IS mit kurdischen Milizionären, syrischen Rebellen, irakischen und syrischen Regierungssoldaten.

Die Fläche hat sich ein wenig verschoben, etwa an der syrischen Enklave von Kobane direkt an der türkischen Grenze, wo konzentrierte Luftangriffe und kurdische Kämpfer die schon verloren geglaubte Stadt zurückerobert haben. Auch der Sinjar-Berg auf irakischer Seite und einige Dörfer der Umgebung sind zurückerobert worden, ebenso wurde der Belagerungsring um die schiitisch-turkmenische Stadt Amerli im Nordosten des Irak gesprengt. Allerdings konnte der IS in der westirakischen Provinz Anbar und in den Steppen der syrischen Provinz Homs seinem Herrschaftsbereich neue Gebiete einverleiben.

2016 wird das anders aussehen. Von den Städten, die der IS seit Anfang 2014 eroberte, hält er Mitte 2016 in Syrien allerdings noch die meisten: von der konservativen Stadt al-Bab, den eher liberalen Städten Jarablus und Manbij ganz im Norden, der Provinzhauptstadt Raqqa und kleineren Orten entlang des Euphrat auf syrischer Seite. Auf der anderen Seite der für obsolet erklärten Staatsgrenze sieht es schlechter aus für die Dschihadisten: Die einstige Millionenstadt Mosul, seine kleinen Hochburgen Hawija und Tal Afar hält der IS weiterhin, aber die übrigen Städte hat die Terrormiliz bis Mitte 2016 wieder verloren: Falluja, Ramadi, Tikrit, Beiji, Sinjar.

Der Staat, der sich seit Ende Juni 2014 »Kalifat« nennt, schrumpft zwar, aber er existiert weiter. Die bestehende Herrschaft über eine derartige Fläche samt Millionen von Bewohnern heißt, dass in irgendeiner Form regiert, verwaltet, gewirtschaftet wird. Das Ausbleiben organisierter Revolten im Inneren wiederum bedeutet, dass es der neuen, in jeder Hinsicht radikalen Herrschaft gelingt, ihr auf unterschiedlichen Wegen errungenes Territorium unter Kontrolle zu halten. Doch was heißt »islamische Herrschaft« konkret? Wie funktioniert der »Islamische Staat« und wie versorgt er seine Untertanen? Wie setzen Tausende aus Tunesien, Saudi-Arabien, Ägypten, Großbritannien, Deutschland und selbst Indonesien eingesickerte Dschihadisten unter irakischer Führung das »Versprechen Gottes« um, mit dem sie ihren Kurs der mörderischen Eroberungen rechtfertigen?

Als Journalist unentdeckt ins Territorium des IS zu kommen, ist seit Herbst 2013 nicht mehr möglich, zu dicht und penibel sind die Kontrollen an den Überlandstraßen und ebenso in den

Orten, die überzogen sind von einem Netz aus Spitzeln, das jeden Aufenthalt zur Falle machen würde. Es ist möglich, offiziell einzureisen, wenn man sich der Medienabteilung des »Kalifats« empfehlen konnte als mutmaßliches Sprachrohr der gewünschten Botschaften. Aber dann wird man wie zu Saddam Husseins Zeiten aufmerksam betreut und kontrolliert von einer arrangierten Begegnung zur nächsten gefahren. Bis 2015 hat der IS weit mehr westliche Journalisten verschleppt und verkauft oder ermordet als unbehelligt wieder ausreisen lassen. Um dennoch ein möglichst dichtes und realistisches Bild des Geschehens im Inneren zu bekommen, haben für dieses Kapitel mehrere einheimische Rechercheure über Monate Details aus ihren Heimatorten zusammengetragen. Manche blieben die ganze Zeit vor Ort, andere kamen und gingen, solange dies noch möglich war. Sie haben in al-Bab, Manbij, Ra'ei, Jarablus, Raqqa und Deir ez-Zor auf syrischer Seite recherchiert sowie aus der Umgebung von Mosul und von Tikrit auf irakischer Seite. Die meisten der Informationen stammen von zwei oder drei Quellen, die allesamt über einen längeren Zeitraum – soweit überprüfbar – akkurat berichtet haben. Da sie alle entweder noch im Machtbereich des IS leben oder Verwandte dort haben, werden sie nicht namentlich zitiert.

Während auf syrischer Seite jeder Geländegewinn des IS mit Kämpfen verbunden war und sich über ein Jahr hinzog, wurden weite Teile des Westirak binnen kürzester Zeit und überwiegend unter Zustimmung der dortigen sunnitischen Bevölkerung eingenommen. Die Ausgangsbedingungen waren unterschiedlich: In Syrien glitten die Vorauskommandos des IS möglichst unauffällig in jene Gebiete, die sich im Rahmen des Krieges bereits der Kontrolle des Assad-Regimes entzogen hatten. Sie vermieden lange Zeit Konflikte mit mächtigeren Gegnern, verschleppten und ermordeten Kontrahenten im Geheimen. Erst im Januar 2014 schlugen sie mit aller Wucht zu, als die Rebellengruppen gemeinsam versuchten, den »Islamischen Staat« zu vertreiben. Im Irak verfuhren die IS-Strategen in einem Punkt anders: Mit der in Syrien gewonnenen Schlagkraft und Reputation stellten sie sich und ihren mittlerweile berüchtigten Namen an die Spitze des jähen Blitzfeldzuges im Juni 2014, in dessen Verlauf sie weite Teile des Westirak einnahmen. Dort hatten sie ab Jahresbeginn lediglich die Stadt Falluja beherrscht. Der Hass auf die Apartheidspolitik der Regierung Nuri al-Malikis machte sie bei vielen Sunniten zu willkommenen Befreiern, auch wenn Hunderttausende Schiiten, Christen, Jesiden ebenso wie die Familien von Polizisten, Soldaten und Staatsangestellten flohen.

Doch so unterschiedlich die Ausgangsbedingungen waren, so ähnlich wurden sich die syrischen und irakischen *Wilayat*, ein altertümlicher Name, den der IS für Provinzen verwendet, binnen weniger Monate. Heute gelten in ihnen dieselben Dekrete, es existiert dieselbe Struktur der verschiedenen Sicherheitsdienste, und auch die Stimmung der Bevölkerung wird sich in beiden Hälften immer ähnlicher: Sie wird beherrscht von Angst, Ungewissheit, Ausweglosigkeit. Und das, obwohl die Dschihadisten zahlenmäßig an keinem Ort übermäßig stark sind. Doch der »Islamische Staat« funktioniert anders als konkurrierende Versuche dschihadistischer Machtübernahmen. Sein modernster und schlagkräftigster Konkurrent, al-Qaida auf der Arabischen Halbinsel, hat im Jemen stets versucht, die seit jeher mächtigen Stämme für sich zu gewinnen. Osama Bin Laden, dessen Vater selbst aus dem Jemen stammte, hatte noch vor seinem Tod gewarnt, dass die größte Gefahr nicht von den USA drohe, auch nicht von der jemenitischen Armee: sondern davon, sich die Stämme zum Feind zu machen.[2] Entsprechend ist al-Qaida im Jemen verfahren, manchmal erfolgreich

9 Nordkorea auf Arabisch

mit einer regelrechten »hearts & minds«-Kampagne, dem Ziel, die Herzen und Köpfe der Bevölkerung zu erobern, als hätten sie es sich abgeguckt von den US-Streitkräften im Irak und in Afghanistan, die dort Ähnliches versucht hatten. Manchmal aber blieb der Versuch der Kooptierung mittels Zustimmung auch fatal erfolglos, wenn einer ihrer Kämpfer auch nur einen Mann eines anderen Stammes umbrachte und dann der gesamte Stamm jählings gegen die Radikalen Front machte.

Der IS verfährt anders. Konstituierendes Element seiner Herrschaft sind zwei Massaker gewesen. Nicht das an den Jesiden von Sinjar, auch nicht das an den teils sunnitischen, teils alawitischen syrischen Soldaten, überhaupt kein Massaker an seinen designierten Feinden, religiösen Minderheiten, sondern: an zwei mächtigen sunnitischen Stämmen. Denen mithin, die doch eigentlich begeistert davon sein sollen, dass endlich Gottes (sunnitische) Herrschaft über sie kommt. Denen aber auch, die sich im Inneren hätten zur Wehr setzen können. Ein Konjunktiv Irrealis der Angst, denn als die sunnitischen Stämme sich noch hätten wehren können, rechneten sie nicht damit, überrannt zu werden. Und als sie sich wehren wollten, war es schon zu spät.

Als Erstes traf es bereits im August 2014 die Scheitat in Syriens Ölprovinz Deir ez-Zor. Der Stamm, dessen Männer unfassbar brutal niedergemetzelt wurden, war in den Augen des IS vor allem eines: zu mächtig. Denn im Boden unter seinen Dörfern liegen immense, leicht auszubeutende Ölfelder, mit denen der Stamm in den anderthalb Jahren zuvor reich geworden war. Sobald Assads Truppen sich im Herbst 2012 zurückgezogen hatten, übernahmen die Scheitat die Quellen, verkauften das Rohöl für zehn Dollar pro Barrel und wurden bald bekannt dafür, die syrischen Pfund-Bündel eher zu wiegen, anstatt die vielen Scheine zu zählen. Die Scheitats verkauften das Öl an alle, die es bezahlen konnten, an Assads Regierung wie an die Rebellen, vollkommen pragmatisch, wie einer ihrer Führer im Sommer 2013 eingestanden hatte: »Wenn ich dem Regime nichts gebe, radieren sie das gesamte Dorf mit Luftangriffen aus. Wenn ich den Rebellen nichts verkaufe, greifen sie das Ölfeld an.«[3] Der Stamm hatte bis zu 3000 Mann unter Waffen, und es waren schwere Waffen: »Duschkas«, 14,5-mm- und 22-mm-Maschinengewehre auf Pick-ups, Flugabwehrgeschütze, Panzer, Kalaschnikows für jeden Mann, Munition, die pro Kugel einen Dollar kostet. Es herrschte kein Mangel, weder an Geld noch an Waffen.

Vor der Erbeutung der Waffenarsenale ganzer irakischer Divisionen hätte der IS gegen die Stammesmiliz der Scheitat wenig Chancen gehabt. Doch nach der Eroberung Mosuls im Sommer 2014 sah das anders aus und die Truppen des »Islamischen Staates« gingen zum Angriff über. Die Niederlage vor Augen, riefen die Scheitat andere Rebellengruppen, selbst Washington um Hilfe, aber niemand kam. Auf dem Landweg hätte auch keiner kommen können, die Scheitat waren die letzte Kraft in der Gegend, die sich gegen den IS gewehrt hatte. »Wir wussten, dass wir keine Chance mehr hatten«, resümierte ein Entkommener.[4] Mitte Juli schlossen die Scheitat einen Waffenstillstand mit dem »Islamischen Staat«, die Truppen des »Kalifats« rückten ein, aber immer noch wollten die Stammeskämpfer ihre Waffen nicht abgeben.

Das Ende begann, wie so oft, mit einer Zigarette: Eine IS-Patrouille ergriff einen Raucher und peitschte ihn aus. Dessen Bruder schoss auf die IS-Männer und traf einen von ihnen tödlich. Er wurde ergriffen und enthauptet, woraufhin das gesamte Dorf Abu Hammam in Aufruhr geriet, den örtlichen IS-Posten stürmte und die Männer vertrieb. Als hätte Abu Bakr al-Baghdadis Militärführung nur auf den Moment gewartet, rückte nun die ganze Streitmacht der Dschihadisten an und beschoss die Scheitat mit schwerer Artillerie, Panzern, Raketenwerfern. Nach drei Tagen kapitulierte der Stamm. Das gesamte Dorf Abu Hammam und einige Weiler in der Umgebung wurden ausgelöscht, alle Männer über 15 erschossen, geköpft, gekreuzigt, die Frauen und Kinder verjagt. Das Vieh wurde fortgetrieben, Möbel, Autos wurden abtransportiert, viele der Häuser vor laufender Kamera gesprengt.

All dies wurde im Video festgehalten, und damit auch jeder die Botschaft verstand, verkündete dazu die Stimme eines IS-Mannes: »Dies war das Haus eines der Glaubensabtrünnigen der Scheitat. Dies ist eine Warnung an alle Clans, sich in den Gehorsam gegenüber dem Islamischen Staat zu fügen.«[5] In Berichten kursiert eine Zahl von 700 Toten, aber keiner weiß es genau. Im Dezember wurde ein Massengrab mit 230 Leichen gefunden, als einige Bewohner zurückkehren durften. Die Scheitat hätten gegen »Gottes Ordnung« verstoßen, verkündete die Öffentlichkeitsabteilung des »Kalifats«. »Jetzt hassen wir jeden, der betet«, resümierte ein Überlebender in der Türkei, »wir hassen sogar Bärte.«[6]

Als Nächstes traf es Anfang November 2014 den Stamm der Albu Nimr in der irakischen Anbar-Provinz: Sie hatten sich nicht dem IS unterwerfen wollen, ja sogar die schiitischen Milizen der Regierung in Bagdad um Hilfe gebeten. Ein Sakrileg. Über Tage wurden etwa 700 Männer, Frauen, Kinder von Exekutionskommandos erschossen[7], manche der Leichen in Brunnen geworfen. Anders als bei den Sturmangriffen auf die kurdische Stadt Kobane, auf die Jesiden in Sinjar, anders auch als bei den geradezu zelebrierten Hinrichtungen der gekidnappten Amerikaner und Briten gab es keinen internationalen Aufschrei und keine rettenden Luftangriffe. So still, wie die Welt angesichts der Massenmorde blieb, so genau wurden diese vor

Ort registriert, wurde ihre Botschaft verstanden: Wer sich auflehnt, wird ausgelöscht. Wer auch nur in den Verdacht gerät, dass er sich auflehnen könnte, riskiert die Vernichtung. Es gibt keine Neutralität mehr und vor allem: Es gibt kein Entkommen.

»Sie sammeln alle Einzelheiten über jeden von uns«, sagte ein nervöser Ex-Kämpfer einer zerschlagenen FSA-Brigade der Nachrichtenagentur Reuters und erzählte von der Inventarisierung aller Männer der Gegend durch den IS. »Sie erstellen Listen mit unseren vollen Namen, mit welchen Waffen wer an welchen Kämpfen gegen sie beteiligt war, aber wir haben keine Ahnung, zu welchem Zweck sie das tun. Wollen sie uns zwangsverpflichten? Überwachen? Unseren Besitz beschlagnahmen?« Er sprach von seinem Auto aus, mit dem er vor einem Internet-Café geparkt hatte. Er musste dort online gehen, denn der IS hatte bereits sein Modem beschlagnahmt.[8]

Der Soldat stammte aus Suhail, einer Kleinstadt in der Provinz Deir ez-Zor und Hochburg der Nusra-Front, die im Juli, während des Fastenmonats Ramadan, vom IS angegriffen worden war. Nach wenigen Stunden hatten sich die Verteidiger ergeben. Einer der dortigen Führer der Nusra-Front war Scheich Hussein Radsch al-Aboud, der einst jahrelang mit dem syrischen Journalisten Diab Serrih in Saidnaya im Gefängnis gesessen hatte. »Wir nannten ihn ›Doktor Islam‹, denn er war ein Salafist, der wirklich alles gelesen und in Saudi-Arabien studiert hatte. Er hat mich immer verspottet, dass ich ja ehrlich und klug sei, aber leider diesen entscheidenden Makel hätte, Demokrat zu sein.« Al-Aboud gehörte zu jenen Islamisten, die 2011 vom syrischen Regime freigelassen wurden, war zurückgekehrt in seinen Heimatort und hatte sich dort Nusra angeschlossen. Sein säkularer ehemaliger Mithäftling hatte danach nichts mehr von ihm gehört, bis er ihn auf einem Video im

Herbst 2014 wiedersah: »Da stand der ganz stumm bei einer Treuezeremonie im Zelt und hatte seinen Agal abgelegt«, jene Kordel, die das Kopftuch fixiert und die abzusetzen ein uraltes Zeichen der Aufgabe und Unterwerfung ist. »Dann sagte er auf, dass er zuvor ein Ungläubiger gewesen sei und nun dem ›Islamischen Staat‹ Gefolgschaft schwöre, dass er fortan als gehorsamer Muslim leben werde. Es war grotesk, absolut grotesk! Der war religiöser als alle Da'ishis zusammen, aber jetzt nur noch ein Schatten seiner selbst.«

Doch um Ideologie ging es dem IS eben nicht bei der Eroberung der letzten widerständigen Provinz im Zentrum seines Reiches – sondern um die völlige Unterwerfung jener Stämme, Orte, Brigaden, die sich nicht freiwillig angeschlossen hatten und ein stetes Risiko des Widerstands bleiben würden, wenn man sie einfach in Ruhe ließe. Die Stämme von Deir ez-Zor hatten sich lange Zeit hartnäckig gegen den IS gewehrt, dessen Einheiten immer wieder vergeblich versuchten, das Euphrat-Tal einzunehmen. Doch nun hatten die Widerständler keine Chance mehr. Zumal just in den Tagen vor der Attacke die Luftwaffe des Assad-Regimes ihre Angriffe auf die Hochburgen der syrischen Rebellenfraktionen intensivierte und Meyadin, Bukamal und Suhail bombardierte. Die Gefechtsverläufe folgten dem schon zu Jahresanfang erprobten Muster: Wir bomben den Weg frei, ließe sich die Lufthilfe aus Damaskus überschreiben. Nun waren diese Orte in den zwei Jahren zuvor auch schon angegriffen worden, aber im Vergleich zu Aleppo und Städten im Westen eher selten. Der Flugweg war erheblich weiter, und die letzten Militärflughäfen im Osten lagen oft unter Beschuss. Aber in den Monaten zuvor war es relativ ruhig geblieben. Bis der IS anrückte. Nach der Kapitulation mussten alle 30 000 bis 40 000 Einwohner Suhail für eine Woche verlassen, bis ihre Häuser durchsucht, alle Waffen beschlagnahmt waren. Danach durften sie zurückkehren, blieben aber unter strenger Beobachtung, wie ihnen mitgeteilt wurde.

Freundliche Überzeugungsarbeit, Appelle, all die Varianten, die frühere Terrorgruppen wie al-Qaida angewandt hatten, um ihre Anhängerschaft zu gewinnen und zu festigen, spielen im »Islamischen Staat« heute keine Rolle mehr. Auch der Islam, selbst in seiner radikalen Spielart, ist für die IS-Führung nicht Ziel, sondern Werkzeug. Stattdessen dreht sich im Reich Abu Bakr al-Baghdadis alles um zwei Kernbegriffe: Kontrolle und Gewalt. Letztere wird fallweise angewandt, aber die Kontrolle breitet sich wie metastasierendes Geflecht bis in die letzte Faser der Gesellschaft aus. Nach außen wie nach innen.

Einem ausgeklügelten System folgend, sind es die Muhadschirun, die »Immigranten«, die auf mittlere Führungsposten gesetzt werden: als Emir eines Orts, Scheich eines Scharia-Gerichts, wo sie nominell mehr zu sagen haben als die lokalen Anhänger. Aber sie bleiben dort nie lange, sondern rotieren alle paar Monate auf den nächsten Posten. Der Emir von Manbij wechselt nach Jarablus, der von dort nach al-Bab und so fort. Jarablus erlebt in einem halben Jahr drei Emire. Niemand soll sich eine Hausmacht jenseits der eigentlichen Führung aufbauen können. Die meisten der radikalen Pilger aus aller Welt steigen allerdings nie in solche Funktionshöhen auf, sondern enden als Selbstmordattentäter, als Kanonenfutter an den Frontlinien oder dürfen in den PR-Videos von der neuen Heimat schwärmen wie der talentfreie deutsche Ex-Rapper Denis Cuspert alias »Deso Dogg« alias Abu Talha al-Almani. Wirklich gebraucht werden höchstens Spezialisten wie Ärzte und Ingenieure. Wie der Fernmeldetechniker aus Tunesien, der das Netz in Raqqa am Laufen hält, oder jener US-jordanische Chemiker, der im Irak erbeutete alte Giftgasgranaten erhalten haben soll, um in einem Labor in Raqqa Chemiewaffen zu entwickeln.

9 Nordkorea auf Arabisch

Selbst Omar al-Schischani, der nominelle Militärchef des IS, der sich an vielen Fronten zeigt, hat nicht die Macht, die er ausstrahlt, was sich bei einem Zwischenfall im Herbst 2014 deutlich zeigte. Im Oktober kam es an der Front in Kobane zu einer dramatischen Auseinandersetzung. Usbekische Kämpfer standen in der ersten Linie, als sich die tschetschenische Einheit des IS plötzlich zurückzog und damit die Umzingelung der Usbeken möglich machte. 65 Usbeken seien dabei umgekommen. Deren wutentbrannte Kommandeure seien sofort nach Raqqa geeilt, um dort das Quartier der Tschetschenen zu belagern. Es habe nicht viel gefehlt, dass offene Kämpfe ausgebrochen wären. Dann habe Abu Bakr al-Baghdadi verfügt: Die verantwortlichen zwei oder drei tschetschenischen Kommandeure in Kobane seien sofort zu töten. So sei es geschehen. Von Omar al-Schischani, dem Rang nach oberster Befehlshaber des »Islamischen Staates« und überdies Tschetschene, sei in der ganzen Angelegenheit kein Wort zu hören gewesen. Wobei, und dies mag eine Rolle im Kalkül spielen, er eben letztlich kein Tschetschene ist, sondern aus Georgien stammt, weshalb viele ihn als Aufschneider und »Umar Gruzinetz« verspotten, Omar, den Georgier.[9]

Die fröhlich mordende Internationale ist eine Fassade, sorgsam inszeniert und austariert. Die wirkliche Führungsgruppe des »Islamischen Staates« ist klein und irakisch und fällt ihre Entscheidungen nicht im »Schura-Rat«, dem eigentlich dafür vorgesehenen Gremium, sondern in der Runde der »Männer des Lösens und Bindens«, *Ahl al-hal wa al-aqd*, in Anlehnung an jenen winzigen Kreis derer, die einst über die Nachfolge des Propheten Mohammed entschieden. Dieser kleine irakische Zirkel sorgt für eine strikte Kontrolle nach innen.

Auch die Kontrolle nach außen erweckt erst einmal einen anderen Anschein als die spätere Realität. Dort jedenfalls, wo der IS sich der prinzipiellen Loyalität der Bewohner sicher sein konnte, begann der Würgegriff gelegentlich ganz subtil. Etwa in der für syrische Verhältnisse extrem konservativen Stadt al-Bab nordöstlich von Aleppo. Auch hier hatten Rebellengruppen versucht, den IS außen vor zu halten. Aber in al-Bab waren Frauen schon früher schwarz und vollverschleiert auf die Straße gegangen, deshalb arrangierten sich die Bewohner rasch mit ihren neuen Herrschern, als der IS im Februar 2014 vollends die Macht übernahm.

Ein paar Monate später gingen IS-Männer bei den Kaufleuten und Landbesitzern von Haus zu Haus und fragten nach den Vermögensverhältnissen. »Das ist für das Zakat-Register«, lautete die Erklärung, zur Erhebung jener islamischen Steuer, deren Höhe schwankt, aber meist bei etwa fünf Prozent des Einkommens liegt. Eine ganz freundliche Frage, die in den meisten Fällen mit weit niedrigeren als den tatsächlichen Besitzverhältnissen beantwortet wurde. Dann kamen die Männer wieder: Der Betreffende habe leider gelogen. Dies sei ein schändliches Verbrechen und ziehe leider die Einziehung seines Besitzes nach sich. »Die wussten das alles längst«, amüsiert sich ein Geflohener beinahe über den Trickreichtum, »die wussten, wem welches Haus, welcher Olivenhain, welche Weide gehört, die hatten das alles längst ausgekundschaftet.« Ein reicher Viehhändler, der Onkel des Geflohenen, besaß Land, Herden, Immobilien im Wert von umgerechnet mehreren Millionen Euro: »Alles weg.«

Die Banken in al-Bab sind schon seit langem geschlossen. Der gesamte Geldverkehr läuft über die Wechselstuben im Ort und über sogenannte *Havala*-Transaktionen kooperierender Büros an verschiedenen Orten, die Geld in Rücksprache auszahlen, auch ohne eine formale Überweisung. Im Oktober 2014 stürmte ein Rollkommando des IS die Büros in al-Bab und nahm die Laptops mit. Dort fanden die Finanzfahnder der Kalifatsverwaltung offenbar Transaktionen über Summen, die allein in vielen Fällen die angegebenen Vermögensverhältnisse erheblich überstiegen – was weitere Beschlagnahmungen zur Folge hatte. Seither dürfen größere Transaktionen nur noch mit Genehmigung der IS-Verwaltung vorgenommen werden.

Wer wollte, konnte bis Dezember 2014 jederzeit al-Bab verlassen. Nur zurückzukommen war nicht so einfach. Wer es wagte, aus der Türkei oder den Rebellengebieten wieder nach al-Bab zurückzukehren, wurde peinlich verhört: »Woher sollen wir wissen, dass du kein Spion bist?« Doch im Verlauf des Jahres 2015 werden die Ausreisekontrollen rigider, steigen die offiziellen Gebühren wie die Preise der Schmuggler, die man bezahlen muss, um die zur Falle gewordenen Orte noch verlassen zu können. Denn ohne den Schutzschild der Zivilbevölkerung müssen die IS-Kader mit Bombardements der US-geführten Koalition rechnen.

Mit einer anderen Form der durchdringenden Kontrolle hat der IS schon im Frühjahr 2014 in Raqqa begonnen, seiner inoffiziellen Hauptstadt. Dort bearbeiteten die Scharia-Gerichte etwa 1000 Fälle von Land- und Mietstreitigkeiten, die zum Teil über Jahre liegengeblieben waren: Eigentümer wollen ihre Läden wiederhaben, die oftmals vor Jahrzehnten für eine heute minimale Pacht vergeben wurden. Landbesitzer wollen ihre Felder wiederhaben. Pachtbauern wehren sich dagegen, von ihren Feldern vertrieben worden zu sein. Und so fort. Wer immer im Streit liege, und das sind viele, könne zum Gericht kommen, so ließ der IS verkünden. Nach Angaben eines Prozesszeugen haben die Richter zwar wenig Ahnung von islamischer Rechtsprechung oder gar koranischen Referenzen, aber sie machen allen Beteiligten klar, dass ihr Urteil endgültig ist. Manchmal entscheiden sie für ihre Günstlinge, aber beileibe nicht immer –

zumal wenn beide Parteien nicht zu ihrer Kernklientel gehören. Oft gibt es Kompromisse, und Argumente werden durchaus gehört, Dokumente angeschaut. Dabei geht es weniger um das Urteil, sondern um den Prozess selbst: Er soll deutlich machen, dass nichts geht ohne den IS, dass Wohl und Wehe allein von ihm abhängen. Selbst eine Frau, die von ihren Brüdern um den Anteil aus dem Familienerbe betrogen wurde, bekommt im Herbst Recht vor dem Gericht. Und auch Dieben aus den eigenen Reihen werde die Hand abgehackt. Ein ägyptischer Orts-Emir in al-Bab wurde gar hingerichtet. Niemand soll sich sicher fühlen, nicht einmal das eigene Personal.

Aber je tiefer die Spitzel und Behörden, Sittenpolizisten und Killerteams des IS eindringen ins soziale Geflecht der Orte, desto stärker ziehen sich die Bewohner zurück. Raqqa sei eine zweigeteilte Stadt geworden, erzählen die Quellen immer wieder seit Herbst 2014: gespalten in die schrumpfende Mehrheit der Bewohner und syrischen Binnenflüchtlinge auf der einen und die Machthaber des IS auf der anderen Seite. Wobei die Bevölkerung zunehmend furchtsamer jede Begegnung mit Dschihadisten meidet. »Mit denen kann man nicht diskutieren, sonst erlassen die sofort eine Fatwa, dass man Ungläubiger sei«, berichten Quellen vor Ort. Vor allem die Tunesier in der *Hisba*, den Teams der Sittenpolizei, seien roh und anmaßend. Ihre Form der sexuellen Belästigung in der verschleierten Welt bestehe darin, Frauen möglichst drastisch zu ermahnen: »Eh, deine Kleider sind nicht in Ordnung, ich kann deine Augen erkennen! Ich kann deinen Arsch sehen, zieh dich ordentlicher an!«

Wer kann, bleibt zu Hause, aus den vielfältigsten Gründen. Etwa aus dem nachvollziehbaren Wunsch, nicht die erst erschossenen, dann gekreuzigten Opfer oder die Köpfe der Enthaupteten auf den Zaunspitzen im Zentrum sehen zu müssen.

9 Nordkorea auf Arabisch

Junge Männer bleiben zu Hause, seit die Zwangsrekrutierungen zunehmen. Junge Frauen bleiben zu Hause, weil die IS-Kampagne, doch einen der ausländischen Männer zu heiraten, zusehends aggressiver propagiert wird. Unverheiratete Frauen sollen einen weißen Gesichtsschleier unter dem schwarzen Niqab tragen, damit sie für die Patrouillen erkennbar sind und gleich angesprochen werden können. Um Hochzeiten zu erleichtern, senkt der IS die Brautgabe auf ein Tausendstel der gängigen Summe, eine Handvoll Dollar, und suspendiert die Hochzeitsfeste – auf denen ohnehin schon lange keine Musik mehr gespielt werden durfte. Heiraten soll leichtgemacht werden: mit den eingereisten Dschihadisten, die des Kämpfens wegen angereist sind, aber die Idee, eine Frau wie ein Beutestück obendrauf zu bekommen, geistert fortwährend durch ihre Chats mit Freunden. Nur: Bis auf sehr arme Familien will niemand seine Töchter mit den Muhadschirun verheiraten.

Kinder bleiben zu Hause, weil ihre Schulen eh geschlossen sind, weil dort nur noch Koranexegese gelehrt wird – und weil ihre Eltern schlicht Angst haben, dass die Jungen ins »Scheich Bin Laden«- oder ins »Scheich Zarqawi«-Kinderlager gebracht werden, gelockt oder gezwungen. Hatte der IS in den Anfangstagen noch Spielzeug verteilt und Hüpfburgen für heitere Spielnachmittage aufgestellt, so werden jetzt selbst Zehn-, Zwölfjährige an Kalaschnikows trainiert oder darauf vorbereitet, demnächst ein Selbstmordattentäter zu werden. Allein rund um Raqqa existieren fünf solcher Ausbildungslager für Kinder[10], in denen Hunderte Jungen eine warme Mahlzeit, Training an Schusswaffen und Handgranaten bekommen und vor allem: sich wichtig fühlen dürfen. Sie seien, erzählen es ihnen die Trainer, die »reinen Herzen, um Ungläubige und Gottes Feinde zu bekämpfen«. Sie bekommen Kampfanzüge inklusive kleiner, schwarzer Sturmhauben, dürfen Kalaschnikows halten und schießen, die fast so groß sind wie sie selbst. Sie sollen zwei Tage die Woche fasten im Camp. Sie bekommen echte Missionen: ihre Nachbarn, Ladenbesitzer, ihre Familien auszukundschaften. Genau hinzuhören, falls jemand es wagen sollte, den »Islamischen Staat« zu kritisieren, Witze zu reißen oder auch nur zu rauchen, Musik zu hören, irgendetwas Verbotenes zu tun. Dann sollen sie berichten. So wolle es Gott.

Eine Mutter erzählte die Geschichte ihres neunjährigen Sohnes, der begeistert immer wieder zu den »Zelt-Lektionen« des IS in der Stadt gegangen war, der davon träumte, ein richtiger »Emir« zu werden, und sich auch schon einen Namen ausgesucht hatte: Abu Zubair al-Ansari. So wollte er fortan auch von seiner Mutter genannt werden. Als die sich weigerte, ihn ins sechswöchige Bootcamp der Dschihadisten ziehen zu lassen, beschimpfte er sie als »Ungläubige«, die »hingerichtet« würde.[11] Kinder in Raqqa spielen, was sie erleben: Sei es, dass sie Vögel töten, auf Zweigen kreuzigen und ihnen ein Schild »Ungläubiger« um den gefiederten Hals hängen, sei es, dass sie einen Esel mit Stöcken schlagen und krähen: »Wir haben ihn ausgepeitscht, weil er geraucht hat.«[12]

Auch in Deir ez-Zor, Hawija, Mosul tauchen diese Kinderlager auf, sind Halbwüchsige mit schweren Waffen zu sehen. Manche von ihnen werden an die Front nach Kobane geschickt, wo kurdische Kämpfer bereits mehrere Leichen von etwa 14-jährigen Jungen gefunden haben. Der IS betreibt seine Kinderrekrutierung ganz offen, wie man an seinen Propagandavideos sehen kann. »Die nächste Generation«, kommentiert die Stimme auf dem Off in einem Film, der kleine Jungen dabei zeigt, wie sie eine Kalaschnikow auseinandernehmen und zusammensetzen. In einem anderen Clip des IS ist ein Elf- oder Zwölfjähriger zu sehen, der zwei vor ihm kniende Männer mit einer Pistole erschießt. Befragt nach seinen Zukunftsplänen, verkündet er: »Ich werde derjenige sein, der euch abschlachtet, ihr Ungläubigen! Ich werde ein Mudschahid sein!« Er heiße Abdullah, sagt der Junge, und komme aus Kasachstan.[13] »Jeder hat Angst vor seinen eigenen Worten, denn man kann nicht einmal mehr den Kindern auf der Straße oder im Hof trauen«, beschreibt einer der Zuträger das beklemmende Schweigen in Raqqa.

Schon im Spätsommer 2014 hatte der »Islamische Staat« neue Regeln für die Schulen erlassen. Mädchen und Jungen dürfen nur noch getrennt unterrichtet werden, Mädchen am besten gar nicht mehr. Und wenn doch, dann vollverschleiert. Aber die meisten Schulen würden ohnehin noch längere Zeit geschlossen bleiben, heißt es. Zum einen muss das Lehrpersonal »umerzogen« werden, zum anderen würden die Lehrpläne grundlegend überarbeitet. Fremdsprachen, Geschichte, Politik, Biologie, Kunst werden gestrichen, unterrichtet werden soll stattdessen einfache Mathematik, Arabisch, Koranexegese und – die Geschichte des gegenwärtigen »Kalifats«. Die ist zwar kurz, soll aber ausführlich gelehrt werden. Die Weisheit gehöre dem Schöpfer, so die Überzeugung der Dschihadisten, die auch ihre Schulpolitik bestimmt, und allzu viel von ihr sei gar nicht gut für dessen Geschöpfe.

Die Liste der Verbote und Vorschriften, mit denen der IS das Leben der Menschen in seinem Herrschaftsbereich regelt, wächst stetig weiter: Rauchen ist verboten. Raucher werden ausgepeitscht, manchmal werden ihnen die Finger gebrochen. Läden müssen zu den Gebetszeiten schließen. Die Umstellung der Uhren auf Winterzeit wird verboten. Ein Bauer aus dem Weiler Schuyuch al-Fauqani am Euphrat südlich von Kobane erzählt, dass auf dem dortigen Viehmarkt die Euter der Kühe nun bedeckt sein müssten, damit niemand auf sündige Gedanken käme. Frauen haben komplett verschleiert zu sein, auch ihre Socken, Handschuhe, Schuhe müssen schwarz sein. Dazu muss ab Herbst 2014 vorne am Körper noch ein rechteckiger »Schild« aus schwerem Stoff getragen werden, um die Formen der Frauen vollends zu kaschieren.[14] Kein Haar darf zu sehen sein. Außerhalb des Hauses dürfen sich Frauen nur noch in Begleitung eines *Mahram*, ihres Sohnes, Vaters, Bruders, Ehemanns, bewegen. Verstößt ihre Kleidung gegen die Vorschriften, wird der Mann ausgepeitscht.

Einer der Zuträger aus dem kleinen Ort Ra'ei nördlich von Raqqa erzählt von einer Beerdigung: »Mein Schwiegersohn und seine Frau kamen zum Begräbnis, alle in Schwarz. Aber dann sahen die Wächter bei der Frau einen schmalen Streifen ihrer blauen Jeans hervorscheinen: ›Was wagt ihr?‹ Bei der Durchsuchung fanden sie auch noch Zigaretten im Haus meines Schwiegersohns, haben ihn ausgepeitscht und noch verspottet, dass sie jetzt gnädig seien und ihn gehen ließen.« Er selbst verstecke sich nach dem Rasieren die ersten Tage im Haus, sagt er: »Sie schlachten Menschen wie Tiere. Ich mag jetzt nicht mehr in die Moschee gehen, früher ja.« Aber die Dschihadisten hätten angekündigt, demnächst jeden Morgen um fünf von Tür zu Tür zu gehen, um die Menschen in die Moschee zu schicken. »Nun warten wir, wann das geschehen wird.«

Von Ostsyrien bis Westirak gilt nun auch eine neue Frisurvorschrift für Männer: Ob kurz oder halblang ist dem IS egal, aber alle Haare müssen auf die gleiche Länge geschnitten sein. Modische Frisuren würden als Etikette des Unglaubens angesehen und bestraft. Den Schuldigen würden die Haare komplett abrasiert, anschließend müssten die Männer als Straßenkehrer arbeiten. Das Bild der Haare auf Färbemittelpackungen muss schwarz angemalt werden. Dass dies wenig sinnvoll sei, wie ein Friseur den Kontrolleuren erklärte, fruchtet nicht. Niemand darf mehr Bilder von Frauen auf seinem Mobiltelefon haben.

Schaufensterpuppen beider Geschlechter müssen schwarz verschleiert sein, um der Götzenanbetung vorzubeugen. Ersatzreifen sind verboten, denn das verstoße gegen das Vertrauen in Gott! Zahnbürsten sollten aus dem Sortiment verschwinden und gegen Miswak ersetzt werden, die faserigen Hölzchen, mit denen sich Abu Bakr al-Baghdadi bei seiner Kalifatserklärung in Mosul zeigte und die der Prophet einst vor 1400 Jahren benutzt haben soll.

Doch wenn Ersatzreifen verboten sind, warum ist es das Auto dann nicht? Wenn Frauen sich zu verschleiern haben und für Männer knöchelkurze Hosen wie angeblich zu Zeiten des Propheten vorgeschrieben sind, was ist dann mit Dingen wie Twitter, Mobiltelefonen und Kalaschnikows? Eine Debatte darüber, welche Neuerungen legitim sind und welche nicht, findet nicht statt. Es wird entschieden, irgendwo oben, aber den Schergen ist das auch egal. Sie haben offensichtlich nichts gegen Willkürentscheidungen der Emire, solange sie mit der Durchsetzung all der Verbote ihre Machtgelüste im Kleinen und Kleinsten ausleben können.

Besessen von der Alltagskontrolle ihrer Untertanen seien vor allem die Zugereisten, hört man, die Muhadschirun, die aus Dutzenden Staaten auch Anfang 2015 noch ungehindert über die Türkei nach Syrien strömten: eine multinationale Schar, deren Empfindungen changieren zwischen schriller Todesbegeisterung und Beschwerden nach Hause, dass man mangels Strom und Diesel nicht heizen könne. Ihre Nationalitäten aufzuzählen dauert eine Weile: »Also, aus Europa sind es vor allem Briten, dann Niederländer, Deutsche. Die Briten sagen, ihre Regierung lasse sie gerne ziehen, das sei kein Problem. Dann sind da US-Amerikaner, Türken, aus Asien Inder, Afghanen, Usbeken, Tschetschenen, Chinesen, viele Indonesier und Männer aus Pakistan; Araber kommen aus allen Ländern, an erster Stelle

Tunesier, dann Saudi-Araber, Ägypter, Algerier, Jordanier, Iraker und Syrer sowieso. Nur Palästinenser habe ich keine gesehen.« An manchen Orten konzentrieren sich einzelne Gruppen: In Jarablus etwa, direkt an der türkisch-syrischen Grenze, haben sich viele Türken gesammelt. Manbij, nicht fern davon, trägt den Spitznamen »Klein-London«. Im Süden, rund um Deir ez-Zor, sind viele Marokkaner. Auch bei den Verwendungen für die unterschiedlichen Nationalitäten scheint es Vorlieben zu geben: Selbstmordattentäter rekrutieren sich vielfach aus den Saudi-Arabern, die extrem jung und fanatisch seien, selbst für IS-Verhältnisse. Bei der Schikanen-Truppe Hisba fänden sich viele Tunesier und Ägypter. Und die größte Gruppe aller Auswärtigen stellten nach wie vor die Tunesier mit über 3000 Männern, aber zunehmend auch Frauen.

Die größte Gruppe der zum »Islamischen Staat« strömenden Frauen seien Tunesierinnen, danach Frauen aus Marokko, Algerien, Europa, Australien, keine aus Saudi-Arabien. »Und alleinreisende Frauen aus Schwarzafrika«, wundert sich der Rapporteur aus Raqqa, »manchmal auch mit französischem Pass. Warum? Keinen Schimmer!« Man fühle sich fremd in seiner eigenen Stadt. »Die Frauen sind unheimlich«, sagt ein regelmäßiger Besucher der Internet-Cafés von Raqqa, in denen sich vor allem die aus Europa an- oder mitgereisten jungen Vollverschleierten aufhalten, stundenlang an ihren Facebook-Auftritten basteln, über Skype mit Freundinnen, gelegentlich ihren Verwandten sprechen. »Die reden über die jungen Männer hier und finden diejenigen am aufregendsten, die sich in die Luft sprengen wollen. Wenn die dann tot sind, schwärmen die Mädchen von denen wie von Popstars. Die feiern jede Totenmeldung. Als ob der Tod irgendwie sexy wäre. Es ist gespenstisch, aber die steigern sich da gegenseitig rein, die Frauen mehr als die Männer.« Aus Manbij bloggte die 18-jährige Umm Khattab

9 Nordkorea auf Arabisch

al-Britaniyya, dass ihr 28-jähriger schwedischer Ehemann »es endlich geschafft habe«, Märtyrer zu werden, als ihn eine Bombe in Kobane traf. Sie habe ihn ja nun auch nicht lange gekannt und sei schon traurig, aber »keine der Märtyrer-Witwen, die ich hier getroffen haben, ist deprimiert. Denn wir wissen, welch eine Ehre uns Gott erweist!«[15]

Die jungen Frauen, oft noch Mädchen, beim IS sind eine der bizarrsten Facetten der Bewegung. Kamen früher zu al-Qaida in Afghanistan oder den wechselnden Schlachtfeldern der Dschihadisten-Wanderszene nur Männer, die in seltenen Fällen ihre Ehefrau mitnahmen, so steigt rasant der Anteil der *Muhadschirat*: der Frauen, die sich allein auf den Weg nach Syrien machen. Und das vor allem aus Europa: Allein 100 von ihnen sind bis Februar 2015 aus Großbritannien gekommen, darunter mehrere 14- und 15-Jährige. Etwa 40 Frauen und Mädchen kamen aus Deutschland, andere aus Frankreich, der Schweiz, sogar aus Finnland. Auf zehn bis 15 Prozent wird mittlerweile ihr Anteil an den Anreisenden Westlern geschätzt. Sie sind nicht die verhuschten Schleiereulen, die ihren Eltern oder den Normen gehorchen wie in Saudi-Arabien, im Gegenteil: Die Weggelaufenen werden oft als selbstbewusst beschrieben, ihre Familien sind meist nicht strenggläubig und durchweg verzweifelt.

Was also treibt sie in ein Dasein mit Vollverschleierung? Die frühen islamischen Überlieferungen wimmeln von schwertkämpfenden Helden, aber Frauen tauchen dort eher als Beute oder Ehefrauen auf, nicht als unverheiratete Alleinreisende, die sich ohne Einverständnis der Familie auf den Weg ins Kriegsgebiet machen. Trotzdem brechen Frauen und Mädchen heutzutage heimlich in die Türkei auf, fälschen die Unterschrift der Eltern fürs Flugticket, um in einer Umgebung zu landen, die Frauen eine beschränkte Rolle und groteske Vollvermummung vorschreibt.

Doch gerade dieses Verbotsdetail sei aufschlussreich, erzählt die Islamismus-Expertin Claudia Dantschke aus Erfahrung: Viele der Mädchen kämen aus Einwandererfamilien, wo die Jungs alles dürften, die Mädchen nichts. »So eigenartig das klingt, für diese Mädchen ist Salafismus fast wie eine Befreiung«, so Dantschke, die in Berlin die Beratungsstelle Hayat für die Familien radikaler Jugendlicher leitet: »Dort gelten Einschränkungen für beide Geschlechter, was die Mädchen als gerechter empfinden.«[16] Über Facebook, Blogs und persönliche Kontakte verbreiten sich die Geschichten der Vorangegangenen, ziehen weitere nach.

Die Romantik des Kampfdaseins, die Lust am Widerstand gegen die Umgebung daheim tauchen immer wieder als Motive auf und der Wunsch, eine Perspektive zu bekommen, einfach und klar. Die Dschihadistinnen schwärmen von ihren »Löwen«, den kämpfenden Männern, die sie vor Ort geheiratet haben, von der Geborgenheit in der Gemeinschaft des »Islamischen Staates«. »Bedroom Radicals«, Schlafzimmerradikale, nennt der schottische Anwalt Aamer Anwar die jungen Frauen, die sich am Computer in ihre Schwärmereien hineinsteigern und plötzlich ins IS-Gebiet aufbrechen.[17] So wie die 20-jährige Aqsa Mahmood aus Glasgow, die sich schon 2013 nach Raqqa aufmachte und deren Familie Anwar vertritt. In Syrien angekommen, bloggte Mahmood Tipps zum Reinigen verdreckter Kampfanzüge und freute sich über die Mikrowellen, die man den Ungläubigen abgenommen hatte.[18] Andere Frauen raten Reisewilligen, Babyflaschen und Still-BHs nicht zu vergessen, oder erzählen, dass sie gerade ein Köpfungsvideo sehen, und wünschen sich gerne mehr davon.

Dabei sind sie vor Ort beileibe nicht nur die Heimchen am Herd: Es gibt eine eigene Frauentruppe der Kalifatspolizei, die an den Kontrollposten steht und auch Frauen verhaftet, meist wegen unvollständiger Verschleierung. Anfang 2015 bringt diese al-Khanssaa-Brigade sogar ein eigenes Manifest zur Rolle der Frauen im »Islamischen Staat« heraus[19]: Es sei stets besser für Frauen, verschleiert und versteckt zu sein. Schönheitssalons und Boutiquen seien Teufelswerk. Dies solle nicht heißen, dass Frauen rückständig seien. Bildung sei wichtig, aber die »fundamentale Rolle der Frau« sei nun einmal daheim. Geheiratet werden dürfe ab neun Jahren, empfohlen sei ein Alter von 16 bis 17 Jahren, »aber auch die Männer werden nicht älter sein als 20 in den kommenden, glorreichen Generationen«.

Tatsächlich kommen im IS zunehmend auch ganze Familien an, gelockt mit freundlichen Videos. Ankömmlinge zerreißen vor laufender Kamera ihren Reisepass: Die meisten kommen, um zu bleiben, nicht wie früher, als Muhadschirun anreisten, um zu kämpfen und zu sterben – oder wieder nach Hause zurückzukehren. Jetzt gibt es ja den Staat. Die eingereisten Dschihad-Pilger wohnen umsonst. Für dieses »Familienprogramm« des IS werden leer stehende Häuser in allen Orten requiriert. »Unsere Mutter geht jeden Tag herüber und macht abends eine Lampe an«, erzählt ein Mann aus Jarablus, »keiner soll merken, dass wir fort sind. Jedes Haus, das länger leer steht, reißen sie sich unter den Nagel.« Im irakischen Hawija ergeht im Oktober ein Dekret: Flüchtlinge aus anderen Landesteilen, die sich in den Häusern ihrerseits geflohener Soldaten oder Polizisten niedergelassen hatten, bekommen eine Frist von 24 Stunden, die Häuser zu räumen. Der IS braucht die Häuser, so scheint es, für sich und seine Einwanderer.

Doch mit der Zeit lässt sich feststellen, wie die Erosion von innen am neuen Staat zu nagen beginnt. Konnte der »Islamische Staat« die ersten Monate bequem mit dem wirtschaften, was er erbeutet hatte, so versiegen langsam die Einnahmequellen, stocken die auf Volllast laufenden Stromgeneratoren der

Wasserkraftwerke an den Stauseen, sinken Ölförderung und Dieselraffination nach wiederholten Luftangriffen. Binnen weniger Monate hat sich der IS von der »reichsten Terrororganisation der Welt«, wie er gern etikettiert wurde, zu einem der ärmsten Staaten der Welt verwandelt. Denn das parasitäre Dasein als Untergrundmafia, die jahrelang Schutzgelder von Firmen und staatlichen Institutionen erpresste und damit allein in Mosul bis Juni 2014 monatlich mindestens zwölf Millionen US-Dollar einnahm, war in dem Moment zu Ende, da die Untergrundmafia selbst zum Staat wurde. Und der andere, eigentliche Staat aufhörte, die Erpresser zu alimentieren. Doch die Gründung des eigenen Staates war für den IS offenbar wichtiger als die Einnahmen.

Vor allem mit der Verwaltung von Mosul sind die Dschihadisten schlicht überfordert: Die zuvor staatlich finanzierten Bauprojekte stehen still. Die Lebensmittelrationen, die in der Stadt bis zur Eroberung durch den IS verteilt wurden – ein Relikt aus der Embargo-Zeit des Irak in den neunziger Jahren –, kamen zu einem abrupten Ende. Im Winter und Frühjahr 2015 stehen die Kläranlagen der Stadt still, ebenso die Desinfektionsanlagen fürs Leitungswasser. Der Müll türmt sich in den Straßen, Strom gibt es alle paar Tage für zwei, drei Stunden. Gleichzeitig sind die Preise gestiegen, der Preis für Reis und Gas zum Kochen hat sich verdreifacht, der für Tomaten versechsfacht. Viele Ärzte sind geflohen, mehrere wurden vom IS ermordet, weil sie weiterhin Frauen und Männer behandelten. Die Blutbank wurde geplündert für die Versorgung der IS-Kämpfer. Wer sich jetzt noch operieren lässt, muss vorher sein eigenes Blut spenden. Eine der wenigen Einkommensquellen des IS in Mosul waren lange Zeit noch die Gehälter für Lehrer und andere Beamte, die von der Zentralregierung in Bagdad weiterhin gezahlt und mit Billigung des IS über Mittelsleute von Kirkuk nach Mosul gebracht wurden – bis Bagdad 2015 die Zahlungen einstellt.

In den ungestörten Monaten bis September 2014 förderte der IS Schätzungen zufolge pro Tag 70 000 Barrel Erdöl und verdiente, als der Barrelpreis noch bei 90 US-Dollar lag, zwei bis drei Millionen US-Dollar am Öl- und Dieselverkauf. Doch seither ist diese Einnahmequelle am Versiegen: Viele der kleinen Raffinerien und Ölquellen auf syrischer Seite sind bombardiert worden (die irakische und die kurdische Regierung legen Wert darauf, dass auf ihrem Territorium die Quellen nicht bombardiert werden), und nach den IS-Anschlägen in Paris im November 2015 griffen US-Jets erstmals auch die Tanklastzüge an. Die waren überraschenderweise bislang verschont geblieben, da deren Fahrer Zivilisten und keine IS-Männer waren, was der IS auch immer wieder öffentlich klargestellt hatte. Überdies ist der internationale Ölpreis massiv eingebrochen, und ein großer Teil des geförderten Öls wird zudem im Herrschaftsgebiet des IS selbst verbraucht.

Doch kaum etwas illustriert den vollkommen pragmatischen, glaubensfreien Umgang des IS mit seinen Einnahmequellen besser als der Ölhandel – und zwar im Einvernehmen mit seinen Feinden: Im großen, Mitte 2015 halbzerstörten Dorf Korin nahe der syrischen Provinzhauptstadt Idlib im Norden gibt es eine Tankstelle, ein paar aufgebockte Fässer in einem verrußten Keller. Besitzer Yasan erläutert das Angebot: »Anfang 2015 gab es die Sorten »Regime« für 110, »Islamischer Staat normal« für 90 sowie »Islamischer Staat gefiltert«, gewissermaßen IS-Super, »für 100 syrische Pfund den Liter«, je nach Kurs 25 bis 50 Euro-Cent. »Jetzt gibt es nur noch »Islamischer Staat« für 125 Pfund.

Auf das Paradox, dass sämtlicher Diesel, überlebenswichtig nicht nur zur Fortbewegung, sondern vor allem für die Stromgeneratoren, von seinen Feinden stamme, wahlweise vom IS oder Assads Raffinerien, reagiert der Tankstellenbesitzer pragmatisch: »Je nun, was soll ich machen? Wir brauchen den Diesel, sind alle arm und können uns den aus der Türkei nicht leisten.«[20]

Alle kaufen vom IS: die syrischen Rebellen, die Kurdenmilizen, Assads Regime, türkische und kurdische Mittelsmänner aus dem Irak. Und der IS verkauft an jeden, denn auch er ist auf den Handel angewiesen. »Es ist eine Situation, die einem zum Weinen wie zum Lachen bringt«, zitierte die *Financial Times* im Oktober 2015 einen Rebellenkommandeur, der seinen Diesel aus denselben IS-Gebieten bezieht, in denen seine Männer gegen die Gruppe kämpfen. »Aber wir haben keine andere Wahl. Dies ist eine Revolution der Armen, und gibt uns sonst jemand Diesel?«

Eine auf den ersten Blick völlig absurde, auf den zweiten Blick aber plausibel erscheinende Situation ist entstanden: Nicht nur die »nützlichen Feinde« auf dem syrischen Kriegsschauplatz machen Ölgeschäfte miteinander. Sondern auch jene Fraktionen, die einander tatsächlich absolut erbittert bekämpften: Die arabischen Rebellen, die kurdischen Milizen, sie alle sind auf das Öl und den billigen Diesel des IS angewiesen, der über Zwischenhändler von den Ölquellen im Osten zu seinen Abnehmern im Westen des Landes fließt. Zeitweilig boykottierte der IS den innersyrischen Handel, aber nie lange: Zu wichtig sind die Millionen von Abnehmern.

Als Anfang 2016 die Kämpfe zwischen Rebellen und Kurden gegen den IS im Norden der Provinz Aleppo eskalierten, drohte der IS-Emir der Stadt al-Bab seinen Feinden: »Bei Gott, ich schwöre, ich werde dafür sorgen, dass ihr eure Autos und Panzer von Eseln ziehen lassen müsst!«[21] Aber dann würden die Dschihadisten nichts verdienen. Seit dem Ausbruch des

Emirs sind bis Mitte 2016 keine Unterbrechungen des profitablen Handels bekannt geworden.

Die IS-Ölförderung ist bis Ende 2015 aufgrund der Luftangriffe zwar auf 30 000 bis 40 000 Barrel pro Tag gesunken und geht auch 2016 zurück, aber das elaborierte, weit über Syrien und den Irak hinausreichende Distributionsnetz existiert weiterhin. Das Öl sowohl aus Quellen auf syrischem wie auf irakischem Terrain wird an eine Vielzahl von Mittelsmännern verkauft: Ein Teil wird noch innerhalb des IS-Areals weiter raffiniert und dort verkauft. Ein Teil geht über Schmuggler in die Türkei. Ein größerer Teil, so Beteiligte des Handels, wird nach Irakisch-Kurdistan geschmuggelt, wo seine illegitime Herkunft nicht mehr nachweisbar ist, und wird dann weiter in die Türkei transportiert. Vorher wird das Öl provisorisch raffiniert, um es ganz legal durch das Schlupfloch der türkischen Gesetzeslage zu bringen, nach der zwar Importe von Rohöl verboten sind, Importe von Ölproduktionen hingegen nicht.

Ende November 2015 veröffentlichte die arabische Tageszeitung *Al-Arabi al-Jadid* einen ausführlich recherchierten Report zum Schmuggelnetzwerk des IS und zitierte einen irakischen Geheimdienstoberst, der den Finanzströmen des IS folgt: »Aus Mosul und der dazugehörigen Provinz Niniveh wird das Öl nach Zakho gebracht«, in den Norden des Kurdengebietes, nahe der türkischen Grenze. Die Köpfe des Schmuggelgeschäfts seien vor allem Kurden, aber auch Türken und Iraner. Für die Ware zahlten sie bis zu 25 Prozent des Werts, angelehnt an den jeweiligen internationalen Ölpreis.[22]

Doch auch die Türkei ist nur Transitland: Das meiste Öl wird direkt weiter zu den Verladehäfen des Mittelmeers transportiert, nach Mersin, Ceyhan, Dörtyol und von dort weiter zum Export. Ein Großteil des Öls findet einen ungewöhnlichen Abnehmer: Israel, dessen Ölimporte nach einem Bericht der *Financial Times* vom August 2015 zu 75 Prozent aus Irakisch-Kurdistan stammen. Selbst von dort wird ein Teil des Öls abermals weiterverkauft an andere Mittelmeeranrainer, vor allem nach Italien.

Ziel des Mehrfachtransfers ist es, die Herkunft des Öls zu verschleiern, was wiederum dessen Preis steigen und den mehrfachen Transport profitabel werden lässt. Die Geld-Rückflüsse an den IS beschränken sich dabei, so die Recherchen von *Al-Arabi al-Jadid*, nicht nur auf den einmaligen Verkauf an der Quelle, sondern beinhalten auch zusätzliche Zahlungen der Zwischenhändler im Ausland, von denen Autos und andere Güter dort gekauft und wiederum mit Gewinn im Irak verkauft werden.

Noch aufschlussreicher für das Geschäftsgebaren des IS ist seine Gasförderung vor allem aus den ergiebigen Feldern Ostsyriens. Erdgas lässt sich nicht einfach in Tanklastzüge füllen, man braucht Pipelines und ein funktionierendes Abnehmernetz. Über all das verfügt der syrische Staat, der wiederum zur Stromerzeugung dringend auf das Gas angewiesen ist – und es vom IS kauft. Das bestätigte er sogar ungewollt in den offiziellen Medien des Regimes, wie der in den Libanon emigrierte syrische Wirtschaftswissenschaftler Jihad al-Yazigi herausfand: »Der syrische Ölminister wurde öffentlich zitiert damit, dass die sich häufenden Stromausfälle in Damaskus daran lägen, dass das Coneco-Kraftwerk (im Herrschaftsgebiet des IS) Produktionsausfälle verzeichne.« Laut offizieller Propaganda, so Yazigi, läge dies daran, dass »Terroristen es zerstört hätten. Woran diese überhaupt kein Interesse hätten, liegt Coneco doch im Herrschaftsgebiet des IS. In Wirklichkeit wurde es von den Jets der Koalition bombardiert.«

Das faszinierendste Beispiel der florierenden Geschäftsbeziehungen über alle Frontlinien hinweg ist jedoch die Geschichte der Tuweinan-Gas-Raffinerie mitten in der Steppe südwestlich von Raqqa: Denn um dieses modernste syrische Werk zur Verarbeitung von Erdgas fertigzustellen, haben schon seit Anfang 2013 die erklärten Todfeinde in Syrien gedeihlich kooperiert.

Syrischer Generalunternehmer des von der russischen, mit dem Kreml verbundenen Firma Stroytransgaz gebauten Komplexes ist George Haswani, ein einflussreicher christlicher Geschäftsmann mit sowohl syrischer wie russischer Staatsangehörigkeit aus der Stadt Yabroud nördlich von Damaskus, die mehr als zwei Jahre lang in der Hand der Opposition war. Schon im Februar 2013, als die Umgebung der Tuweinan-Raffinerie von verschiedenen Rebellengruppen kontrolliert wurde, fuhr ein Neffe Haswanis zur Raffinerie, um der dort agierenden Nusra-Front einen Deal anzubieten: Für umgerechnet mehrere Zehntausend Dollar im Monat, so der Neffe im April 2013, sollten sie die letzte Bauphase schützen. »Ich fand das damals sehr merkwürdig«, so der Neffe, der Mitglied im revolutionären Stadtrat von Yabroud war, »warum wir ausgerechnet al-Qaida bitten sollten, das Werk zu schützen. Aber George meinte, die Order komme aus Damaskus. Und ihm war es egal.«

Die Stadt Yabroud und ihre mächtigste christliche Familie der Haswanis spielten über mehr als zwei Jahre eine Mittlerrolle: Ein Teil der Familie war aktiv im Widerstand gegen das Regime, während Patriarch George Haswani in Damaskus saß, aber seinerseits Gefangene aus Yabroud, insbesondere Christen, wieder aus den Fängen der Geheimdienste freibekommen konnte.

Als der IS Anfang 2014 Tuweinan und Umgebung eroberte, liefen die Arbeiten an der Raffinerie weiter, sogar die zwischenzeitlich geflohenen russischen Experten kehrten nach Zeugenaussagen zurück. Auf kuriose Weise bestätigte das Regime in Damaskus die bizarre Kooperation: Im Januar 2014, nach der Eroberung durch den IS, veröffentlichte die Staatszeitung Tishreen einen Artikel, dass Stroytransgaz 80 Prozent der Tuweinan-Raffinerie fertiggestellt habe und der gesamte Komplex in der zweiten Jahreshälfte der Regierung übergeben werde. Dass die Raffinerie längst vom IS kontrolliert wurde, erwähnte der Artikel nicht.

Im Oktober 2015 berichtete die *Financial Times*, dass das Regime und der IS sich die mit dem Gas aus Tuweinan erzeugte Energie teilen: 50 Megawatt des dort erzeugten Stroms gingen in Gebiete des Assad-Regimes, 70 Megawatt erhalte der IS, dem überdies etwa 50 000 Dollar pro Monat Schutzgeld gezahlt würden. Die weiterhin dort tätigen russischen Experten kämen, so ein Rebellenkommandeur, über eine Militärbasis in der westlich gelegenen Provinz Hama zu ihrem Einsatzort.

Da aber insgesamt sowohl die Ölförderung sinkt, wie das auszupressende Territorium samt Untertanen schrumpft, hat der »Islamische Staat« ein echtes Einnahmenproblem, das sich zunehmend verschärft.

So bleiben rund um Mosul viele Felder unbestellt, weil der IS es nicht der irakischen Regierung gleichtut und den Bauern subventioniertes Saatgut und Düngemittel bereitstellt. Zudem zweifeln die Bauern daran, ob die Dschihadisten ihnen – wie es bislang ebenfalls der Staat tat – die Ernte abkaufen werden. In seinen ideologischen Exkursen verherrlicht der IS die Plünderungszüge des Propheten, unterscheidet fein säuberlich nach kampflos und im Gefecht errungener Beute. Auch praktisch hat er sich in seinem ersten Jahr vor allem durch Beute, nicht durch eigene Produktion finanziert. In seinem aggressiven Selbstbild lebt er von der fortgesetzten Expansion, so wie Mohammed ja schließlich auch fortwährend weiter Land erobert habe. Aber da der IS sich auch wirtschaftlich von der Expansion abhängig macht, gerät sein Staat ins Trudeln, wenn diese Expansion an ihre Grenzen stößt.

Von der im November 2014 breitbeinig verkündeten neuen Wirtschaftsdoktrin, um die Muslime zu »befreien vom tyrannischen Finanzsystem« und vom »satanischen Wucher« des Westens ist nichts Wirklichkeit geworden. Die Einführung einer eigenen Münzwährung, unterteilt in goldene Dinare, silberne Dirham und bronzene Flus, lässt weiter auf sich warten, was als weiterer Hinweis darauf verstanden werden kann, dass der »Islamische Staat« im Grunde vollauf damit beschäftigt ist, nicht Pleite zu gehen. Die kalifatische Wirtschaft wandelt sich rasant in organisierte Erpressung. Schon der Eroberungszug war ein gigantischer Raubzug gewesen, legitimiert mit allerlei koranischen Verweisen auf erlaubte Beschlagnahmungen zu Zeiten des Propheten: Häuser, Geschäfte, Felder, Fahrzeuge, Schmuck, Möbel, alles, was die Geflohenen und Ermordeten zurückließen, wurde vom IS konfisziert. Getreidevorräte, die Lagerbestände und laufende Produktion der riesigen Zementfabrik Badousch, alles wurde von den Dschihadisten verkauft, vor allem nach Irakisch-Kurdistan. Eine immense Beute, die jedoch mit der zunehmenden Auflösung der Wirtschaft immer rascher an Wert verliert: Felder, die nicht mehr bestellt werden; Firmen, die nichts mehr produzieren; Häuser, die man nicht vermieten kann, weil niemand mehr kommt, der Miete bezahlen würde.

Die von Thinktanks, Regierungen und Geheimdiensten veröffentlichten Zahlen zu den Einkommensquellen des IS erfassen nicht das gesamte Bild, da sich weder die zahllosen Formen der Bereicherung im kleinen Stil seriös abschätzen lassen noch die Verluste durch die wirtschaftlichen Verwerfungen. Fast alle Veröffentlichungen über die Finanzen des »Islamischen Staates« konzentrieren sich auf Öl, Lösegelder für westliche Geiseln und den Antikenschmuggel aus Raubgrabungen, für den selbst UN-Ermittler bis zum November 2014 keinen einzigen Verkauf nachweisen konnten. Aber das sind im großen Kreislauf der flächendeckenden Plünderungen und Enteignungen ohnehin nur ein paar von außen erkennbare Einzelposten. Wie viel sie zum Gesamtbudget des IS beitragen, kann nur spekuliert werden.

Was ab 2015 auf jeden Fall spürbar ist: Die Mittel des »Islamischen Staates« werden knapper und dessen Geldeintreiber gieriger. Der IS kontrolliert die wichtigsten irakischen Grenzübergänge nach Jordanien und Syrien, wo ihm LKW-Fahrer je nach Ladung zwischen 300 bis 800 US-Dollar Gebühr zahlen müssen. Die Fahrer bekommen Quittungen für die einmal gezahlte Steuer – und den Ratschlag, diese nach dem letzten IS-Checkpoint zu vernichten, damit sie nicht am ersten Posten der irakischen Armee bei ihnen gefunden werden. Am Übergang Maktab Chalid, zwischen dem kurdischen Gebiet und dem IS-Reich gelegen, muss jeder Fahrer, der aus Kirkuk oder Bagdad kommt, eine Passiergebühr zahlen. Als der Übergang schließlich für Autofahrer geschlossen wird, passieren weiterhin die LKWs jener Händler, die höhere Gebühren zahlen. Taxifahrer haben außerdem Standgebühren zu entrichten. Ladenbesitzer müssen in Raqqa wie in Mosul allmonatlich eine Ladensteuer zahlen. Ebenfalls in Raqqa gehen die Dschihadisten der Stadtverwaltung jeden Monat von Haus zu Haus, um Gebühren für Festnetzanschlüsse einzukassieren – die weiterhin kostenfrei vom anderen, offiziellen syrischen Staat in Damaskus in Betrieb gehalten werden. In Manbij werden die Dieselhändler abermals besteuert, obwohl sie den Diesel zuvor vom IS gekauft haben. Alles kostet, selbst das Fahren mit kaputten Rücklichtern wird unter Buße gestellt – undenkbar sonst auf den Straßen der arabischen Welt. Und wer ab Anfang 2016 irgendeine Angelegenheit bei der Verwaltung des IS regeln will, muss erst einmal die Quittungen vorlegen, dass er alle seine Steuern bezahlt hat.

Beim Erschließen neuer Finanzquellen sind die Kassenwarte des IS ebenso erfinderisch wie flexibel: In den irakischen Orten verkünden sie ab Ende Oktober 2014, dass alle früheren Angehörigen von Armee, Polizei oder den sunnitischen Sahwa-Milizen, die zur Bekämpfung von al-Qaida eingesetzt worden waren, sich bei den Scharia-Gerichten einzufinden hätten. Sie seien Sünder. Aber sie könnten ihr Leben und ihre Seele retten gegen die Zahlung von 500 000 Dinar, umgerechnet 370 Euro. Des Weiteren müssten sie die Glaubensformel vortragen, beschwören, dass es keinen Gott gebe außer dem einen Gott und Mohammed sein Prophet sei – was Konvertiten normalerweise sagen, wenn sie zum Islam übertreten. Als das gelten sie auch: Ungläubige, die erst mit dem Gnadenakt – und gegen Gebühr, versteht sich – wieder Aufnahme in die Gemeinschaft fänden.

Nach dieser Prozedur aber, so sagen es jene, die dabei gewesen sind, sei der Handschlag lang und herzlich gewesen. Vorher habe ihnen keiner der IS-Männer überhaupt die Hand gegeben. Zum Schluss bekommen die reuevollen »Neu«-Muslime eine »Vergebungskarte«, die ihnen Belästigungsfreiheit an den Kontrollposten verspricht. Szenen wie diese sind für den IS ein Mittel gnadenloser Wertschöpfung, aber zugleich ein Symptom für das Selbstverständnis der Dschihadisten: Sie wollen nicht bloß einen »islamischen« Staat nach ihren Vorstellungen etablieren, sondern im Grunde genommen den Islam überhaupt erneut einführen.

Mitte Januar 2015 allerdings ergeht ein neuer Erlass: Die »Vergebungskarten« seien nun leider abgelaufen und ab sofort nicht mehr gültig, heißt es. Um sie zu erneuern, müsse jeder Inhaber nun eine Million Dinar zahlen, den doppelten Preis, umgerechnet 740 Euro. Ein Vermögen für jene, die ohnehin keinen Job mehr haben. Aber wer keine Karte habe, sei gesetzlich gesehen wieder ein Ungläubiger, und der müsse nach den Regeln Gottes umgebracht werden.

Wenn es ums Geld geht, wird der »Islamische Staat« selbst beim Zigarettenschmuggel flexibel, in den Augen des IS offiziell eine noch größere Sünde als das Rauchen. Doch der Schmuggel läuft weiter, nur eben jetzt in den Händen der Dschihadisten. In der türkischen Kleinstadt Akçakale gegenüber der syrischen Stadt Tell Abiyad sind weiterhin die aus Syrien geschmuggelten Zigaretten zum Schwarzmarktpreis von drei türkischen Lira pro Päckchen erhältlich. Hier spotten die örtlichen Verkäufer über den angeblichen Bann: »Damit haben sie halt die anderen aus dem Markt gedrängt. Aber der Nachschub läuft weiter. Islam. Pfff.«

Die Liste des Verbotenen wird nicht kürzer, die Strafen werden nicht milder, aber doch ändert sich schrittweise etwas im »Islamischen Staat«. Man merkt es zuerst an den Strafen: Es lassen sich mehr Dinge mit Geld regeln. Wer nicht zahlt, wird weiterhin ausgepeitscht, verprügelt, und die willkürlichen Verhaftungen auf offener Straße nehmen sogar noch zu. Doch wer zahlt, kommt wieder frei. Die Strafen fürs Rauchen, bis dato 30 000 Dinar, 22 Euro, pro gefundener Zigarette, sollen ebenfalls erhöht werden, um wie viel, stehe noch nicht fest. »Sehr schmerzhaft« werde die neue Gebühr ausfallen, heißt es. Häuser im »Kalifat«, deren Besitzer tot oder geflohen sind, werden – so nicht die eigenen Kader einziehen – vermietet, die Miete fließt an den IS. Falls eine Frau im Taxi unterwegs ist und dabei irgendein Fitzelchen Stoff gegen die Regeln verstößt, müssen Fahrer 60 000 irakische Dinar oder 10 000 syrische Pfund, umgerechnet etwa 45 Euro, Strafe bezahlen. Am Grenzübergang von Akçakale beklagen sich einreisende Frauen, dass ihnen die Mäntel abgenommen und umgehend verbrannt würden: Sie seien nicht vorschriftsmäßig gewesen. Aber direkt am Übergang liegt ein Laden der Dschihadisten, in dem das konforme schwarze Sackgewand erworben werden kann.[23]

Mit großem Eifer melken die Sachwalter der geheiligten Gesetze auch jene Einnahmequelle, die in Europa vor 500 Jahren schon Martin Luther zum Widerstand getrieben hat: den Ablasshandel. Die Verbote bleiben bestehen, ja werden sogar noch erweitert – aber bei Verstößen gegen die Regeln kann man mit dem IS ins Geschäft kommen, als sei der Erlass des Verbotes überhaupt motiviert durch die Profitmöglichkeiten bei der Sanktionierung seiner Übertretung. So wird einerseits das rigide Rauchverbot im »Kalifat« mit massiven Strafen aufrecht erhalten. Andererseits kann sich Mitte 2016 jeder Ertappte für umgerechnet dreieinhalb Dollar freikaufen. Und während die alten Netzwerke für den Zigarettenschmuggel und die klassischen Marken wie Gauloise Blonde verschwunden sind, gibt es einen neuen Schwarzmarkt und nur eine einzige Zigarettensorte, die es früher nie gab: »Akhtamar«, eine armenische Marke. »Keiner weiß, was dahintersteckt«, so einer der lokalen Rechercheure, »der IS kontrolliert den Schmuggel, die Zigaretten kosten 16 Mal so viel wie früher, 4000 Dinar anstatt 250, aber es gibt sie. Jedenfalls diese armenischen.« Auch der Zwang zur Schließung von Geschäften zu den Gebetszeiten sei gegen Gebühr zu umgehen, so Ladenbesitzer: Es seien ihnen von Seiten der Dschihadisten Angebote gemacht worden. Verbote, die nicht den Kern der Macht des IS berühren, werden verhandelbar, das Verbotene wird käuflich. Nur, dass nicht mehr viele es sich leisten können.

Wenn es um Geschäfte geht, lässt sich der »Islamische Staat« sogar von seinen Feinden bezahlen: Nach Aussagen eines IS-Buchhalters pflegt der IS eine profitable Freund-Feind-Beziehung mit den schiitischen Milizen, die mittlerweile als offizielle Truppen der irakischen Regierung auftreten. Die sogenannte *Badr*-Miliz, eine vor allem von Iran finanzierte mehrere Zehntausend Mann starke Truppe unter Kommando von Hadi al-Ameri, verdanke ihre groß gefeierte Rückeroberung weiter Teile der Provinz Diyala nordöstlich von Bagdad einem Deal. Ameri habe gezahlt für den Rückzug, »mehrere Millionen US-Dollar«, um rasch Erfolge vermelden zu können. Für den IS sei das ein akzeptables Geschäft gewesen, da er diese Gebiete nahe der iranischen Grenze mit ihrer gemischten Bevölkerung aus Schiiten und Sunniten ohnehin nicht auf Dauer hätte halten können. Im Gegenzug, so erzählen der Buchhalter und andere Quellen, verlange die Badr-Miliz nun Geld von den geflohenen Bewohnern der sunnitischen Dörfer in Diyala: »Das sind Hunderte Dörfer, die müssen bis zu 30 000 Dollar zahlen, wenn sie in ihre Häuser zurückkehren wollen. Sonst werden sie als Terror-Unterstützer behandelt, egal, ob sie mit dem IS zu tun hatten oder nicht.«

Nicht nur das Geld wird im »Kalifat« knapp, sondern auch die Kämpfer. Mehrere Tausend Dschihadisten sind allein in Kobane umgekommen, jener kurdischen Stadt, die der IS schon seit Anfang 2014 völlig unbemerkt von der Welt belagerte. Im Oktober hatte er sie beinahe eingenommen, als im Schwung der jähen internationalen Intervention Kobane zum Symbol des Widerstands gegen den IS wurde. Was die Stadt für ihre Bewohner vermutlich gerettet hat, ist die TV-günstige Lage direkt an der türkischen Grenze. Die Welt konnte dem Krieg zuschauen, und hier bewirkten die Luftangriffe tatsächlich die Wende – auch wenn Kobane durch die Bombardierungen weitgehend zerstört wurde. Ende Januar 2015 zog sich der IS zumindest aus dem Stadtgebiet zurück, belagerte die Gegend um Kobane aber weiterhin weiträumig. Über wie viele Kämpfer der »Islamische Staat« insgesamt verfügt, ist nicht zu beantworten, da neben der auf 30 000 Mann geschätzten Kerntruppe Zigtausende junge Männer im Herrschaftsgebiet des »Kalifats« leben und sich nur bedingt der Rekrutierung entziehen können. Greiftrupps des IS ziehen über die Dörfer und werben auf Märkten und Sportplätzen bei jungen Männern dafür, sich ihrer Armee anzuschließen. Erst klängen sie freundlich, aber wenn keiner wolle, werde der Tonfall bedrohlicher, so berichten Quellen.

Denn dem dazu erklärten Land Gottes laufen die Untertanen davon. Ab Anfang 2015 darf niemand mehr ohne Weiteres das »Kalifat« verlassen. Der örtliche Emir muss einen Passierschein unterschrieben haben, nur mit dem darf man durch die Kontrollposten. Neben der ausdrücklichen Erlaubnis, reisen zu dürfen, muss der Schein den Grund der Ausreise enthalten. Eine medizinische Behandlung kann solch ein Grund sein, aber jeder Antragsteller muss sich zuvor untersuchen lassen, ob er tatsächlich so krank ist, wie er vorgibt. Das »Kalifat« wird zum Gefängnis.

Auch die wiederkehrenden Luftangriffe lassen beim »Islamischen Staat« die Nerven blank liegen. Als die Stadt Hawija bombardiert wird, rennen IS-Männer panisch durch die Straßen und poltern gegen die Türen der Anwohner, sie wollten sofort ins Haus gelassen werden! Sie bräuchten Schutz! Über Lautsprecher werden kurze Zeit später alle Einwohner aufgefordert, die Stadt zu verlassen. Man hat Angst, dass sensible Informationen in die falschen Hände geraten könnten, überall hängen Poster mit unmissverständlichen Warnungen: Jeder Spion werde öffentlich hingerichtet, sein Haus zerstört. Die Führung wechsle, so ein Funktionär eines Scharia-Gerichts des IS nahe Mosul, täglich ihren Aufenthaltsort. Sollte sich Abu Bakr al-Baghdadi längere Zeit in Mosul aufhalten, werde das Mobilfunknetz einfach lahmgelegt – so es denn überhaupt funktioniert.

In den Kleinstädten und Dörfern südlich von Mosul wandern die Schergen des IS aus ihren zentralen Quartieren ab in Privathäuser, in die Dörfer der Umgebung. Die schwarze Fahne des IS, zuvor allgegenwärtig, wird an vielen Orten eingezogen. Wo sie auf Mauern und Hauswände gemalt wurde, decken Laken sie ab. Auch die so beliebten Pick-ups werden seltener verwendet, stattdessen sind die Männer des IS nun häufig in den klassischen orange-weißen oder gelben Taxis, zumeist Toyota Corollas, unterwegs. Sie geben die auffälligeren ihrer Kontrollposten tagsüber auf, kommen erst nachts wieder. Ende November werden neue Nummernschilder eingeführt: Oben steht »Islamischer Staat«, unten die Nummer und die jeweilige Wilaya, Provinz. Jeder solle zu den Zentren kommen und sich neue Nummernschilder für sein Auto besorgen, wird verkündet. Ein paar Wochen später verschwinden die Nummernschilder selbst wieder von den Wagen der IS-Kämpfer – zu auffällig seien die Schilder gewesen. Gott sei zwar auf ihrer Seite, aber die Angst vor den hochauflösenden Kameras amerikanischer Drohnen wiegt in diesem Fall schwerer.

In Mosul läuft es auf hinterhältige Weise genau umgekehrt: Hier hissen die Schergen ihre Fahne auf den Häusern jener, die den Treueeid auf das »Kalifat« bislang nicht abgelegt haben. Auf Hunderten von Gebäuden in verschiedenen Vierteln befestigen die Dschihadisten im Winter 2014 die IS-Fahne, von einem Hausbesitzer verabschieden sie sich nach der Montage lächelnd mit den Worten: »Ihr seid nicht besser als wir. Wenn wir sterben, sterbt ihr auch.«[24] Die Fahnen sind eine Quelle konstanter Furcht für die Hausbewohner, die tags und nachts die Drohnen der U.S. Air Force über der Stadt kreisen sehen. Doch es ist ihnen verboten, die Fahnen abzunehmen. Und sollten sie sich entschließen, ihr Haus zu verlassen, würde es von den Dschihadisten beschlagnahmt. Wie versickerndes Wasser

9 Nordkorea auf Arabisch

ziehen die Militärgruppen, Hauptquartiere, Bombenwerkstätten aus ihren Anfangsquartieren in unzählige Privathäuser, um sich unsichtbar zu machen für die Luftaufklärung. Im Januar beauftragt die IS-Verwaltung in Mosul Baufirmen mit dem Aushub eines mehrere Meter tiefen Grabens rund ums Stadtgebiet.

Schon Anfang 2015 wirkt vieles, als sei das »Kalifat« in einem surrealen Stadium angekommen. Immer neue, zunehmend bizarre Gesetze werden erlassen. Ab sofort ist es verboten, gefrorene Hühnchen zu verkaufen. Oder Dosenfleisch. Des Weiteren dürfen nur noch kranke, lahme oder verletzte weibliche Schafe und Rinder geschlachtet werden.

Nach den Jeans werden auch Jogginghosen verboten. Schiedsrichter beim Fußball dürfen nicht mehr pfeifen, nur noch »Allahu akbar« rufen. Eine Erklärung, Begründung für die permanent erweiterten Vorschriften zu bekommen, sei aussichtslos und außerdem gefährlich. Nachfragen könnten als Zweifel, ja Widerspruch ausgelegt werden. Auf den Dorfplätzen und an den Hauptstraßen der Städte sind Lautsprecher angebracht, die fortwährend religiöse Gesänge, Koranrezitationen und die Reden der IS-Führer in dröhnender Lautstärke übertragen: Der Sieg sei nah, die Kämpfer sollten furchtlos in die Schlacht ziehen, denn Gott sei mit ihnen! Er werde am Ende eingreifen und sie zum Sieg führen!

An allen Orten klingen die Untertanen des »Kalifats« alles andere als glücklich über ihre Seelenrettung mittels Terror und Raub. Aber für die Menschen im Herrschaftsbereich des »Islamischen Staates« sind die Alternativen, die sie umgeben, gleichermaßen düster: In Manbij, der syrischen Stadt, die als »Klein-London« firmiert, würden die Menschen die Dschihadisten nicht aus freien Stücken akzeptieren, schätzt ein Mann von dort. Aber verglichen mit dem Grauen offener Kämpfe oder Assads Regime, das noch verhasster sei und weit mehr Menschen umgebracht habe, funktioniere dieser Schwebezustand: »Sollte sich die Welt jetzt mit Assad zusammentun, den IS zu bekämpfen, würde das dessen Rekrutierungsbemühungen beflügeln. Es würde den konfessionellen Hass schüren, viele Syrer dem ›Islamischen Staat‹ in die Arme treiben, wenn immer mehr daran glauben, dass nur er sie noch gegen Assad verteidigt.«[25]

Auf irakischer Seite ist der Grund der Furcht ein anderer, aber das Ergebnis ähnlich fatal: Denn dort, wo Truppen der miteinander verschmolzenen irakischen Armee und der schiitischen Milizen Dörfer vom IS zurückeroberten, haben sie sich oft kaum anders verhalten als die Eroberer zuvor. In Dörfern wie Rawashid nahe Bagdad oder Barwana in der Provinz Diyala wurden nach Angaben Überlebender Dutzende Zivilisten von den einrückenden Milizionären exekutiert. Wer im Herrschaftsbereich des IS gelebt habe, sei ein Terrorist, so die Logik. Die Sunniten stecken damit in einer tödlichen Klemme: Lehnen sie sich gegen den IS auf, riskieren sie, umgebracht zu werden. Warten sie auf die Befreiung durch die Gegenseite, riskieren sie, umgebracht zu werden. In Barwana brandschatzten die schiitischen Milizen sogar die Häuser jener wenigen Sunniten, die sich am Kampf gegen den IS beteiligt hatten.[26]

Die sich stetig mehrenden Details über Schikanen, Morde, über die immer katastrophaler werdende Versorgungslage im Inneren des »Islamischen Staates« nähren die Prognose eines raschen Kollapses. Diese Erwartungen gehen allerdings davon aus, dass die Menschen eine Wahl haben. Doch welche Möglichkeiten haben die Verbliebenen, sich unentdeckt darauf vorzubereiten, sich kollektiv und bewaffnet zur Wehr zu setzen? In einer Umgebung, die von Spitzeln durchsetzt ist, wo bislang jede Auflehnung mit Massakern beantwortet worden ist und

9 Nordkorea auf Arabisch

in der weiträumig alle Waffen eingesammelt wurden? Und wo von außen nur neues Grauen auf sie wartet? Selbst die Internetbewegungen und Computerstandorte der stillen Dissidenten werden mittels Trojanern der IS-Abteilung »Auge des Kalifats« verfolgt.[27]

Herrschaft funktioniert nach dem Prinzip kommunizierender Röhren: Ein geringer Kontrolldruck hält organisierter Gegenwehr nicht stand. Aber ein Machtsystem, das auf hermetischer Kontrolle aller Lebensbereiche basiert, das die Gesellschaft mit Spitzeln und Geheimdiensten durchdringt, das Finanzmittel, Bewegungen und Waffenbesitz bis ins Kleinste erfasst und kontrolliert, das Regelverstöße oder auch nur den Verdacht des Widerstands mit Verhaftungen, harschen Bestrafungen und Morden bis hin zum Abschlachten ganzer Dörfer ahndet, kann dem verzweifeltsten Druck lange standhalten. Auch in China oder in Stalins Sowjetunion sind Menschen millionenfach verhungert, ohne dass dies zum Sturz der Despoten geführt hätte.

Was es schwierig macht, die Zukunft des »Islamischen Staates« zu prognostizieren, ist seine spezifische Zusammensetzung aus widersprüchlichen Eigenschaften. Dieser Proto-Staat vereint im Inneren rationale und irrationale Anteile. Rational, im Sinne der Machterhaltung, sind seine Kontrolle und Grausamkeit. Irrational aus dieser Perspektive ist die religiös verbrämte Schikane der Bevölkerung. Mit immer mehr, immer rigideren Vorschriften wird den Menschen nicht einmal mehr der Rückzugsraum des Privaten gelassen. Selbst absolutistische Diktaturen wie Saddam Husseins Herrschaft im Irak oder die der Assads in Syrien beruhten darauf, ihren Untertanen eine gewisse Freiheit im Privaten zu lassen, solange sie sich nicht politisch einmischten. »Iss dein Brot mit *Gibne*«, lautet ein altes ägyptisches Sprichwort, wobei Brot auch mit »Leben« übersetzt wird und Gibne ebenfalls zwei Bedeutungen hat: Käse und Furcht.

Der IS aber verweigert – oder verkauft zu horrenden Ablassgebühren – selbst die kleinsten Fluchten, die eigentlich nicht systemgefährdend wären: Rauchen, Musik, farbige Kleidung, Jeans – oder die Fußballweltmeisterschaft im Fernsehen anzuschauen. Wenn es Peitschenhiebe setzt, sobald bei einer Frau der farbige Saum ihres Hauskleids zu sehen ist, dann ist das auf Dauer unerträglich und läuft selbst eingespielten Formen der Unterwerfung zuwider.

Welchen Nutzen der IS aus der rigorosen Durchsetzung dieser Alltagsschikanen zieht, bleibt rätselhaft und ist vielleicht am ehesten noch für die Zugereisten zu erklären. Für das Fußvolk der ausländischen Dschihad-Jünger sind die schikanösen Regeln der unmittelbarste Machtbeweis, sie können damit ihre Dominanz gegenüber der lokalen Bevölkerung und den Mitkämpfern beweisen. Neben dem erhebenden Gefühl, plötzlich Teil einer machtvollen, neuen Bewegung zu sein, leben viele der zu Tausenden eingeströmten Ausländer hier auch ihre kümmerlichen Allmachtsphantasien aus. In den Kommandos der Hisba, der Religionspolizei, in Raqqa und anderen Orten sind kaum Einheimische. Da toben sich die Eingereisten aus: Tunesier, Saudi-Araber, wem immer es einen Kick fürs Ego gibt, Passanten zu kujonieren, weil eine halbe Haarlocke zu sehen ist oder auf dem T-Shirt eine Comicfigur. Die Muhadschirun lieben es, andere zum Einhalten der Regeln zu zwingen – auch wenn viele von ihnen selbst heimlich rauchen oder sich die Spiele der Fußball-WM auf ihren Smartphones anschauen.

Doch auf lange Sicht sind es solche Symbolhandlungen der völligen Unterwerfung, wie der IS sie einfordert, die zum Untergang dschihadistischer Herrschaftsexperimente führen. Nicht als Grund, eher als Auslöser, weil solch eine Herrschaft derart unerträglich wird, dass Leute rebellieren, weil sie durchdrehen, einfach nichts mehr zu verlieren haben. Kluge Diktaturen lassen ihren Untertanen ein Privatleben.

Was derlei enthemmter Fanatismus für die Langzeitstrategie des real existierenden »Islamischen Staates« bedeutet, wird sich vor allem auch am Schulsystem zeigen: Das soll, wie oben erwähnt, künftig fast nur noch religiöse Inhalte lehren, Lesen und Schreiben, ein bisschen Rechnen, aber kaum noch Naturwissenschaften, keine Geschichte (außer der selbst geschriebenen des »Islamischen Staates«), keine Kunst, keine technischen Fächer. Diese lückenhafte Schulbindung macht in Verbindung mit den Ausbildungslagern für Kinder deutlich, was der IS heranziehen möchte: gehirngewaschene Sklaven ihrer Denkart. Sollte der »Staat« ein Jahrzehnt oder länger Bestand haben, züchtet er eine ebenso indoktrinierte wie unfähige Generation heran, der zum Dasein im Dschihadistenstaat nur die Alternative bleibt, Selbstmordattentäter zu werden. Doch mit solch einer bestenfalls halb gebildeten Bevölkerung wird der »Islamische Staat« immer größere Schwierigkeiten haben zu funktionieren, denn ein Koranrezitator kann keine Stromleitung reparieren, keine Excel-Tabelle erstellen und keinen Kranken behandeln.

Kurz: Die inneren Zukunftsaussichten des »Islamischen Staates« sind uneinheitlich. Seine Untertanen, selbst jene, die seine Ankunft vor kurzem noch bejubelt haben, mögen zutiefst unzufrieden, enttäuscht, verzweifelt sein. Aber solange die wahrscheinlichsten Alternativen die Rückkehr Assads auf syrischer Seite und schiitische Todesschwadronen auf irakischer Seite sind, werden sich die Menschen nicht gegen den IS erheben wollen. Und solange keine Risse im Innersten des IS sichtbar werden, wird dessen eiserne Kontrolle Bestand haben. Selbst als der militärische Druck von außen und die Verluste an Kämpfern zunehmen, lässt der IS seine Schergen noch ausschwärmen, um in abgelegenen Dörfern Bewohner dingfest zu machen, die Alkohol trinken. Er kreuzigt, köpft, steinigt im Januar 2015 vermeintliche Spione und stürzt als Homosexuelle verdammte Männer in Mosul in den Tod, getreu der barbarischen Traditionsannahme, dass es die Strafe für Schwule sei, von der höchsten Mauer des Ortes geworfen zu werden.

Die Unruhe angesichts der fortwährenden Gebietsverluste wird 2016 immer spürbarer: »Die Stimmung ist gespenstisch«, beschreibt einer der Rechercheure das Klima in Mosul und anderen Orten im Mai. »Jeden Tag sind Da'ish-Predigten aus den Lautsprechern überall zu hören. Da sagen die ganz offen: ›Wir wissen, dass ihr uns alle hasst! Dass wir so viele Städte verlieren, ist eure Schuld! Ihr habt uns verraten, denn obwohl wir kamen, euch gegen die Schiiten beizustehen, wollt ihr nicht mit uns kämpfen.‹ Privat geben sie zu, dass sich seit sechs Monaten weder in Syrien, noch im Irak neue Kämpfer freiwillig melden. Das verwirrt sie.«

In den Freitagspredigten sei in mehreren Moscheen sogar die Rede davon gewesen, dass die IS-Führung mit weiteren Gebietsverlusten rechne. »Aber dann«, so der Informant, »kommt jedes Mal ihr wichtigster Punkt: ›Wir werden zurückkommen, stärker denn je! Und wir haben bereits einen Plan dafür!‹ Nur erklären sie den nie.«

10 DIE KOLONIEN DES KALIFATS
Der IS als Terror-Exporteur

Immer häufiger laufen Islamisten Amok, in Europa, in Australien, in den USA. Doch diese Taten müssen vom IS gar nicht direkt befohlen werden. Die Angst vor dem Terror im eigenen Land verstellt den Blick auf die naheliegendsten Ziele der Terrororganisation: überall dort zuzuschlagen, wo ein schwacher Staat kaum Gegenwehr leisten kann.

Es begann klein, fern von Deutschland und dort kaum wahrgenommen, aber tödlich: Am Spätnachmittag des 23. September 2014 betrat ein 18-Jähriger eine Polizeiwache im australischen Melbourne. Der junge Mann war vorgeladen, weil er in der Woche zuvor mit einer IS-Fahne durch ein Einkaufszentrum gelaufen war. Jählings stach er zwei Beamte nieder, bevor ein dritter ihn erschoss.

Am 20. Oktober überfuhr der Konvertit Martin Couture-Rouleau in der kanadischen Provinz Québec mit seinem Auto zwei Soldaten, der eine starb, der andere wurde verletzt, aber überlebte. Bei der anschließenden Verfolgungsjagd landete Couture-Rouleau mit seinem Auto im Graben und rannte dann mit einem Messer auf die Polizisten zu, die ihn erschossen. Im Juli zuvor hatte er versucht, nach Syrien zu reisen, um sich dem IS anzuschließen, aber war kurzzeitig am Flughafen festgenommen worden.

Am 22. Oktober erschoss der Konvertit Michael Zehaf-Bibeau einen Wachposten der Ehrenwache in der kanadischen Hauptstadt Ottawa. Als er daraufhin versuchte, ins nahe gelegene Parlament zu stürmen, wurde er getötet.

Tags darauf attackierte der amerikanische Konvertit Zale Thompson zwei Polizisten in New York mit einer Axt, nachdem er in den Tagen zuvor ungefähr 72 Stunden lang fortwährend, »hypnotisiert«, vor seinem Computer gesessen und sich dschihadistische Websites angesehen hatte.

Am 22. November schoss ein Mann in der saudi-arabischen Hauptstadt Riad einem Dänen in die Schulter, ein zweiter filmte die Tat. Sieben Tage später stach ein Saudi-Araber in einer Shopping Mall in der Stadt Dhahran im Osten des Landes auf einen Kanadier ein.

Am 1. Dezember erstach eine vollverschleierte Frau in der Damentoilette einer Shopping Mall in Abu Dhabi die amerikanische Lehrerin Ibolya Ryan und hinterließ einen selbstgebauten Sprengsatz an der Praxistür eines amerikanischen Arztes, bevor sie unerkannt die Mall verließ, nur gefilmt von den Überwachungskameras.

Quer durch die Welt wogte ab September 2014 eine Welle brutaler, spontan erscheinender Angriffe. Sie waren zu klein, um international Aufsehen zu erregen, und wurden anfangs oft als rätselhafte Einzelhandlungen angesehen. Mehrere der Angreifer waren zuvor in psychiatrischer Behandlung gewesen und wurden als »psychisch gestört« oder »instabil« beschrieben. Der amerikanische Extremismusexperte J.M. Berger warf die Frage auf, was hier eigentlich Terrorakte und was die Taten geistig Kranker seien – oder wie beides zusammenhinge, wie Terror und Wahn einander ergänzen und verstärken könnten.[1]

Die gespenstische Attentatswelle hatte zwar mit dem IS zu tun – aber der hatte sie nicht organisiert, hatte weder Ziele ausgespäht noch Täter instruiert oder mit Waffen versorgt. Die Attentäter waren auch keine Rückkehrer aus Syrien oder dem Irak. Es hatte vollkommen ausgereicht, dass der Chefsprecher des IS, Abu Mohammed al-Adnani, am 22. September, just vor der ersten islamistisch motivierten Tat in Melbourne, einen Aufruf online stellen ließ: »Wenn du einen ungläubigen Europäer oder Amerikaner töten kannst von jenen Staaten, die eine Koalition gegen den ›Islamischen Staat‹ gebildet haben, insbesondere die boshaften und schmutzigen Franzosen oder einen Australier oder einen Kanadier, dann bring ihn um, egal wie!« Adnanis vorgeschlagene Ziele und Methoden – »zertrümmere seinen Schädel mit einem Stein, schlachte ihn mit einem Messer ab, überfahre ihn mit deinem Auto« – wurden getreulich umgesetzt.[2] Bis 2014 hatte sich der IS nicht für Terror im Westen interessiert. Internationale Anschläge tauchten nicht in Haji Bakrs ideologischen Skizzen des IS auf. Weder Aussteiger noch Quellen im Inneren des »Kalifats« berichteten von Anschlagsvorbereitungen im Ausland. Alle Aufrufe an potenzielle Anhänger waren darauf gerichtet, sie zum »Islamischen Staat« nach Syrien und in den Irak zu locken. Erst die Eskalation nach den IS-Angriffen auf die Jesiden-Gebiete im Nordirak und die nach den Geiselenthauptungen noch ausgeweiteten Luftangriffe hatten offensichtlich den Sinneswandel bewirkt.

Zuvor war es sehr vereinzelt zu solch scheinbar spontanen Attacken mit islamistischem Hintergrund gekommen. Im Mai 2014 hatte der Franzose Mehdi Nemmouche vier Menschen im Jüdischen Museum in Brüssel erschossen. Er war tatsächlich beim IS in Syrien gewesen. Danach war es wieder ruhig geblieben, nun aber geschahen die Angriffe im Wochentakt, wobei die anderen Täter jedoch keine Terror-Heimkehrer waren. Sie hatten sich in der Heimat radikalisiert.

Am 15. Dezember nahm ein Bewaffneter die Gäste des Café Lindt im Herzen von Sydney als Geiseln, erschoss den Filialleiter und eine Anwältin, zwang andere, eine dem IS-Banner ähnliche Fahne ins Fenster zu halten. Von der Polizei verlangte er, man möge ihm eine richtige IS-Fahne bringen. Der Mann, ein Iraner, war Wochen zuvor erst vom schiitischen zum sunnitischen Islam gewechselt, hatte eine Anklage wegen Beihilfe zum Mord an seiner Ex-Frau hinter sich und inserierte in Zeitungen als »Experte für Astrologie, Numerologie, Meditation und schwarze Magie«. Mehrere Frauen hatten ihn nach Sitzungen wegen sexueller Belästigung angezeigt. Als sei es ein wirrer Scherz, hatte er noch auf seiner Internetseite getextet: »Islam ist die Religion des Friedens«, bevor er in das Café ging, die Geiseln nahm und am Ende erschossen wurde.

Am 20. Dezember attackierte in der zentralfranzösischen Stadt Joué-lès-Tours ein junger Konvertit und erfolgloser Rapper, der die IS-Fahne auf seiner Facebook-Seite eingestellt hatte, drei Polizisten mit einem Messer, bevor er erschossen wurde. Tags darauf fuhr im französischen Dijon ein Mann unter *Allahu akbar*-, »Gott ist groß«-Rufen mit seinem Auto hintereinander in fünf Passantengruppen und verletzte dabei 13 Menschen. Er war seit langem in psychiatrischer Betreuung, hieß es später.

Und dann kam Paris: Am Vormittag des 7. Januar 2015 überfielen die beiden Brüder Chérif und Saïd Kouachi die Redaktion von *Charlie Hebdo*, Frankreichs respektlosester Satirezeitschrift, deren Redaktion immer wieder Karikaturen von Mohammed (wie von jedem anderen Propheten, Präsidenten, Papst) veröffentlicht und noch Minuten vor dem Sturm eine Karikatur Abu Bakr al-Baghdadis getwittert hatte, der Neujahrsgrüße »und vor allem beste Gesundheit« wünschte. Die Kouachis erschossen in der Redaktion im 11. Arrondissement elf Menschen, dann stürmten sie auf die Straße, wo sie den zufällig vorbeikommenden Polizisten Ahmed Merabet in den Kopf schossen. Zeugen hörten sie rufen: »Allahu akbar! Wir haben den Propheten gerächt«, bevor sie flohen. Am nächsten Morgen starb eine Polizistin durch Schüsse eines Unbekannten: Der Täter war Amedy Coulibaly, ein Freund der Kouachis aus gemeinsamen Gefängnistagen, der dann am dritten Tag schwer bewaffnet einen koscheren Supermarkt in Paris stürmte, vier Menschen erschoss und die anderen Kunden als Geiseln nahm.

Die Welt war im Schockzustand. Die Brüder hatten auf der wöchentlichen Redaktionskonferenz mehrere der legendärsten französischen Karikaturisten massakriert, die seit Jahrzehnten zu den Institutionen Frankreichs gehörten. Vor allem aber hatten sie damit präzise einen Kernbereich des europäischen Selbstverständnisses getroffen: das Recht auf freie Meinungsäußerung. Der Anschlag auf die Redaktion von *Charlie Hebdo* war die furchtbarste Terrorattacke in Paris seit dem Algerienkrieg ein halbes Jahrhundert zuvor. Tage später strömten die Menschen zur größten Demonstration zusammen, die Frankreich vermutlich je gesehen hat: Fast zwei Millionen Menschen versammelten sich in Paris, knapp drei Millionen waren es im ganzen Land, die der Toten gedenken und den Zusammenhalt ihres Landes demonstrieren wollten. Menschen, die sich nicht, wie der hellsichtige Islamexperte und Politikwissenschaftler Gilles Kepel gewarnt hatte, von den Attentätern in einen schleichenden Krieg des Misstrauens und Hasses ziehen ließen: »Ihre Absicht war es, unsere Gesellschaft zu polarisieren und einen Bürgerkrieg zu erzeugen.«[3]

Doch so gewaltig die Wirkung des Anschlags ausfiel, so einfach waren die Morde selbst, wieder einmal, durchzuführen gewesen: Zwei Kalaschnikows, auf dem Schwarzmarkt in Brüssel oder anderswo gekauft, eine Panzerfaust, etwas militärisches Training – mehr Vorbereitung gab es bei Chérif und Saïd Kouachi nicht. Selbst ihr Entkommen hatten sie anscheinend nicht vorher geplant, ebenso wenig die Entscheidung, ob sie überhaupt fliehen oder als Fanal lieber ebenfalls sterben wollten. Entsprechend chaotisch war die Flucht der beiden nach dem Attentat, bei der Saïd Kouachi seinen Personalausweis in einem der Fluchtautos liegen ließ und die beiden Brüder beim Kapern des nächsten Wagens ihre Masken abnahmen, sodass sie von Zeugen beschrieben werden konnten. Nachdem ein Tankstellen-Überfall die Polizei wieder auf ihre Spur gebracht hatte, wurden Chérif und Saïd Kouachi schließlich in einer Druckerei im Dorf Dammartin-en-Goële umstellt und bei einem Feuergefecht getötet. Gleichzeitig stürmte die Polizei den Supermarkt, in dem sich Coulibaly verschanzt hatte. Auch er kam um.

Noch während des Geiseldramas hatten Terrorexperten gemutmaßt, die Täter könnten Rückkehrer von den Kämpfen in Syrien oder dem Irak sein, ihre Brutalität erinnere an die Schockvideos des IS. Die einzige offizielle Bestätigung für diese Vermutung war ein – wie so oft – frei erfundenes Propaganda-Statement vom russischen Außenminister Sergej Lavrov: Die Kouachi-Brüder »haben die Kunst des Terrors in Syrien perfektioniert«, behauptete er.[4] Doch im Herrschaftsgebiet des »Islamischen Staates« waren die beiden Attentäter nie gewesen.

Als die Ermittler den Hintergrund der Brüder durchleuchteten, fanden sie Biographien, die über Jahre zwischen Absturz und Normalität schlingerten: Chérif und Saïd Kouachi hatten ihre späte Kindheit und Jugend in einem Heim verbracht, dessen Leiter sie als »perfekt integriert« bezeichnete. Später rutschten sie ins Milieu aus Kleinkriminalität und Radikalismus. Chérif, der Jüngere, wollte 2005 via Syrien in den Irak ziehen und sich al-Qaida anschließen, zeigte sich dann aber eher erleichtert, als er noch in Frankreich an der Ausreise gehindert und festgenommen wurde. Er habe nicht den Mut gehabt auszusteigen, sagte er den Beamten. Saïd war nach US-Angaben 2011 für mehrere Monate zu al-Qaida in den Jemen gegangen, um sich dort ausbilden zu lassen. Doch trotz dieser Kontakte zum islamistischen Terrorismus blieb es jahrelang still um die Brüder. Sie wurden zwar eine Weile überwacht und standen auch auf einer Gefährderliste der USA, was ihre Einreise in das Land unmöglich machte, aber in Frankreich endete ihre Telefonüberwachung 2013. Chérif führte die Fischtheke eines Supermarkts. Das Einzige, worüber er je geredet und wofür er sich interessiert habe, so berichtete seine ehemalige Chefin der *New York Times*, seien die Fischpreise gewesen.

Ebenso zeitversetzt wie die Taten der beiden Brüder Kouachi war ihre Begründung: Mohammed-Karikaturen veröffentlichte *Charlie Hebdo* schon seit Jahren, und auch die einschlägigen Mordaufrufe etwa des al-Qaida-Führers im Jemen datierten bereits aus dem Jahr 2011. Trotzdem zogen die Kouachis und Coulibaly erst Anfang 2015 los, das Grauen über Paris zu bringen. Zwar schärften die Brüder während ihrer Terrorfahrt mehreren Zeugen ein, dass sie im Namen von »al-Qaida im Jemen« unterwegs seien, und Coulibaly wiederum gab an, er halte es eher mit dem »Islamischen Staat«. Aber die Bekennervideos beider Organisationen, die Tage später veröffentlicht wurden, enthielten nichts, was eine tatsächliche Verbindung glaubhaft machte. Sie zeugten nicht von Täterwissen und zeigten keine gemeinsamen Aufnahmen der Täter mit den Hintermännern. Alles sprach dafür, dass die Terror-Holdings diesmal die Trittbrettfahrer waren.

Es hatte keines Trainings in den IS-Lagern der Steppen bedurft, keiner Finanztransfers und keiner Waffenhilfe, um die drei Franzosen zum Terror zu bewegen und zu befähigen. Amedy Coulibaly, der erst im März 2014 aus dem Gefängnis entlassen worden war, hatte laut der französischen Zeitung *La Voix du Nord* im Dezember einen Kredit über 6000 Euro aufgenommen. Er hatte falsche Gehaltsunterlagen eingereicht, um das Geld überhaupt zu bekommen, und eine teure Kreditvariante gewählt, die jedoch eine Besonderheit hatte: Würde Coulibaly sterben, müssten nicht seine Angehörigen für die Rückzahlung aufkommen, sondern die Bank.

Sie alle, Coulibaly, die Kouachis ebenso wie der Däne Omar Abdel Hamid al-Hussein, der Mitte Februar 2015 zwei Menschen in Kopenhagen erschoss, sind Einzelgänger – und sind es auch wieder nicht. Ihre Taten sind im Vergleich zu dem Grauen, das al-Qaida mit seinen Anschlägen verursachte, noch klein, allem Entsetzen, das sie auslösen, zum Trotz. Sie sind nicht zentral geplant, nur als Aufruf ins Netz geworfen. Und sie sind nicht verhinderbar auf den erprobten Wegen der Gefährderbeobachtung[5], sondern begangen von Tätern, die sich auch ohne Aufenthalt in Syrien oder im Irak radikalisieren und auf eigene Faust losziehen. Letztlich so, wie es der damalige australische Premierminister Tony Abbott nach der ersten Attacke im September 2014 konstatierte: »Alles, was man für einen Terroranschlag braucht, ist ein Messer, ein iPhone und ein Opfer.«

Doch dass die Anschläge jetzt so gehäuft und an so vielen verschiedenen Orten geschehen, hat einen Grund, denn es ist keine einzelne Welle, die heranbrandet und schnell wieder verebbt. Was stattfindet, ist das stete Ansteigen eines Pegels, ein Gezeitenhub der Militanz. Die echte wie die virtuelle Existenz des »Islamischen Staates« scheinen überall auf der Welt einen enormen Einfluss auf die Zukurzgekommenen, die Wütenden der Vorstädte zu haben, deren destruktive Energie bislang richtungslos blieb und verpuffte. Oder die vielleicht noch nicht einmal Wut verspürten, nur ein vages Ressentiment, Leere, Verwirrung. Millionen Muslime fühlen sich zu Recht oder zu Unrecht in ihren westlichen Heimatländern an den Rand gedrängt, sei es in den Banlieues von Paris und Toulouse, den Ghetto-Siedlungen von Göteborg oder in Dinslaken-Lohberg, einer früheren Zechensiedlung in Nordrhein-Westfalen, aus der mehrere junge Männer zum IS aufgebrochen sind.

Ihr Dasein hat sich seit dem Auftauchen des »Islamischen Staates« keinen Deut verändert, und schuldig gemacht für ihre Misere haben sie auch schon vorher die anderen: den Staat, die Gottlosen, die Juden und Amerikaner, wer immer im rauschenden Kosmos der Verschwörungsgläubigen gerade der Hauptfeind ist. Doch etwas hat sich nun verändert: Es gibt eine Macht, die all denen die Stirn bietet. Die ihnen sagt, twittert, in Videos zeigt: »Es gibt einen dringenden Grund, gegen die Welt zu kämpfen! Es ist Gottes Plan, wir müssen ihn umsetzen. Und an unserem Erfolg merkt ihr, dass wir auf dem richtigen Weg sind!« Seht her, lautet die Botschaft: »Wir Muslime werden angegriffen vom Westen! Die wollen uns bekämpfen, töten, vernichten! Die wollen den Islam nicht, den wir doch verkörpern mit dem Staat! Aber: Jetzt gibt es eine Kraft, die sich endlich gegen den bösen Westen zur Wehr setzen kann. Uns! Und du kannst teilhaben an ihr!« Das ist die Essenz aus den Propagandavideos des »Islamischen Staates«, die daherkommen wie eine real gewordene Version von »Counter-Strike«, aus dem völlig unbeirrbar erscheinenden Selbstbewusstsein, mit dem der IS sich präsentiert – und aus seinem bisherigen, ganz realen Erfolg.

Zum ersten Mal wird von Islamisten nicht nur gebombt, lamentiert und bezichtigt, sondern Staat gemacht. Westliche Geiseln erklären in aufwändigen Videos, dass der »Islamische Staat« das volle Recht habe, sie zu töten – es seien ihre eigenen Regierungen, die amerikanische, die britische, die mit ihren Angriffen die Schuld an ihrem Tod trügen. In PR-Videos schwärmen Dschihadisten von der Verwirklichung ihres Traumes, und selbst Barack Obamas halbherzige Strategie zur Bekämpfung der Terrormiliz trägt zum Imagegewinn bei: Den IS zum Weltfeind Nr. 1 zu erklären, aber nicht besiegen zu können, lässt die Gruppe noch stärker erscheinen.

Diese Kraft, die all ihren Gegnern den Krieg erklärt, färbt ab auf viele, die plötzlich breitbeinig als »Scharia-Polizei« durch Wuppertal oder als fahnenschwenkende IS-Sympathisanten durch die Einkaufszentren in Melbourne laufen. Zunächst wirkten solche Aktionen nicht gefährlich, sondern eher wie Maulheldentum: Etwa, als sich schon im Januar 2014 Sympathisanten mit handgemalten IS-Emblemen vor einer Windmühle in den Niederlanden fotografierten, vor dem Pariser Eiffelturm, dem Atomium in Brüssel, dem Alexanderplatz in Berlin, Big Ben in London und vor der Skyline von New York. Vollends pubertär wirkten die auf einen Zettel notierte und vor der Innenstadt von Chicago fotografierte Drohung: »Die Soldaten des Islamischen Staates werden hier bald durchmarschieren« oder die Ankündigung des arbeitslosen britischen Hasspredigers Schahid Janjua, nach der Machtübernahme des »Kalifats« in England die Kirchenglocken abzuschaffen, rote Halskrausen für die Ungläubigen einzuführen und allen Frauen die Vollverschleierung vorzuschreiben, »einschließlich Queen Elizabeth und Kate Middleton, der Hure«. Diese Ermächtigungsphantasien werden über das Netz verstärkt und laden zur Teilhabe ein. So gewinnen sie an Zugkraft und schaffen eine Atmosphäre der Enthemmung. Jeder, der sich angesprochen fühlt, soll mitmachen.

Solange der IS mit seinen regelmäßigen, blitzartigen Expansionsattacken in Syrien und im Irak erfolgreich war, bildete diese Form des steten, minimalen Terrors ohne direkte Spuren, die organisatorisch zur IS-Führung zurückwiesen, das Mittel der Wahl: Angst und Ressentiments gegen Muslime im Westen schüren, ohne allzu heftige Gegenreaktionen befürchten zu müssen.

Doch dass der IS keine spektakulären Anschläge selbst verübte, hieß mitnichten, dass er nicht dazu in der Lage war. Seine Prioritäten waren schlicht andere, was aber jene verkannten, die ihn immer noch als eine Ausgründung von al-Qaida hielten. Denn für Bin Laden und seinen Nachfolger Ayman al-Zawahiri sind Anschläge stets das größte, letztlich das einzige klar definierte Ziel gewesen. Der Rest war vage Hoffnung. Für den »Islamischen Staat« sind Anschläge ein Mittel zum Zweck, und der ist weder irrational noch nihilistisch: Endziel des IS bleibt der eigene Staat. Wenn Terror im Ausland zu dessen letztendlicher Errichtung dienlich sein kann, wird er eingesetzt, aber im Rahmen einer Kosten-Nutzen-Kalkulation.

Und genau die verschob sich im Laufe des Jahres 2015, als der Druck auf das »Kalifat« aus mehreren Richtungen zunahm: Die fortgesetzten Luftbombardements der US-geführten Koalition fordern einen steten Blutzoll an Kämpfern, vor allem aber verhindern sie rasche Truppenverlegungen und große, sichtbare Angriffsformationen. Dazu kommen Ausrüstung und Ausbildung kurdischer Milizen durch die USA, Deutschland und andere Staaten. Und die türkische Grenze, einst die Arterie des IS, durch die Männer (und Frauen) wie Material in das Gebiet des »Islamischen Staates« flossen, ist seit Mitte 2015 kaum noch passierbar. Der IS verliert Fläche und Orte, aber gewinnt kaum noch neue.

Kurz: Auch das Kalkül folgt der veränderten Lage. Der IS braucht Siege, und da er ohnehin fortwährend bombardiert wird, kein Staat aber Bodentruppen schicken will, wird Terror wieder ein Mittel der Wahl. Und zwar am selben Ort, an dem schon im Januar 2015 die Dschihadisten zuschlugen: Paris.

Die meisten der 80 000 Zuschauer, die am 13. November im Stade de France das Freundschaftsspiel der deutschen und französischen Nationalmannschaften verfolgten, hielten die erste Explosion um 21.17 Uhr noch für Feuerwerkskörper. Der Selbstmordattentäter hatte kurz nach Spielbeginn versucht, ins Stadion zu kommen. Aber ein Wachmann entdeckte seinen Sprengstoffgürtel, woraufhin der Mann erst floh und sich dann in die Luft sprengte, wobei er einen Passanten mit in den Tod riss. Auch die anderen beiden Attentäter schafften es nicht ins Stadion, einer von ihnen zündete seinen Sprengsatz 300 Meter entfernt erst über eine halbe Stunde später, wobei niemand außer ihm zu Schaden kam.

Doch an vier anderen Orten in der französischen Hauptstadt richten die Terroristen ein Blutbad an. In einem schwarzen Seat fuhren zwei Attentäter nacheinander zu fünf Restaurants und Bars und schossen mit Kalaschnikows auf die Gäste, töteten Dutzende, bis um 21.40 Uhr einer der Selbstmordbomber das Café Comptoir Voltaire betrat und noch eine Bestellung aufgab, bevor er seine Sprengstoffweste zündete, der allerdings unvollständig explodierte. Zehn Minuten später drangen drei weitere Angreifer ins Bataclan-Theater im 11. Arrondissement ein, wo die amerikanische Rockband Eagles of Death Metal ein Konzert vor 1500 Zuschauern gab. Die Terroristen schossen ebenfalls mit Kalaschnikows und warfen Handgranaten in die Menge. Allein im Bataclan starben 89 Menschen während der Attacke, die erst 20 Minuten nach Mitternacht von Einsatzkommandos der Polizei beendet werden konnte.

130 Menschen wurden an diesem Abend ermordet, sieben der Attentäter starben. Und diesmal war die Täterschaft eindeutig, denn als Drahtzieher wurde rasch der belgische Staatsbürger Abdelhamid Abaaoud identifiziert: Jener IS-Kader, der Monate zuvor lächelnd als Coverboy auf dem IS-Propagandamagazin *Dabiq* aufgetaucht war und frappierend offen seine Pläne dargelegt hatte: »Allah wählte mich (…) aus, zurück nach Europa zu fahren, um Terror zu verbreiten unter den Kreuz-

fahrern, die einen Krieg gegen Muslime führen. (...) Wir verbrachten Monate damit, einen Weg nach Europa zu finden, und mit Allahs Hilfe hatten wir schließlich Erfolg, nach Belgien einzureisen. Wir konnten dann Waffen organisieren, einen sicheren Unterschlupf finden, und so unsere Operationen gegen die Kreuzfahrer organisieren.« Ihr Versteck sei zwar später entdeckt und gestürmt worden, »die Nachrichtendienste kannten mich, weil ich vorher von ihnen geschnappt worden war. Nach der Erstürmung konnten sie mich direkt mit den geplanten Anschlägen in Verbindung bringen. (...) All das beweist, dass Muslime nicht das aufgeblasene Image der Überwachung der Kreuzfahrer fürchten müssen. Mein Name und mein Bild waren überall in den Nachrichten, trotzdem konnte ich in ihren Ländern bleiben, Operationen gegen sie planen und das Land sicher verlassen, wenn es notwendig wurde.«

Abaaoud starb vier Tage später im Pariser Vorort Saint-Denis, als Polizeieinheiten nach einem siebenstündigen Feuergefecht seinen Unterschlupf stürmten. Der IS, der sich rasch und in mehreren Sprachen zu den Anschlägen bekannte, brauchte gar keine Schläferzelle Unbescholtener, um den furchtbarsten Terroranschlag in Europa seit anderthalb Jahrzehnten zu verüben. Ja, er konnte den planenden Kopf sogar im Bild mit Details der Vorbereitungen als Titelhelden seines digitalen PR-Magazins berühmt machen – und Abaaoud konnte seinen Plan trotzdem vollstrecken.

Präsident François Hollande ließ die französische Luftwaffe aufsteigen, Raqqa zu bombardieren. Die Bomben trafen nichts als ein paar geräumte Lager, die Angriffe waren erwartet worden, die IS-Kader und Kämpfer leben längst inmitten der Zivilbevölkerung, die wiederum daran gehindert wird, das Gebiet des IS zu verlassen. Sehr viel mehr, als verstärkt aus der Luft anzugreifen, würde Frankreich nicht tun. Kein westlicher Staat möchte Bodentruppen in den syrischen Alptraum schicken, ebensowenig in den Irak. All dies dürften die IS-Strategen einkalkuliert haben, zumal aus Frankreich und Belgien die meisten Radikalen nach Syrien gegangen sind und in den Banlieus, den Vorstädten, sich über Jahre eine Ghetto-Stimmung gerade unter jungen Muslimen gebildet hat, wie es sie in dieser Härte etwa in Deutschland nicht gibt.

Noch nicht, könnte man hinzufügen: Denn der dramatischste Effekt der Angriffe von Paris, die ansteigende Angst und Verunsicherung der Bevölkerung, entfaltet sich schleichend. Am lautesten wird sie in den USA hörbar, wo der US-Präsidentschaftsbewerber Donald Trump Muslimen die Einreise verbieten will; wo 2016 der Start eines Verkehrsflugzeuges abgebrochen und ein vollkommen unschuldiger Mann abgeführt wird, weil er kurz vor dem Start auf Arabisch telefoniert hatte, woraufhin eine Passagierin die Sicherheitskräfte alarmierte; wo im Dezember 2015 einzig aufgrund einer »elektronischen Drohung, in der die Sicherheit unserer Schulen erwähnt wird«, die Behörden von Los Angeles sämtliche 900 Schulen und Kindergärten im zweitgrößten Schulbezirk der USA schlossen, »bis wir vollständige Gewissheit haben, dass sie sicher sind«, so Polizeichef Steven Zipperman.

Am 2. Dezember 2015 erschoss das Terrorpaar Sayed Farook und seine Frau Tashfeen Malik 14 Menschen in seiner ehemaligen Arbeitsstätte im kalifornischen San Bernardino. Morgens um zwei am 12. Juni 2016 eröffnete der Amokläufer Omar Mateen, der sich auf den IS berief, das Feuer im Schwulen- und Lesbenclub Pulse in Orlando in Florida und ermordet 49 Menschen. Für die Apologeten des Hasses und Ressentiments wie Donald Trump sind es Gottesgeschenke.

Aber auch in Deutschland und anderen europäischen Ländern entsteht aus dem immensen Flüchtlingszustrom vor allem aus Syrien, Irak, Afghanistan und der neuen Furcht vor muslimischen Terroristen eine explosive Mischung. Auf andere, nicht so mörderische Weise wie im Konflikt mit den Kurden oder schiitischen Muslimen wiederholt der IS bei den Anschlägen außerhalb seiner Grenzen sein langfristiges Konzept: sich vom Hass seiner Feinde zu nähren. Je stärker sunnitische Muslime in die Defensive geraten – militärisch an den Frontlinien des »Kalifats«, gesellschaftlich in der restlichen, vor allem westlichen Welt –, desto eher werden sie anfällig sein für die Lockrufe des »Staates«. Die Unterscheidung zwischen »lone wolves«, selbstradikalisierten Einzeltätern, die aber getrieben werden von der Woge der Ermächtigung, und Attentätern, die vom IS beauftragt wurden, bleibt dabei häufig unklar, auch weil die Terrormiliz sehr viel Mühe darauf verwendet, tatsächliche Spuren zu verschleiern.

Der Anschlag von Paris im November 2015 hingegen war offenbar Teil einer weit zurückreichenden Vorbereitung, die schon begann, als der IS noch gar kein Interesse daran zeigte, allzu viel Widerstand im Westen zu provozieren. Als er etwa den Umstand, den später ermordeten James Foley in seiner Gewalt zu haben, noch penibel geheim hielt.

Schon am Mittag des 3. Januar 2014 war in der griechischen Grenzstadt Orestiada der 23-jährige Franzose Ibrahim Boudina festgenommen worden, als er, aus Syrien kommend, gerade die türkische Grenze passiert hatte. In seinem Gepäck fanden sich 1500 Euro und ein französisches Handbuch »Bomben bauen im Namen Allahs«. Da gegen den Mann jedoch kein Haftbefehl vorlag, ließen ihn die Griechen wieder laufen.

In Frankreich hingegen stand Boudina bereits seit einer Weile auf einer Gefährderliste von 22 Islamisten, die in einer Moschee in Cannes radikalisiert worden waren. Als die französischen Behörden den Hinweis der kurzfristigen Festnahme aus

Der IS als Terror-Exporteur

Griechenland erhielten, überwachten sie bereits Freunde und Verwandte Boudinas. Am 11. Februar konnten sie ihn schließlich in einem Apartment in der Nähe von Cannes verhaften. Im selben Haus fanden sie drei Getränkedosen Red Bull, gefüllt mit je 600 Gramm TATP, Triaceton-Peroxid, jenem aus legal erhältlichen Chemikalien selbst hergestellten Sprengstoff, der später auch in Paris und Brüssel verwendet werden würde.

Aber weder der Fall Boudina, noch mindestens ein 24-minütiges Telefonat von Mehdi Nemmouche, dem aus Syrien zurückgekehrten Angreifer auf das Jüdische Museum in Brüssel am 24. Mai 2014 mit Abdelhamid Abaaoud, dem Drahtzieher der Paris-Attacken, ließen frühzeitig die Alarmglocken bei den Behörden schrillen. Nemmouche habe allein gehandelt, behauptete die belgische Staatsanwältin Ine Van Wymesch gegenüber Reportern während des Gerichtsverfahrens gegen den Attentäter.

Tatsächlich, so ein Report der Anti-Terror-Einheit der französischen Nationalpolizei und Aussagen anderer Ermittler, hatte Abaaoud bereits seit 2014 planmäßig begonnen, aus Europa eingereiste IS-Kämpfer für Anschläge in Europa zu rekrutieren, zu trainieren und auszurüsten. Informationen des französischen Inlandsgeheimdienstes zufolge, die von der *New York Times* veröffentlicht wurden, wurden etwa 20 Männer, allesamt französische oder belgische Staatsbürger, ab 2014 vom IS nach Europa zurückgeschickt. Die Aussagen des festgenommenen 29-jährigen Computertechnikers Reda Hame enthüllen einerseits akribische Vorbereitungen, vor allem bei der Datenverschlüsselung. Das zu benutzende Verschlüsselungsprogramm TrueCrypt sollte von USB-Stick zu USB-Stick überspielt werden, verschlüsselte Botschaften sollten auf eine kommerzielle Plattform zur Datenspeicherung in der Türkei hochgeladen, E-Mails vermieden werden.

Doch auf der anderen Seite wurde Reda Hame gemeinsam mit einem zweiten Terror-Aspiranten auf die Reise geschickt, der festgenommen wurde und im Verhör seinen Kompagnon verriet, der schließlich bei seiner Mutter in Paris verhaftet wurde. Hinter dem Sofa lag der USB-Stick, unter Hames Papieren fanden sich die Passwörter für TrueCrypt, und Reda Hame packte aus. Auch andere der Terror-Emissäre Abaaouds, die ihre Spuren verschleiern sollten, scheiterten: Sid Ahmed Ghlam etwa sollte das Feuer auf eine Kirche im Ort Villejuif südlich von Paris eröffnen und schoss sich stattdessen in den Fuß. Ayoub El Khazzani sollte Passagiere des Thalys-Schnellzugs erschießen, aber wurde von selbigen, darunter einem zufällig mitreisenden US-Soldaten, überwältigt.

Doch das konzertierte Grauen von Paris im November 2015 konnten die Behörden nicht verhindern. Und der Erfolg der zuvor oft ihrer Nachlässigkeit geziehenen belgischen Ermittler, den wichtigsten überlebenden Planer der Pariser Anschläge, Salah Abdeslam, in Brüssel zu verhaften, sollte nur vier Tage später im Grauen münden: Seine nicht gefassten Mitverschwörer ahnten, dass ihre Entdeckung nun nur noch eine Frage kurzer Zeit sein würde, und füllten mehrere Koffer mit TATP. Am Morgen des 22. März 2016 ließen sie sich von einem Taxifahrer, der sich über den seltsam chemischen Geruch des Gepäcks wunderte und darüber, dass die vermeintlichen Passagiere sich nicht beim Tragen helfen lassen wollten, zum Brüsseler Flughafen fahren. Dort detonierten Ibrahim El Bakraoui und Najim Laachraoui sich und ihre Koffer voller TATP, Ibrahims Bruder Khalid sprengte sich in der Brüsseler Metrostation Maelbeek in die Luft. 31 Menschen starben.

Der Zeitpunkt der Attacke war möglicherweise durch Abdeslams Festnahme beschleunigt worden – doch eine reine Vergeltungsaktion konnte der Anschlag angesichts der immensen Menge Sprengstoffs nicht gewesen sein. Auf 15 bis 30 Kilo TATP schätzten Forensiker die Kofferbomben im Flughafen, in der verlassenen Wohnung der Attentäter fanden sich weitere 15 Kilo sowie 150 Liter Aceton, vulgo: Nagellackentferner, und 30 Liter Wasserstoffperoxid, Haarbleiche, die zur Herstellung von TATP verwendet werden. Die Produktion des Sprengstoffs ist hochgefährlich und langwierig, alle Komponenten dürfen nicht zu schnell vermischt und müssen oft gerührt werden, sie müssen langsam trocken und verbreiten dabei einen stechenden Geruch. Nichts, was sich in den bei den Anschlägen verwendeten Mengen binnen weniger Tage herstellen ließe.

Irgendwann hätten die Brüsseler Attentäter zuschlagen wollen. Doch die langen Planungszeiträume, das klandestine Vorgehen ebenso wie die Nachlässigkeit der Fahndungsbehörden und deren schlichte Überforderung durch die sprunghaft gewachsene Zahl gewaltbereiter Radikaler ließen den Tätern die Möglichkeiten zum Zuschlagen. Für mehrere der Attentäter und ihrer Komplizen sind Fahrten nach Deutschland und Ungarn belegt, deren genaue Hintergründe sind jedoch unklar. Obschon Deutschland als Ziel ebenso möglich gewesen wäre, entschieden sich die Terroristen dafür, die Anschläge in Paris und Brüssel zu verüben.

Es ist ein widersprüchlich erscheinendes Bild, das sich von den Anschlagsvorbereitungen des »Islamischen Staates« ergibt: Einerseits zählten in der Anfangszeit des IS, während seines Siegeszuges erst in Syrien, dann im Irak 2013 und 2014, Anschläge im Westen nicht zu den Prioritäten der Terrorgruppe. Andererseits begann der IS schon Anfang 2014 mit Vorbereitungen, um gegebenenfalls zuschlagen zu können. Gerade durch den gestiegenen militärischen Druck des Westens, durch die Luftangriffe und die Waffenunterstützung kurdischer Milizen und der irakischen Armee sind die nachteiligen Effekte von Anschlägen – eben militärische Vergeltung – für den IS gesunken.

Doch im Vergleich zum hochorganisierten Vorgehen und den eingesetzten Mitteln zu Eroberung ihres »Kalifats« haben die IS-Strategen die Terror-Vorbereitung im Westen vergleichsweise auf Sparflamme betrieben. Interessant ist in diesem Zusammenhang die Gestalt des mutmaßlichen obersten Befehlshabers jener Gruppe »externe Operationen«, zu der Abaaoud gehörte und die von Abu Mohammed al-Adnani geleitet werden soll: Der gebürtige Syrer ist einer von nur zwei Nicht-Irakern im engsten IS-Führungszirkel. Weltweit bekannt wurde er als Propagandachef und Sprecher der Organisation. Adnani, das zweite Gesicht nach dem »Kalifen« Abu Bakr al-Baghdadi, ist nicht aus einer ganz anderen Biographie in den Dschihad hineingewachsen, nicht auf Umwegen wie die ehemaligen Offiziere und Geheimdienstler aus Saddams Regime. Er hat den geradlinigen Lebensweg eines Überzeugungstäters zurückgelegt. Schon unter dem Jordanier Zarqawi war er früh in die Führung der IS-Vorgängerorganisation aufgestiegen, hat sich über Jahre das Vertrauen der IS-Spitze erworben. Nur: Die nüchterne, umsichtige und über Jahrzehnte trainierte Planung von Operationen ist seine Stärke nicht. Brennende Radikalität schützt nicht vor handwerklichen Fehlern, sondern verleitet eher dazu.

Dass die Anschläge von Paris und Brüssel (oder Beirut und Bagdad, über die international allerdings kaum berichtet wurde) gelingen konnten, liegt im Kern daran, dass Terrorattentate im Westen weitaus leichter zu bewerkstelligen sind als die Eroberung ganzer Städte. Ebenso wird oft die Rolle der europäischen IS-Kämpfer, jenseits ihrer Verwendung als heimreisende Attentäter, innerhalb des »Islamischen Staates« überschätzt.

Diese Dschihadisten aus Großbritannien, Deutschland,

Frankreich, Belgien, ja selbst Finnland nennen sich Muhadschirun, nach der Hidschra, dem Auszug Mohammeds mit wenigen Getreuen aus Mekka, der Jahre später siegreich zurückkehrte und den Islam bald in riesigen Gebieten durchsetzte. Es ist letztlich ein romantischer Topos, die Idee, alles hinter sich zu lassen, sich hinzugeben für eine richtige, gottgewollte Sache – auch wenn dieser Entschluss oft nicht ausreichend durchdacht ist und viele der Angekommenen vom IS nur benutzt werden: als Laiendarsteller für Werbevideos, als Geiselwächter und -henker, als Kanonenfutter an der Front – oder als Selbstmordattentäter. Trotz dieser untergeordneten Funktion werden die ausländischen Dschihadisten von der dröhnenden PR-Maschinerie des »Kalifats« beständig ins Rampenlicht des Horrors gestellt, sie posieren mit abgehackten Köpfen, am Rand der Kampfzonen, im milden Schatten der Olivenbäume bei der Rast.

Auf diese Weise angelockt, strömten bis zum Jahresbeginn 2015 mehr als 3000 Islamisten aus Europa zum »Islamischen Staat«, davon Hunderte aus Deutschland: Konvertiten, Migranten mit und ohne deutschem Pass. Betrachtet man die Lebenswege dieser Dschihad-Pilger, finden sich oft die tristen Pfade der Abgehängten, ohne Schulabschluss, ohne Job; aber es sind auch normale Mittelstandsbiographien darunter, jähe Sinnsucher, die sich manchmal binnen weniger Monate verändern, radikalisieren und plötzlich verschwinden. Mal war eine Lebenskrise der Auslöser, mal einer der salafistischen Seelenfischer, die in Moscheen, Sportvereinen, unter Bekannten missionieren. Und manchmal bleibt der Anlass für die Radikalisierung allen ein Rätsel.

Einmal angekommen im neuen »Kalifat«, scheint es allerdings meist nicht so heiter zu sein, wie die PR-Videos versprechen, in denen junge Männer vor malerischer Kulisse sitzen, in denen es nie kalt ist und auch keine Bomben fallen. Peter Neumann, der deutsche Direktor des Internationalen Studienzentrums für Radikalisierung und politische Gewalt am King's College in London, verfolgt über Facebook und andere Foren die Spuren der Ausgereisten. Er sagte im September 2014, dass »möglicherweise bis zu einem Fünftel der britischen Dschihadisten wieder wegwollen aus Syrien«. Nur wüssten sie nicht wie: »Die Leute, mit denen wir reden, würden gern zurückkehren, aber die britische Regierung spricht nur davon, sie für 30 Jahre wegzusperren.« Ihren Sinneswandel erklärten britische Kämpfer den Rechercheuren so: »Wir kamen, um das Regime zu bekämpfen, aber stattdessen sind wir jetzt in einen Kleinkrieg der Gruppen hier verwickelt. Dafür sind wir nicht gekommen. Aber man zwingt uns weiterzukämpfen.«[6]

Viele der europäischen Zuwanderer stehen in der Hierarchie des IS weit unten. Da viele der Europäer gar nicht oder nur mäßig Arabisch sprechen, mag dies auch sprachliche Gründe haben. Andererseits sind usbekische oder tschetschenische Einheiten, die ebenfalls Dolmetscher im Gefechtsfeld benötigen, zentral in die IS-Armee eingebunden. Entscheidender dürfte sein: Vor allem die Konvertiten, die sich aus Europa auf den Weg zum IS machen, sind in der Regel nicht die hellsten Köpfe. Ähnlich den Attentätern von Paris oder Sydney haben viele von ihnen eine Biographie aus Schulabbrüchen, Knast-Aufenthalten, Arbeitslosigkeit oder psychischen Problemen, die einen völligen Neustart der eigenen Biographie verlockend machen – aber kaum dazu prädestinieren, in einer fremden Umgebung komplizierte Tätigkeiten zu bewältigen. Im Vergleich zu den oft gut ausgebildeten Dschihadisten, etwa aus Tunesien, Jordanien, Indonesien, oder zu den militärisch erfahrenen Tschetschenen, stellen diese Zugereisten eher den Bodensatz der ausländischen Kämpfer. Die Führungspositionen innerhalb des IS bis hinunter auf die Ebene der lokalen Emire, der »Richter« und Verwaltungschefs für die Nahrungs- und Stromversorgung haben Araber inne, in erster Linie Iraker, Syrer und Tunesier.

In den tatsächlichen Führungszirkel ist erst recht kein europäischer Konvertit aufgestiegen. Zwar wurde der penetrant durch die Horrorvideos von verstümmelten Leichen und abgehackten Köpfen stolzierende deutsch-ghanaische Ex-Rapper, Ex-Kampfsportler und Ex-Knastinsasse Denis Cuspert alias Abu Talha al-Almani als IS-Lautsprecher des Terrors berühmt, bis er im Juli 2016 bei einem Luftangriff umkam. Doch wer annimmt, dass der »Andreas Baader der Generation WhatsApp«[7] es tatsächlich »in den engsten Führungszirkel« des IS geschafft hatte, wie immer wieder zu lesen war, verwechselte Videopräsenz mit tatsächlicher Bedeutung. So bekannt der Mann unter Zuschauern geworden sein mag: Von einem Dutzend Quellen innerhalb des »Kalifats« von al-Bab im Westen bis Mosul im Osten kannte ihn keiner als Anführer von irgendetwas – außer als »den komischen Ausländer, der schlecht singt« aus jenen Videos, die auch dort kursieren.

Anders sieht es aus mit der arabischen Mehrheit der Muhadschirun: Sie spielen innerhalb des »Kalifats« eine bedeutendere Rolle und sind für den IS vor allem als Rückkehrer in jene Gebiete wichtig, in denen er sich als Nächstes ausbreiten will: auf der ägyptischen Sinai-Halbinsel etwa oder in Libyen. Für diese Orte, wo der Staat kaum noch oder nur in Form schwer bewaffneter Militärs existiert, bereitet der IS ganz gezielt die Machtübernahme vor. Hier sind es zurückgekehrte Dschihadisten, die explizit mit dem Aufbau und der Führung der neuen Außenposten beauftragt wurden – was eine Erklärung liefern könnte für den oft ignorierten Umstand, dass die meisten Dschihadisten, die es in den »Islamischen Staat« gezogen hatte, bislang nicht in Syrien oder im Irak geblieben, sondern nach ein paar

10 Die Kolonien des Kalifats

Monaten wieder nach Hause gereist sind. An den einschlägigen Flughäfen in der Südtürkei sah man ab Ende 2012 ebenso viele Tunesier, Tschetschenen, Europäer ein- wie ausreisen. Manche hatten genug vom Kämpfen, manchen ging das Geld aus. Viele aber flogen offenbar mit dem Auftrag im Gepäck zurück, daheim einen Brückenkopf aufzubauen.

Dass sich Ägyptens wichtigste Dschihadistengruppe Ansar Bait al-Maqdisi im Herbst 2014 offiziell dem IS anschloss, war keine Überraschung: Seit Monaten hatte es reisende Emissäre gegeben, die nach Sympathiebekundungen der Ägypter für die Ausrufung des »Kalifats« im Juni nun auch einen Treueschwur vorbereiteten. Einer der IS-Führer, der bereits seit dem Frühjahr die Radikalen vom Sinai zum Anschluss bewegt haben soll, ist Mohammed Haydar Zammar: jener jahrelang in Deutschland lebende deutsch-syrische Dschihadist, der Ende 2001 von der CIA in Marokko verschleppt, nach Syrien gebracht und dort unter anderem vom BND zu seiner Rolle bei al-Qaida verhört worden war. Anfang 2014 hatte die syrische Rebellengruppe Ahrar al-Scham ihn im Rahmen eines Gefangenenaustausches freibekommen, »aber Tage später ist er einfach abgehauen«, so einer der Verhandlungsführer: »Er ist sofort zum IS nach al-Bab, dann nach Raqqa gegangen, hatte das vermutlich schon vorher geplant.« In den Folgemonaten, so mehrere Quellen innerhalb des IS und ein Bruder Zammars, sollte er den IS-Brückenkopf auf dem Sinai etablieren.

Die ägyptische Dschihadistengruppe, deren Name in etwa »Unterstützer Jerusalems« bedeutet, hatte in den Monaten zuvor sowohl spektakuläre wie militärisch geschickt geplante Anschläge auf dem Sinai, aber auch in entlegenen Wüstengegenden Ägyptens vor allem auf Armeeposten verübt und dabei Hunderte Polizisten und Soldaten umgebracht. Nach inoffiziellen Angaben ägyptischer Regierungsvertreter und westlicher

Der IS als Terror-Exporteur

Diplomaten verfügte die Gruppe über Informanten im Militärapparat, was ihr Insiderwissen bei Anschlägen auf mehrere Generäle und den Innenminister erklären würde.

Dass die ägyptische Armee Anfang November 2014 1100 Familien aus ihren Häusern in Grenznähe zum Gazastreifen evakuieren und die Gebäude planieren ließ, um den Schmuggel in die palästinensischen Autonomiegebiete zu unterbinden, dürfte die Radikalisierung eher noch gesteigert haben. »Wenn da drei junge Männer in jedem Haus lebten, schließen sich garantiert zwei von ihnen den Militanten an«, so der ägyptische Sicherheitsexperte Abdel Rahim Ali gegenüber der *New York Times*.[8]

Ägyptens Regierung hat den bitterarmen Norden der Sinai-Halbinsel nie wirklich kontrolliert. Die dort lebenden Beduinenstämme fühlten sich nicht als Ägypter und wurden von Kairo als Bürger zweiter Klasse behandelt. Drogenhandel und ein weitreichendes, extrem brutales Entführungsgewerbe breiteten sich aus, bei dem afrikanische Flüchtlinge, die über den Sinai nach Europa gelangen wollten, gefangen genommen und gefoltert wurden und nur gegen fünfstellige Lösegeldsummen ihrer Familien freikamen. Geld und Gesetzlosigkeit herrschten, auch schwere Waffen kamen über Schmuggelwege aus Libyen und wurden weiterverkauft an palästinensische Gruppen im Gazastreifen. Nachdem der ägyptische Langzeitpräsident Husni Mubarak abgesetzt worden war und der Konflikt zwischen Armee und der gewählten Regierung der Muslimbrüder eskalierte, wurden die Radikalen des Sinai in den vergangenen Jahren zum Staat im Staate – der zum Sammelbecken aller Religiösen in Ägypten werden könnte, die vom putschenden Armeechef und heutigen Präsidenten Abdelfattah al-Sisi mit Massenverhaftungen unterdrückt werden.

Am fatalsten aber steht es ab 2015 um Libyen. Hier liegt die Gefahr weniger in einem zu autoritär agierenden Staat – sondern vielmehr im selbstverschuldeten Verschwinden des Staates überhaupt. Spätestens seit den Parlamentswahlen im Sommer 2014 löst sich Libyen rasant auf: An die Urnen waren damals ohnehin nur noch 18 Prozent der Wahlberechtigten gegangen. Vor allem die aus der mächtigen Wirtschaftsmetropole Misurata stammenden islamistischen Parteien schnitten bei den Wahlen miserabel ab. In der Folge kollabierte das riesige Land, dessen Regionen einander stets misstrauisch beäugt hatten und in dem die Milizen immer rabiater als tatsächliche Machthaber auftraten. Die Brigaden der neu formierten Allianz »Libyens Morgenröte« aus Misurata stürmten die Hauptstadt Tripolis. Sie erklärten das frischgewählte Parlament für illegitim und setzten als demokratisches Feigenblatt Teile des vorherigen Übergangsparlaments wieder ein. Das gewählte und international anerkannte Parlament floh ins tausend Kilometer entfernte Tobruk nahe der ägyptischen Grenze.

Seither gibt es in Libyen nicht nur zwei Parlamente, sondern auch zwei Regierungen und zwei Armeen, die sich gegenseitig und dabei das ganze Land lahmlegen. Seit Herbst 2014 sind beide Seiten mehrfach aufeinander losgegangen, bombardierten Flughäfen, Ölterminals und Städte. Verschärfend kam hinzu, dass im Frühsommer 2014 der einst vom ehemaligen Diktator Muammar al-Gaddafi geschasste General Khalifa Haftar aus dem amerikanischen Exil zurückkehrte, um von der Umgebung Tobruks aus als selbsternannter Retter der Nation Krieg gegen alle Islamisten zu führen.

Goldene Zeiten für die Ausweitung des »Kalifats« nach Libyen, das der IS präzise nach der Blaupause seiner Expansion in Syrien betreibt. Das Interessante daran ist, in welchen Teilen des Landes diese Expansion funktioniert – und in welchen nicht. Denn ausgerechnet die notorische Islamistenhochburg Derna im Osten wird, naheliegenderweise, 2014 der erste

Brückenkopf des IS, den er aber schon Monate später wieder verliert. In der überhaupt nicht religiösen Stadt Sirt hingegen, der Heimat von Ex-Diktator Muammar al-Gaddafi, wird die Machtübernahme und hermetische Kontrolle 2015 nach Plan verlaufen. Denn wie schon zuvor im syrischen Raqqa ist es nicht die Glaubensnähe, die eine Stadt für den IS zur leichten Beute macht, sondern ihre Schwäche und Verwundbarkeit.

Derna, die Hafenstadt im Osten mit ihren 50 000 Einwohnern, war seit jeher eine Hochburg der Radikalen, aus der schon ab 2004 anteilig die meisten ausländischen Selbstmordattentäter im Irak kamen. Im Zuge der libyschen Revolution ab 2011 bildeten sich auch hier Milizen, deren größte, die Abu-Salim-Brigade, zwar eine islamische Regierung forderte – aber eine, die in Wahlen bestätigt werden müsse. Doch dann kam der IS: erst in Form einer Gruppe von Rückkehrern aus Syrien, die »Battar«-Gruppe, die vor allem mit Morden an Politikern, Richtern, Rechtsanwälten, aber auch an Führern anderer Gruppen die Stadt unter ihre Kontrolle brachte.

Am 5. Oktober 2014 gibt es die erste Zusammenkunft des IS mit den anderen Milizen, bei der die verbliebenen Führer anderer Fraktionen dem »Islamischen Staat« ihre Treue schworen und die Gründung der »Provinz Barqa« innerhalb des »Islamischen Staates« verkündet wurde. Vom libyschen Staat spricht danach keiner mehr. Regierungsgebäude werden zu Büros des IS, die Polizei ist mit dem neuen Logo der »Islamischen Polizei« unterwegs. Frauen müssen vollverschleiert sein, Geschichte ist aus dem Lehrplan der Schulen verschwunden. Ende Oktober 2014 schwören Hunderte Bürger öffentlich dem »Kalifen« die Treue. Danach fragt der Aktivist Mohamed Batoha die mehrheitlich ausländischen Extremisten, was sie denn in Derna zu suchen hätten. Zwei Tage später wird er aus einem vorbeifahrenden Auto erschossen, so wie zuvor Dutzende andere Kritiker, darunter auch Islamisten. Es ist dasselbe Muster wie in Syrien ab Ende 2012 – nur hier ohne die freundliche Anfangsphase der Daawa-Büros. Die IS-Vorhut baut Zellen auf, rekrutiert lokale Informanten, schickt ihre Killertrupps los.

Doch dann wehren sich die alteingesessenen Radikalen in Derna. Nicht gegen die grundsätzlichen Ansichten des IS, die teilen sie. Sondern gegen die Anmaßung der IS-Emire, fortan die alleinigen Herren in allen Bereichen zu sein, zu entscheiden, wer gläubig genug ist, wer bestraft, enteignet, umgebracht werden muss. Gegen eine weitgehend einige Gemeinschaft kann der IS, zumindest in dieser Phase, ohne eine Reserve-Armee in der Hinterhand zu haben, wenig ausrichten. Derna bleibt eine radikale Stadt, auch der IS hält einige Viertel und Dörfer, hat aber eben nicht mehr die vollständige Kontrolle.

In der nächsten Stadt hingegen verläuft die Machtübernahme wieder nach Plan: Ausgerechnet in Sirt, das vom einstigen Fischernest zu einer Stadt mit einem internationalen Konferenzzentrum aufgebläht worden war – dank Gaddafi, des prominentesten Sohnes der Stadt. Oder vielleicht sollte man besser sagen: gerade in Sirt, denn ähnlich wie in Raqqa in Syrien stieß der IS hier eher auf die Verlierer der Revolution, die bei der Eroberung durch den »Islamischen Staat« keine massive Gegenwehr boten. Selbst das Lamento geflohener Einwohner klingt 2016 wortgleich wie das der Geflüchteten aus Raqqa drei Jahre zuvor: »Wir haben es geschehen lassen«, konzediert der alte Scheich Mohammed Hanasch, einer der Notabeln aus Sirt, der im Februar 2016 in Misurata Zuflucht gefunden hat, der reichen, mächtigen Hafenstadt weiter westlich: »Wir waren so naiv.«

Am Strand von Sirt war es auch, wo der IS schon Anfang Februar 2015 ein weiteres Horrorvideo in Hollywood-Qualität inszenierte: In elegischen Kamerafahrten wurden 22 entführte

Der IS als Terror-Exporteur

christliche Gastarbeiter aus Ägypten in orangefarbener Kluft von Schwarzvermummten den Strand entlanggeführt und zum Niederknien gezwungen, bevor man ihnen die Kehlen durchschnitt. Als sei das Geschehen noch nicht drastisch genug, wurde auch noch das Wasser der Meereswellen rot gefärbt.

Tags darauf stieg die ägyptische Luftwaffe zu einem Vergeltungsschlag auf. Doch dem IS ging es in erster Linie um etwas anderes: Nicht »Rom«, wie der Text des Videos vage annoncierte, war Adressat dieser Massakerinszenierung, sondern Genf: Hier hatten Anfang Januar 2015 Delegierte der meisten libyschen Fraktionen unter Verhandlungsführung des UN-Sondergesandten Bernadino Leon immerhin einen Waffenstillstand erreicht. Es gab den Hoffnungsschimmer, dass sich alle Seiten aufeinander zubewegen würden. Nur Tage nach dem kleinen Erfolg von Genf stürmte ein IS-Selbstmordkommando das Corinthia Hotel in Tripolis, den mondänen Sitz der letzten ausländischen Firmen und der dortigen Regierung. Danach veröffentlichte die Terrormiliz das blutige Video. Die Begründungen, warum man gerade jetzt ägyptische Kopten am Strand umbringe, waren an den Haaren herbeigezogen: dass Osama Bin Ladens Leiche von den Amerikanern im Mai 2011 ebenfalls im Meer versenkt worden und eine ägyptische Christin vor Jahren am Übertritt zum Islam gehindert worden sei.

Tatsächlich gelang es dem IS, mit seinem filmischen Exzess jede innerlibysche Einigung zu verhindern – wovon er im Zweifelsfall profitiert. Da die Rumpfregierung in Tobruk mit Ägypten gegen ihre Konkurrenten aus der Hauptstadt Tripolis verbündet ist, haben die Angriffe der ägyptischen Luftwaffe die fragile Balance erschüttert. Aber siegen kann auch keine Seite. In diesem Ringen etwa gleichstarker Kräfte kann der IS mit seiner Taktik der wechselnden Allianzen stärker werden, genauso wie er das höchst erfolgreich in Syrien betrieben hat. Dort manövrierte er weit stärkere syrische Rebellengruppen eine nach der anderen aus, weil er über etwas verfügte, das ihnen fehlte: Geschlossenheit.

»Wir waren die Stadt der Verlierer, ohne Schutz, ohne Hilfe«, fährt der aus Sirt geflohene, alte Scheich Hanasch fort: »Dann kamen diese Dschihadisten, erst unter einem anderen Namen. Sie taten freundlich, eröffneten islamische Schulungshäuser. Es kamen immer mehr. Dann verschwand der Sicherheitschef des Stadtrates, Tage später fand man seine Leiche. Und an einem Morgen im März letzten Jahres kamen im Lokalradio plötzlich Treueschwüre gegenüber Da'ish und religiöse Gesänge aus dem Irak. Wer sich wehrte, verschwand oder musste fliehen. Sie haben einen meiner drei Söhne erschossen, unsere drei Häuser gesprengt. Aber ich habe keine Angst. Nur Gott wird mich richten.«

Mit dieser Haltung steht er allerdings recht alleine da. Seine karge Unterkunft in Misurata ist Anlaufstelle für viele, die aus Sirt fliehen. Kaum einer mag reden, niemand sich fotografieren lassen. Zu groß ist die Furcht vor dem langen Arm, vor der Rache des IS, der zumindest bis Mitte 2016 unangefochten in Sirt herrscht.

Spricht man mit den herrschenden Politikern in Tripolis, Bengasi, Misurata über die Gefahr des IS, so lautet die Antwort stets: Gewiss, der IS sei ein Problem, ja eine Gefahr – aber bevor man etwas unternehmen könnte, müsse doch zuerst die Konkurrenzregierung im jeweils anderen Landesteil aufgeben oder niedergerungen werden. Gleichzeitig warnen ihre Sicherheitsleute. »Da'ish hat bereits Schläferzellen aufgebaut in Tripolis, Tadschura, Beni Walid, ja selbst in Misurata«, zählt Ismail Shukri auf, Geheimdienstchef des weitgehend unabhängigen Stadtrates von Misurata. »Seit vier Monaten haben wir davor gewarnt, dass der IS in Sabrata sitzt«, klagt ein Kommandeur der »Special Deterrence Force« in Tripolis, der Eliteeinheit des Innenministeriums. In Sabrata, ganz im Westen, hatte es nach einem US-Bombardement auf ein geheimes Quartier vor allem tunesischer IS-Kämpfer tagelange Kämpfe in der Stadt und sogar den Dörfern der Umgebung gegeben, als jählings klar wurde, dass die angeblichen Gastarbeiter vor allem aus Tunesien, die sich meist in entlegenen Gehöften einquartierten, mitnichten zum Kellnern gekommen waren.

Ausgerechnet aus Tunesien, dem Musterland des Arabischen Frühlings, dessen Bewohner es als Einzige bislang geschafft haben, ohne kriegerische Zerrüttungen den Übergang von der Diktatur zur Demokratie zu meistern, stammt die größte Gruppe der zugereisten Dschihadisten beim IS – und zwar sowohl im libyschen Derna wie im »Kalifat« in Syrien und im Irak. Etwa 3000 tunesische Kämpfer sollen es Anfang 2015 allein in Syrien und im Irak gewesen sein.

In der Tat stieß man schon ab 2012 in Nordsyrien, in Idlib, Aleppo, Raqqa, immer wieder auf Tunesier. Ebenso tauchten sie später in den Kleinstädten südlich von Mosul auf: als Wächter und Patrouillenpolizisten, als Kämpfer, als Orts-Emire, als Chefs der IS-»Gerichte«, die nicht nur über tatsächliche Verfahren entscheiden, sondern auch per Sofort-Urteil missliebige Personen zu Ungläubigen erklären – ein Todesurteil ohne Rechtsmittel. Vielleicht, ließe sich spekulieren, hat dieser Exodus Tunesien auch dabei geholfen, nach Unruhen und mehreren spektakulären Morden nicht in den Abgrund zu gleiten und letztlich vergleichsweise stabil zu bleiben. Doch die Probleme des Landes, die Ende 2010 den tunesischen Obsthändler Mohammed Bouazizi dazu brachten, sich selbst zu verbrennen und damit die größte Umwälzung der arabischen Welt auszulösen, sie sind noch immer da: Die neue Freiheit ist für viele Tunesier kaum spürbar, die Polizei brutal wie zuvor. Ein Drittel der Männer mit Universitätsabschluss ist arbeitslos, und wer einen Job hat, kann davon kaum leben. Diese jungen Tunesier stehen vor der Wahl: jahrelanges Hoffen auf einen Job in der Heimat, ein Schiff nach Europa – oder Dschihad.

Wie viele Tunesier schon nach Libyen gezogen sind, ist unklar, doch fest steht, dass das in Anarchie versinkende Nachbarland zum Drehkreuz der Dschihadisten-Ströme rund ums Mittelmeer geworden ist. Vom halb zerschossenen Flughafen Mitiga aus, über dessen Eingang eine Plastikplane den »International Airport Tripoli« markiert, starten zwar nur noch unregelmäßig Flugzeuge – viele Behörden verweigern Flugzeugen aus Mitiga die Landegenehmigung –, doch Casablanca in Marokko, Istanbul in der Türkei, Tunis und Malta werden regelmäßig angeflogen. Junge Tunesier, die sich dem IS in Syrien anschließen wollen, aber sich mittlerweile schon verdächtig machen, wenn sie von ihrem Heimatland aus direkt in die Türkei fliegen, nutzen deswegen gerne Mitiga als Zwischenstopp, um ihre Spuren zu verwischen. Von Istanbul aus geht es für sie dann im Reisebus weiter an die syrische Grenze – auch wenn der Übertritt nach Syrien im Verlauf des Jahres 2015 schrittweise von den türkischen Sicherheitskräften tatsächlich erschwert worden ist.

Anfang 2016 baut die tunesische Armee schließlich eine Mauer entlang der libyschen Grenze, weniger um Tunesier an der Ausreise als vielmehr kampferprobte IS-Tunesier an der klandestinen Rückkehr aus Libyen zu hindern. Man könnte sagen, Libyen hat einfach Pech mit seinen Außengrenzen: im Norden das Mittelmeer, im Süden kaum kontrollierbare Stammesgebiete, auch die Grenze nach Ägypten ist nicht befestigt, lediglich das algerische Militär steht im Ruf, seine Grenze an Libyens Westrand relativ genau zu überwachen.

Entscheidend für die schleichende Ausbreitung des IS in Libyen ist dessen Kernkompetenz, die den libyschen Fraktionen abgeht: Einigkeit und Kontrolle. Im Sommer 2016 haben die internationalen Bemühungen, Libyen wieder eine Einheitsregierung zu geben, vorläufig dazu geführt, dass es nun eben drei statt vorher zwei Regierungen gibt – und der entscheidende Hebel, der mit maßgeblichem Druck der Uno etablierten Einheitsregierung unter Ministerpräsident Fayes al-Sarradsch auch zu echter Macht zu verhelfen, sind jene entscheidenden Institutionen, die sich zuvor keinem Lager zugewandt hatten: die Schutztruppen der Ölinstallationen, die staatliche Fördergesellschaft, die Zentralbank. Nach monatelangem Hinhalten haben vor allem die Milizen aus Misurata mit diskreter amerikanischer Unterstützung im Mai 2016 eine massive Offensive auf Tikrit begonnen, woraufhin der IS Anschläge auf Checkpoints vor Misurata unternahm. Dabei griff er aus seinem Repertoire der Täuschungen eine neue Finte heraus: Der Sprengstoff wurde unter Gemüse versteckt.

Aber selbst wenn es gelänge, den IS wieder aus Sirt zu vertreiben: »Die haben doch längst ihre Untergrundstruktur aufgebaut«, prognostiziert der Geheimdienstchef von Misurata, Ismail Shukri, düster: »Solange es keine zentrale Kontrolle, keine Einheit des Staates gibt, können die mit Leichtigkeit im Verborgenen existieren.«

Die Furcht des Westens vor Terroranschlägen, die Angst vor den Rückkehrern hat lange den Blick für die Hauptstoßrichtung des IS verstellt. So sehr vor allem die Anschläge in Paris und Brüssel Europa ins Mark getroffen haben – die vom IS dafür aufgewandten Ressourcen waren bescheiden im Vergleich zu denen des wirklichen Krieges, den er vor allem in Syrien und im Irak führt. Sein eigentliches Ziel, für das er seine Energien und Kämpfer aufwendet, liegt im Kern nicht in Europa und nicht in den USA: Dem IS geht es um die Ausweitung seiner Macht in den Nachbarländern des »Kalifats«.

Die Frage bleibt nur, was der IS tun wird, wenn er sein Territorium nicht mehr halten kann: Ob er dann, seiner Verwundbarkeit entledigt, zurückkehrt zum Dasein als Terrororganisation im Untergrund – und noch weit mehr Anschläge in Europa begehen wird als bislang.

Anfang November 2015 konnte Frankreichs Präsident François Hollande als Antwort auf die Attacken der Terroristen noch die Luftwaffe Vergeltungsschläge auf Raqqa fliegen lassen. Doch wen sollen die Luftwaffen des Westens dann bombardieren, wenn es keinen Ort mehr gibt, den der IS kontrolliert?

11 DIE SCHLAFWANDLER
Der IS und seine Nachbarstaaten

Ohne die politischen Fehler in der Region wäre der Aufstieg des »Islamischen Staates« kaum möglich gewesen. In der Türkei sahen manche Flughäfen aus wie eine Dschihadisten-Lounge, im Irak helfen die Fanatiker der Gegenseite dem IS – und Saudi-Arabien hat ein Software-Problem.

Um wirklich zu verstehen, welche fundamentale Bedeutung für den Siegeszug des IS eine poröse Grenze und ein Dschihadisten-freundliches Rückzugsland mit guter Verkehrsanbindung haben, lohnt ein kurzer Blick auf einen Staat, der all dies nicht bietet: Jordanien. Die kleine Monarchie südlich von Syrien, die durchaus ein Problem mit Extremisten in der eigenen Bevölkerung hat, vermag es auch vier Jahre nach Beginn der Krise im Nachbarland, seine 370 Kilometer lange gemeinsame Grenze mit Syrien penibel zu kontrollieren.

Auch zur Überraschung des Autors, der nach 17 Reisen in die syrischen Aufstandsgebiete deren Außengrenzen aus eigener Erfahrung kennt, gelingt es den jordanischen Geheimdiensten, den Streitkräften und der Polizei tatsächlich zu kontrollieren, wer diese Grenze offiziell wie inoffiziell passieren kann – anders als im Libanon, im Irak und insbesondere in der Türkei. Israel ist eine Ausnahme, denn seine kurze Grenze zu Syrien ist seit Jahrzehnten eine Frontlinie.

Mehrere eigene Versuche seit 2013, von Jordanien aus nach Syrien zu gelangen, scheiterten. Weder der syrische Rebellenrat noch dessen Liaison-Offizier zum jordanischen Militär noch Kontakte in die dortigen Geheimdienste noch private Schmuggler vermochten, einen deutschen Journalisten über die

11 Die Schlafwandler

jordanisch-syrische Grenze zu bringen. Für die Recherche war dies misslich, aber als Beleg interessant, dass Grenzen sehr wohl kontrollierbar sein können. Wobei dies weniger für Journalisten Bedeutung hat, sondern nachhaltig für Dschihadisten.

Nun ist es nicht so, dass Jordanien ein perfekter Staat ohne Korruption und Machtmissbrauch wäre. Aber in dieser Frage der nationalen Sicherheit funktionieren seine Institutionen offensichtlich und halten sich an die Vorgaben der Regierung: syrische Zivilisten und Rebellen kontrolliert passieren zu lassen, nicht aber jordanische oder eingereiste Dschihadisten. Das hatte zur Folge, dass sich Schmuggelnetzwerke in Jordanien gar nicht erst etabliert haben, weil schlicht niemand kommt, den man schmuggeln könnte. Selbst die Jordanier in den Reihen des IS haben zumeist verschlungene Umwege genommen, um letztlich von der Türkei aus nach Syrien zu gelangen. In der Folge des jordanischen Riegels hat sich in den syrischen Südprovinzen das Kampfgeschehen anders entwickelt als im Norden: Es kämpfen, halbwegs einvernehmlich und erfolgreich, immer noch die alten Brigaden der Freien Syrischen Armee (FSA). Die radikale Nusra-Front hat sich zwar auch hier gebildet, aber kooperiert mit den Moderaten und hat keine Ausländer in ihren Reihen – denn die kommen ja nicht rüber.

Wenn Jordanien eine Sackgasse für den internationalen Reiseverkehr des Terrors ist, dann lässt sich die Türkei am ehesten als dessen Autobahn beschreiben: Etwa neun Zehntel der 15 000 bis 20 000 ausländischen Anhänger und Kämpfer, die von Sommer 2012 bis Anfang 2015 zum IS gereist sind, kamen durch die Türkei. Und sie kommen im Laufe des Jahres weiterhin, landen in Istanbul, fliegen oder fahren weiter nach Hatay, Gaziantep, Urfa, bleiben manchmal wochenlang in Quartieren, Trainingslagern auf türkischem Boden, bevor sie oft unter den Augen der *Jandarma*, der türkischen Grenzpolizei, nach Syrien gehen. Der illegale Übertritt ist nicht mehr ganz so einfach wie noch Ende 2013, als die Schmuggler ihre Dienste in Hörweite der Grenzpolizei anpriesen, »*Tahrib, Tahrib*«, »Schmuggel, Schmuggel«, brüllten und jeden für ein paar Euro über die Grenze oder zurück brachten. Anfang 2015 brüllen sie nicht mehr, und es kostet umgerechnet etwa 50 Euro. Aber die meisten IS-Ankömmlinge werden ohnehin schon an den Flughäfen von ihren Gefährten abgeholt.

Die türkische Regierung unter Führung des zunehmend autokratisch herrschenden Präsidenten Recep Tayyip Erdoğan hat regelmäßig verlautbaren lassen, sie habe Tausende Ausländer interniert und abgeschoben, Zigtausenden die Einreise verweigert. Allein: Von Tausenden Abgeschobenen hat man weder in Europa noch in der arabischen Welt etwas mitbekommen. Ende 2014 saßen ein paar Usbeken tatsächlich im Gefängnis von Antakya, der Hauptstadt der Provinz Hatay. Aber die waren auf dem Rückweg aus Syrien festgenommen worden, nicht bei der Einreise. Insgesamt bezifferte der türkische Justizminister Bekir Bozdağ die Zahl der in türkischen Gefängnissen einsitzenden IS-Mitglieder am 19. November 2014 gegenüber dem Parlament mit: 16.[1]

Nachdem im Januar 2015 Hayat Boumedienne, die Frau von Amedy Coulibaly, einem der Pariser Attentäter, ungehindert durch die Türkei zum IS nach Syrien gereist war, empfand der türkische Außenminister Mevlüt Çavuşoğlu die aufkommende Kritik als unberechtigt: »Hätten die Franzosen uns rechtzeitig informiert, hätten wir sie (Hayat Boumedienne) schon bei der Einreise festgenommen. Aber wir können nicht voraussehen, wer von den Tausenden ankommenden Europäern sich dem IS anschließen will.« Es gäbe aber, konzedierte er, »Mafia-artige Netzwerke«, die Kämpfer über die Grenze schmuggelten. Das könne die Regierung nicht stoppen.[2]

Doch so klandestin, wie der Minister es beschrieb, läuft der islamistische Grenzverkehr nicht. Ungehindert sind die Dschihad-Nomaden in den vergangenen drei Jahren aus aller Welt über türkische Flughäfen ein- und ausgereist. Der Flughafen von Hatay in der gleichnamigen Südprovinz sah oft aus wie eine Vielflieger-Lounge für al-Qaida: Tunesier, Tschetschenen, Saudi-Araber, Ägypter, Usbeken, Europäer und viele andere mehr reisen manchmal schon in knielanger, afghanischer Tracht oder Kampfanzügen an, in Gruppen und mit schwerem Gepäck. Mit deutlich leichterem Gepäck, den roten Lehm der nordsyrischen Ebene manchmal noch an den Schuhen, reisen sie wieder aus. Darunter auch jenes Dutzend Tschetschenen, die auf syrischer Seite noch erzählt hatten, sie würden allesamt von Interpol gesucht.

Warum etwa im tiefsten Januar 2014 sechs langbärtige Tunesier mit leichtem Gepäck aus Syrien kamen und auf Nachfrage versicherten, man habe »dort Urlaub gemacht«, interessierte die Behörden nicht. Auch als sich Monate später einzelne Flugpassagiere über mitreisende Terroristen beschwerten, gab es keine Reaktion. Monat um Monat war es das gleiche Schauspiel, bis die Radikalreisenden in der zweiten Jahreshälfte 2014 häufiger auf Fernbusse umstiegen. Am 23. Februar 2015 etwa fuhren mehrere tschetschenische Kämpfer samt ihren Familien im Bus von Istanbul nach Antakya. Gekleidet bereits in die beim IS so beliebten afghanischen Gewänder, unterhielten sie sich ungeniert teils auf Russisch über ihren nächsten Einsatz auf syrischer Seite.

IS-Kämpfer, die manchmal sogar mit ihren Waffen die Länder wechselten, waren seit 2013 auch an den sogenannten »humanitären Grenzübergängen« zwischen der Türkei und Syrien zu sehen. Diese Übergänge sind eigentlich für eine unbürokratische Zollabwicklung von Hilfsgütern eingerichtet worden, deren Transporteure dort ohne Ein- und Ausreisestempel im Pass zu den riesigen Flüchtlingslagern in Grenznähe gelangen können. Aber diese fehlende Bürokratie wissen auch andere Reisende zu schätzen. Europäische Helfer beobachteten Ende 2013 und Anfang 2014 mehrfach wartende Dschihadisten an einem Übergang nahe der Kleinstadt Kilis. Auf dem dortigen Gelände der mächtigen, regierungsnahen türkischen Hilfsorganisation IHH warteten sie darauf, abgeholt zu werden. Ein hoher IHH-Funktionär, Yacup Bülent Alnıak, war auch unter den Toten des ersten US-Luftschlags in Syrien am 22. September 2014 auf die Nusra-Front im Dorf Kafr Darian in der Provinz Idlib. Warum der türkische IHH-Mann Alnıak sich nachts in einem Militärquartier der Nusra-Front aufgehalten hatte, mochte die Organisation nicht kundtun.

Auch am »humanitären Übergang« nahe dem Dorf Atmeh weiter westlich beobachteten Logistiker einer europäischen Hilfsorganisation im Mai und im Juni 2014 Dschihadisten aus Tschetschenien und aus der Türkei selbst, die unter den Augen türkischer Militärs wieder in die Türkei zurückfuhren. Zwei Türken, die im Juni den Grenzübergang bei Atmeh nutzten, unterhielten sich mit einem Offizier darüber, dass sie gerade von der Eroberung Mosuls zurückkämen und jetzt erstmal nach Istanbul führen – »zum Ausspannen«. Dass sie ihre Waffen dabeihatten, stellte kein Problem dar.

Schon im Sommer zuvor hatte ein Munitionsfund bei IS-Kämpfern im Irak zu diplomatischen Verstimmungen zwischen Ankara und Washington geführt. Denn was die kurdischen Peshmerga-Kämpfer bei toten IS-Männern nahe Erbil entdeckt hatten, war Munition aus dem staatseigenen türkischen Rüstungsbetrieb MKEK – was den Verdacht nährte, türkische Behörden könnten den IS direkt unterstützen.[3]

Die IS-Männer durften nicht nur durch die Türkei fahren,

sondern sich auch in Regierungskrankenhäusern medizinisch versorgen lassen, wie im Fall des IS-Militärführers Omar al-Schischani: Nach Aussagen eines geflohenen Logistikers für den Grenzverkehr war Schischani Ende April 2014 bei Kämpfen auf irakischer Seite an der linken Hand schwer verletzt worden. Damals hatte der IS Mosul noch nicht eingenommen, also brachten ihn seine Männer nach Raqqa, ins Hauptquartier. Dort wollte man ihm die Hand amputieren. Das Krankenhaus in Raqqa war nie sonderlich gut ausgestattet gewesen, und nun waren auch noch die meisten Ärzte fort. Deshalb sei Schischani innerhalb von Stunden über die Grenze in ein sehr gut ausgestattetes, abgelegenes türkisches Krankenhaus in der Provinz Urfa gebracht worden, wo er nach der mehrstündigen Operation nur zwei, drei Tage blieb und nach Syrien zurückgebracht wurde.

Auch längere Aufenthalte von IS-Kämpfern in der Türkei wurden problemlos legalisiert. Etwa im Fall des Ägypters Mohamed Yosri El Zamek, der Ende 2013 in die Türkei reiste und sich im Februar 2014 im nordsyrischen Afrin in die Luft sprengte: In den Hinterlassenschaften des Selbstmordattentäters fanden kurdische Milizionäre des Kontrollpostens seinen Pass und neben weiteren Dokumenten auch eine türkische Aufenthaltsgenehmigung für zwei Jahre, ein Papier, für das Ausländer aus visapflichtigen Ländern eigentlich eine Arbeitsstelle oder ein Gewerbe in der Türkei nachweisen müssen. Doch die Meldestelle im tiefkonservativen Istanbuler Stadtteil Fatih hatte ihm die Genehmigung offensichtlich auch so ausgestellt. Journalisten der türkischen Zeitung *Özgür Gündem*, die in Erfahrung bringen wollten, wie ihm das gelungen war, stießen auf eine ebenfalls in Fatih ansässige Agentur, die reihenweise solche Genehmigungen beschaffte. Einen Tag nach der telefonischen Kontaktaufnahme durch die Journalisten war niemand mehr zu erreichen und die Agentur aufgelöst.

Zwei von Kurden festgenommene IS-Männer wiederum gaben in Verhören detailliert Auskunft über militärische Trainingslager des IS in der Türkei, wo ihnen Schießen und Gefechtstaktiken beigebracht wurden. Der Algerier Baschir Mohammed beschrieb ein Lager in den Hügeln nahe dem Grenzort Reyhanlı, und zumindest die Einreisestempel in seinem Pass belegten einen mehrmonatigen Aufenthalt in der Türkei. Der erst 17-jährige Kurde Jamil Mahmoud aus Afrin, der als Möbellackierer in Beirut gearbeitet hatte, erzählte in Einzelheiten, wie er über Monate vom IS angeworben und dann per Schiff in die Türkei geschmuggelt worden sei, ohne ein einziges Mal kontrolliert zu werden: »Die hatten immer wieder auf mich eingeredet, zu Da'ish zu gehen, und der Dschihad klang aufregend für mich, nach Abenteuer. Sobald ich zugesagt hatte, brachten mich andere zu einem kleinen Hafen im Nordlibanon, von dort ging es zu einem türkischen Hafen, ich weiß nicht, welchem, da wurde ich sofort abgeholt.«

Im Auto sei es weitergegangen, vier Stunden, bis zu einem alleinstehenden Gehöft mit drei Gebäuden und einem großen Gemüsegarten: »Da waren etwa 25 Männer, Araber und Türken, bis Mitte 30. Wir wurden ausgebildet an Kalaschnikows und Glock-Pistolen. Die Scheichs waren Araber und ein Türke, der ab und zu rausfuhr, Lebensmittel zu besorgen.« Dass ihr Ziel der Märtyrertod sei, zur Verteidigung des Islam, fand er noch einleuchtend, »aber dass sie in den Unterweisungen immer vom Paradies erzählt haben, fand ich doof. Von dort ist doch noch keiner zurückgekommen. Woher wissen sie, wie es dort aussieht?«

Ihr Lager hätten sie nie verlassen, auch keine anderen Menschen gesehen. Nur in Gesprächen sei öfter der Name Gaziantep gefallen, wenn es um Besorgungen ging. Nach zwei Monaten wurde Jamil Mahmoud gesagt, seine Ausbildung sei beendet. Man habe eine geheime Mission für ihn: Er solle sich, da Kurde, deren »Selbstverteidigungskräften« im syrischen Afrin anschließen – und auf weitere Befehle warten. »Dann fuhren mich ein Türke und ein Araber, beide rasiert und in zivil, an die Grenze.« Teil eins des Plans klappte, Jamil Mahmoud ging zur Miliz. Aber nach einigen Monaten stellte er sich, wurde eingehend vernommen und hütet heute wieder Ziegen in seinem Dorf nahe Afrin.

In der Summe sprechen all die Erlebnisse und Beobachtungen dagegen, dass hier eine klammheimlich operierende Mafia unterhalb des Radars der türkischen Grenzschützer und Sicherheitskräfte operiert hat. Es gibt korrupte Beamte, überall entlang der 900 Kilometer langen Grenze, die weiterhin den Schmuggel von Öl und Diesel aus IS-Gebieten in die Türkei oder umgekehrt den Transfer in Europa gestohlener Autos nach Syrien tolerieren. Aber das erklärt nicht dieses völlige Wegschauen, wenn es um die größte und gefährlichste Terrorformation der Welt geht. Eine zumal, die gelegentlich schon Anschläge in der Türkei angekündigt hat und die mithilfe der mindestens 1000 türkischen Muhadschirun beim IS ein großes Netzwerk auch innerhalb der Türkei aufgebaut hat.

Warum also hat die Türkei bis zur zweiten Jahreshälfte 2015 so gut wie nichts unternommen gegen die IS-Kämpfer, die über ihre Grenze strömten? Der Hauptgrund für die Untätigkeit, ja gelegentliche Kooperation der türkischen Behörden dürfte in der Absicht Erdoğans und weiter Teile des Militärs liegen, zwei einander zuwiderlaufende politische Ziele zu verfolgen: Erdoğan will den Sturz Assads, aber zugleich kämpft er gegen eine der Folgen, die die Schwächung von Assads Regime für die Türkei hat. Denn im Windschatten der syrischen Revolution ist es den syrischen Kurden gelungen, de facto autonome Zonen für sich zu erschaffen. Diese Entwicklung rührt an den Urängsten des türkischen Establishments, das befürchtet, die Kurden könnten nun auch wieder die türkischen Grenzen infrage stellen. Anfangs war es Ankaras politische Absicht, radikalislamistische Kämpfer gegen Assad, aber genauso gegen die kurdische Separatistenpartei PKK in Stellung zu bringen. Schon 2012, als vor allem die Nusra-Front, aber auch FSA-Einheiten immer wieder Attacken gegen die syrischen Kurden starteten, geschah dies nach übereinstimmenden Aussagen von Zeugen auf Anregung des türkischen Sicherheitsapparates: Sie bekämen Geld und Waffen, die sie bitte schön gegen die Kurden richten sollten.

Der türkischen Führung erschien es bedrohlich, wie zielstrebig und erfolgreich der syrische Ableger der PKK in den drei Zonen unter seiner Kontrolle lokale Verwaltungen aufgebaut hatte. Der »Kanton Kobane« war eine davon. »Wir nennen es ›Kanton‹ nach dem Schweizer Vorbild, Sie verstehen«, erklärte Ibrahim Kurdu, der »Außenminister« von Kobane, im Mai 2014 das Übungsmodell für den eigenen Staat. Schon damals waren Kobane und die umliegenden Dörfer vom IS belagert, war der Schmuggelweg dort über die türkische Grenze ausgesprochen gut gesichert und lebensgefährlich. »Aber wir dürfen uns nicht davon abbringen lassen, einen Staat zu bilden«, verteidigte der »Außenminister« die winzigen Gehversuche. Kurdu hatte früher einmal tropische Dosenfrüchte aus Indonesien importiert, was ihm so etwas wie internationale Erfahrung verlieh und das Amt beschert hatte. Diesen Bonsai-Staat mitten in ihrem »Kalifat« wollten die IS-Dschihadisten mit aller Macht vernichten – und auch Ankara hätte ihn nicht ungern wieder untergehen sehen.

Doch Kobane, die kleine, zähe Kurdenstadt, wurde zum Problem für Ankaras Führung: Denn hier, dank ihrer Lage direkt unterhalb einiger Hügel auf türkischer Seite, konnten

TV-Teams aus aller Welt die Schlacht der verzweifelten Verteidiger gegen die Angriffe des »Islamischen Staates« filmen, während die türkische Armee ihre Panzer auffahren ließ – und die TV-Teams vertrieb, aber nicht in die Kämpfe eingriff. Das besorgten US-Kampfjets, die aber ihre Luftwaffenbasis in der Türkei dafür nicht nutzen durften.

Kobane dürfe nicht fallen und der IS müsse bekämpft werden – so lautete die offizielle Linie der türkischen Regierung. Am Boden sah es anders aus: Kobane wurde von jeder Unterstützung abgeriegelt, während der IS sich selbst auf türkischem Boden weiterhin frei bewegen konnte. Am 4. Oktober 2014, demselben Tag, an dem es ein vergebliches Krisentreffen zwischen der kurdischen Führung und türkischen Geheimdienstgenerälen gab, landete am Morgen ein Flugzeug der türkischen Billigfluglinie Pegasus auf dem Flughafen Hatay. An Bord von Flug-Nummer PC 4180: neun Männer aus Zentralasien, vermutlich Usbekistan, und ein Saudi-Araber, alle in schweren, dunkelgrünen Outdoor-Jacken, Sandalen und den knöchellangen Hosen der Radikalen gekleidet. Die übrigen Passagiere wunderten sich, aber niemand hielt die Gruppe auf, auch keiner der Beamten an der Passkontrolle stellte Fragen. Unbehelligt verließen die zehn den Flughafen, stiegen draußen in einen wartenden Kleintransporter und verschwanden.

Am 22. Oktober gelang es einem kurdischen Kameramann, ein Treffen von zwei IS-Kämpfern mit türkischen Militärs direkt am Grenzzaun zu filmen. In dem knapp fünfminütigen Video, das nicht geschnitten wurde, warten die IS-Männer im Graben neben einem Wachhäuschen auf die Soldaten, die vor dem Häuschen anhalten. Sieben Mann klettern aus ihrem gepanzerten Fahrzeug, wirken erst nervös. Sie reden eine Weile, die Stimmung entspannt sich, und als die beiden IS-Männer wieder gehen, verabschieden sie sich winkend.

Während die IS-Terrorarmee Kobane mit immer mehr Truppen, Panzern, Artillerie angriff, stand die türkische Armee in Sichtweite und unterband jede Hilfslieferung – Medizin, Wasser, Nahrung – an die kurdischen Verteidiger. An jenen Grenzübergängen, die auf syrischer Seite vom IS kontrolliert wurden, sah die Lage anders aus: In der schläfrigen türkischen Kleinstadt Akçakale öffnete sich jeden Morgen um neun das Grenztor. »Syrer dürfen rein und raus«, sagte der Uniformierte im Wächterhäuschen. Für die anderen war der Schmuggler zuständig, der ein paar Meter weiter völlig offen seine Dienste anbot: »Wie viele? Zwei Männer? Drei? Kein Problem«, er fragte nicht einmal nach der Nationalität. »Die Jandarma«, die Grenzpolizisten, »schauen nicht hin.«

Allzu viel Betrieb war anfangs nicht. Ein paar Frauen machten sich fertig vor dem Übertritt, nestelten etwas unbeholfen am vorgeschriebenen Gesichtsschleier, der nur die Augen freilässt. Nach einer halben Stunde kam ein Lieferwagen, lud stapelweise medizinisches Notfallmaterial aus: Mullbinden, Einweghandschuhe und -unterlagen für Operationen, zusammenklappbare Rollstühle. Ein langbärtiger alter Mann mit dem Käppi der Religiösen überwachte das Umladen. Im letzten Augenblick vorm Grenzübertritt reichte ihm ein junger Mann einen saudiarabischen Pass, den er für den Kameraden drüben mitnehmen möge, er wisse ja Bescheid. Ein kurzes Nicken, dann zog der Alte los mit dem Pass und vier Männern, die auf Handkarren ihre Lieferung gen Syrien schoben. Ins »Kalifat«. All das, was die bedrängten Kurden erfolglos von den türkischen Behörden für Kobane forderten, eine Öffnung der Grenze, das Passierenlassen medizinischer Hilfe: Hier war es kein Problem.

Je mehr über den laxen Umgang der Türkei mit den IS-Kämpfern bekannt wurde, desto größer wurde das PR-Desaster für die türkische Regierung. Und mehr noch, er wurde zu einer Gefahr für die Türkei selbst. Ein inoffizieller Mitarbeiter des türkischen Geheimdienstes MIT meinte erstaunt, er habe die Offiziellen verschiedener Ministerien »noch nie so nervös erlebt. Die haben wirklich Angst vor dem IS, weil sie wissen, dass deren Zellen überall in der Türkei sitzen und Anschläge verüben könnten.« Geradezu prophetisch würde im Sommer 2016 die Einschätzung des Istanbuler Soziologen Behlül Özkan zwei Jahre zuvor klingen: Eine einzige Bombe in einem Touristenhotel würde genügen, »ein paar Touristen sterben, und das war es mit dem Tourismus, der einer unserer wichtigsten ökonomischen Pfeiler ist«.

Denn mit der massiven Intervention der russischen Armee zugunsten Assads in Syrien im August 2015 änderte sich auch die Lage für die Türkei. Der Krieg gegen die PKK, den Erdoğan aus zynischem innenpolitischen Kalkül wieder provoziert hatte, wurde zum Bumerang. Denn Moskau fand in der PKK und ihrem syrischen Arm, der YPG, einen hochwillkommenen militärischen Partner, um seinerseits die Türkei unter Druck zu setzen. Die Türkei mochte Nato-Mitglied sein – aber auf einmal hatten die kurdischen Separatisten gleich zwei militärische Weltmächte als Verbündete, die USA und Russland.

Die Lage eskalierte über den Frühherbst 2015. Es war eine vollendete, tödliche Ironie, dass am Himmel über der türkisch-syrischen Grenze schließlich die zwei Staaten militärisch miteinander kollidierten, die beide unter dem Deckmantel eines Feldzugs gegen den IS im Grunde die Feinde des IS bekämpfen: Die Türken schießen auf Kurden, die Russen auf die syrischen Rebellen. Nach wiederholten russischen Luftraumverletzungen schoss die türkische Luftwaffe am 24. November einen russischen Jet ab, nachdem der trotz mehrfacher Warnungen nicht abgedreht hatte, sondern, für Sekunden, über türkisches Territorium geflogen war.

Ein Stellvertreterkrieg in der ganzen Region eskalierte. Russland bombardierte gezielt turkmenische Rebellen, deren Schutz Ankara stets anmahnte. Selbst in der armenischen Enklave Nagorny Karabach brachen 2016 jählings wieder Kämpfe zwischen pro-russischen und pro-türkischen Fraktionen aus.

Langsam wurde auch der Führung in Ankara klar, dass eine IS-Herrschaft über die Gebiete an der Grenze eine kurdisch-russische Offensive dort nach sich ziehen könnte. Um dem zuvorzukommen, versucht die türkische Armee seit Ende 2015 nun selbst, den IS aus der Grenzregion zu vertreiben und arabische Rebellen die Gegenden einnehmen zu lassen.

Der IS, seiner Arterie für Nachschub aller Art beraubt, reagiert prompt: Seit Januar 2016 hat er wiederholt Terroranschläge in der Türkei verübt. Gezielt attackierten die Selbstmordattentäter des IS Touristenzentren und Flughäfen, Istanbul traf es gleich mehrfach, etwa vor der Blauen Moschee, auf der weltberühmten Istiklal-Einkaufsstraße oder den Flughafen Atatürk. Damit hat der IS nicht nur die einheimische Bevölkerung, sondern auch die Tourismusindustrie am Nerv getroffen.

So wie Assads Regime gedacht hatte, den IS kontrollieren und benutzen zu können, beging die Regierung von Erdoğans Gnaden offenbar den gleichen Fehler und ließ ein Monster wachsen, das längst außer Kontrolle geraten war. »In der Türkei haben wir keine Probleme«, zitiert ein Iraker aus einem Dorf unter IS-Herrschaft in der Nähe von Tikrit die dortigen Kämpfer aus Marokko und Saudi-Arabien: »Wir haben überall in der Türkei unser Netz, niemand stoppt uns.« Wenn die Türkei von Anfang an ihre Grenzen kontrolliert hätte wie Jordanien dies tut, hätte sie die Entstehung des »Islamischen Staates« zwar auch nicht verhindern können – sehr wohl aber den Zustrom der Ausländer, ohne die der Siegeszug des IS erst durch Syrien, dann durch den Westirak kaum möglich gewesen wäre.[4]

11 Die Schlafwandler

Die Türkei ist das dramatischste Beispiel, aber auch mehrere andere Staaten der Region haben zum Aufstieg des IS beigetragen, nicht, weil sie die Terrororganisation direkt unterstützen, sondern durch ihre Ignoranz und ihre Fehler. Die »Schlafwandler«, die der Historiker Christopher Clark in den Hauptstädten Europas am Vorabend des Ersten Weltkriegs ausmachte, scheinen ihre Wiedergänger im Nahen Osten zu haben. Vor 100 Jahren wollte kaum jemand partout den Weltkrieg – aber jeder war zu sehr gefangen in innenpolitischen Ränken und Bündnisverträgen, die eine ungewollte Dynamik entfalteten. Heute sind es die tieffliegenden Konflikte zwischen Türken und Kurden, zwischen Sunniten und Schiiten, ebenso zwischen Arm und Reich, zwischen Mächtigen und Ohnmächtigen, die der IS auf intelligente Weise ausspielt und für sich zu nutzen weiß.

Auch im Irak täuscht der oberflächliche Eindruck vom Kampf der Regierung gegen den IS, der seit Mitte 2014 ungefähr ein Drittel der Landesfläche kontrolliert, über die tatsächliche Lage. Ein wirklicher Sieg gegen den IS sei nur möglich, wenn die Sunniten des Irak, deren Gebiete die Dschihadisten oft ohne Widerstand eingenommen haben, als gleichberechtigte Bürger existieren könnten, anstatt willkürlich vertrieben, entführt, umgebracht zu werden. So weit sind sich die Regierungen in Washington und Europa einig, und so klingen auch die Statements des als Hoffnungsträger angetretenen neuen Premiers Haider al-Abadi.

Doch das Gegenteil dieser offiziellen Verlautbarungen findet statt. Die irakischen Kräfte, die heute den IS bekämpfen, sind dieselben, die seinen Aufstieg erst möglich gemacht haben: jene riesigen schiitischen Milizen, die während des Bürgerkriegs für Mordkampagnen und die konfessionellen Säuberungen ganzer Stadtviertel Bagdads verantwortlich waren. Seit im Sommer 2014 insgesamt vier Divisionen der irakischen Armee zerfielen, haben sich die Milizen nicht nur als Retter des Vaterlandes präsentiert, sondern de facto das Oberkommando über die staatlichen Truppen übernommen, allen voran der Kommandeur der Badr-Brigaden, Hadi Ameri. Er gibt Generälen die Befehle und sagt, Ministerpräsident Abadi habe ihm »die Verantwortung für Diyala übertragen«, die erste Provinz, in der im Januar 2015 Gebiete vom IS zurückerobert wurden. Auf eine Art und Weise allerdings, die den Methoden des IS in wenig nachsteht: Laut Human Rights Watch wurden mindestens 3000 sunnitische Zivilisten vertrieben und an der Rückkehr gehindert, wurden Häuser niedergebrannt und allein im Dorf Barwana 50 bis 70 Menschen nach dem Abzug des IS systematisch ermordet. Mindestens zwei Gefangene wurden von Männern der schiitischen Asa'ib Ahl al-Haq-Miliz enthauptet, die Bilder stolz online gestellt. »IS-Sympathisant« zu sein dient als Vorwand, sunnitische Familien, Stämme, Dörfer in gemischtkonfessionellen Gebieten des Irak von ihrem Land zu vertreiben.

Premier Abadi steckt im Dilemma: Er ist abhängig von den schiitischen Milizen in der Abwehr des IS. Je bedrohlicher der »Islamische Staat«, desto grausamer können sich die schiitischen Milizen aufführen und umgekehrt. Beide Gruppierungen profitieren voneinander und zerstören dabei, was vom Irak noch übrig ist. Die Barbarei, die der IS so plakativ einsetzt, erscheint isoliert gesehen wie der bizarre Wahn einer Terrororganisation. Doch im Kontext des mörderischen irakischen Konfessionskampfes bekommt diese Barbarei eine tragische Rationalität. Der IS nährt sich vom Hass seiner Feinde im Irak. Zu Opfern des schiitischen Hasses werden die Sunniten, denen wenig anderes übrigbleiben wird, als Schutz zu suchen – beim IS, dessen Geiseln sie so werden.

An diesen Kernproblemen des Irak hat sich auch 2016 nichts verändert. Ex-Premier Nuri al-Maliki mag gegangen sein, aber

11 Die Schlafwandler

seine sektiererische Politik war nicht das Werk eines Einzelnen, sondern wurde mitgetragen von anderen Fraktionen und insbesondere der Führung Irans, die omnipräsent ist im Bagdader Machtapparat. Dabei geht es nicht darum, was die gewählte Regierung in Teheran will oder nicht will, denn das Machtzentrum für Irans ebenso rabiate wie verdeckte bewaffnete Außenpolitik sind die Quds-Brigaden der Revolutionswächter unter ihrem mittlerweile weltbekannt gewordenen Kommandeur Qassim Soleimani. Sie sind der militärische Arm der Revolutionswächter, die längst wie ein Staat im Staate agieren, eigene Firmenkonglomerate und Häfen unterhalten und nur Revolutionsführer Ali Chamenei gegenüber verantwortlich sind. Ihr Auftrag ist ebenso politisch wie missionarisch: die Macht Irans und das Schiitentum auszuweiten, die seit der iranischen Revolution 1979 untrennbar mit der Macht verwobene, herrschende Glaubensrichtung.

Ohne die massive Militär- und Milliardenhilfe aus Teheran wäre die alawitisch-schiitische Herrschaft der Assads in Syrien vermutlich längst untergegangen. Auch im Libanon, sogar im Jemen ist Iran militärisch involviert, und an den irakischen Fronten hat sich Quds-Kommandeur Soleimani seit Sommer 2014 persönlich vor den Kameras gezeigt. In Damaskus wie in Bagdad geht nichts mehr ohne den übermächtigen Alliierten. Doch die Aktivitäten der Quds-Brigaden und anderer Teile des undurchsichtigen Sicherheitsapparates gehen weit über eine Propagierung des eigenen Glaubens hinaus und scheinen eher eine Radikalisierung zwischen den beiden großen muslimischen Konfessionen zu forcieren. Denn ebenso, wie Iran ab 2002 führende al-Qaida-Kader aufnahm, wird die diskrete Unterstützung sunnitischer Extremisten bis heute fortgesetzt: Von Iran aus operieren Finanziers von al-Qaida und wurden Hunderte von Kämpfern mit iranischen Papieren oder Visa ausgestattet, um über die Türkei weiter nach Syrien zu reisen, wo sie erst bei der Nusra-Front landeten[5] – aber ausweislich von Dokumenten, die man Anfang 2014 bei toten oder geflohenen Kämpfern fand, auch beim IS.

Irans Vorgehen mag unplausibel erscheinen, aber ist über die Jahre gut belegt: durch Ermittlungen amerikanischer Behörden, durch Briefe Osama Bin Ladens, die in seinem Versteck im pakistanischen Abbottabad gefunden wurden, ja es fand sogar Erwähnung in einer Beschwerde des IS-Sprechers Abu Mohammed al-Adnani, dass man auf Bitten von al-Qaida von Anschlägen in Iran abgesehen habe, »um al-Qaidas Interessen und Nachschubrouten in Iran nicht zu gefährden«.[6]

Im Zentrum dieses Fadenkreuzes iranischer Interessen steht der Irak, wo letzten Endes Quds-Kommandeur Soleimani das militärische Vorgehen bestimmt und allen Versuchen einer konfessionellen Aussöhnung enge Grenzen gesetzt sind. Der neue irakische Premierminister Abadi gilt als integer, sein Kabinett ist es jedoch nicht. Gleich zwei Posten, das Ressort für Menschenrechte und das Innenministerium, gingen an die Badr-Brigaden, mithin an Untergebene von Kommandeur Hadi Ameri. Dessen Miliz mit Zehntausenden Kämpfern, die schon 1982 aus exilierten Irakern in Iran entstand und bis heute engste Verbindungen nach Teheran hält, operierte in den Jahren des Bürgerkriegs als Todesschwadron, die eigene Foltergefängnisse unterhielt. Ameri selbst soll laut geheimen Berichten der amerikanischen Botschaft in Bagdad aus dem Jahr 2009 die Verschleppung von etwa 2000 Sunniten befohlen haben. Sein bevorzugtes Werkzeug, um selbst zu morden, sei der Schlagbohrer, mit dem er die Köpfe seiner Opfer traktiere.[7]

Ein Staat, der als überkonfessionelle Instanz für Ausgleich sorgen könnte, existiert einfach nicht im Irak. Er ist verschwunden im »giftigen Gebräu sektiererischer Politik und einer Ölgetriebenen Herrschaft der Plünderer«, wie es Ali Khedery beschreibt, der langjährige Berater von fünf US-Botschaftern in Bagdad.[8] Die meisten der sunnitischen Stammesführer, die sich ab 2007 von den US-Militärs für die »Erweckungs-Milizen« gewinnen ließen und al-Qaida damals vertrieben, wollen sich nicht noch einmal benutzen lassen: »Die Regierung hat nicht eines ihrer Versprechen erfüllt«, so Scheich Mohammed Saleh al-Bahari aus Anbar, keine dieser Einheiten sei in die Streitkräfte aufgenommen worden, stattdessen wurden sie als Terroristen gebrandmarkt: »Warum sollten wir der Regierung trauen?«[9] Zumal auch die USA damals ihre Versprechen nicht einhielten, sondern ihre Truppen abzogen. Der IS sei eine Terrorvereinigung, so der ebenfalls aus Anbar stammende Scheich Abu Samir al-Jumaili: »Aber die schiitischen Milizen sind es genauso.«[10]

Washingtons Interesse scheint auf die Niederschlagung des IS begrenzt zu sein. Die Sunniten im Irak, aber auch alle anderen, denen an einem Fortbestand des Staates überhaupt gelegen ist, fragen sich, was denn nach einem Sieg über den IS geschehen würde? »Die Sunniten haben Todesangst«, sagte Kenneth Pollack vom amerikanischen Thinktank Brookings nach seiner Rückkehr aus Bagdad: »Sie sehen die Rückeroberung mit schiitischen Streitkräften als eine schiitische Invasion ihrer Heimat. Das wird den Bürgerkrieg nicht beenden, sondern anheizen.«[11]

Eine ebenfalls gravierende Rolle beim Aufstieg des IS spielt das absolutistische Königreich Saudi-Arabien. Es ist kein Anrainer des »Kalifats« und auch nicht dessen Großfinanzier, auch wenn das immer wieder behauptet wird. Im Gegenteil. Die Regierung fürchtet und verdammt den »Islamischen Staat«, beteiligt sich an der Koalition zu dessen Bekämpfung und drängt jene Privatiers, die dem IS Geld spenden, nach Kuwait ab, wo die Gesetze laxer sind. Zumeist über Kuwait und anschließend die Türkei sind auch die 2500 oder mehr saudi-arabischen Kämpfer zum IS gereist, die damit nach den Tunesiern die zweitgrößte Ausländergruppe des IS ausmachen.

Saudi-Arabiens Herrscherhaus fürchtet den »Islamischen Staat«, weil er dem eigenen Reich in vielem so frappierend ähnlich ist. Auch in Saudi-Arabien sind Kirchen und christliche Gottesdienste verboten, sterben regelmäßig Patientinnen, weil kein männlicher Arzt sie anrühren darf. Dort dürfen Frauen nicht Auto fahren – was unter Abu Bakr al-Baghdadi bislang noch erlaubt ist. Einer der häufigsten Gründe für Todesurteile in Saudi-Arabien nach Mord und Drogenschmuggel: Hexerei und schwarze Magie. Geköpft wird in Saudi-Arabien ebenfalls, noch Mitte Februar 2015 wurde ein Bürger zum Tode verurteilt, weil er einen Koran zerrissen haben soll und damit vom Glauben abgefallen sei. Steinigung für Ehebruch, Amputation der Hand bei Diebstahl, Todesstrafe für Homosexualität: Im Prinzip gelten beim IS und in Saudi-Arabien die gleichen Strafmaße. Nur wird in Saudi-Arabien seit Jahren nicht mehr gesteinigt oder von Türmen oder Hochhäusern gestürzt. Das Königshaus gibt sich nach außen moderner, lässt den Millionen ausländischen Arbeitern im Land ihre privaten Nischen und vor allem: überfällt keine Nachbarstaaten. Nach dem Massaker an der Redaktion von *Charlie Hebdo* in Paris verurteilte die Regierung in Riad die »feige terroristische Attacke, die dem wahren Islam zuwider ist«[12], während der verhaftete saudi-arabische Blogger Raif Badawi gerade die ersten 50 von 1000 Stockhieben bekam, zu denen er für die Gründung eines Debattenmagazins verurteilt worden war. Dies allein sei ein Angriff auf den Islam, befanden die saudi-arabischen Richter.

Man könnte sagen, dass Saudi-Arabien ein Software-Problem hat. Denn die Ideologie, die Strafmaße und Gerichtsprozeduren, die Macht der Geistlichkeit sind in weiten Teilen identisch mit denen des IS. Zwei Mächte, ein Betriebssystem. Umso gefährlicher ist für das Königreich diese Konkurrenz durch die Terrorgruppe, die in saudi-arabischen Medien selten als barbarisch oder monströs bezeichnet wird, sondern milde als »abweichlerisch«. Dass der IS überhaupt so mächtig werden konnte, sei, so der Tenor vieler Geistlicher, eine Verschwörung der Zionisten und anderer üblicher Verdächtiger.

Dass Saudi-Arabiens Staat und Gesellschaft um so vieles extremistischer sind als alle seine Nachbarn, liegt nicht an einem genetischen Zufall oder der Herrschaft über Mekka und Medina, den beiden heiligsten Städten des Islam: sondern an einem faustischen Pakt des Machterwerbs, der zweieinhalb Jahrhunderte zurückliegt. 1744 schlossen Prinz Mohammed bin Saud, Vorfahr der zwischenzeitlich abgesetzten, seit Anfang des 20. Jahrhunderts abermals herrschenden Familie, und Scheich Mohammed bin Abdel Wahhab ein Übereinkommen: Künftig sollte das Reich der Sauds, damals noch eine lokale Herrschaft am Rande des Osmanischen Reiches, nach den streng puristischen Prinzipien von Scheich Wahhab regiert werden, der eine radikale Rückkehr zum Islam der Frühzeit, so wie er ihn interpretierte, forderte. Im Gegenzug würde er, Abdel Wahhab, der Herrschaft der Sauds die religiöse Legitimation geben.

Damals war die Wüste rund um Riad bitterarm. Wohlhabender und liberaler waren die Emirate an den Küsten. Radikalität war als Markenzeichen noch zu haben. Dass knapp 200 Jahre später Erdöl die einstige Wüstenei zum unfassbar reichen Staat machen würde, war nicht abzusehen. Aber als Abdel Aziz Ibn Saud ab 1902 daranging, erst seine Heimatstadt Riad und in den kommenden Jahrzehnten einen Großteil der Halbinsel zu erobern, wurde das alte Stillhalteabkommen zwischen Islamgelehrten und Herrscherhaus immer wichtiger. Die im Geld versinkende Königsfamilie lebte zunehmend weniger puritanisch, teilte weder ihre Macht, noch mochte sie über die jährlichen Milliardeneinnahmen Rechenschaft ablegen. Stattdessen wurde die Geistlichkeit mit Konzessionen bei Laune gehalten, um von ihr weiterhin legitimiert zu werden: Die Herrscherfamilie finanzierte gigantische Missionsprojekte in aller Welt, überließ der Geistlichkeit die Macht über das Erziehungswesen und ließ das Land in Radikalität verharren.

Terror aus dem Inneren konnte der Staat auf diese Weise trotzdem nicht verhindern: 1975 wurde König Faisal von einem Verwandten erschossen, dessen Bruder Jahre zuvor umgekommen war – bei einer Demonstration gegen die Einführung des Fernsehens. 1979 besetzten etwa 500 *Ikhwan*, »Brüder«, eine nach Jahrzehnten wiederentstandene Bewegung radikaler Anhänger der Lehren Abdel Wahhabs, die große Moschee von Mekka. Erst nach zweiwöchigen Gefechten konnten sie überwältigt werden. Ihr Anführer war ein früherer Schüler des saudi-arabischen Großmuftis Scheich Abdelaziz Bin Baz, der noch 1999, ohne die Herrscher beim Namen zu nennen, jeder Regierung die Legitimität absprach, die »anders regiere als so, wie Gott es offenbart hat«.[13]

Bin Baz hat bis heute viele Anhänger im Land. Jeden Monat brechen junge saudi-arabische Männer zum IS auf, nach Zahlen westlicher Diplomaten sympathisieren 60 Prozent der saudi-arabischen Twitter- und Facebook-Beiträge über den IS mit den Dschihadisten. Doch das Stillhalteabkommen der Königsfamilie mit den geistlichen Hardlinern gilt weiterhin. Noch in seinen letzten Amtsmonaten erließ der Anfang 2015 gestorbene König Abdullah bin Saud ein absurd erscheinendes Gesetz: Demnach können Terroristen und all jene, die zum Kämpfen nach Syrien gereist sind, im Königreich künftig zu 20 Jahren Gefängnis verurteilt werden. Dasselbe Strafmaß gilt für: Atheisten. Wer immer »atheistisches Gedankengut in jed-

11 Die Schlafwandler

weder Form verbreitet oder die Fundamente des islamischen Glaubens infrage stellt, die das Fundament des Landes sind«, steht auf einer Stufe mit den Kopfabschneidern des IS.

Am 3. November 2014 griff ein Dutzend Schwerbewaffneter eine Versammlung von Schiiten an, just am ersten Tag von *Aschura*, dem höchsten schiitischen Feiertag. Bei der Attacke im Dorf al-Dalwa im Osten Saudi-Arabiens, wo die meisten der etwa 15 Prozent Schiiten des Landes leben, starben fünf Menschen. Der Anführer der maskierten Angreifer war ein Rückkehrer aus Syrien. Der damalige Informations- und Kulturminister Abdul Aziz Khoja nahm den Anschlag zum Anlass, Wesal TV zu verbieten, den notorischsten Hass-Sender des Landes gegen Schiiten: »Terroristen sind die Feinde jeder Religion, Glaubensgruppe und der Menschlichkeit!«, erklärte Khoja. Wesal TV hatte zuvor beständig wider die schiitischen »Verräter« gehetzt und zum Bombardement ihrer Dörfer aufgerufen. Doch die Entscheidung des Ministers war offenbar zu viel der Liberalität: Keine 24 Stunden später war er entlassen und Wesal TV wieder auf Sendung.

Der IS braucht Saudi-Arabien gar nicht von außen anzugreifen: Er ist in vielen, auch mächtigen Köpfen des Landes längst verankert. Ihn nicht nur in Raqqa und Mosul zu bombardieren, sondern ihm auch daheim den ideologischen Boden zu entziehen, wagt das saudi-arabische Establishment nicht. Sich mit den Ultras der Geistlichkeit anzulegen, könnte ja die bislang bequeme Legitimation im eigenen Land gefährden, offiziell von Gottes Gnaden zu herrschen. So schlafwandelt das Reich der Sauds weiter, während der IS droht, dort weiterzumachen, wo Ibn Saud 1929 aufgehört hatte: Seit Jahren schon waren damals seine hochmobilen, tausendköpfigen Kampftrupps des Glaubens durch die Steppen gejagt, hatten wie der »Islamische Staat« 85 Jahre später Landstriche, Dörfer und Städte überrannt und jeden Widerstand niedergeschlagen. Sie kämpften für Ibn Saud, aber wollten keinen normalen Staat, sondern die radikale Rückkehr ins siebte Jahrhundert, zumindest so, wie sie es verstanden. Sie hatten Männer ermordet, Frauen verschleppt und die Huldigungen jener entgegengenommen, die sich rechtzeitig besannen und unterwarfen. Als Ikhwan, als »Brüder«, oder auch »Stürme des Paradieses« bezeichneten sie sich selbst. Doch nach mehreren Jahren höchst erfolgreicher Raserei stießen sie an die Grenzen anderer Einflussbereiche, die vor allem Großbritannien für sich beanspruchte. Die Ikhwan wollten weitermachen, wollten Kerbala stürmen, die heilige Stadt der Schiiten im Irak. Warum aufhören, wenn sie doch in Gottes Auftrag unterwegs waren? Sie wollten das Reich des Propheten in aller Herrlichkeit wiederauferstehen lassen. Und hatte der Herr sie nicht von Sieg zu Sieg geführt?

Auf einer steinigen, schütter bewachsenen Ebene fanden die kamelberittenen Krieger im März 1929 ihr Ende: zusammengeschossen von Maschinengewehren britischer Doppeldecker und der Kavallerie Ibn Sauds, dessen fanatischste Bannerträger die Niedergemähten zuvor jahrelang gewesen waren. Vernichtet von einer Koalition der Sauds mit den Briten. Die Schlacht von Sabilla, an deren Ort nahe der Stadt Zulfi im Norden Saudi-Arabiens keine Gedenktafel erinnert, war der Wendepunkt des jahrelangen Kampfzugs der Ikhwan, die die moderne Ordnung hassten und das uralte islamische Reich neu entstehen lassen wollten. Sie hatten den größten Teil der arabischen Halbinsel erobert, Mekka eingenommen, für Gott, wie sie dachten. Das kommende Reich aber würde nicht seines werden, sondern den Namen der neuen Herrscherfamilie tragen. Sie hatten ihre Schuldigkeit getan.

Doch nun sind die »Stürme des Paradieses« wieder unterwegs.

AUSBLICK
Das Warten auf die Fehler der anderen

Das »Kalifat« ist verwundbar geworden, denn der Terror hat eine Adresse. Aber wird sich der IS so leicht besiegen lassen? Bislang hat er alle ausmanövriert, die ihn benutzen wollten: die syrischen Rebellen, Assads Junta, die Fraktionen im Irak. Washington will ihn bekämpfen, aber läuft Gefahr, ebenfalls benutzt zu werden. Am ehesten könnte der IS noch an sich selbst scheitern.

Der Tod ist immer nur drei Wasserflaschen entfernt. Es sind die kleinen, 0,5-Liter-Flaschen, von denen manche halbleer, andere unangebrochen vor Türen, Hoftoren und Mauerdurchbrüchen aufgereiht stehen. Stille Warnungen vor Minen, aufgestellt von schiitischen Milizionären. »Keinen Schritt weiter«, sagen die ansonsten ruhigen Männer, die einen keine Sekunde aus den Augen lassen: »Dahinter lauert die Hölle!«

Dabei stehen die Flaschen inmitten verwüsteter Straßenzüge vor den wenigen intakt gebliebenen Häusern. Die aber sind gefährlicher als alles andere in der Kleinstadt Baschir, die bereits Anfang Mai vom »Islamischen Staat« befreit wurde. »Da ist alles vermint, jedes Haus, der Garten, Türklinken, Schalter«, sagt der Sprecher der Milizionäre, die auch Wochen nach der Eroberung nur auf gesicherten Pfaden durch die Ruinenlandschaft gehen: »Beim finalen Sturmangriff haben wir nicht einen Mann verloren. Aber vier danach, als sie die Häuser kontrollieren wollten, ob noch Kämpfer von Da'ish sich irgendwo versteckt hielten.«

Müde schaut der Kommandeur, ein Mann aus Baschir, auf

das, was von seiner Stadt geblieben ist. »Wir haben sie zurück. Aber als was? Einen tödlichen Schutthaufen, in dem keiner leben kann.«

Baschir, eine irakische Kleinstadt mit einst über 5000 Einwohnern südlich von Kirkuk, verkörpert in ihrer Verwüstung den ambivalanten Siegeszug gegen den IS. Denn überall, ob in Falluja, der wenige Wochen später im Juni 2016 eingenommenen IS-Hochburg westlich von Bagdad, oder in Tikrit, Beiji, Rammadi, Sinjar und Tell Abiyad, die dem IS zuvor wieder abgenommen wurden: überall das gleiche Bild. Grenzenlose Zerstörung. Die Ursachen unterscheiden sich im Detail. In Baschir, wo einst schiitische Turkmenen lebten, zerstörte der IS selbst schon vor seinem Abzug viele Gebäude, verminte den Rest. In sunnitischen Städten wie Falluja oder Tikrit sprengten vielfach die schiitschen Milizen auch noch lange nach ihrem Sieg die stehenden Reste zu Trümmern. Und an vielen Stellen haben die Bombardements der US-Luftwaffe tiefe Schneisen der Zerstörung hinterlassen.

Doch im Großen gleicht sich das Ergebnis der Befreiung. Was der IS hinterlässt, sind Trümmerwüsten. Selbst in den Dörfern rund um Sinjar im Nordirak, einst eine der Kornkammern des Landes, betrieben die Dschihadisten eine Politik der verbrannten Erde: 180 000 Hektar Ackerland vor allem jesidischer Bauern nahe der Stadt Sinjar wurden vom IS in seiner fünfmonatigen Besatzungszeit vom August 2014 bis Anfang 2015 unnutzbar gemacht; sämtliche Pumpen der insgesamt 485 artesischen Brunnen wurden demontiert, abgebaut, viele der Brunnen mit Diesel vergiftet; alle 145 Gewächshäuser zerschmettert; das gesamte Land derart vermint, dass eine Bestellung für Jahre undenkbar ist.[1]

Doch was aussieht, wie die tatkräftige Umsetzung der Apokalypse, ist eher ein maßlos zynischer Schachzug für die Zukunft. Der IS nutzt, ja braucht den Hass seiner Feinde, um seiner eigenen, sunnitisch-arabischen Klientel jede andere Perspektive zu nehmen. Indem er erst, und das gilt vor allem für den Irak, über sie hinwegrollte und beherrschte, hat er in den Augen der Gegner alle Sunniten in »Da'ishis«, in potenzielle Terroristen verwandelt, die von den schiitischen Milizen nun auch als solche behandelt, vertrieben, ermordet werden. Das Kalkül ist nicht der eigene Untergang, sondern der absolute Glaubenskrieg. Der Entscheidung der Regierung in Bagdad, erst Falluja und nicht etwa Mosul anzugreifen (wie Washington es empfahl), ging eine mörderische Kampfansage von IS-Selbstmordanschlägen in Bagdad voraus. Der Feldzug gegen Falluja wurde bewusst provoziert, obwohl der IS die Stadt nicht halten konnte – aber die Gräuel dort an den Sunniten die Position des IS in Mosul festigen würden. Sunniten sind die Opfer weltweiter Aggression, Opfer der USA, der Schiiten, aller – das ist das Narrativ, auf das der IS eingeschwenkt ist.

Mit mörderischer Schützenhilfe seiner Feinde: Den IS im Irak bekämpfen heute dieselben Kräfte, die zu seinem Aufstieg erst beigetragen haben. Jene schiitischen Milizen, gefördert von Irans Revolutionswächtern, die auf Geheiß des Ex-Premiers und heutigen Vizepräsidenten des Irak Nuri al-Maliki die Sunniten jahrelang unterdrückt haben.

Schon die ersten Vorstöße dieser Milizen – der Badr-Brigade, der Asa'ib Ahl al-Haq-Miliz und anderer irregulärer Kräfte – glichen weniger einer Befreiung als einem brandschatzenden Eroberungszug mit Vertreibungen, Morden und der Verschleppung Hunderter. Der Kampf gegen den IS ist ihnen Vorwand zur fortgesetzten konfessionellen Säuberung bislang gemischtgläubiger Gebiete des Irak. Bis zum Sommer 2016 sind die Milizen rund um Bagdad und in die nördliche Nachbarprovinz Diyala eingerückt. Nirgends im sunnitischen Kernland wurden sie als Befreier begrüßt – egal, wie groß die Abneigung gegen den IS dort mittlerweile ist. Schon Anfang 2015 warnte Human Rights Watch in einem Report vor systematischen konfessionellen Säuberungen der schiitischen Milizen.[2] Und seither ist es schlimmer geworden: Allein südlich der Stadt Baschir sind Dutzende sunnitischer Dörfer dem Erdboden gleichgemacht worden, ihre Bewohner geflohen oder verschleppt, die Männer systematisch ermordet worden.

Selbst die Raffinerie von Beiji, einst die größte des Irak, hatte zwar die Kämpfe bis Herbst 2015 weitgehend unbeschadet überstanden – aber wurde anschließend von den Milizen über Wochen demontiert. Kleinteile und Generatoren landeten auf dem Schwarzmarkt, anderes wurde nach Iran verbracht. Eine Delegation des Ölministeriums in Bagdad, die zur Bestandsaufnahme gekommen war, wurde mit vorgehaltenen Waffen zur Umkehr gezwungen. Im neuen, schiitischen Irak soll keine Schlüsselindustrie mehr im sunnitischen Kernland existieren.

Auch in Syrien, wenn auch unauffälliger, verrät die Art des IS-Rückzugs weitreichendes Kalkül: Dort hat der IS bis Sommer 2016 vor allem Areale geräumt, die anschließend von den kurdisch geführten »Syrian Democratic Forces« übernommen wurden, welche mit aller Macht versuchen, die arabischen Siedlungsgebiete zwischen den drei isolierten kurdischen »Kantonen« zu erobern, um ein zusammenhängendes Gebiet kontrollieren zu können. Einige der Rückzüge gingen nicht nur weitgehend kampflos vonstatten, sondern waren sorgsam vorbereitet – wie jener aus der Grenzstadt Tell Abiyad, aus der IS-Einheiten zuvor das Equipment der Krankenhäuser und Getreidevorräte abtransportierten.

»Der IS könnte darauf abzielen, türkische Ängste zu provozieren, indem es den Kurden erlaubt, in Hassaka und nahe der türkischen Grenze in Raqqa zu expandieren«, vermutet der syrische Journalist Hassan Hassan, Co-Autor das Buches *ISIS: Inside the Army of Terror*.[3] Ganz abgesehen davon, dass ein kurdischer Einmarsch in arabische Gebiete automatisch Konflikte in der Zukunft schürt, da die dortigen Bewohner nicht vom IS, aber auch nicht von kurdischen Besatzern beherrscht werden wollen.

Angesichts des Zerstörungsfurors neigen viele westliche Terrorexperten dazu, der dröhnenden IS-Propaganda von der bevorstehenden Apokalypse zu glauben. Doch zum einen: Warum sollte man irgendetwas glauben, was der IS verkündet? Es mag verlockend sein, die Terrorgruppe aus der Ferne anhand ihrer Statements analysieren zu wollen. Aber es ist ein Fehlschluss, dass der IS »seine Ideologie auf prophetischen Texten fuße«, wie Jean-Pierre Filiu, Professor an der Pariser Sciences-Po-Universität, schreibt.[4] Diesen Texten zufolge werde der »Islamische Staat« dereinst siegreich aus einer apokalyptischen Schlacht mit einmarschierten westlichen Armeen hervorgehen.

Doch wollte der IS seine erklärten Feinde tatsächlich zum Einmarsch im großen Stil bewegen, müsste er lediglich einen Anschlag wahlweise in den USA oder in Iran begehen. Beides hat er wohlweislich vermieden, denn allem apokalyptischen Geraune zum Trotz wäre solch ein Einmarsch das vorläufige Ende seiner territorialen Macht. Dass die Terrorgruppe Peter Kassig, den entführten amerikanischen Helfer, nach Dabiq schleppte, um ihn dort zu ermorden, auf dem Gemeindegrund der angeblichen apokalyptischen Entscheidungsschlacht zwischen den Heeren der Muslime und der »Römer«, mithin aller Ungläubigen, war Teil ihrer Inszenierung. Auch die stets gleiche, sich radikal von ihrer Angriffstaktik unterscheidende Form des kontrollierten Rückzugs soll zwar größtmögliche Zerstörung anrichten, aber die eigenen Kräfte schonen: Gebäude, Straßen, Brücken werden flächendeckend vermint, Scharfschützen postiert, Tunnel gegraben. So verliert jeder anrückende Gegner fortwährend Kämpfer, die dabei die IS-Scharfschützen oft nicht einmal zu Gesicht zu bekommen.

Der IS pflegt gegenüber seinen erklärten Feinden ein kompliziertes und kalkuliertes Verhältnis: Er braucht diese Feinde als Rekrutierungsinstrument. Er braucht ihre Grausamkeit gegenüber der eigenen Klientel – aber er meidet die Konfrontation mit ihrer vollen militärischen Macht. Ginge es tatsächlich um den Kampf gegen die Schiiten, müssten die Attacken des IS auch und vor allem Iran treffen. Doch dort hat die Terrormiliz noch nie zugeschlagen. Es gäbe schlicht nichts zu gewinnen.

Es gibt überhaupt keine nach außen kommunizierte »Ideologie« im Innersten des IS, wie Filiu, Autor des Buches *Apocalypse in Islam*, feststellt, nichts, woran geglaubt wird. Aus den Plänen und Handlungsschritten jedenfalls ergibt sich ein krasser Widerspruch zwischen den ehernen Propagandamythen der Terrorgruppe und dem skrupellosen, hochflexiblen Kalkül ihres Vorgehens. Die wichtigste Konstanten, Machtausdehnung und Kontrolle, werden stets nur in Referenz zu geheiligten Textstellen aus Koran und Überlieferungen vorgebracht. Dass die Apokalypse als Handlungsmaxime überhaupt nicht zum restlichen Modus Operandi des IS passt, ist als einer der wenigen Experten der US-Autorin Jessica Stern aufgefallen. Mit Blick auf die Dschihadisten schreibt sie: »Sie verfolgen offenbar zwei Ziele: Das eine ist, uns in einen Bodenkrieg zu verwickeln. Das andere ist, einen eigenen Staat zu unterhalten. Beide Ziele widersprechen einander.«[5]

Die Apologeten des Abgesangs, die in Medienberichten, Politikerstatements und Expertenprognosen angesichts der Schrumpfung des IS dessen vollständigen Untergang prophezeien, sind voreilig. Denn sie versuchen, das künftige Handeln dieses ehrgeizigen dschihadistischen Projekts zu prognostizieren aufgrund eines Bildes vom IS, das dieser selbst nach Kräften befördert hat – das aber nicht stimmt.

In seinen frömmelnden, mit Koranversen gespickten Verlautbarungen, seinen exzessiven Gewaltvideos und seinem Endzeitgeraune präsentiert sich der IS, als sei er auf Schienen unterwegs: unbeirrbar den eigenen Prophezeiungen glaubend, dass seine Kampfgeschwader Gottes Plan exekutieren und im Kampf gegen alle Welt auf dessen Eingreifen zählen. Das ist die Botschaft des IS für seine Untertanen wie für die potenziellen Anhänger in aller Welt, die sich auf den Weg ins »Kalifat« machen sollen. Doch so gläubig sind die Strategen des »Staates« nicht. Wären sie es, hätten sie es niemals geschafft, bis zum Sommer 2014 innerhalb eines Jahres etwa je ein Drittel Syriens und des Irak zu erobern und zu beherrschen. Sie bloß für Fanatiker zu halten unterschätzt ihr strategisches Kalkül und ignoriert ihr bisheriges Handeln.

Zerlegt man die Etappen des IS-Aufstiegs, so zeigt sich hinter dem von der Propaganda geprägten Image aus Glauben und Grausamkeit ein anderes Bild: Hochflexibel hat der IS seine Gestalt und seine taktischen Allianzen den Umständen angepasst – und dies kunstvoll verschleiert, ja verfälscht. Aus einem Mafia-Konglomerat im Untergrund von Mosul 2010 wurde eine weitgesponnene Geheimdienstoperation zur Unterwanderung Nordsyriens ab 2012, wurde eine schlagkräftige Armee ab 2014: die mit einer Mischung aus furchterregenden Angriffsformationen und logistisch perfekt organisierten Versorgungsketten blitzartig und mit immenser Wucht zuschlagen konnte. Deren nachrückende Kräfte wiederum verloren keine Zeit im Siegestaumel, sondern brachten rasch alle strategischen Versorgungseinrichtungen der eroberten Gebiete unter ihre Kontrolle: Ölfelder, Umspannwerke, Wasserkraftwerke, selbst Getreide-, Kartoffelspeicher und Großbäckereien. Der amerikanische Ex-

General Stanley McChrystal, der den ersten Aufstieg des IS im Irak als Befehlshaber des »Joint Special Operations Command« erlebte, warnt denn auch nachhaltig vor einer Unterschätzung: »Wenn wir im Westen den IS geradezu stereotypisch als Bande psychopathischer Killer sehen, riskieren wir, sie dramatisch zu unterschätzen.«[6]

Ab Ende 2012 kämpften in Syrien die anfangs überschaubaren Truppen des IS gelegentlich an der Seite der Rebellen gegen Assads Armee, aber widmeten sich auch schon damals in erster Linie dem zielstrebigen, leisen Ausbau der eigenen Macht. Als Anfang 2014 der Krieg mit den Rebellen auf ganzer Linie ausbrach, schossen die Dschihadisten vom »Staat« dann Seite an Seite mit Assads Truppen, dessen Luftwaffe reihenweise für den IS in Kämpfe eingriff und stets nur die Rebellen bombardierte. Als sich der »Islamische Staat« nach der Eroberung Mosuls zum »Kalifat« erkor und gigantische Waffenbestände eroberte, war es damit wieder vorbei: Jählings überrollte der IS Assads letzte Stützpunkte im Osten, teils dieselben, die er ein halbes Jahr zuvor noch vor den syrischen Rebellen beschützt hatte.

Wann immer es opportun war, wechselte der IS die Seiten. Wer ihm gestern noch nützlich gewesen war, konnte anderntags in sein Fadenkreuz geraten. Dabei folgten die Truppen des »Islamischen Staates« einem akribisch ausgearbeiteten Plan, der penibel und geduldig umgesetzt wurde. Die Führung des IS nutzt die Mechanismen des Glaubens, das Primat der Unterwerfung im Islam, die Unfehlbarkeit, die sie sich als Kämpfer Gottes anmaßt. Zugleich aber vertrauen die Dschihadisten offenbar auf nichts, was sie nicht selbst geschaffen haben. Ihr Gott heißt Macht und trägt calvinistische Züge.

Das Janusköpfige des »Islamischen Staates«, die Widersprüche zwischen seiner starren Botschaft und dem undogma-

Ausblick

tischen Handeln, spiegelt sich in der Führungsstruktur wider. An die Spitze der erfolgreichsten dschihadistischen Organisation seit Jahrzehnten brachte sich 2010 ein kleiner Zirkel vormaliger Geheimdienstoffiziere aus Saddam Husseins gestürztem Regime. Männer, die schon in den Zeiten der amerikanischen Besatzung im Irak mit den syrischen Geheimdiensten beim Transfer tausender Dschihad-Nomaden via Syrien in den Irak kooperiert hatten. Diese Tatsache ist nicht neu, aber die Folgen dieser auf den ersten Blick undenkbar erscheinenden Allianz wurden unterschätzt. Haji Bakr, ein ehemaliger Geheimdienstoberst, hinterließ bei seinem gewaltsamen Tod Anfang 2014 in Nordsyrien ein aufschlussreiches Vermächtnis. Ausweislich seiner Dutzenden handgemalten Organigramme und Listen zur Machtübernahme in Syrien hatte er kein religiöses Erweckungserlebnis, sondern einen Plan: die Heilserwartung des Dschihad, dieses mythische Projektionsziel der Hoffnungen, Utopien und vor allem des Aufbegehrens, als Vehikel zum Machterwerb zu nutzen.

Genau das hat der IS in den vergangenen Jahren getan. Dabei hat er nicht nur das bestehende Gebiet seines »Staates« erobert. Auch seine Herrschaft im Inneren ist weit stabiler als bei allen Versuchen dschihadistischer Landnahme zuvor. Der IS bespitzelt seine Untertanen ebenso wie seine ausländischen Kämpfer, überwacht deren Telefone und Facebook-Seiten, richtet Spione hin und interniert jene, die aus seinem Herrschaftsbereich fliehen wollen. Das Stasi-»Kalifat« hält es mit Lenin: Kontrolle ist besser.

Mit all den Mitteln des Terrors, der Infiltration, der Propaganda und der hakenschlagenden militärischen Zweckbündnisse erreichte der IS im Sommer 2014 den Zenit seiner Macht – und wurde zugleich verwundbarer denn je. Bis zum Juli 2014 hatte er die größte Flächenausdehnung erkämpft und das »Kalifat« ausgerufen, den Herrschaftsanspruch über die islamische Welt und die Gehorsamspflicht aller Muslime der Welt (wobei offenblieb, was denn mit den etwa 100 bis 150 Millionen Schiiten geschehen sollte, die dem IS ja als todeswürdige »Glaubensleugner« gelten). Damals erschien die Kalifatserklärung wie ein Akt des Größenwahns. Rückblickend erscheint sie passend terminiert, denn ab August 2014 kam der Eroberungszug des IS zum Stillstand. Dem Angriff auf die Jesiden im Nordirak folgten die ersten US-Bombardements, der IS inszenierte die Hinrichtung amerikanischer und britischer Geiseln und brachte die Welt damit erst recht gegen sich auf. Bis Mitte 2016 hat die US-geführte Koalition 13 500 Luftangriffe gegen den »Islamischen Staat« geflogen, mehrere tausend Dschihadisten getötet und die Rückeroberung mehrerer Städte in Nordsyrien, vor allem aber im Irak erst möglich gemacht.

Doch Brett McGurk, US-Sonderbeauftragter für den Kampf gegen den IS, verkennt die langfristige Strategie seines Gegners, wenn er glaubt, die Existenz des »Kalifats« sei der Hauptanziehungspunkt, und folglich müsse man nur diesen »Kern schrumpfen«, um den IS gänzlich verschwinden zu lassen.[7] Solange nicht gleichzeitig die Ursachen des Aufstiegs angegangen werden, solange man den Sunniten in Syrien und im Irak keine würdige Lebensperspektive bietet, werden mit allen militärischen Erfolgen gleichzeitig die Grundsteine für eine erneute Rückkehr des IS gelegt.

Und selbst wenn es gelingen sollte, den IS wieder aus dem Irak zu verdrängen, würde er von jener Grenze profitieren, deren Wall seine Männer noch im Juli 2014 öffentlichkeitswirksam niedergebaggert hatten: der zwischen dem Irak und Syrien. Die Dschihadisten wären wieder zurückgeworfen auf die syrische Hälfte ihres »Kalifats«. Doch auch dafür haben sie die nötige Flexibilität in ihrem Kampfmotto: *baqiya wa tata-*

maddad, bleiben und expandieren. Schrumpfen ist Teil des Programms, nicht Auftakt zur Niederlage.

Das Motto ergänzt sich mit den apokalyptischen Visionen, die der IS in seinen aufputschenden Predigten nach innen und seinen Verlautbarungen nach außen immer wieder verwendet: das Auf und Ab des Schlachtenglücks, variantenreiche Geschichten von feindlichen Heeren, welche die islamistischen Krieger an den Rand der Niederlage bringen werden; nur einer von hundert werde überleben, ein Anti-Messias werde erscheinen und die Muslime beinahe vernichten – bis der wahre Messias erscheine und den endgültigen Sieg bringe. Rückschläge wie der letztlich gescheiterte Ansturm gegen die kurdische Enklave Kobane sind da – programmatisch wie theologisch – bereits einkalkuliert. Jeder Sieg ist ein Gottesbeweis, jedes Scheitern eine Prüfung.

Solange Baschar al-Assad in Syrien an der Macht ist, braucht sich der IS um diese Hälfte seines »Kalifats« keine großen Sorgen zu machen. Weder kann Assad die Dschihadisten besiegen, noch würde er sie gänzlich verschwinden sehen wollen. Die bedrohliche Präsenz des »Islamischen Staates« ist für das syrische Regime die beste Legitimation, unbehelligt von ausländischen Interventionen mit der Vernichtung aller widerständigen Landesteile fortfahren zu können.

Die US-Regierung wiederum setzt darauf, den IS und nur den IS zu bekämpfen. Doch dadurch, dass sie die Bombardierung syrischer Städte und Dörfer durch das Assad-Regime einfach geschehen lässt, macht sie sich die Rebellen zu Feinden, die auf Amerikas Hilfe gehofft hatten. Es ist nicht klar, ob Washington in all seine Entscheidungen für bestimmte ballistische Ziele auch deren Folgen einpreist. Aber dass die USA auch andere radikale Rebellenformationen angreifen, hat zur Empörung selbst säkularer Gruppen geführt, die von Washington unterstützt wurden. Sie wollen sich nicht als Hilfstruppe für einen exklusiven Krieg gegen den IS benutzen lassen, sondern zuvorderst das Assad-Regime stürzen. Amerikas Krieg im Kriege treibt viele Syrer dorthin, wo niemand sie haben wollte: ins Lager der Terroristen.

Bringt er genügend Geduld auf, kann der »Islamische Staat« auf die Fehler seiner Feinde warten: darauf, dass ihm die Bomben der Anti-IS-Koalition und die Todesschwadronen der schiitischen Milizen im Irak die Sunniten beider Länder in die Arme treiben. Noch hat der IS zwar vor allem Feinde, auch und gerade unter den Sunniten in Syrien, von denen er weit mehr umgebracht hat als Christen oder Jesiden im Irak. Aber sollte es dem IS gelingen, sich als Schutzmacht der Sunniten zu etablieren, wird es ungleich schwieriger werden, ihn zu bekämpfen. Eine islamistische Organisation, die die Bevölkerung terrorisiert, ließe sich militärisch noch besiegen, eine Identität nicht.

Die uralte Konkurrenz zwischen Sunniten und Schiiten, den beiden großen Glaubensgruppen im Islam, war in den vergangenen Jahrzehnten immer wieder überlagert worden: vom ewig schwärenden Konflikt mit Israel, von der Phase des arabischen Nationalismus, vom Irak-Iran-Krieg, in dem vor allem schiitische Soldaten der irakischen Armee gegen ihre Glaubensbrüder der iranischen Streitkräfte kämpften. Doch wie tektonische Platten, die nach langen Phasen der Ruhe berstend in Bewegung geraten, hat die Auflösung der alten Ordnung in der arabischen Welt diese Glaubensgruppen mit neuer Wucht aufeinanderprallen lassen. Seit seinen Anfangstagen unternimmt der IS alles, diese Erschütterungen zu nutzen und zu verstärken. Denn wäre das Beben nur stark genug, so das Kalkül des IS, würde es nicht nur Syrien und den Irak endgültig zerreißen, sondern im Zweifelsfall auch die anderen gemischtgläubigen Staaten: Saudi-Arabien, Kuwait, Bahrain, den Libanon, den Jemen.

Ausblick

Schon heute kämpft auf Seiten des Regimes in Syrien eine schiitische Internationale: Iraker, Iraner, Libanesen, selbst Afghanen, die von den Pasdaran, Irans Revolutionswächtern, ausgebildet, finanziert und auf den Weg geschickt werden. In diesem Strudel des Glaubenshasses besteht die Gefahr, dass der IS von einer isolierten Terrorformation zur Speerspitze des sunnitischen Kampfes mutiert. Die geplanten Angriffe gegen den IS von außen, ob von amerikanischen Streitkräften oder schiitischen Milizen, werden auf jeden Fall eine ambivalente Wirkung haben: eine militärische Schwächung des »Islamischen Staates« und zugleich eine Stärkung seiner Anziehungskraft.

Trotz der immer häufigeren, dramatischen Anschläge des IS in Europa, der Türkei, in Beirut und anderen Städten des Nahen Ostens ist kein ausländischer Staat willens, Bodentruppen nach Syrien oder in den Irak zu entsenden – abgesehen von iranischen und anderen schiitischen Milizen, die ohnehin schon in Syrien für Assads Machtverbleib kämpfen. Es bleibt den verschiedenen Milizen überlassen, Ort um Ort freizukämpfen (oder was davon übriggeblieben ist). Angesichts des oft kaum minder barbarischen Verhaltens der schiitischen und kurdischen Milizen wird das Problem dadurch nicht gelöst, sondern in die Zukunft verlagert. Nur wenn die sunnitischen Araber – mithin die IS-Klientel – eine menschenwürdige Daseinsperspektive in Syrien und im Irak bekommt, werden die Lockrufe der Dschihadisten ins Leere laufen.

Allzu lange hat der IS überdies davon profitiert, als reiner Fanatikerhaufen unterschätzt zu werden. Doch eine derart schlagkräftige Kombination zweier gegensätzlicher Elemente hat es noch nie gegeben: die nüchternen Planer der Geheimdienste und die bis zum Selbstopfer fanatischen Gläubigen. Die große Frage allerdings ist, ob das Zusammenspiel dieser beiden Komponenten sich so fortsetzen wird. Mehrere der einstigen

Saddam-Kader im Führungszirkel des »Islamischen Staates« sind in den vergangenen Monaten ums Leben gekommen, und deren Nachwuchsreservoir fällt umstandshalber begrenzter aus als das der Glaubenskämpfer. Die Anzeichen mehren sich, dass an der Spitze des IS langsam die Fanatiker überwiegen. Denn die Terrorgruppe beginnt, aus machtstrategischer Perspektive, Fehler zu begehen: wie jenen, der jordanischen Regierung wochenlang vorzugaukeln, ihr über Raqqa abgestürzter und gekidnappter Pilot sei noch am Leben. Jordanien signalisierte, alles für die Freilassung des Mannes zu tun, selbst zum Tode verurteilte Terroristen freizulassen. Dass die IS-Henker den Piloten zu diesem Zeitpunkt längst bei lebendigem Leibe verbrannt hatten, sorgte in dem kleinen Königreich für bebende Empörung und einte die Bevölkerung, die zuvor durchaus gespalten war über die Frage, ob man gegen den IS Krieg führen sollte.

Am Ende könnte der »Islamische Staat« sich selbst zum größten Gegner werden: spätestens dann, wenn es ihm nicht mehr gelingt, die inneren Widersprüche seines Staates auszubalancieren oder zumindest unter Kontrolle zu halten. Denn der Ruf zum Dschihad ist grundsätzlich ein grandioses Mittel zum Machterwerb, aber ein schlechtes Mittel zum Machterhalt. Im Namen Gottes zu herrschen und jeden Widerstand als Frevel denunzieren zu können ist eine immense Verlockung gerade für die aus aller Welt Anreisenden. Aber dschihadistische Diktaturen sind keine selbsterhaltenden Gebilde. Es gibt kein Korrektiv im »Kalifat«, im Namen Gottes ist den Herrschenden alles erlaubt. Gegen solch eine absolute Willkür und Tyrannei haben die Beherrschten nach einer Weile immer aufbegehrt. Es war stets nur eine Frage der Zeit.

Bislang steht einer solchen Rebellion im »Islamischen Staat« die hermetische Kontrolle und Überwachung der Untertanen entgegen, aber die Enttäuschung unter den Truppen und in der

Ausblick

Bevölkerung wird wachsen, denn mit der Gründung des »Kalifats« wird die Dividende dieses Heilsversprechens fällig. All die aufgetürmten diffusen Hoffnungen, die Utopien, die sich seit Jahrzehnten mit diesem Mythos verbunden haben, müssten ja nun irgendwie erfüllt werden. Doch diesen Heilsstaat zu verwirklichen, untergräbt die Voraussetzungen seines Aufstiegs. Der »Islamische Staat« hat nichts zu bieten, was die Diktaturen in seinem Herrschaftsbereich nicht schon zuvor verkörperten: Unterdrückung und Ausbeutung. Der IS lebt von Bedürfnissen, die er nicht dauerhaft befriedigen kann. Doch bis dieses Ungleichgewicht zu seinem Sturz führt, kann es lange dauern.

Es ist wohl diese Desillusionierung, die irgendwann als kathartische Langzeitwirkung übrigbleiben wird vom »Kalifat« des Abu Bakr al-Baghdadi. Sie wird von innen kommen, ebenso wie ein wirklicher Untergang des IS nur von innen kommen kann, nicht durch Angriffe von außen. Denn die Bombardierungen der Anti-IS-Koalition und die Attacken der schiitischen Milizen werden diesen mutationsfähigen Organismus des Schreckens bestenfalls wieder dorthin zurücktreiben, wo er 2010 schon einmal war, als General Ray Odierno das Ende von 34 der 42 Anführer verkündete: in den Untergrund, als Terrorgruppe, die weiterhin von der unverbrauchten Kraft ihrer Utopie leben würde.

Dieses Buch kann nur eine Momentaufnahme sein. Es hat sich eher der Entstehung und dem Aufstieg des IS gewidmet und kann darüber hinaus nur Szenarien der weiteren Entwicklung skizzieren, aber keine exakte Prognose stellen. Deshalb seien die letzten Sätze einem Mann überlassen, der am irakischen Rand des »Kalifats« lebt, vor Furcht seinen Namen nicht zitiert sehen möchte, aber eine ebenso ernüchternde wie ermutigende Langzeitperspektive sieht: »Vor uns liegt das dunkle Zeitalter des Islam. Und das ist gut so. Eine Errettung von außen wäre falsch. Wir müssen den Terror der Islamisten durchleben. Nur so werden die Menschen erkennen, dass Glauben und Politik eine tödliche Mischung sind, die zu nichts anderem führt als einem Machtmissbrauch im Namen Gottes.«

Anmerkungen

Quellen, die nicht in den Anmerkungen aufgeführt werden, stammen aus Gesprächen, Interviews und Aufzeichnungen des Autors.

Einleitung

1. Robert Burns und Mike Mullen, »Al Qaeda In Iraq ›Devastated‹«, *Associated Press*, 7. Juni 2010.
2. »Terror ist ein gutes Geschäft«, DER SPIEGEL, 5. Januar 2015.
3. Graeme Wood, »What ISIS Really Wants«, *The Atlantic*, März 2015.

1 Das Stasi-Kalifat

1. Es mag widersinnig erscheinen, dass Offiziere Waffen und Munition an ihre Gegner verkaufen, aber es ist in vielen Kriegen geschehen wie etwa den russisch-tschetschenischen Waffengängen. Gerade im Krieg lässt sich unterschlagenes Material leicht als zerschossen oder zerstört deklarieren. In Nordsyrien sagte einer der größten Waffenschieber der Provinz Idlib 2013 über die syrische Armee: »Die verkaufen alles! Hätten die Rebellen das Geld, ich könnte denen Panzer, ja sogar Hubschrauber beschaffen!«
2. Es gibt keinen Beleg für einen Zusammenhang, aber der Begriff *Takwin* taucht bereits bei frühmittelalterlichen schiitischen Alchemisten auf als Bezeichnung für die Schaffung künstlichen Lebens. In seinem *Buch der Steine* schrieb der Perser Jabir Ibn Hayyan von der Erschaffung künstlicher Tiere, aber auch Menschen, in Geheimschrift und Codes: »Das Ziel ist es, alle zu täuschen, bis auf jene, die Gott liebt.« Dies wiederum würde hervorragend auch zum Selbstverständnis des »Islamischen Staates« passen.
3. »Al-Nusra Commits to al-Qaida, Deny Iraq Branch ›Merger‹«, *al-Nahar*, 10. April 2013.
4. Ebd.
5. »Iraqi al-Qaeda chief rejects Zawahiri orders«, *Al Jazeera online*, 15. Juni 2013.

2 Wechselhafte Anfänge

1. Heinz Halm, *Der schiitische Islam*, München 1994, S. 28.
2. James Barr, *A Line in the Sand: Britain, France and the Struggle That Shaped the Middle East*, London 2012, S. 12.

Anmerkungen

3   Nibran Kazimi, »Zarqawi's Anti-Shi'a Legacy: Original or Borrowed?«, *Hudson Institute*, 1. November 2006, S. 53–72.
4   William McCants, »State of Confusion: ISIS' Strategy and How to Counter It«, *Foreign Affairs*, 10. September 2014.
5   »Captured Iraqi not al-Baghdadi«, *Al Jazeera online*, 10. März 2007.
6   »U.S. says terrorist in Jill Carroll kidnapping killed«, *CNN*, 4. Mai 2007.
7   »U.S. Military: ›Islamic State of Iraq‹ Fronted by Imaginary Leader«, *Fox News*, 19. Juli 2007.
8   Er ist auch bekannt unter dem Alias Abu Hamza al-Muhajir, sein tatsächlicher Name ist unbekannt.
9   Dean Yates, »Senior Qaeda figure in Iraq a myth: U.S. Military«, *Reuters*, 18. Juli 2007.
10 »U.S. Military: ›Islamic State of Iraq‹ Fronted by Imaginary Leader«, *Fox News*, 19. Kuli 2007.
11 Bill Roggio, »Al Qaeda in Iraq is ›broken‹, cut off from leaders in Pakistan, says top US general«, *The Long War Journal*, 5. Juni 2010.
12 Tim Arango, »Top Qaeda Leaders in Iraq Reported Killed in Raid«, *The New York Times*, 19. April 2010.
13 Michael Ware, »Papers give peek inside al Qaeda in Iraq«, *CNN*, 11. Juni 2008.
14 Susanne Fischer und Christoph Reuter, *Café Bagdad: Der ungeheure Alltag im neuen Irak*, München 2004, S. 103.
15 Al-Muhajir, »The Prophetic Nation«, *Al-Furqan Media*, 19. September 2008, zitiert in: Christoph Günther, *Ein zweiter Staat im Zweistromland? Genese und Ideologie des »Islamischen Staates Irak«*, Leipzig 2014, S. 209.
16 Ebd.
17 Craig Whiteside, »War, Interrupted, Part I: The Roots of the Jihadist Resurgence in Iraq« und »Part II: From Prisoners to Rulers«, *War on the Rocks*, 5. und 6. November 2014.
18 Bill Roggio, »US strike in Syria ›decapitated‹ al Qaeda's facilitation network«, *The Long War Journal*, 27. Oktober 2008.
19 Ebd.
20 United States District Court for the District of Columbia, Francis Gates vs. Syrian Arab Republic, Case 1:06-cv-01500-RMC Document 42 Filed 09/26/08.
21 Bill Roggio, »Iraq Attacks and the Syrian Connection«, *The Long War Journal*, 30. Augst 2009.
22 Nicholas Blanford, »The Iraqi ambassador to Syria tells the Monitor that photos of high-ranking Syrian officials were found in Fallujah«, *The Christian Science Monitor*, 23. Dezember 2004.
23 BKA-Auswertebericht zu Ahmad Fadil Nazal AL KHALAYLA alias ABU MUSAB AL ZARQAWI mit Stand vom 06.09.2004, Meckenheim, VS – nur für den Dienstgebrauch, S. 44.
24 Myra MacDonald, »Analysis: Iran's unlikely al Qaeda ties: fluid, murky and deteriorating«, *Reuters*, 24. April 2013.

Anmerkungen

25 Bill Roggio, »Senior al Qaeda leader leaves Pakistan, directs Iraq operations from Syria«, *The Long War Journal*, 21. August 2009.
26 BKA-Auswertebericht, S. 49.
27 Myra MacDonald, Analysis: Iran's unlikely al Qaeda ties: fluid, murky and deteriorating, *Reuters*, 24. April 2013.
28 BKA-Auswertebericht, S. 14.
29 Die Gerichtsakten sind einsehbar unter http://www.gpo.gov/fdsys/pkg/USCOURTS-dcd-1_06-cv-01500/pdf/USCOURTS-dcd-1_06-cv-01500-0.pdf.
30 Ebd.
31 »Jordan Scuttles Terror Attacks to Kill 80,000 People by Poison Gas«, *Al-Nahar*, 28. April 2004.
32 BKA-Auswertebericht, S. 50.
33 Bill Roggio, »Threat Matrix: Iraq attacks and the Syrian connection«, *The Long War Journal*, 30. August 2009, und Nicholas Blanford, »Death of a cleric«, *NOW Lebanon*, 5. Oktober 2007.
34 »Treasury Designates Individuals with Ties to Al Qaida, Former Regime«, U.S. Department of the Treasury, 7. Dezember 2007.
35 Alex Kingsbury, »Syrians ›Clearly Have Harbored‹ Al Qaeda in Iraq, Says U.S. General«, *U.S. News*, 27. Oktober 2008.
36 Bill Roggio, »Slain Syrian official supported al Qaeda in Iraq«, *The Long War Journal*, 24. Juli 2012.
37 »Improving Iraqi Border Security: A Work in Progress«, US-Botschaft Bagdad, 11. Juli 2008, http://www.wikileaks.org/plusd/cables/08BAGHDAD2163_a.html.
38 Bill Roggio, »Slain Syrian official supported al Qaeda in Iraq«, *The Long War Journal*, 24. Juli 2012.
39 »Gen Petraeus' Meeting with PM Maliki«, US-Botschaft Bagdad, 7. Januar 2009, http://www.wikileaks.org/plusd/cables/09BAGHDAD31_a.html.
40 Rana Sabbagh-Gargour, »Syria, Jordan snared in political rift«, *The Daily Star* (Beirut), 1. Oktober 2004.
41 Bill Roggio, »US strike in Syria ›decapitated‹ al Qaeda's facilitation network«, *The Long War Journal*, 27. Oktober 2008.
42 Amir Kulick und Yoram Schweitzer, »Syria and the Global Jihad: A Dangerous Double Game«, *Strategic Assessment*, Vol. 11, No. 3, Januar 2009, S. 67.
43 Bill Roggio, »US strike in Syria ›decapitated‹ al Qaeda's facilitation network«, *The Long War Journal*, 27. Oktober 2008.
44 »Syria raid ›killed major target‹«, *BBC*, 28. Oktober 2008.
45 Martin Chulov, »Isis: the inside story«, *The Guardian*, 11. Dezember 2014.
46 Bill Roggio, »US, Iraqi forces target Syrian-based network«, *The Long War Journal*, 16. Mai 2009.
47 Bill Roggio, »Senior al Qaeda leader leaves Pakistan, directs Iraq operations from Syria«, *The Long War Journal*, 21. August 2009.

Anmerkungen

48 Martin Chulov, »Isis: the inside story«, *The Guardian*, 11. Dezember 2014.
49 »SARG Reports on Border Security Efforts During Iraq Border Security Working Group«, US-Botschaft Damaskus, 16. August 2007, http://www.wikileaks.org/plusd/cables/07DAMASCUS836_a.html.
50 Karen de Young, »Papers Paint New Portrait of Iraq's Foreign Insurgents«, *The Washington Post*, 21. Januar 2008.
51 Ryan Mauro, »Has Damascus Stopped Supporting Terrorists?«, *Middle East Quarterly*, Summer 2009, S. 61–67.
52 »Syrian Intelligence Chief Attends CT Dialogue with S/CT Benjamin«, US-Botschaft Damaskus, 24. Februar 2010, https://wikileaks.org/cable/2010/02/10DAMASCUS159.html.
53 www.syriatruth.org, Webseite nicht mehr online.
54 Anthony Shadid, »Bomb Kills Dozens in Damascus, Stoking Suspicions«, *The New York Times*, 6. Januar 2012.
55 »Zweifacher Tod«, DER SPIEGEL, 16. Januar 2012.
56 »Ex-Arab League monitor labels Syria mission ›a farce‹«, *BBC*, 11. Januar 2012.
57 Video abrufbar unter https://www.youtube.com/watch?v=UrGibosvhxs.
58 Ebd.
59 Ronen Bergman, »The Hezbollah Connection«, *The New Yorker*, 10. Februar 2015.
60 Zu einem späteren Anschlag im Mai 2012 auf die Geheimdienstzentrale im Damaszener Stadtviertel Qazzaz mit 55 offiziellen Todesopfern sagte der später übergelaufene syrische Botschafter im Irak, Nawaf Fares, im Interview: »Bei dieser Explosion wurde kein Einziger der dort Arbeitenden verletzt, das Gebäude war 15 Minuten vorher evakuiert worden. Die Opfer waren Passanten. All diese großen Explosionen wurden von al-Qaida in Kooperation mit den Sicherheitsdiensten durchgeführt.«; siehe Ruth Sherlock, »Exclusive interview: Why I defected from Bashar al-Assad's regime, by former diplomat Nawaf Fares«, *The Sunday Telegraph*, 14. Juli 2012.
61 Von dem weißen Minarett der Großen Moschee von Damaskus wird einer der Endzeit-Legenden zufolge Jesus herabsteigen (der auch als Prophet im Islam anerkannt wird), um einen falschen Messias zu bekämpfen und die Ankunft des Jüngsten Gerichts zu beschleunigen.
62 Elizabeth O'Bagy, *Jihad in Syria*, Washington 2012.
63 »Sleiman says reports of possible bombings ›frightening‹«, *The Daily Star* (Beirut), 10. August 2012.
64 Vivianne El-Khawly, »Samaha's trial set to begin today«, *Lebanon NOW*, 19. Juni 2013.
65 Abdulrahman Al-Rashed, »Was Bouthaina involved or framed?«, *Asharq Al-Awsat*, 10. Oktober 2012.

66 Anne Barnard, »Blast in Beirut Is Seen as an Extension of Syria's War«, *The New York Times*, 19. Oktober 2012.
67 »Stimme des Libanon«, *Saut al-Loubnan*, 20. Oktober 2012.
68 Firas Saad, »Über das Saidnaya-Experiment und seine Folgen für die syrische Revolution«, *Al-Jumhuriya*, 26. Dezember 2013.
69 Video abrufbar unter: http://www.youtube.com/watch?v=rs86RJR3ZUk&oref=http%3A%2F.
70 Video abrufbar unter: http://www.youtube.com/watch?v=tYuWLtMLMyk.

3 Herbst der Angst

1 Myriam Ababsa, »La recomposition des allégeances tribales dans le moyen-Euphrate syrien (1958–2007)«, *Études Rurales*, No. 184, 2009, S. 65–78, hier S. 69.
2 »Lone protester takes stand«, *Damascus Bureau*, 17. Oktober 2013.
3 »Activists in Raqqa face daily threats«, *Institute for War and Peace Reporting*, 12. Dezember 2013.
4 Das Video des Treueschwurs der Stammesführer von Raqqa an Baschar al-Assad vom August 2011 abrufbar unter: https://www.youtube.com/watch?v=CPgLho--Atg; das Video des Treueschwurs der Stammesführer an ISIS vom Oktober 2013 abrufbar unter: https://www.youtube.com/watch?v=-q4rfodQz-c.
5 Ty McCormick, »The Scorpion and the Frog: For years, Syria supported a witches' brew of terrorist groups across the Middle East. Now, it's payback time«, *Foreign Policy Magazine*, 7. August 2012.
6 Video abrufbar unter: https://www.youtube.com/watch?v=lgY5dnOLMro.
7 Nach Angaben mehrerer Quellen soll es sich bei ihm um den Bruder von Abu Mohammed al-Absi handeln, dem Anführer jener Dschihadistengruppe, die im Juli 2012 den britischen Journalisten John Cantlie und seinen niederländischen Kollegen Jeroen Oerlemanns nahe der syrisch-türkischen Grenze entführt hatten; die beiden wurden Tage später von der FSA befreit, Abu Mohammed al-Absi von der FSA im September 2012 umgebracht.
8 Volkmar Kabisch und Georg Mascolo, »Im Vorgarten des Terrors«, *Süddeutsche Zeitung*, 14. November 2014.
9 »Al-Qaeda Tries to Control Areas Liberated by Free Syrian Army«, *Al-Monitor*, 10. Juli 2013.
10 Ruth Sherlock und Richard Spencer, »Syria's Assad accused of boosting al-Qaeda with secret oil deals«, *The Telegraph*, 20. Januar 2014.

Anmerkungen

4 Gemeinsam zum Gegenschlag

1. Brynjar Lia, *Architect of Global Jihad: The Life of Al-Qaeda Strategist Abu Mus'ab Al-Suri*, London 2009, S. 161.
2. Lawrence Wright, »The Masterplan«, *The New Yorker*, 11. September 2006.
3. Der Ort Kafranbel, der für seine spöttischen, bildreichen Slogans und Cartoons im ganzen Land berühmt geworden ist, war den Dschihadisten ein besonderer Dorn im Auge, denn Spott ertrugen sie gar nicht. »Wir wollen nicht eine Diktatur durch eine andere ersetzen«, stand auf einem Poster der dortigen Freitagsdemonstration, auf dem ein Alien-Monster mit Assad-Flagge zu sehen ist, dem ein kleines Monster entkriecht – ISIS.
4. »An Advice And Clarification From The Wilayah Of Aleppo to The Soldiers Of Ahrar Al Sham Movement«, online abrufbar unter: https://archive.org/stream/AnAdviceAndClarification FromTheWilayahOfAleppotoTheSoldiersOfAhrarAlSham Movement.
5. »The jihadists may have gone too far«, *The Economist*, 11. Januar 2014.
6. »Defiant ISIL vows to fight in Syria and Iraq«, *Agence France-Press*, 8. Januar 2014.
7. Video abrufbar unter: https://www.youtube.com/watch?v=ouqqOHIStx4.
8. Marlin Dick, »Ex-ISIS detainees tell horror stories of captivity«, *The Daily Star*, 9. Januar 2014.
9. »Treasury targets networks linked to Iran«, U.S. Department of the Treasury, 6. February 2014, online abrufbar unter: http://www.treasury.gov/press-center/press-releases/Pages/jl2287.aspx.
10. Thomas Joscelyn, »Report: Senior al Qaeda facilitator ›back on the street‹ in Iran«, *The Counter Jihad Report*, 31. Januar 2014.
11. Ebd.
12. Anne Barnard und Rick Gladstone, »Rebel Infighting Spreads to an Eastern Syrian City«, *The New York Times*, 6. Januar 2014.
13. »500 Reported Killed in Rebel Infighting in Syria«, *Associated Press*, 11. Januar 2014.
14. Marlin Dick, »Zawahri urges end to deadly clashes between rebels and jihadists«, *The Daily Star*, 24. Januar 2014.
15. »Al-Qaeda disavows ISIS militants in Syria«, *BBC*, 3. Februar 2014.
16. »Syria conflict: 700 killed in eight days in early January, Syrian Observatory for Human Rights says«, *ABC News*, 12. Januar 2014.
17. Die beiden Videos sind abrufbar unter https://www.youtube.com/watch?v=0ItkHLkNalc&list=UUNVEcamiwqF3mKoucsMJe8A und: https://www.youtube.com/watch?v=LtYsjWz7Eq8&list=UUNVEcamiwqF3m KoucsMJe8A.
18. Das Video ist abrufbar unter: https://www.youtube.com/watch?v=SEM2QrToH-w&list=UUX4q__9SwRbVLiJaoWTq1Ww.

Anmerkungen

19 Khaled Yacoub Oweis, »Al Qaeda Syria unit executes dozens of rivals in Raqqa: activists«, *Reuters*, 12. Januar 2014.
20 http://www.alyaum.com/article/3116420.
21 Das Video ist abrufbar unter: https://www.youtube.com/watch?v=lFVl Hg9Bbik&list=UUX4q__9SwRbVLiJaoWTq1Ww.
22 Das Video ist abrufbar unter: https://www.youtube.com/watch?v= ULtn7bQTg3Q.
23 Anfang September 2014, als der »Islamische Staat« auf die Stadt Mara'a nördlich von Aleppo vorrückte, wurden die dortigen Rebellen über Wochen aus der Luft angegriffen, nicht aber die vorrückenden Dschihadisten. Ende Februar versuchte die Rebellengruppe »Armee des Islam« östlich von Damaskus vorzustoßen und wurde gleichzeitig von der Luftwaffe bombardiert und von eilends angerollten IS-Einheiten beschossen.
24 »Assad aiding Islamic State, says US, as more rebel groups join anti-IS fight«, *Middle East Eye*, 3. Juni 2015.
25 »ISIS defector tells of group's deception«, *CNN*, 18. Februar 2014.
26 Die Berichte des Senders lassen sich online abrufen unter http://www.youtube.com/watch?v=FRp4zfo7PBQ und http://www.youtube.com/watch?v=Pq8g8W9n_uo&feature=youtu.be&spfreload=10.
27 pic.twitter.com/rO7rVceMMG.
28 An der gleichen Lüge über exakt dieselbe Summe von 500 000 Dollar sollte Monate später eine ähnliche Operation scheitern: In gewohnter Geheimdienstmanier hatte ISIS den Fahrer Abu Issas für sich gewonnen, einen der wichtigsten noch lebenden Kommandeure der FSA, Befehlshaber des »Revolutionäre Raqqas«. Mithilfe des Fahrers und türkischer Krimineller entführten sie ihn auf türkischer Seite. Doch als das anrollende ISIS-Kommando den Kriminellen die versprochene halbe Million nicht zahlen wollte, entbrannte ein Feuergefecht, das schließlich die Aufmerksamkeit des türkischen Militärs erregte. Die ursprünglichen Kidnapper und jene, die ihre Geisel entführen wollten, flohen. Abu Issa überlebte schwer verletzt. Siehe hierzu auch Liz Sly, »Attempted kidnapping in Turkey shows reach of the Islamic State«, *The Washington Post*, 21. Oktober 2014.

5 Blitzkrieg der Dschihadisten

1 Isabel Cole, Ned Parker und Raheem Salman, »How Mosul fell – An Iraqi general disputes Baghdad's story«, *Reuters*, 14. Oktober 2014.
2 Ebd.
3 Ebd.
4 Ebd.
5 Video abrufbar unter https://www.youtube.com/watch?v=BZj0FZ_lkro.

Anmerkungen

6 Dexter Filkins, »What We Left Behind: An increasingly authoritarian leader, a return of sectarian violence, and a nation worried for its future«, *The New Yorker*, 28. April 2014.

7 »Iraqi MP accuses Prime Minister Maliki's office with involvement in escape of terrorist prisoners in Basra«, *Aswat al-Iraq*, 15. Mai 2011.

8 Andrew Slater, »The Monster of Mosul: How a Sadistic General Helped ISIS Win«, *The Daily Beast*, 19. Juli 2014.

9 »Iraq: Two journalists shot dead, suicide bombing kills twelve«, *Al Akhbar*, 5 .Oktober 2013.

10 Nawzat Shamdeen, »Anti-media extremism: team of assassins targets journalists in Mosul«, *Niqash*, 10. Oktober 2013.

11 »Interview with Nawzat Shamdin«, *Granta*, 19. November 2014.

12 Nawzat Shamdeen, »Anti-media extremism: team of assassins targets journalists in Mosul«, *Niqash*, 10. Oktober 2013.

13 »Making themselves at home: al Qaeda ups mafia-style extortion in Mosul«, *Niqash*, 7. November 2013.

14 Deputy Assistant Secretary Brett McGurk, »House Foreign Affairs Committee Hearing: Terrorist March in Iraq: the U.S. Response«, Washington, 23. Juli, 2014: http://docs.house.gov/meetings/FA/FA00/20140723/102485/HHRG-113-FA00-Wstate-McGurkB-20140723.pdf.

15 »Making themselves at home: al Qaeda ups mafia-style extortion in Mosul«, *Niqash*, 7. November 2013.

16 Ebd.

17 Daoud al-Ali, »Keys to extremist victory in Iraq: sleeper cells, host networks and elite units«, *Niqash*, 10. Juli 2014.

18 »Inside Mosul: Why Iraqis are celebrating islamic extremists' takeover of their city«, *Niqash*, 12. Juni 2014.

19 Daoud al-Ali, »Keys to extremist victory in Iraq: sleeper cells, host networks and elite units«, *Niqash*, 10. Juli 2014.

20 Martin Chulov, Fazel Hawramy und Spencer Ackermann, »Iraq army capitulates to Isis militants in four cities«, *The Guardian*, 12. Juni 2014.

21 Ebd.

22 Ebd.

23 Isabel Cole, Ned Parker und Raheem Salman, »How Mosul fell – An Iraqi general disputes Baghdad's story«, *Reuters*, 14. Oktober 2014.

24 Chris Chivers, »After Retreat, Iraqi Soldiers Fault Officers«, *The New York Times*, 1. Juli 2014.

25 Wassim Bassem, »Corruption, ›ghost contractors‹ sink Baghdad after rains«, *Al-Monitor*, 12. Dezember 2014.

26 »Iraqi soldiers who fled ISIS advance accuse officers of treason«, *Asharq Al-Awsat*, 14. Juni 2014.

27 Mustafa Habib, »Did they or didn't they? Iraqi army did not desert Mosul, they were ordered to leave«, *Niqash*, 15. Juni 2014.

28 Hermione Gee, »Fleeing residents of Mosul take refuge in Kurdistan«, *Deutsche Welle*, 12. Juni 2014.

Anmerkungen

29 Zanko Ahmed, »Interview with senior Kurdish politician: Baghdad ›wanted Mosul to be captured by extremists‹«, *Niqash*, 11. Juni 2014.
30 Inga Rogg, »Letzte Ausfahrt vor dem Isis-Staat«, *Die Tageszeitung*, 23. Juni 2014.
31 Birgit Svensson, »ISIS sei Dank? Sonnenaufgang für Kurdistan: Noch nie war ein eigener Staat so nah wie heute«, *Internationale Gesellschaft für Politik*, 24. Juni 2014.
32 Martin Chulov, »Iran sends troops into Iraq to aid fight against Isis militants«, *The Guardian*, 14. Juli 2014.
33 »Inside Mosul: why Iraqis are celebrating islamic extremists' takeover of their city«, *Niqash*, 12. Juni 2014.
34 »Inside Mosul: ISIS bringing the Baath party back – or are they?«, *Niqash*, 13. Juni 2014.
35 »Interview with Nawzat Shamdin«, *Granta*, 19. November 2014.
36 Sameer N. Yacoub, »ISIS destroys another historic Mosul mosque«, *The Daily Star*, 28. Juli 2014.
37 Der Antikenschmuggel wird immer wieder als eine der wichtigsten Einnahmequellen des »Islamischen Staates« genannt, und es steht auch zu vermuten, dass der IS Objekte aus Raubgrabungen oder Museen illegal ins Ausland verkauft. Die Rechercheure eines Berichts an den UN-Sicherheitsrat konnten jedoch bis November 2014 keinen einzigen aktenkundig gewordenen Verkauf ermitteln, was daran liegen könnte, dass Zwischenhändler die Stücke erst einmal einlagern und abwarten, bis die internationale Aufmerksamkeit nachlässt, siehe hierzu auch: *Letter dated 13 November 2014 from the Chair of the Security Council Committee pursuant to resolutions 1267 (1999) and 1989 (2011) concerning Al-Qaida and associated individuals and entities addressed to the President of the Security Council, S/2014/815*, 14. November 2014, S. 24.
38 »ISIS Orders All Christian, Shiite Business Assets to Be Delivered to the Islamic State«, *AINA News*, 16. September 2014.
39 »Convert, pay tax, or die, Islamic State warns Christians«, *The Guardian*, 18. Juli 2014.
40 Leila Fadel, »Saddam's Ex-Officer: We've Played Key Role In Helping Militants«, *NPR*, 19. Juni 2014.
41 Maggie Fick und Ahmed Rasheed, »ISIS rounds up ex-Baathists to eliminate likely rivals«, *The Daily Star*, 9. Juli 2014.
42 Judit Neurink, »Mosul Residents Fed Up With IS«, *Rudaw*, 25. August 2014.
43 »Caliphornia dreamin'«, *The Economist*, 12. Juli 2014.
44 »The slow backlash: Sunni religious authorities turn against Islamic State«, *The Economist*, 6. September 2014.
45 Michael Moutot und Michael Mainville, »ISIS, Al-Qaeda rivalry could spark dangerous contest«, *The Daily Star*, 2. Juli 2014.
46 Ben Hubbard, »ISIS Threatens Al Qaeda as Flagship Movement of Extremists«, *The New York Times*, 30. Juni 2014.

Anmerkungen

6 Al-Qaida war gestern

1 Fatima Mernissi, *Women's Rebellion and Islamic Memory*, London 1996, S. 68.
2 Hans Jansen, *Mohammed. Eine Biographie*, München 2008, S. 382.
3 Tilman Nagel, *Mohammed. Leben und Legende*, München 2008, Band I, S. 438, darin Verweis auf Arent Jan Wensinck, *Concordance et Indices de la Tradition Musulmane*, Leiden 1933–1988, Band II, S. 271.
4 Tilman Nagel, *Mohammed. Leben und Legende*, München 2008, Band I, S. 370.
5 Ebd. S. 374.
6 Hans Jansen, *Mohammed. Eine Biographie*, München 2008, S. 280.
7 Das Konzept hat Ayman al-Zawahiri ausgeführt in seinem Buch *Fursan taht raya an-nabi* (»Ritter unter dem Banner des Propheten«), 1996.
8 Lawrence Wright, *Der Tod wird euch finden. Al-Qaida und der Weg zum 11. September*, München 2008, S. 413.
9 Ebd., S. 490.
10 Hans Jansen, *Mohammed. Eine Biographie*, München 2008, S. 196.
11 Lawrence Wright, *Der Tod wird euch finden. Al-Qaida und der Weg zum 11. September*, München 2008, S. 499.
12 Mohammed al-Adnani: »Entschuldigungen an den Emir von al-Qaida«, Furqan Media Foundation, 12. Mai 2011, online abrufbar unter https://pietervanostaeyen.wordpress.com/2014/05/12/new-audio-message-by-isis-shaykh-abu-muhammad-al-adnani-as-shami-apologies-amir-al-qaida/.

7 Auf dem Berg der Jesiden

1 »Iraq IDP Crisis: Sinjar Displacement«, *Reach*, August 2014.
2 Video abrufbar unter http://youtu.be/fuCJG3k3mTs.
3 Ralf Hoppe, »Neun Tage Kalifat«, DER SPIEGEL, 13. Oktober 2014.
4 »Escape from hell. Torture, sexual slavery in Islamic State captivity in Iraq«, *Amnesty International*, Dezember 2014.
5 Ebd.

8 Wer köpft, dem glaubt man

1 Video abrufbar unter https://www.youtube.com/watch?v=RN3ktXbLzlY.
2 Polly Mosendz, »ISIS Captive John Cantlie Appears in New Propaganda Video««, *Newsweek*, 5. Januar 2015.
3 Bill Gardner, »Foley murder video ›may have been staged‹«, *The Telegraph*, 25. August 2014.

Anmerkungen

4 »Media Forensics Experts Analyzing ISIS Video In Denver«, *CBS Denver*, 3. September 2014.
5 Video abrufbar unter http://youtu.be/fuCJG3k3mTs.
6 Robert MacKey, »The Case for ISIS, Made in a British Accent«, *The New York Times*, 20. Juni 2014.
7 Ben Hubbard und Scott Shane, »ISIS Displaying a Deft Command of Varied Media«, *The New York Times*, 30. August 2014.
8 Praveen Swami, »Al-Qaeda declares new front to wage war on India, calls for jihad in the subcontinent«, *The Indian Express*, 4. September 2014.
9 Christoph Günther, *Ein zweiter Staat im Zweistromland? Genese und Ideologie des »Islamischen Staates Irak«*, Leipzig 2014, S. 173.
10 Marie Astrid Langer, »Enthauptung vor einem Millionenpublikum«, *Neue Zürcher Zeitung*, 22. August 2014.
11 Ian Cobain und Shiv Malik, »Isis hostage delivers propaganda message: Captured photojournalist in scripted address to west: Video focuses on media and payment of ransoms«, *The Guardian*, 19. September 2014.
12 Cahal Milmo, »Isis jihadists using World Cup and Premier League hashtags to promote extremist propaganda on Twitter«, *The Independent*, 22. Juni 2014.
13 »ISIS Jumping from Account to Account, Twitter Trying to Keep Up«, *Recorded Future*, 3. September 2014.
14 Der in den USA geborene Anführer von al-Qaida im Jemen, Anwar al-Awlaki, hatte ebenfalls bereits damit begonnen, mit einer Facebook-Seite und dem englischsprachigen Magazin *Inspire* um die ausländische Zielgruppe zu werben, aber war damit nicht annähernd so weit gekommen wie der IS, als er 2011 von einer US-Drohne getötet wurde.
15 Shiv Malik, Sandra Laville, Elena Cresci und Aisha Gani, »Islamic State: Isis hijacks Twitter hashtags to spread extremist message«, *The Guardian*, 25. September 2014.
16 J. M. Berger, »How ISIS Games Twitter«, *The Atlantic*, 16. Juni 2014.
17 Ebd.
18 Aaron Y. Zelin, »The Massacre Strategy: Why ISIS brags about its brutal sectarian murders«, *Politico*, 17. Juni 2014.
19 »Der Gottesstaat vor Europas Haustür – ISIS errichtet Staat in Syrien und im Irak«, *RTL*, 5. Januar 2014.
20 »Majority of IS civilian victims in Syria are reportedly Sunnis«, *Middle East Eye*, 17. November 2014.
21 https://www.facebook.com/wissam.ali.33/posts/978270168857028.
22 So abstrus es erscheinen mag, fälschlich westliche Kämpfer als Selbstmordattentäter auszugeben, Robert Baum war kein Einzelfall: Nach Angaben eines europäischen Geheimdienstlers geschah dasselbe auch mit zwei dänischen IS-Männern, die nach ihrer angeblichen Selbstsprengung noch lebendig gesehen wurden.

Anmerkungen

23 Sebastian Meyer und Alicia P. Q. Wittmeyer, »How to Take a Picture of a Severed Head«, *Foreign Policy*, 9. August 2014.
24 Ebd.
25 Ebd.
26 »The Islamic State«, *Vice*, 26. Dezember 2014, Video abrufbar unter https://news.vice.com/video/best-of-vice-news-2014-the-islamic-state-full-length.
27 Frederik Pleitgen, »Author's journey inside ISIS: They're ›more dangerous than people realize‹«, *CNN*, 4. Januar 2015.
28 Jürgen Todenhöfer, »IS ist in rauschartiger Stimmung«, *Die Welt*, 18. Dezember 2014.

9 Nordkorea auf Arabisch

1 Die Frage, wie viel Fläche der IS tatsächlich kontrolliert, ist schwer zu definieren und auch deswegen zur politischen Streitfrage geworden. Nüchterner Fakt ist: Weite Teile des »Kalifats« sind schlichtweg Wüste ohne Dörfer, Städte, Straßen, Flächen ohne Wert. Aber da der IS die Wege um diese Flächen herum beherrscht, wäre es ebenfalls verzerrend, sie nicht mitzuzählen. Wüsten inklusive maß der »Islamische Staat« im Herbst 2014 laut *Washington Post* 244 000 Quadratkilometer (81 000 Quadratmeilen), was der Fläche Großbritanniens entspricht: Rick Noah, »Here's how the Islamic State compares with real states«, *The Washington Post*, 12. September 2014.
2 »Al Qaeda In Yemen«, *Frontline*, *KPBS*, 24. Mai 2012.
3 Ghaith Abdul-Ahad, »Syria's oilfields create surreal battle lines amid chaos and tribal loyalties«, *The Guardian*, 25. Juni 2013.
4 Liz Sly, »Syria tribal revolt against Islamic State ignored, fueling resentment«, *The Washington Post*, 20. Oktober 2014.
5 »Islamic State turns radical Islam on Syria Muslims«, *Reuters*, 26. August 2014.
6 Liz Sly, »Syria tribal revolt against Islamic State ignored, fueling resentment«, *The Washington Post*, 20. Oktober 2014.
7 Daveed Gartenstein-Ross, »The Islamic State's stalled offensive in Anbar Province«, *War on the Rocks*, 25. November 2014.
8 »Islamic State turns radical Islam on Syria Muslims«, *Reuters*, 26. August 2014.
9 Joanna Paraszcuk, »What are the ›Chechen Jamaats‹ in the Islamic State?«, *From Chechnya To Syria*, 11. Oktober 2014.
10 Abu Ibrahim Raqqawi, »ISIS youth recruitment camps flourish in Al-Raqqa«, *Raqqa is Being Slaughtered Silently*, 9. Januar 2015.
11 Abu Mohammed, »Raqqa a year under control of ISIS«, *Raqqa is Being Slaughtered Silently*, 12. Januar 2015.
12 Ebd.

13 W. G. Dunlop, »ISIS uses kids in propaganda targeting next generation«, *The Daily Star*, 17. Januar 2015.
14 Abu Ibrahim Raqqawi, »Prisoners in their own City: ISIS bans women under 45 from leaving Raqqa«, *Raqqa is Being Slaughtered Silently*, 20. Januar 2015.
15 Bill Gardner, »›Lol – my husband's dead‹: British female jihadi«, *The Telegraph*, 2. Dezember 2014.
16 Annabel Wahba und Jana Simon, »Und packt die Babyflaschen ein!«, *Die Zeit*, 19. Oktober 2014.
17 Ebd.
18 »Caliphate calling«, *The Economist*, 28. Februar 2015.
19 »Female jihadis publish guide to life under Islamic State«, *The Guardian*, 5. Februar 2015.
20 Erika Solomon, Guy Chazan und Sam Jones, »Isis Inc: how oil fuels the jihadi terrorists: Jihadis' oil operation forces even their enemies to trade with them«, *Financial Times*, 14. Oktober 2015.
21 Marwan Hisham, »The Hitchhiker's Guide to the Islamic State«, *Financial Times*, 20. April 2016.
22 »Raqqa's Rockefellers: How Islamic State oil flows to Israel«, *Al-Arabi al-Jadeed*, 26. November 2015.
23 »Aleppo women complain ISIS burns their coats«, *All4Syria*, 3. Dezember 2014.
24 Ahmad Hadi, »War of flags: Extremists in Mosul disguise civilian houses to fool air strikes«, *Niqash*, 9. Oktober 2014.
25 Aaron Y. Zelin, »Guest Post: Manbij and The Islamic State's Public Administration«, *Jihadology*, 27. August 2014.
26 Kareem Fahim, »Government allies are said to have slaughtered dozens of sunnis in Iraq«, *The New York Times*, 29. Januar 2015.
27 Raphael Satter, »Botched cyberattack on Syria group blamed on IS«, *Associated Press*, 18. Dezember 2014.

10 Die Kolonien des Kalifats

1 J.M. Berger, »The Islamic State's Irregulars«, *Foreign Policy*, 23. Dezember 2014.
2 Magnus Ranstorp, Linus Gustafsson und Peder Hyllengren, »From the Welfare State to the Caliphate: How a Swedish suburb became a breeding ground for foreign fighters streaming into Syria and Iraq«, *Foreign Policy*, 23. Februar 2015.
3 Raniah Salloum, »Attentat auf ›Charlie Hebdo‹: Frankreichs brüchige Einheit«, SPIEGEL ONLINE, 8. Januar 2015.
4 Sergey Lavrov, »Charlie Hebdo attackers trained in Syria«, *Sana*, 14. Januar 2015.
5 Dass im Januar, unmittelbar nach den Anschlägen in Paris, ähnliche

Attentate in Belgien in letzter Minute verhindert werden konnten, lag daran, dass die anschlagbereiten Männer dort überwacht wurden, denn sie waren Rückkehrer aus Syrien. Ihre Autos und Wohnungen waren verwanzt und die Behörden über ihre Pläne fortlaufend im Bilde.

6 »›Gang warfare‹ is disillusioning UK fighters in Syria«, *Middle East Eye*, 5. September 2014.
7 Jörg Diehl und Jonas-Erik Schmidt, »Deutscher Dschihadist Denis Cuspert: Fünf Stationen auf dem Weg zum IS-Terroristen«, SPIEGEL ONLINE, 10. Februar 2015.
8 David D. Kirkpatrick, »Militant Group in Egypt Vows Loyalty to ISIS«, *The New York Times*, 10. November 2014.

11 Die Schlafwandler

1 »Sixteen ISIL militants in Turkish prisons«, *Hürriyet Daily News*, 20. November 2014.
2 Yousef Alsharif, »Syria-Turkey extremist trafficking exposed«, *NOW Lebanon* (übernommen aus *Al-Hayat*), 20. Januar 2015.
3 »ISIL using ammunition produced by Turkey«, *Today's Zaman*, 9. September 2014.
4 Die syrischen Grenzen zum Libanon und zum Irak sind im Prinzip ebenfalls leicht mithilfe von Schmugglern zu überqueren. Um aber überhaupt bis zu den Grenzen zu kommen, muss jeder Reisende im Libanon wie im Irak vom nächstgelegenen Flughafen aus erst durch kurdische oder schiitische Gebiete, was sich für sunnitische Dschihadisten nicht empfiehlt.
5 U.S. Department of the Treasury, »Treasury targets networks linked to Iran«, 6. Februar 2014, http://www.treasury.gov/press-center/press-releases/Pages/jl2287.aspx.
6 Bill Roggio, »›Iran owes al Qaeda invaluably‹, ISIS spokesman says«, *The Long War Journal*, 12. Mai 2014.
7 gjohnsit, »What is the difference between ISIS and our Iraqi allies? Not much«, *Daily Kos*, 23. Oktober 2014.
8 Ali Khedery, »Iraq's Last Chance«, *The New York Times*, 15. August 2014.
9 Martin Chulov, »Lack of political process in Iraq ›risks further gains for Isis‹«, *The Guardian*, 18. Januar 2015.
10 Barbara Slavin, »Shiite militias mixed blessing in Iraq, Syria«, *The Monitor*, 9. Februar 2015.
11 Liz Sly, »Iraq's pro-Iranian Shiite militias lead the war against the Islamic State«, *The Washington Post*, 15. Februar 2015.
12 Ian Black, »Charlie Hebdo killings condemned by Arab states – but hailed online by extremists«, *The Guardian*, 7. Januar 2015.
13 Fouad al-Ibrahim, »Why ISIS is a threat to Saudi Arabia: Wahhabism's deferred promise«, *Al-Akhbar*, 22. August 2014.

Ausblick

1 Peter Schwartzstein, »The Islamic State's Scorched Earth-Strategy«, *Foreign Policy*, 6. April 2016.
2 Human Rights Watch, »Iraq: Militias Escalate Abuses, Possibly War Crimes: Killings, Kidnappings, Forced Evictions«, 15. Februar 2015.
3 Hassan Hassan, »The Islamic State's speedy retreat«, *NOW*, 2. März 2016.
4 Rukmini Callimachi, »U.S. Seeks to Avoid Ground War Welcomed by Islamic State«, *The New York Times*, 7. Dezember 2015.
5 Ebd.
6 Shiv Malik, »The Isis papers: leaked documents show how Isis is building its state«, *The Guardian*, 7. Dezember 2015.
7 Hassan Hassan, »Washington's War on the Islamic State is Only Making It Stronger«, *Foreign Policy*, 16. Juni 2016.

Orts- und Personenregister

Die Begriffe *Irak* und *Syrien* werden im gesamten Text genannt und wurden nicht in das Register aufgenommen.

Abaaoud, Abdelhamid 327f., 331f., 334
Abadi, Haider al- 197, 362f., 365
Abbott, Tony 323
Abbottabad 365
Abdeslam, Salah 332
Abdulmalik, Anwar 92
Abdulrahman, Shahhoud 151
Abed, Ghanem al- 193, 204
Aboud, Hassan 155
Aboud, Hussein Radsch al- 279
Absi, Abu Mohammed al- 393
Absi, Ammar al- 139
Absi, Shakr 80
Abu Dhabi 317
Abu Ghraib 34
Abu Hammam 277f.
Addas, Ahmed Abu 96
Aden, Golf von 226
Adl, Saif al- 79
Adnani, Abu Mohammed al- 70, 161, 207, 248, 317f., 334, 365
Adra 120, 123
Afghanistan 51, 56, 65, 67, 70, 79, 93, 107, 124, 152, 156, 199, 205, 211, 224, 228, 240, 276, 292, 330
Aflaq, Michel 68
Afrin 354ff.
Ägypten 19, 36, 65, 74, 97, 155, 224f., 267, 273, 337f., 343f., 347
Ahmed, Riad 127
Aido, Mustafa 233f., 243
Ain al-Tall 178, 180
Akçakale 305, 359
Akko 60
Aleppo 31, 37–40, 47–52, 82, 89, 90f., 102–105, 109, 138–142, 145–150, 152f., 156, 158, 160–165, 170–174, 178ff., 182, 207, 209, 280, 283, 297, 345, 395
Algerien 41, 74, 156, 291, 320
Ali, Abdel Rahim 339
Ali, Abu 120
Ali, Hamid al- 72
Ali, Nadschad 239
Ali Ibn Abi Talib, Kalif 58
Allousch, Zahran 208
Almani, Abu Sara al- *siehe* Baum, Robert
Almani, Abu Talha al- *siehe* Cuspert, Denis
Almani, Othman al- *siehe* Baum, Robert
Alnıak, Yacup Bülent 353
Ameri, Hadi al- 307, 363, 365
Amerika *siehe* USA
Amerli 272
Amman 78, 80
Anbar 31, 34, 121, 273, 278, 366
Anbari, Abu Ali al- 71f., 156
Ankara 87, 353, 357, 361
Ansari, Abu Zubair al- 262
Antakya 168, 304f., 351f.
Anwar, Aamer 293
Arslan, Shakib 212
Aschraf, Ibn al- 219
Ashrafiye 115
Aslan, Basil 135
Assad, Baschar al- 9, 18–21, 31, 34, 37, 39, 49, 55, 76, 81, 83f., 90f., 93, 96, 101, 103, 108, 113, 116ff., 123–126, 129f., 136f., 142f., 146, 148–152, 154, 162, 168ff., 173ff., 181, 205f., 263f., 267f., 270f., 274, 276f., 280,

405

Orts- und Personenregister

297, 301, 311 f., 314, 356 f., 360 f.,
364, 372, 379, 382 ff., 393 f.
Assad, Buschra al- 81
Assad, Hafiz al- 60, 75, 81, 83, 113,
118, 152
Assad-Stausee 104
Atarib 47, 138, 151, 159, 172
Atmeh 41, 49, 53, 143, 159, 353
Australien 148, 291, 316
Averroës *siehe* Ibn Rushd
Awlaki, Anwar al- 399
Ayoub, Ismail 84
Azaz 39, 47, 53, 137 f., 146, 160, 164,
174, 176
Azmi, Abu 142
Azzam, Abdullah 153

Baader, Andreas 337
al-Bab 46, 52, 138 f., 141, 159, 170 f., 174,
209, 273 f., 281, 283 ff., 297, 337 f.
Bab al-Hawa 109, 158
Badawi, Raif 367
Badr 218
Bagdad 14, 18, 35, 57, 60, 62 f., 69, 71,
76, 83 f., 86 f., 182, 188 f., 192, 194,
197–201, 209, 211, 228, 243, 262 f.,
278, 295 f., 303, 307, 311, 334, 362,
364 ff., 374
Baghdadi, Abu Bakr al- (»Kalif Ibrahim«) 16 f., 34, 50, 52 f., 64–67,
69–72, 105 f., 120, 127 f., 136, 156 f.,
180, 197, 207–210, 212, 214, 226,
244 f., 256 f., 277, 281 f., 290, 308,
319, 334, 367, 386
Baghdadi, Abu Omar al- 34, 64 ff.,
106
Bagisa (Jesidin) 229, 234, 240, 242 f.
Bahari, Mohammed Saleh al- 366
Bahaya, Mohammed al- *siehe* Suri,
Abu Chalid al-
Bahrain 383
Bakr, Haji (»Muqqadam Bakr«)
31–36, 39, 42–46, 48, 55, 69, 71, 86,
126, 133, 140 f., 144, 156, 176 ff., 228,
318, 380

Bakraoui, Ibrahim El 332
Bakraoui, Khalid El 332
Balousch, Nadim (»Abd al-Gharib«)
55, 116, 119–128,
Bangalore 260
Bangladesch 10
Banyas 132
Barqa 341
Barsani, Masoud 182, 184, 240 f.
Barsani, Masrour 182
Barwana 311, 363
Baschir 372 f., 375
Basra 188
Basri, Abu Ali al- 188
Batoha, Mohamed 342
Bauer, Thomas 219
Baum, Robert (Abu Sara al-Almani/
Othman al-Almani) 265, 267 f.,
400
Baz, Patrick 268
Beiji 199, 273, 373, 375
Beirut 78, 110, 112, 115, 334, 355, 384
Belgien 25, 74, 328 f., 335, 402
Bengasi 344
Beni Walid 344
Benjamin, Daniel 89
Bentalha 156
Berger, J. M. 317
Bergner, Kevin 65 f.
Berlin 26, 227, 293, 325
Berlusconi, Silvio 84
Bilawi, Abu Abdulrahman al- 71
Bin Baz, Abdelaziz 369
Bin Laden, Osama 32, 56 ff., 66, 72,
79, 93, 106, 120, 124 ff., 152 f., 178,
206, 214, 224 f., 228, 275, 286, 326,
343, 365
Binish 138, 160
Bitar, Zuheir 99
Bludan 86
Bosnien 153
Bouazizi, Mohammed 345
Boudina, Ibrahim 330 f.
Boumedienne, Hayat 351
Boustani, Walid al- 102

Orts- und Personenregister

Bozdağ, Bekir 351
Bremer, Paul 32, 60 f.
Britaniyya, Umm Khattab al- 292
Brüssel 10, 318, 325, 331–334, 347
Bucca, Camp 34, 70 f., 120
Bukamal 85, 116, 280
Bush, George W. 57, 228

Caldwell, William 65
Cameron, David 29
Cannes 330 f.
Cantlie, John 251 f., 254, 257, 260, 271, 393
Carlos (Pseud.) 75
Casablanca 346
Çavuşoğlu, Mevlüt 351
Chalabi, Ahmed 182
Chalaf, Blindkas 232
Chalid, Scheich (Pseud.) 124, 127
Chamenei, Ali 364
Charbel, Marwan 115
Chicago 325
China 261, 312
Chivers, Chris 195
Chormal 62
Chudaida (Jesidin) 229, 242
Chulov, Martin 86
Cilvegözü 109
Clark, Christopher 362
Córdoba 211
Coulibaly, Amedy 320–323, 351
Couture-Rouleau, Martin 316
Cuspert, Denis (Abu Talha al-Almani) 281, 337

Dabiq 376
Dall'Oglio, Paolo 134
al-Dalwa 370
Damaskus 34, 69 f., 75–81, 83–89, 91 f., 94–97, 99 f., 103 ff., 107, 110, 112 ff., 119 f., 126, 131, 136, 151, 154, 156, 170, 173, 201, 206, 208, 271, 280, 299 ff., 303, 364, 392, 395
Dammartin-en-Goële 321
al-Dana 48, 50, 138, 160, 162, 170

Dandal, Nabil 116–119
Dantschke, Claudia 293
Daressalam 227
Daret Azze 41
Darqush 108
Darwisch, Osama 98
Deek, Abu Hussein al- 172
Deir ez-Zor 37, 51, 104, 149, 152, 206, 255, 274, 276, 279 f., 287, 291
Den Haag 96
Derek 240
Derna 340–342, 345
Deutschland 28, 90, 273, 292, 316, 326, 329, 333 ff., 338
Dhahran 317
Dhoun, Abdulkader al- 116 f.
Diez, Georg 253
Dijon 319
Dimaschqi, Abu al-Baara al- 141
Dinslaken-Lohberg 323
Diyala 207, 307, 311, 363, 374
Dohuk 241
Dubai 227
Duri, Izzat al- 34

Elias, Edouard 49
Elizabeth II., Königin von England 325
Emde, Christian (Abu Malik) 270
Enzarat 170
Erbil 186, 191, 232, 234, 353
Erbin 100
Erdoğan, Recep Tayyip 351, 356, 360 f.
Esper, Maher 121 ff.
Euphrat 40, 116, 129 f., 164, 181, 273, 280, 288
Euphrat-Stausee 158
Europa 41, 93, 148, 224, 236, 258, 290 ff., 306, 316, 327 f., 331, 335 f., 339, 346, 348, 351, 356, 362, 384,
Eysch, Nidal Abu 141

Fabius, Laurent 28
Fadhli, Mohsen al- 79

Orts- und Personenregister

Faisal Ibn Abd al-Aziz, König von Saudi-Arabien 369
Falaha, Taha Subhi *siehe* Adnani, Abu Mohammed al-
Falluja 77, 182, 273, 275, 373 f.
Fares, Nawaf 392
Farisi, Abu Hafs Amr al- 264
Farook, Sayed 329
Fatih 354
Fauzan, Saleh al- 208
Filiu, Jean-Pierre 376 f.
Finnland 292, 335
Fischkhabur 241
Foley, James 250, 254 f., 257, 260, 330
Foley, Laurence 80
François, Didier 48
Frankreich 11, 28, 74, 90, 114 f., 129, 201, 261, 292, 319–322, 328 ff., 335, 348

Gaddafi, Muammar al- 9, 340
Garzarik 230
Gato, Pulo di (Pseud.) 131
Gazastreifen 339 f.
Gaziantep 130, 144, 178, 350, 355
Genf 169, 343
Georges-Picot, François 60, 201
Georgien 282
Ghadiya, Abu 79 f., 85 f.
Ghaidan, Ali 185, 197
Gharawi, Mahdi 182, 185, 189
Gharib, Abd al- *siehe* Balousch, Nadim
Ghazi, Ibrahim al- 133
Ghlam, Sid Ahmed 332
Ghouta 131
Glasgow 293
Golani, Mohammed al- 51, 53, 90, 103–107
Göteborg 323
Großbritannien 60, 74, 200, 206, 258, 265, 273, 292, 334, 370
Guantanamo 252, 254
Günther, Christoph 258

Habayebna, Muhannad 134
Habbaniya 32
Habib, Rami 124
Hadbe, Abdelmalik 177 f.
Hadi (Jeside) 229, 242 f.
Haftar, Khalifa 340
Haid, Haid 47
Haj Saleh, Firas 133
Haj Saleh, Yassin 28, 130, 133
Haji, Yasir al- 49
Halm, Heinz 59
Hama 90, 99, 101, 152, 155, 172, 174, 301
Hame, Reda 331 f.
Hamid, Shadi 209
Hanasch, Mohammed 342, 344
Hannoush, Waad 204
Harim 171
Hariri, Rafik 95 f., 111
Haschimi, Hischam al- 31, 33, 73
Haschimi, Tariq al- 73
Hassaka 36 f., 149, 375
Hassan, Hassan 376
Hassan, Jamil 96, 98
Hassan, Wissam al- 112, 115
Hatay 114, 350 ff., 358
Hawija 35, 188, 194, 273, 287, 294, 308
Hayali, Fadl al- *siehe* Turkmani, Abu Muslim al-
Hekmat, Holgard 233
Hitchcock, Alfred 255
Hollande, François 11, 328, 348
Hollandi, al- 49
Homs 83, 92, 97, 99, 101 f., 105, 108, 130, 150, 172, 265 f., 273
Homsi, Abu Dudschana al- 267
Hraitan 170, 172
Hussein Ibn Ali, Imam 44, 175
Hussein, Omar Abdel Hamid al- 323
Hussein, Saddam 12, 17, 24, 31, 33 ff., 45, 48, 56 f., 59 f., 62 f., 67 ff., 71, 76, 83 f., 88, 118, 143, 156, 183, 187, 192, 194, 201, 204, 228, 230, 236, 243, 274, 312, 334, 380, 385

Orts- und Personenregister

Ibn Hayyan, Jabir 389
Ibn Ishak 217, 219
Ibn Rushd (Averroës) 215
Ibn Saud, Abdel Aziz 368, 370 f.
Ibrahim, Kalif *siehe* Abu Bakr al-Baghdadi
Idlib 36, 49 ff., 101 f., 104, 107, 109, 145, 150, 152, 154, 158, 164, 171 f., 174, 176, 296, 345, 353, 389
Ikhtiyar, Hisham 82, 119
Indien 60, 211, 258
Indonesien 272, 336, 356
Inkster, Nigel 79
Iran 10 f., 70, 79 f., 114, 157, 163 f., 187, 240, 262, 307, 364 f., 374–377, 383 f.,
Iraqi, Abu Ayman al- 71, 127, 156
Islamabad 33
Israel 75, 80, 115, 141, 298, 349, 383
Issa, Abu 394
Istanbul 148, 346, 350, 352 ff., 361
Italien 299

Jabawi, Ibrahim al- 83, 97
Jabr, Ayman 124
Jalawla 235
Janjua, Schahid 325
Jarablus 53, 138, 140, 160, 167, 174 ff., 273 f., 281, 291, 294
Jemen 59, 275, 321 f., 364, 383, 399
Jerusalem 122, 127, 200, 338
Jordanien 56, 58, 78, 80, 90, 121, 303, 336, 349 f., 361, 385
Joué-lès-Tours 319
Juburi, Ali Aswad al- *siehe* Iraqi, Abu Ayman al-
Jumaili, Abu Samir al- 366

Kafat 265 f.
Kafka, Franz 270
Kafr Darian 353
Kafr Naseh 176
Kafr Sousa 90 f., 119
Kafr Takharim 48, 160, 170, 172
Kafranbel 100, 159, 394

Kairo 193, 210, 264, 339
Kamal, Hussein Ali 86 f.
Kanaan, Ghazi 83, 117, 119
Kara Tapa 267
Karandel, Radwan 144
Kasachstan 288
Kasasbeh, Moaz al- 259
Kassig, Peter 261, 376
Katar 53, 155
Kattouf, Theodore 76
Kemal Atatürk, Mustafa 211
Kenia 225
Kepel, Gilles 320
Kerbala 59, 187 f., 194, 371
Khalayle, Ahmed Fadil Nazal al- *siehe* Zarqawi, Abu Musab al-
Khalil, Abdullah 132
Khalil, Alwar 240
Khan Alshekh 86
Khazzani, Ayoub El 332
Khedery, Ali 366
Khirbet al-Ward 97
Khleifawi, Samir Abed al-Mohammed al- *siehe* Haji Bakr
Khoja, Abdul Aziz 370
Kilis 353
Kirkuk 60, 200, 296, 303, 373
Kobane 181 205, 232, 237, 272, 278, 282, 287 f., 292, 307, 357 ff., 382
Kopenhagen 323
Kouachi, Chérif 319–323
Kouachi, Saïd 319–323
Kurdistan 25, 197, 199, 230, 241, 298 f., 302
Kurdu, Ibrahim 357
Kuwait 79, 104, 155, 366, 383

Laachraoui, Najim 332
Lattakiya 70, 85, 116 f., 119, 123 ff., 127, 150, 174
Lavrov, Sergej 321
Leicester 125
Lenin, Wladimir I. 380
Leon, Bernadino 343
Libanon 25, 39, 51, 59, 62, 74, 79 f., 84,

96f., 102, 110ff., 115, 123, 220, 299, 349, 364, 383, 402
Libanon-Gebirge 85
Libbi, Abu Laith al- 153
Libyen 9, 19, 36, 74, 337–340, 346f.
London 153, 165, 227, 291, 310, 325, 336
Los Angeles 227, 329
Lulu, Abu Ahmed al- 179f.
Luqman, Abu 137, 141
Luther, Martin 306

Maaret Misrin 160
Madrid 227
Madschid, Bassam Abdel 87
Maghribi, Abu Obeida al- 180
Maher, Abu 100
Maher, Umm (Pseud.) 142
Mahmood, Aqsa 293
Mahmoud, Jamil 355f.
Mahmoun, »Doktor« 238
Mahmour 234, 237, 239f.
Maizière, Thomas de 216
Majid, Talal 191
Makiya, Kanan 45
Maktab Chalid 303
Malaysia 70
Mali 62
Malik, Abu siehe Emde, Christian
Malik, Tashfeen 329
Maliki, Ali Waham al- 196
Maliki, Nuri al- 63f., 73, 84, 86f., 182, 184, 187ff., 190, 193f., 197ff., 232, 242f., 275, 363, 374
Malta 346
Mamluk, Ali 82, 87ff., 94, 96f., 107, 111–115
Manbij 38, 47, 104, 138, 174, 273f., 281, 291, 303, 310
Mansoura, Mohammed 118
Maqdisi, Abu Mohammed al- 208
Mara'a 47ff.,173
Marokko 74, 87, 97, 120, 216, 291,338, 346, 361
Maschhadani, Chalid al- 66
Mashhadani, Saifeddin al- 204

Maskana 104, 158ff.,
Masri, Abu Ayyub al- 34, 65ff.,
Masri, Abu Hafs al- 138f.
Masri, Issa al- 86
Mateen, Omar 329
McChrystal, Stanley 379
McGurk, Brett 191, 381
Medina 73, 218, 226, 368
Mekka 40, 70, 187, 217f., 222, 226, 335, 368f., 371
Melbourne 316f., 325
Mennegh 109, 144, 164
Merabet, Ahmed 319
Mernissi, Fatima 216
Meyadin 40f., 280
Mezze 81
Midan 90, 94f., 98
Middleton, Kate 325
Misurata 340, 342, 344, 347
Mitiga 346
Mohammed (Prophet) 32, 40, 58, 72, 120, 137, 210, 215–218, 220, 226, 245, 248, 253, 257f., 282, 301, 304, 319, 322, 335
Mohammed, A. (Pseud.) 190
Mohammed, Baschir 355
Mosul 21f., 35f., 39, 66, 70f., 143, 175, 181–213, 217f., 230–235, 237f., 243, 245f., 251ff., 262, 264, 271, 273f., 277, 287, 290, 295f., 298, 301, 303, 308ff., 315, 319, 337, 345, 353f., 370, 374, 378f.
Mubarak, Husni 225, 339
Muhaisny, Abdallah al- 159
Mullen, Mike 15
Münster 219
Murad-Pesse, Nadja 245

Nadhif (Pseudonym) 112f.
Nagorny Karabach 361
Nahr al-Barid 32
Nairobi 227
Najjar, Muddar 165
Najm, Adnan Ismail *siehe* Bilawi, Abu Abdulrahman al-

Nayouf, Nizar 89 f., 95
Nemmouche, Mehdi 318, 331
Neumann, Peter 336
New York 317, 325
Niederlande 49, 325
Nofal, Souad 134, 136
Nolan, Christopher 263
Nordkorea 204
Nowruz 229, 232, 240, 242

Obama, Barack 126, 241 f., 324
Obeid, Emad 151
Öcalan, Abdullah »Apo« 237, 240
Odierno, Ray 15 ff., 67, 386
Oerlemanns, Jeroen 393
Ogeidy, Abduljabar 144
Omar, Mullah 211
Orestiada 330
Orlando 329
Orwell, George 45
Osama, Abu Ahmed 141
Osman, Mullah 202
Osmanisches Reich 59 f., 207, 210, 368; *siehe auch* Türkei
Ottawa 316
Özkan, Behlül 360

Pakistan 51, 62, 79, 86, 154, 164, 211, 227, 290
Palästina 81
Palästinensische Autonomiegebiete 339
Paris 10 f., 115, 227, 296, 319 f., 322 f., 325 f., 328–334, 336, 347, 351, 367, 402
Perthes, Volker 26
Petraeus, David 84
Pollack, Kenneth 366
Powell, Colin 57
Primo, Ahmed 162

Qaim 195 f.
Qamishli 150
Qanbar, Aboud 185, 197
Qandil-Bergmassiv 237 f., 241, 249
Qaqa, Abu al- 70, 82,
Qaradawi, Yussuf al- 192
Qardasch, Ala *siehe* Anbari, Abu Ali al-
Qasim 77
Qasim, Emad al- 147 ff.
Qazzaz 99, 392
Québec 316
Qutada, Abu 153

Rabie 241, 249
Rados, Antonia 95
Radschab, Esmat 198
Ra'ei 165, 174, 274, 288
Rai, Bishara 112
Rammadi 373
Raqqa 11, 37, 47, 52, 116, 129–137, 140, 145, 159 f., 164, 167, 170 f., 174 f., 182, 205 f., 218, 232, 246, 259 f., 273 f., 281 f., 284–289, 291, 293, 300, 303, 313, 328, 338, 341 ff., 345, 348, 354, 370, 375, 385, 395
Raschid S. (Pseudonym) 141
Raslan, Anwar 81 f., 92, 97
Rawashid 311
Rawi, Fauzi al- 83
Rayyan, Abu 158
Reyhanlı 109, 145, 148, 161, 355
Riad 317, 368
Rifai, Rafat 38
Rifi, Ashraf 112, 115
Rom 248, 343
Rumsfeld, Donald 76, 182
Russland 9, 211, 360 f.; *siehe auch* Sowjetunion
Ryan, Ibolya 317

Saad, Firas 121
Saadi, Amir al- 197
Sabilla 371
Sabkhat al-Jaboul 103 f.
Sabrata 345
Sadat, Anwar al- 224
Sadikov, Olimzhon Adkhamovich 163

Orts- und Personenregister

Said, Mohammed 147
Saidnaya 33, 88, 120–124, 127, 139, 154, 279
Saint-Denis 328
Sakin Berze 83
Salahedin 36
Salame, Adib 99
Salamia 266 f.
Salby, Ahmad 142
Saleh, Abdelqader 49, 142, 146
Salma 124
Salqin 48, 160, 170 f.
San Bernardino 329
Samaha, Michel 110–115
Samarra 69 f.
Samarrai, Ibrahim Awad Ibrahim al-Badri al- siehe Abu Bakr al-Baghdadi
Sarradsch, Fayes al- 347
Saud, Abdullah bin 369
Saud, Mohammed bin 368
Saudi-Arabien 41, 46, 48, 59, 74, 208, 224, 253, 273, 279, 291 f., 317, 349, 361, 366–370, 383
Schaaban, Boutheina 113
Schalisch, Dhu al-Himma al- 83
Schalisch, Faris 118
Scharm asch-Scheich 11
Schaukat, Asif 34, 81, 83, 85, 88, 94, 96, 123 f.
Scheich Maqsoud 171
Schischani, Omar al- 171, 282, 354
Schuyuch al-Fauqani 288
Schweiz 35, 292, 357
Sermada 49
Serrih, Diab 92, 122 f., 139, 278
Shadadi 149
Sha'er 172
Shafi, Imam 139
Shamdin, Nawzat 190, 202
Shami, Sami al- 100
Sherko, Abdallah 197
Shihabi, Mahmoud al- 147
Shihan, Saud Faisal 149
Shithri, Nasir al- 208

Shukri, Ismail 344, 347
Sinai-Halbinsel 11, 338 ff.
Sinjar 22, 74, 218, 229–233, 237 f., 240–244, 247, 249 f., 256, 272 f., 276, 278, 373
Sirt 9, 341–344, 347
Sisi, Abdelfattah al- 339
Sly, Liz 112
Soleimani, Qassim 364 f.
Somalia 62
Sorava 232
Sotloff, Steven 250, 255
Sowjetunion 224, 312; siehe auch Russland
Spanien 82, 153
Stalin, Josef 312
Stern, Jessica 377
Sufian, Abu 82
Suhail 279 f.
Suheib, Abu 141
Sukkariya 82, 85
Sulaiman, Hussain al- siehe Rayyan, Abu
Suleiman, Michel 112
Suleyman, Hafiz 119
Sumari 229
Suri, Abu Chalid al- 93, 107, 152 ff., 156, 178
Suri, Abu Mussab al- 83, 152, 154
Suri, Abu Yasin al- 163 f.
Sydney 318, 336
Sykes, Mark 59 f., 201

Tabari, al- 220
Tabqa 204
Tadef 141
Tadschura 344
Taha, Shwan Muhammad 198
Tal Afar 72, 230, 243, 245, 249, 273
Tal Rifaat 30, 39, 42, 44, 47 f., 52 f., 144, 173, 176
Talha, Abu 103 f.
Tammam, Abu 202
al-Tanf 84

Tansania 225
Teheran 79 f., 364 f.
Tell Abiyad 174, 305, 373, 375
Termanin 160
Thompson, Zale 317
Tigris 87, 184
Tikrit 35, 67, 70, 183, 194, 196, 273, 274, 347, 361, 373
Tobruk 340 f., 343
Toulouse 323
Tripoli 109, 346
Tripolis 340, 343 ff.
Trump, Donald 329
Tschetschenien 25, 153, 353
Tunesien 19, 24, 40 f., 49, 74, 273, 281, 336 ff., 345 ff.
Tunis 346
Tunisi, Abu Osama al- 150
Tunisi, Abu Yahya al- 141
Türkei 10, 41, 87, 97, 110, 114, 116, 119 f., 127, 130, 133, 135 f., 148, 158, 161, 164, 240, 278, 284, 290, 292, 297 f., 331, 346, 349–362, 365, 367, 384; *siehe auch* Osmanisches Reich
Turkmani, Abu Muslim al- 71 f.

Umm Kasr 70
Ungarn 333
Urfa 116, 118, 132, 350, 354
USA 10 f., 22 f., 55 ff., 61, 63, 73, 75 f., 79, 85, 88 f., 93, 164, 186, 197, 224, 228, 234, 236, 240, 242, 250 f., 254, 275, 316, 322, 326, 329, 348, 360, 366, 374, 376, 382 f., 399
Usbekistan 358
Ustinov, Peter 270

Villejuif 332

Waddah, Mustafa 143
Wafa (Jesidin) 246
Wahhab, Mohammed bin Abdel 368 f.
Walid 195 f.
Washington (D.C.) 65, 74, 77, 84, 88, 186, 198, 206, 224, 241, 277, 353, 362, 366, 372, 374, 382
Westpoint 75
White, Aidan 269
Wuppertal 325
Wymesch, Ine Van 331

Yasin, Abu 178 f.
Younis, Ali 118

Zabadani 85 f., 120
Zaghloul, Saad 190
Zahedan 79
Zahir, Ibrahim al- 121
Zamek, Mohamed Yosri El 354
Zammar, Mohammed Haydar 87 f., 120, 338
Zarqa 56
Zarqawi, Abu Musab al- 27, 32, 55–58, 61 ff., 65 f., 74, 79 f., 85, 121, 141, 208, 286, 334
Zawahiri, Ayman al- 51, 53, 62, 65, 86, 153, 155, 157 f., 166, 209, 121, 224, 228, 258 f., 326
Zehaf-Bibeau, Michael 316
Zelin, Aaron 263
Zipperman, Steven 329
Zulfi 77, 371

Die Tagebücher
eines großen Weltbeobachters

In seinen sehr persönlichen Aufzeichnungen hat der herausragende Journalist und Asienkenner seine Eindrücke aus Politik und Alltag festgehalten und dabei vor allem über Themen wie Globalisierung, die Konsumgesellschaft, die asiatische Kultur und Philosophie sowie die Sinnleere der modernen Welt nachgedacht.

»Tiziano Terzani war einer der großen Reporter des 20. Jahrhunderts, ein vor Vitalität berstender Geschichtenerzähler.«

Die Zeit